国内外经典教材辅导系列·经济类

《宏观经济学》笔记和课后习题详解

【适用曼昆第11版教材】

主编：圣才考研网

www.100xuexi.com

中国石化出版社

·北京·

内 容 提 要

本书是曼昆《宏观经济学》(第 11 版)的学习辅导书。本书遵循第 11 版的章目编排，共分 20 章，每章由两部分组成：第一部分为复习笔记，总结本章的重难点内容；第二部分为课(章)后习题详解，对第 11 版的所有习题都进行了详解的分析和解答。

圣才考研网(www.100xuexi.com)提供曼昆《宏观经济学》网授精讲班【教材精讲 + 考研真题串讲】、电子书、题库。购书即可享受大礼包增值服务【本书电子书(手机版、电脑版) + 宏观经济学考研全真模拟试卷及详解电子书】。手机扫码(本书封底二维码)领取本书大礼包。

图书在版编目(CIP)数据

《宏观经济学》笔记和课后习题详解/圣才考研网主编．—北京:中国石化出版社,2024.3
国内外经典教材辅导系列·经济类
ISBN 978 -7 -5114 -7479 -7

Ⅰ.①宏… Ⅱ.①圣… Ⅲ.①宏观经济学 - 研究生 - 入学考试 - 题解 Ⅳ.①F015 - 44

中国国家版本馆 CIP 数据核字(2024)第 066155 号

中国石化出版社出版发行

地址:北京市东城区安定门外大街 58 号
邮编:100011　电话:(010)57512500
发行部电话:(010)57512575
http://www.sinopec-press.com
E-mail:press@sinopec.com
武汉市盛宏源印务有限公司印刷
全国各地新华书店经销

*

787 × 1092 毫米 16 开本 19.75 印张 497 千字
2024 年 6 月第 1 版　2024 年 6 月第 1 次印刷
定价:68.00 元

序　言

我国各大院校一般都把国内外通用的权威教科书作为本科生和研究生学习专业课程的参考教材，这些教材甚至被很多考试(特别是硕士和博士入学考试)和培训项目作为指定参考书。为了帮助读者更好地学习专业课，我们有针对性地编著了一套复习资料，并提供配套的名师讲堂和题库。

曼昆所著的《宏观经济学》(第11版，中国人民大学出版社)作为名列第一的中级宏观经济学畅销书，是我国众多高校采用的宏观经济学优秀教材，也被众多高校(包括科研机构)指定为“经济类”专业考研参考书目(详细介绍参见本书书后附录)。作为该教材的学习辅导书，本书具有以下几个方面的特点：

1. 框架图表体系，通俗易懂易记

本书每章的知识框架图和考点归纳表，在全方位把握核心考点的同时，提纲挈领地以思维导图形式，呈现重要的考点、难点，脉络清晰，一目了然，更容易记忆。

2. 解析课后习题，提供详尽答案

本书参考大量宏观经济学相关资料对曼昆主编的《宏观经济学》(第11版)的课后习题进行了详细的分析和解答。

3. 补充相关要点，强化专业知识

一般来说，国外英文教材的中译本不太符合中国学生的思维习惯，有些语言的表述不清或条理性不强而给学习带来了不便，因此，对每章复习笔记的一些重要知识点和一些习题的解答，我们在不违背原书原意的基础上结合其他相关经典教材进行了必要的整理和分析。

与本书相配套，圣才考研网提供曼昆《宏观经济学》网授精讲班【教材精讲+考研真题串讲】、电子书、题库。

要深深牢记：考研不同一般考试，概念题(名词解释)要当作简答题来回答，简答题要当作论述题来解答，而论述题的答案要像是论文，多答不扣分。有的论述题的答案简直就是一份优秀的论文(其实很多考研真题就是选自一篇专题论文)，完全需要当作论文来回答！

购买本书即可享受大礼包增值服务：手机扫码(本书封底二维码)领取本书大礼包。具体包括：①本书电子书(手机版、电脑版)；②宏观经济学考研全真模拟试卷及详解电子书。

圣才考研网(www.100xuexi.com)是圣才学习网旗下的考研考博专业网站，提供全国各高校经济类专业考研考博辅导班【一对一辅导(面授/网授)、网授精讲班等】、电子书、题库、全套资料(历年真题及答案、笔记讲义等)、经济类国内外经典教材名师讲堂、考研教辅图书等。

考研辅导： kaoyan.100xuexi.com(圣才考研网)

资格考试： www.100xuexi.com(圣才学习网)

圣才考研网编辑部

序 言

目　录

第一篇　导　言

第二篇　古典理论：长期中的经济

第三篇　增长理论：超长期中的经济

第四篇　经济周期理论：短期中的经济

第五篇　宏观经济理论和政策专题

第一篇 导 言

第1章 宏观经济学科学

1.1 复习笔记

【知识框架(庖丁解牛)】

- 宏观经济学科学
  - 宏观经济学的研究对象
  - 宏观经济学的研究方法
    - 外生变量和内生变量
    - 市场出清模型
    - 微观经济学与宏观经济学的联系

【考点难点归纳(厚积薄发)】

考点一：宏观经济学的研究对象 ★

宏观经济学以国民经济总体作为考察对象，研究经济生活中有关总量的决定与变动，解释失业、通货膨胀、经济增长与波动、国际收支及汇率的决定与变动等经济中的宏观整体问题。

考点二：宏观经济学的研究方法 ★★

经济模型是指用来描述所研究的经济事物的有关经济变量之间相互关系的理论结构，是现代经济理论的一种主要分析方法。

1. 外生变量和内生变量

变量分为内生变量和外生变量。内生变量是指一种理论内所要解释的变量，是由模型决定的。外生变量是指在经济机制中受外部因素主要是政策因素影响，而非由经济体系内部因素所决定的变量。通常模型的目的是为了说明外生变量的变动是如何影响内生变量的。

2. 市场出清模型

市场出清模型是指在市场调节供给和需求的过程中市场机制能够自动地消除超额供给(供给大于需求)或超额需求(供给小于需求)，在短期内自发地趋于供给等于需求的均衡状态。在给定的价格之下，市场上的意愿供给等于意愿需求。在长期，工资和价格有弹性，市场出清的假设才比较适用，但是在短期，工资和价格有黏性，市场很难快速出清。

3. 微观经济学与宏观经济学的联系(见表1-1)

表1-1 微观经济学与宏观经济学的联系

要点	具体内容
微观经济学的内涵	微观经济学是以市场经济中各个经济单位的经济行为和经济规律作为考察对象，研究单个生产者或企业是如何利用有限的资源生产商品和服务以获取最大利润，以及单个消费者或家庭是如何利用有限的货币收入购买商品和服务以获取最大满足的学科，其中心原理是家庭和企业的最优化
宏观经济学联系微观经济学的机制	由于整个经济范围内的各种事件是在许多家庭与许多企业的相互作用下产生的，所以微观经济学和宏观经济学是不可分割的。在研究整个宏观经济时，必须考虑个别经济参与者的决策，同时在考虑单个家庭和企业的行为时，也要考虑家庭和企业所处的宏观环境对其行为的影响
微观经济学与宏观经济学的相互作用	宏观经济理论是以微观经济为基础而建立的，宏观经济又会对微观经济产生影响

4. 本书的安排

本书共有5篇，内容安排如图1-1所示。

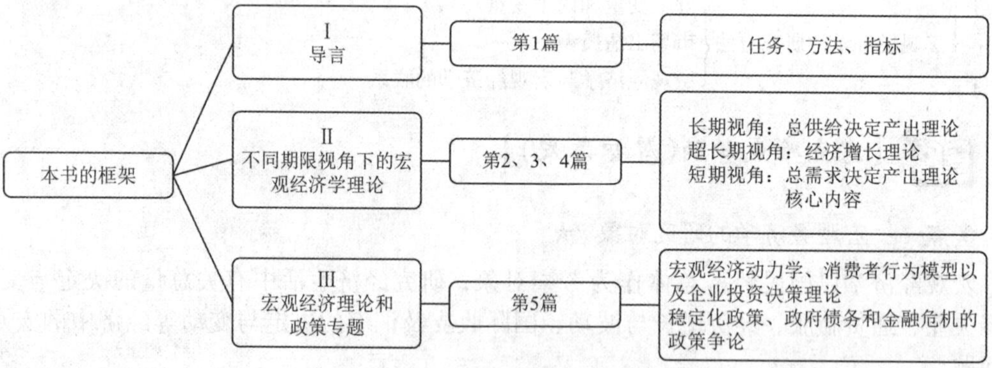

图1-1 宏观经济学的框架

1.2 课后习题详解

一、概念题

1. 宏观经济学

答：宏观经济学与微观经济学相对，是一种现代的经济分析方法。它以国民经济总体作为考察对象，研究经济生活中有关总量的决定与变动，解释失业、通货膨胀、经济增长与波动、国际收支及汇率的决定与变动等经济中的宏观整体问题，所以又称之为总量经济学。宏观经济学的中心和基础是总需求-总供给模型。具体来说，宏观经济学主要包括总需求理论、总供给理论、失业与通货膨胀理论、经济增长与经济周期理论、开放经济理论、宏观经济政策等内容。

对宏观经济问题进行分析与研究的历史十分悠久，但现代意义上的宏观经济学直到20世纪30年代才得以形成和发展起来。现代宏观经济学诞生的标志是凯恩斯于1936年出版的《就业、利息和货币通论》。宏观经济学在 20 世纪 30 年代奠定基础，二战后逐步走向成熟并得到广泛应用，20 世纪 60 年代后的“滞胀”问题使凯恩斯主义的统治地位受到严重挑战并形成了货币主义、供给学派、理性预期等学派对立争论的局面，20 世纪 90 年代新凯恩斯主义的形成又使国家干预思想占据主流。宏观经济学是当代发展最为迅猛，应用最为广泛，因而也是最为重要的经济学学科。

2. 实际 GDP

答：实际 GDP 是指用以前某一年的价格作为基期的价格计算出来的当年全部最终产品和服务的市场价值。它衡量在两个不同时期经济中的产品产量变化，以相同的价格或不变金额来计算两个时期所生产的所有产品和服务的价值。在国民收入账户中，以 2010 年的价格作为基期来计算实际 GDP，意味着在计算实际 GDP 时，用现期的产品产量乘以 2010 年的价格，便可得到以 2010 年价格出售的现期产出的价值。

3. 通货膨胀与通货紧缩

答：(1)通货膨胀是指在一段时期内，一个经济中大多数商品和服务的价格水平持续显著地上涨。它包含三层含义：①通货膨胀是经济中一般价格水平的上涨，而不是个别商品或服务的价格上涨；②通货膨胀是价格的持续上涨，而非一次性上涨；③通货膨胀是价格的显著上涨，而非某些微小的上升，例如每年上升 0.5%，不能视为通货膨胀。

通货膨胀的严重程度一般用通货膨胀率来衡量。根据不同标准，可以把通货膨胀划分为不同类型。根据通货膨胀的表现形式，可分为公开型通货膨胀和隐蔽型通货膨胀；根据通货膨胀的严重程度，可分为爬行式通货膨胀、奔跑式通货膨胀和恶性通货膨胀；根据通货膨胀发生的原因，可分为需求拉动型通货膨胀、成本推动型通货膨胀、混合型通货膨胀和结构型通货膨胀；根据通货膨胀是否被预期，可分为预期型通货膨胀和未预期型通货膨胀。

(2)通货紧缩是与通货膨胀相对立的概念，是指在一段时期内，一个经济体中一般商品和服务价格的持续显著地下降。

通货紧缩从本质上来说是一种货币现象，它在实体经济中的根源是总需求对总供给的偏离，或现实经济增长率对潜在经济增长率的偏离。当总需求持续小于总供给，或现实经济增长率持续低于潜在经济增长率时，就会出现通货紧缩现象。

通货紧缩的特征是价格水平的持续下跌。这个价格水平，严格说来应包括资产价格如股票、债券、房地产及商品和服务在内的价格指数，但碍于统计上的局限性，一般在国内用全国零售物价上涨率，在国外用消费价格指数(CPI)作为度量指标。如果全国零售物价上涨率在零以下且持续时间超过 6 个月，人们通常在理论上就将其界定为典型的通货紧缩。

通货紧缩也是一种实体经济现象。它通常与经济衰退相伴随，表现为投资机会相对减少和投资的边际收益下降，由此造成银行信用紧缩，货币供应量增长持续下降，信贷增长乏力，消费和投资需求减少，企业普遍开工不足，非自愿失业增加，收入增长速度持续放慢，各个市场普遍低迷。

4. 失业

答：根据国际劳工组织的定义，失业是指某个年龄(中国为 16 周岁)及以上，在考察期内没有工作，但有工作能力，并且正在寻找工作的状态。一个人愿意并有能力为获取报酬而工作，且有获取工作的行动，但却没找到工作的情况，就被认为是失业。失业按其原因可分成多种类型，主要包括摩擦性失业、结构性失业、周期性失业三类。摩擦性失业是指劳动力市场运行机制不完善或者因为经济变动过程中的工作转换而产生的失业。结构性失业是指因为经济结构变化，产业兴衰转移而造成的失业。周期性失业是由于整体经济的支出和产出水平下降，即经济的需求下降而造成的失业。

5. 衰退

答：衰退是指实际 GDP 减少，但不严重的时期，一般的衡量标准是国民生产总值连续两个季度下降。一个完整的经济周期包括繁荣、衰退、萧条和复苏四个阶段。在繁荣阶段，经济活动全面扩张，不断达到新的高峰；在衰退阶段，经济在短时间保持均衡后出现紧缩的趋势；在萧条阶段，经济出现急剧的收缩和下降，很快从活动量的最高点下降到最低点；在复苏阶段，经济从最低点恢复并逐渐上升到先前的活动量高度，进入繁荣。

6. 萧条

答：萧条是指实际 GDP 严重减少的时期。一个完整的经济周期包括繁荣、衰退、萧条和复苏四个阶段。在繁荣阶段，经济活动全面扩张，不断达到新的高峰；在衰退阶段，经济在短时间保持均衡后出现紧缩的趋势；在萧条阶段，经济出现急剧的收缩和下降，很快从活动量的最高点下降到最低点；在复苏阶段，经济从最低点恢复并逐渐上升到先前的活动量高度，进入繁荣。

7. 模型

答：模型是指用来描述所研究的经济事物的有关经济变量之间相互关系的理论结构，是现代经济理论的一种主要分析方法，也称为经济数学模型，指用数学形式所表述的经济过程或经济理论结构。其特点是：以所要研究的问题为中心，从错综复杂的经济现象中概括出一些变量，设立某些假设前提，并根据一定的经济理论把这些变量列成一定的方程式或方程式体系，以表示各经济变量之间的关系，反映经济过程的运行情况，模拟在不同的经济条件下经济主体的行为，同时据以分析过去和现在并预测未来。现实世界的情况是由各种主要变量和次要变量构成的，因而非常复杂，只有把次要因素排除在外，才能对经济运行进行严格的分析。运用经济模型，事先做出某些假设，可以排除掉许多次要因素，从而建立起一定的模型，然后通过运用这一模型，可以对错综复杂的现实世界做出极其简单的描述。

8. 内生变量

答：内生变量又称为非政策性变量，是指在经济机制内部由纯粹的经济因素所决定的，不为政策所左右的变量。内生变量是“一种模型所要解释的变量”。内生变量是由模型系统决定的，同时也对模型系统产生影响。内生变量一般都是经济变量，如市场经济中的价格、利率、汇率等变量。

9. 外生变量

答：外生变量又称政策性变量，是指在经济机制中受外部因素主要是政策因素影响，而由非经济体系内部因素所决定的变量。这种变量通常能够由政策控制，并以之作为政府实现其政策目标的变量。从广义上讲，任何一个系统(或模型)中都存在许多变量，其中自变量和因变量统称为内生变量，而作为给定条件存在的变量则称为外生变量，指不受自变量影响而受外部条件支配的变量。外生变量一般是确定性变量，或者是具有临界概率分布的随机变量，其参数不是模型系统研究的元素。外生变量影响系统，但本身不受系统的影响。外生变量一般是经济变量、条件变量、政策变量和虚拟变量。

在经济模型中，变量分为内生变量和外生变量。外生变量是由模型以外的因素所决定的变量，本身不能由模型解释。内生变量是一个模型要解释的变量。外生变量决定内生变量，外生变量的变化会引起内生变量值的变化。参数通常是由模型以外的因素决定的，参数也可以被看成是外生变量。例如，在下面均衡价格决定模型中，

$$Q_d = \alpha - \beta \cdot P$$

$$Q_s = -\delta + \gamma \cdot P$$

$$Q_d = Q_s$$

Q 和 P 是模型所要决定其数值的变量，称为内生变量。α、β、δ、γ 的数值是由模型的外部条件所决定的，被称为外生变量，也被称为参数。外生变量 α、β、δ、γ 的数值，将决定内生变量 Q 和 P 的值。

10. 市场出清

答：市场出清是指商品市场与要素市场同时实现供求平衡的市场状态。作为经济学分析的一个重要假说，该假说认为，市场上价格机制的自我调节能够让市场自发的实现供求均衡，即市场出清的状态。在商品市场上，价格随供求关系的变动而迅速变动，即供大于求时，价格迅速下降；供小于求时，价格迅速上升。通过价格迅速的调节，商品市场可以经常处于供求平衡的出清状态。同样，要素市场上，要素价格随要素供求关系的变动而迅速变动，即供大于求时，要素价格迅速下降；供小于求时，价格迅速上升。通过要素价格迅速的调节，要素市场可以经常处于供求平衡的出清状态。当商品市场与要素市场都出清时，经济处于充分就业状态。

市场出清假说的基本前提是价格与工资具有完全的弹性。凯恩斯主义以前的新古典经济学家根据这一假说证明了市场调节的完善性以及充分就业的必然性。凯恩斯主义的出现否认了市场出清假说，论证了如果仅仅依靠市场调节，经济中必然存在失业与生产过剩的危机，并提出了国家干预经济的政策主张。20 世纪 70 年代初出现于经济学界的理性预期学派又重新接受了市场出清假说，并把它与理性预期假说作为基本前提来分析宏观经济的运行，证明市场机制的完善性。

11. 弹性价格和黏性价格

答：弹性价格是指可以对供求变动做出即时调整的价格，而黏性价格是指调整比较缓慢的价格。古典经济学派认为商品或服务的价格是有弹性的，因此市场总能处于出清状态，经济总能实现充分就业。但凯恩斯学派则认为价格不是完全有弹性的，而是存在黏性，因此在短期内经济会偏离充分就业水平。

12. 微观经济学

答：微观经济学与宏观经济学相对应，是指主要以家庭、厂商（企业）和市场等单个经济主体及其相互关系为研究对象的经济学。微观经济学是以市场经济中各个经济单位的经济行为和经济规律作为考察对象，研究单个生产者或企业是如何利用有限的资源生产商品和服务以获取最大利润，以及单个消费者或家庭是如何利用有限的货币收入购买商品和服

务以获取最大满足的学科。因此，微观经济学的核心内容是论证亚当·斯密的"看不见的手"原理。微观经济学采用个量分析法。个量是指与单个经济单位的经济行为相适应的经济变量，如单个生产者的产量、成本、利润，某一商品的需求量、供给量、效用和价格等。微观经济学在分析这些经济变量之间的关系时，假设总量固定不变，所以又被称为个量经济学。

微观经济学的理论内容主要包括：消费理论、需求理论、厂商理论、市场理论、要素价格和分配理论、一般均衡理论和福利经济理论等。由于这些理论均涉及市场经济和价格机制的作用，因而微观经济学又被称为市场经济学。从根本上讲，微观经济学所研究的问题都同市场机制、价格决定有关。当然，它也研究具有整体意义的社会经济问题，如福利经济学和一般均衡分析等，但这同样是以单个消费者和生产者的行为为出发点的。

二、复习题

1. 解释宏观经济学和微观经济学之间的差别。这两个领域是如何相互关联的？

答：(1)宏观经济学和微观经济学的差别：

①研究对象不同。微观经济学是研究单个经济决策单位(消费者、厂商等)的经济行为，它考察的是单个商品市场上的价格和供求是如何变动的，单个消费者的消费受哪些因素的制约，单个生产者的成本、价格、产量是如何决定的，收入如何在各资源所有者之间进行分配等。概括地说，微观经济学是研究消费者如何消费才能获得效用最大化，研究厂商如何生产才能获得利润最大化；而宏观经济学研究整个国民经济活动，它分析的是诸如一国国民生产总值和国民收入变动及其与社会就业、经济周期波动、通货膨胀、经济增长之间的关系等问题。

②研究方法不同。微观经济学运用个量分析方法研究微观经济活动；宏观经济学运用总量分析方法研究整个国民经济活动。

(2)宏观经济学和微观经济学的联系：

①微观经济学与宏观经济学分析是相互补充的。微观经济学与宏观经济学可以同时对某一经济现象从不同的角度进行考察，而这些考察是相互联系和相互补充的。二者共同构成经济学。

②二者假定的制度前提是一样的。无论是微观经济学还是宏观经济学，在对某一经济现象进行分析时都假定制度前提是既定的，二者都研究资源的有效配置问题。

③二者使用的分析方法(除个量分析与总量分析的区别外)大多相同。

④微观经济学是宏观经济学的基础，宏观经济分析总是以微观经济分析为前提的。

2. 为什么经济学家要建立模型？

答：经济模型是指用来描述所研究的经济事物的有关经济变量之间相互关系的理论结构，是现代经济理论的一种主要分析方法。经济学家建立模型的原因主要有：

(1)经济模型可以简洁、直接地描述所要研究的经济对象的各种关系。这样，经济学家可以依赖模型对特定经济问题进行研究。

(2)由于实际经济不可控，而模型是可控的，经济学家可以根据研究需要，合理、科学地调整模型来研究各种经济情况。

(3)经济模型一般是数学模型，而数学是全世界通用的科学语言，使用规范标准的经济模型有利于经济学家正确表达自己的研究意图，便于学术交流。

3. 什么是市场出清模型？什么时候假设市场出清是合适的？

答：市场出清模型是指供给与需求可以在价格机制调整下很快达到均衡的模型。市场出清模型的前提条件是价格具有弹性。但是，在很多实际情况下，这个假设都是不现实的，比如，劳动合同会使劳动力价格在一段时间内具有黏性。因此，必须考虑什么情况下价格具有弹性是合适的。

一般认为，在研究长期问题时，假设价格具有弹性是合理的；而在研究短期问题时，最好假设价格具有黏性。因为，从长期看，价格机制终将发挥作用，使市场供需平衡，即市场出清；而在短期，价格机制因其他因素制约，市场难以很快出清。

三、问题与应用

1. 列举最近的新闻中出现的三个宏观经济问题。

答：(1)很多国家近期都面临着通货膨胀问题，物价上涨影响着消费者的购买力和日常生活。

(2)为了控制通货膨胀，很多国家的中央银行调整了利率。这种调整旨在控制经济的过热，但同时也可能影响到投资和借贷成本。

(3)由于疫情和地缘政治的影响，全球供应链出现了中断，导致了生产延迟和成本上升，进而影响了全球经济的恢复。

这些问题在不同国家和地区的影响程度和具体情况可能有所不同，但它们普遍被认为是当前宏观经济面临的重要挑战。

2. 你认为界定一门科学的特征是什么？你认为宏观经济学应该被称为一门科学吗？为什么？

答：(1)一般地，人们认为科学的定义是一种建立稳定关系的科学的研究方法。科学最主要的特征就是所研究问题的客观性、过程的可重复性和结果的稳定性。

(2)宏观经济学在一定程度上可以被称为科学。经济学家在实验方面受到很大制约。经济系统几乎无法重复，而经济系统又难以在受控的情况下进行试验获得数据，来证明或推翻自己的假设。经济学家更多的是收集历史数据，然后根据一些科学的方法，来研究其中的规律，从而证明或推翻自己的假设。从这个角度上来说，宏观经济学是一定程度的科学。但是，如果从过程可重复性、结果稳定性的角度来看，宏观经济学难以称为科学。

3. 用供给和需求模型解释冰冻酸奶价格的下降会如何影响冰激凌的价格和销售量。在你的解释中，指出外生变量与内生变量。

答：可以通过拓展冰激凌的供求模型来解释。基本的供求模型假设冰激凌的需求取决于冰激凌价格 P_1 和消费者收入 Y，即：

$$Q^d = D(P_1,\ Y)$$

现在考虑冰冻酸奶价格下降的影响，冰激凌需求取决于冰激凌价格 P_1、冰冻酸奶价格 P_2 和消费者收入 Y，即：

$$Q^d = D(P_1,\ P_2,\ Y)$$

由于冰冻酸奶和冰激凌是替代商品，一种商品价格上升，将导致该种商品销售量下降，而替代品的销售量上升。因此，如果冰冻酸奶价格下降，将导致冰激凌的销售量下降。

在这个例子中，冰冻酸奶的价格和消费者的收入属于外生变量，而冰激凌的价格和销售量则属于内生变量。

4. 你支付的理发价格变动得多频繁？关于市场出清模型对分析理发市场的有用性，你的回答意味着什么？

答：(1)一般来说，理发时支付的价格很少变动。比如，学校理发，普通男士理发一般是20元一次，一般维持几年不变动。也就是说，在短期，理发的价格具有黏性，但长期来看则是有弹性的。

(2)这个特点对于理解市场出清具有重要意义。由于理发价格在短期存在黏性，因此在短期用市场出清模型来分析理发市场存在问题。但是在长期，理发价格会发生调整，因此在长期用市场出清模型来分析理发市场是有用的。

第2章　宏观经济学的数据

2.1　复习笔记

【知识框架(庖丁解牛)】

- 宏观经济学的数据
  - 国内生产总值(GDP)
    - 核算 GDP 的两种方法：支出法和收入法
    - 实际 GDP 和名义 GDP
    - 国民收入核算恒等式
    - GDP 的计算规则
  - 国民生产总值(GNP)
    - 定义
    - 收入衡量指标之间的关系
  - 衡量生活成本
    - 衡量生活成本的指标
    - CPI 与 GDP 平减指数的差别
    - PCE 平减指数与 CPI、GDP 平减指数的相似性
  - 衡量失业

【考点难点归纳(厚积薄发)】

考点一：国内生产总值(GDP)　★★★

国内生产总值是指经济社会(即一国或一地区)在一定时期内(通常为一年)运用生产要素所生产的全部最终产品和服务的市场价值。它是一个地域概念。

1. 核算 GDP 的两种方法：支出法和收入法

(1)原理：

从整个宏观经济体系来看，支出和收入必然相等，所以可以从支出和收入两个角度来对国内生产总值进行核算。

(2)支出法：

①概念：支出法是指从支出角度衡量国内生产总值。GDP 是一个国家(或地区)在一定时期内消费、投资、政府购买以及净出口四方面支出的总和。

②公式：$\text{GDP}=C+I+G+NX$。

其中，C 为消费，I 为投资，G 为政府购买，NX 为净出口。

(3)收入法：

①概念：收入法是指用要素收入即企业生产成本核算国内生产总值。严格来说，最终产品和服务的市场价值除了生产要素收入构成的成本以外，还有间接税、折旧、公司未分配利润等内容。

②公式：GDP = 工资 + 利息 + 租金 + 利润 + 间接税和企业转移支付 + 折旧。

2. 实际 GDP 和名义 GDP

(1)名义 GDP：名义 GDP 是指用生产产品和服务的当年价格所计算的全部最终产品与服务的市场价值，它没有考虑通货膨胀因素。

(2)引入实际 GDP 的原因：由于通货膨胀等原因，价格可能会发生强烈变化，故为方便比较而引入实际 GDP 的概念。

(3)实际 GDP：实际 GDP 是指以从前某一年的价格作为基期价格计算出来的当年全部最终产品与服务的市场价值。

(4)二者之间的关系式：实际 GDP = 名义 GDP ÷ GDP 平减指数。

3. 国民收入核算恒等式

国民收入核算恒等式：$GDP = Y = C + I + G + NX$。

其中，C 为消费，I 为投资，G 为政府购买，NX 为净出口。

(1)消费是指消费者个人购买的产品和服务的价值。消费分为三个子项目：非耐用品、耐用品和服务。

(2)投资是指经济主体为获取预期收益而垫付货币或其他资源于某项事业的经济活动。投资也分为三个子项目：企业固定投资、住房固定投资和存货投资。

(3)政府购买是指一国中央和地方政府购买的产品和服务。政府购买包括诸如军事设备、高速公路和政府工作人员所提供的服务等项目。但需要注意政府对个人的转移支付(例如社会保障和福利)并不包括在政府购买内。

(4)净出口是指本国向其他国家出口的产品与服务的价值减去本国从外国进口的产品与服务的价值。净出口可能是正值，代表贸易顺差，也可能是负值，代表贸易逆差。

4. GDP 的计算规则

(1)采用市场价格进行核算。

(2)二手货的出售不进入 GDP 核算。

(3)存货投资增加 GDP，存货出售不影响 GDP。

(4)中间品的价值不进入 GDP 核算。

(5)不存在市场价格的商品或服务需要对其价格进行估算，为简化计算，对房屋租金、政府服务评价(通常是公务员的工资)等进行了估算，而诸如在家中产出和消费的产品和服务，以及地下经济等并未纳入估算体系。

考点二：国民生产总值(GNP) ★★

1. 定义

国民生产总值是指一定时期(通常为一年)内，一国或地区的国民所拥有的全部生产要素生产的所有最终产品与服务的市场价值。它是一个国民概念。

2. 收入衡量指标之间的关系

在国民收入核算体系中，实际上包括如下总量：国内生产总值(GDP)、国民生产总值(GNP)、国民生产净值(NNP)、国民收入(NI)、个人收入(PI)和个人可支配收入(DPI)，其相互关系如下：

GNP = GDP + 净要素报酬

NNP = GNP - 折旧

NI = NNP - 统计误差

PI = NI - 生产和进口税 - 公司利润 - 社会保险费 - 净利息 + 股息 + 政府对个人的转移支付 + 个人利息收入

DPI = PI - 个人税收

GDP 与 GNP 是两种不同的概念，尽管它们都可以用来衡量一国国民收入的水平，但是 GDP 强调地域的概念，而 GNP 强调国家的概念(所有归属于该国家的人)。

考点三：衡量生活成本 ★★★

1. 衡量生活成本的指标(见表 2 - 1)

表 2 - 1　衡量生活成本的指标

指标	具体内容
消费者价格指数(CPI)	①概念：消费者价格指数也称零售物价指数或生活费用指数，是反映消费品(包括服务)价格水平变动状况的一种价格指数，一般采用加权平均法来编制。 ②公式：CPI = (一组固定商品按当期价格计算的价值/一组固定商品按基期价格计算的价值) × 100%
GDP 平减指数	①概念：GDP 平减指数是名义 GDP 和实际 GDP 的比率。名义 GDP 是用生产产品和服务的当年价格计算的全部最终产品和服务的市场价值。实际 GDP 是用从前某一年作为基期的价格计算出来的全部最终产品和服务的市场价值。 ②公式：GDP 平减指数 = 报告期价格计算的当年国内生产总值/基期价格计算的当期国内生产总值
拉氏指数	拉氏指数是用一篮子固定产品计算的物价指数，加权数固定，不能反映由于相对价格发生变动而导致的购买数量的变动，因此倾向于高估生活成本的增加
帕氏指数	帕氏指数是用一篮子可变产品计算的价格指数，加权数可变，但它没有考虑由于替代可能引起的消费者福利的减少，因此倾向于低估生活费用的增加
PCE 平减指数	PCE 平减指数全称为个人消费支出的隐性价格平减指数，等于名义消费者支出与实际消费者支出的比值

2. CPI 与 GDP 平减指数的差别

(1) GDP 平减指数衡量的是生产出来的全部产品与服务的价格，而 CPI 只衡量消费者购买的一篮子产品与服务的价格。

(2) GDP 平减指数只包括国内生产的产品，不包括进口品，所以进口品的价格变动并不反映在 GDP 平减指数上，但会反映到 CPI 上。

(3) CPI 是用固定的一篮子产品计算出来的，而 GDP 平减指数是用可变的一篮子产品计算出来的。

3. PCE 平减指数与 CPI、GDP 平减指数的相似性

PCE 平减指数在不同方面分别与 CPI 和 GDP 平减指数有相似之处。

(1)和 CPI 的共同点：①PCE 平减指数只包括消费者所购买的那部分产品和服务的价格。②PCE 平减指数包括了进口产品和服务的价格。

(2)和 GDP 平减指数的共同点：与 GDP 平减指数一样，PCE 平减指数不是用一篮子固定产品计算的，而是用一篮子可变产品计算的。

PCE 平减指数在一定意义上是 CPI 和 GDP 平减指数的结合。

考点四：衡量失业(见表 2－2) ★★★

表 2－2 衡量失业

要点	具体内容
失业率	①概念：失业率是指失业人数占劳动力的百分比，它是衡量经济中失业状况的最基本指标。 ②公式： 劳动力＝就业人数＋失业人数 失业率＝(失业人数/劳动力)×100%
劳动力参与率	劳动力参与率是成年人口中属于劳动力人数的百分比，用公式表示为： 劳动力参与率＝(劳动力/成年人口)×100%

2.2 课后习题详解

一、概念题

1. 国内生产总值

答：国内生产总值是指一定时期(通常为一年)内，一个经济体生产的所有最终产品和服务的市场价值总和。GDP 一般通过支出法和收入法两种方法进行核算。用支出法计算的国内生产总值等于消费、投资、政府购买和净出口之和；用收入法计算的国内生产总值等于工资、利息、租金、利润、间接税、企业转移支付和折旧之和。GDP 是一国范围内生产的最终产品和服务的市场价值，因此是一个地域概念；而与此相联系的国民生产总值(GNP)则是一个国民概念，指某国国民所拥有的全部生产要素所生产的最终产品和服务的市场价值总和。

2. 国民收入核算

答：国民收入核算是指以整个国民经济或社会再生产为对象的用于衡量 GDP 和许多相关统计数字的核算体系。它以一定的经济理论为指导，综合运用统计和会计的方法，对一个国家或地区在一定时期内国民经济运行过程进行系统科学的定量描述，为经济分析和国家实行宏观经济调控、制订经济政策或计划管理提供重要的客观依据。国民经济核算一词最早出现于 1941 年。荷兰经济学家范·克利夫在荷兰《经济学家》杂志 1941 年 7 月号和 11 月号上，先后发表两篇文章，首次使用了“国民经济核算”一词。

国民收入核算一般有三种方法：生产法、支出法和收入法，常用的为后两者。其核算的理论基础是总产出等于总支出、总产出等于总收入。

3. 存量与流量

答：存量与流量是国民经济核算体系中记录经济信息的两种基本形式。存量是指在一定时点上测算的量，如某一时点的资产和负债的状况或持有的资产和负债数量。存量具有时点的基本特征。流量是一定时期内发生的变量，反映一定时期内经济价值的产生、转换、交换、转移或消失，它涉及机构单位的资产负债的数量、构成或价值的变化。大多数流量是交易流量，如总消费；另一类是非交易流量或称其他流量，主要包括资产数量的非交易变化，如自然灾害等非生产性因素引起的资产变动量；以及市场价格变动所引起的价值变化，即重估价反映的资产、负债、净值变化的流量。流量具有时期特征，即流量的数值大小与时期的长短有关。有存量就一定有流量与之对应，而有流量并非一定有存量与之对应，如工资、利息、进口、出口等，作为反映经济多样化的流量，就没有与之相对应的存量。

4. 增加值

答：一个企业的增加值等于该企业产出的价值减去企业购买的中间产品的价值。对整个经济来说，所有增加值之和必定等于所有最终产品与服务的价值总和，因此 GDP 也是经济中所有企业的总增加值。

5. 估算价值

答：估算价值是指在计算 GDP 时，对那些由于不在市场上销售因而没有市场价格的产品和服务，使用其价值估计的一种估计方法。由于计算 GDP 所需要的估算只是近似的，并且由于许多产品与服务的价值被排除在外，所以 GDP 并不是衡量经济活动的一种完善指标。

6. 名义 GDP vs. 实际 GDP

答：名义 GDP 是指用生产产品和服务的当期价格计算的全部最终产品与服务的市场价值。例如，2016 年的名义 GDP 是以 2016 年的市场价格计算的当年所生产的产品价值。名义 GDP 的高低受价格因素的影响，利用名义 GDP 来统计可能会高估或者低估实际的生产力。

实际 GDP 是指用从前某一年作为基期的价格计算出来的当期全部最终产品与服务的市场价值。它衡量在两个不同时期经济中的物质产量的变化，以相同的价格或不变金额来计算两个时期所生产的所有产品的价值。在国民收入账户中，以 2016 年的价格作为基期来计算实际 GDP，意味着在计算实际 GDP 时，用现期的物质产量乘以 2016 年的价格，便可得到以 2016 年价格出售的现期产出的价值。

二者之间的关系式为：实际 GDP = 名义 GDP ÷ GDP 平减指数。

7. GDP 平减指数

答：GDP 平减指数是名义 GDP 和实际 GDP 的比率。名义国内生产总值(GDP)是用生产物品和服务的当年价格计算的全部最终产品和服务的市场价值总和，又称为报告期价格计算的当期国内生产总值；实际国内生产总值(GDP)是用从前某一年作为基期的价格计算出来的当期全部最终产品和服务的市场价值总和，又称为基期价格计算的当期国内生产总值。用公式表示为：

$$\text{GDP 平减指数} = \frac{\text{报告期价格计算的当期国内生产总值}}{\text{基期价格计算的当期国内生产总值}}$$

GDP 平减指数用来衡量在基年和所考察的年度之间发生的价格变化，该指数与消费物价指数不同，因为它的权数随不同商品所占的份额的改变而改变。因为 GDP 平减指数是以涉及经济中所生产的全部产品的计算为基础的，所以它是一个用来衡量通货膨胀状况的具有广泛基础的价格指数。

GDP 平减指数的优点是范围广泛，能比较准确地反映一般价格水平的变动趋向。缺点是资料较难搜集，需要对未在市场上发生交易的商品和服务的价值进行估计，并且可能受到价格结构因素的影响。

8. 国民收入核算恒等式

答：国民收入核算恒等式是指 $Y=C+I+G+NX$（四部门经济）。其中 Y 为 GDP，C 为消费，I 为投资，G 为政府购买，NX 为净出口。GDP 是消费、投资、政府购买和净出口之和，GDP 中的每一单位都属于这四大类中的一类，因而这个等式是一个恒等式——由于变量定义的方式而必然成立的等式。

9. 劳动力

答：劳动力是就业者与失业者之和，即：劳动力 = 就业人数 + 失业人数。美国劳工统计局做统计时，认为如果一个人在上一周的一部分时间里从事有报酬的工作，他（或她）就是就业者。如果一个人没有就业并在寻找工作，或临时解雇，他（或她）就是失业者。那些不属于前两个类型的人，例如全职学生或退休者，就不属于劳动力。一个想工作但放弃寻找工作的人也不算在劳动力之内。

10. 消费

答：消费是指消费者个人购买的产品和服务的价值，它是国民收入核算恒等式的一项。消费分为三个子项目：非耐用品、耐用品以及服务。非耐用品是使用持续时间较短的产品，如食物和衣服；耐用品是使用持续时间较长的产品，如汽车和电视；服务包括个人和企业为消费者所做的工作，如理发和就医。决定消费的因素很多，主要因素是可支配收入、利率、价格水平和收入分配等。

11. 投资

答：投资是指为获取预期收益而投入资金或资源的经济活动。预期收益主要指经济收益，也包括社会收益。投入的资金（资本）可以是货币资本，也可以是实物资本或其他资源。由于各种资源都可以折算成一定的货币价值量，所以，投资最一般的表现形式，就是投入货币资金。投资作为一个客观经济范畴，具有数量上的集合性、机遇上的选择性、空间上的流动性、产业上的转移性、收益上的风险性和周期上的长期性等特点。

投资可分为三个子项目：企业固定投资、住房固定投资以及存货投资。各国通常把包含了折旧费的投资称为总投资，扣除了折旧费的投资称为净投资。总投资总是大于零，而净投资则不一定大于零。

12. 政府购买

答：政府购买是指一国中央和地方政府所购买的产品和服务，它是国民收入核算恒等式中的一个项目。政府购买包括诸如军事设备购买、高速公路建设和为政府工作人员提供的服务支付工资等项目。需要注意对个人的转移支付并不属于政府购买，例如社会保障和福利。这是因为转移支付是对已有收入的再分配，并不是以交换产品与服务为目的，因此就不是 GDP 的一部分。

13. 净出口

答：净出口是本国向其他国家出口的产品与服务的价值减去外国向本国提供的产品和服务的价值。用 X 表示出口，用 IM 表示进口，则 $(X-IM)$ 就是净出口。进口应从本国总购买中减去，因为进口表示收入流到国外，同时，也不是用于购买本国产品的支出；出口则应加进本国总购买量之中，因为出口表示收入从外国流入，是用于购买本国产品的支出。因此，净出口应计入总支出，它可能是正值，也可能是负值。影响净出口的因素有很多，在宏观经济学中，汇率和国内收入水平被认为是两个最重要的因素。

14. 消费者价格指数

答：消费者价格指数也称零售物价指数和生活费用指数，是反映消费品（包括服务）价格水平变动状况的一种价格指数，一般用加权平均法来编制。它根据若干种主要日用消费品的零售价格以及服务费用而编制，用公式表示为：

$$\text{CPI}=\frac{\text{一组固定商品按当期价格计算的价值}}{\text{一组固定商品按基期价格计算的价值}}\times 100\%$$

消费者价格指数的优点是能及时反映消费品供给与需求的对比关系，资料容易搜集，能够迅速直接地反映影响居民生活的价格趋势。其缺点是范围较窄，只包括社会最终产品中的居民消费品的这一部分，因而不足以说明全面的情况。例如，品质的改善可能带来一部分消费品价格而非商品服务价格总水平的提高，但消费者价格指数不能准确地表明这一点，因而有夸大物价上涨幅度的可能。

15. PCE 平减指数

答：PCE 平减指数全称是个人消费支出的隐性价格平减指数，等于名义消费者支出与实际消费者支出的比值，这里的“平减”是指通过物价指数将以货币表示的名义个人消费支出调整为实际个人消费支出。PCE 平减指数与同样作为价格指数的 CPI 和 GDP 平减指数在不同方面具有相似之处。PCE 平减指数和 CPI 的共同点：①PCE 平减指数只包括消费者所购买的那部分产品和服务的价格。②PCE 平减指数包括了进口产品和服务的价格。PCE 平减指数和 GDP 平减指数的共同点：与 GDP 平减指数一样，PCE 平减指数不是用一篮子固定产品计算的，而是用一篮子可变产品计算的。因此，PCE 平减指数在一定意义上是 CPI 和 GDP 平减指数的结合。

16. 失业率

答：失业率是指失业人数占劳动力的百分比，它是衡量经济中失业状况的最基本指标。用公式表示为：

$$\text{失业率}=\frac{\text{失业人数}}{\text{劳动力}}\times 100\%$$

公式中的劳动力为失业人数和就业人数之和。

17. 劳动力参与率

答：劳动力参与率是成年人口中属于劳动力的人数的百分比，用公式表示为：

$$\text{劳动力参与率}=(\text{劳动力}\div\text{成年人口})\times 100\%$$

劳动力参与率的高低，表明了社会经济政治发展水平和劳动力资源利用程度。影响劳动力参与率的因素很多，主要有：人口的年龄结构、性别结构、经济管理体制、用工制度、劳动保险和社会保障制度、文化教育发展状况、产业结构和产业政策、投资规模与结构等等。

二、复习题

1. GDP 衡量了哪两样东西？GDP 怎么能同时衡量这两样东西呢？

答：(1)国内生产总值(GDP)主要衡量社会总收入和社会总支出，即全社会所有经济单位获得的收入总和，以及用于购买最终产品与服务的总支出。在理论上，主要用收入法和支出法来计算 GDP。

(2)GDP 之所以能同时衡量这两样东西，是因为从会计的角度来看，收入意味着对方的支出，从整个宏观经济体系来看，收入和支出必然相等。GDP 既是总支出也是总收入，只是由不同的计算方法得出，两者是可替代的。

2. GDP 的四个组成部分是什么？对每个组成部分举一个例子。

答：GDP 是消费、投资、政府购买和净出口之和。

(1)消费是指消费者个人购买的产品和服务的价值，它是国民收入核算恒等式的一项。消费分为三个子项目：非耐用品、耐用品和服务。例如购买食品和电视。

(2)投资是指为获取预期收益而投入资金或资源的经济活动。投资可分为三个子项目：企业固定投资、住房固定投资和存货投资。例如购买新的设备。

(3)政府购买是指一国中央和地方政府所购买的产品和服务，它是国民收入核算恒等式中的一个项目。政府购买包括诸如军事设备购买、高速公路建设和为政府工作人员提供的服务支付工资等项目。

(4)净出口是指本国向其他国家出口的产品与服务的价值减去外国向本国提供的产品与服务的价值。例如，美国向其他国家出口玉米就属于净出口。

3. 消费者价格指数衡量什么？列举它与 GDP 平减指数不同的三个方面。

答：(1)消费者价格指数是反映消费品(包括服务)价格水平变动状况的一种价格指数，衡量经济系统中消费品的一般价格水平。消费者价格指数根据若干种主要日用消费品的零售价格以及服务费用而用加权平均法来编制。用公式表示为：

$$CPI=\frac{\text{一组固定商品按当期价格计算的价值}}{\text{一组固定商品按基期价格计算的价值}}\times 100\%$$

(2)消费者价格指数与 GDP 平减指数之间有三个关键的差别：

①GDP 平减指数衡量的是生产出来的全部产品与服务的价格，而 CPI 只衡量消费者购买的那一部分产品与服务的价格。

②GDP 平减指数只包括国内生产的产品，不包括进口品，所以进口品价格变动并不反映在 GDP 平减指数上，但会反映到 CPI 上。例如，日本制造而在美国销售的丰田汽车的价格上升影响美国 CPI(因为消费者购买丰田汽车)，但这种上升并不影响美国 GDP 平减指数。

③CPI 是用固定的一篮子产品计算出来的，而 GDP 平减指数是用可变的一篮子产品计算出来的。

4. CPI 和 PCE 平减指数的相似和不同之处是什么？

答：CPI 是指一篮子固定商品当年价格与基期价格的比率；PCE 平减指数是指名义消费数额和实际消费数额的比率。

(1)相似之处：①都只包括消费者所购买的那部分产品和服务的价格；②都包括了进口产品和服务的价格。

(2)不同之处：PCE 平减指数是用一篮子可变产品的价值计算的，而 CPI 是用一篮子固定产品的价值计算的。

5. 列出劳工统计局对经济中每个人归类所使用的三种类型。劳工统计局如何计算失业率？

答：美国劳工统计局调查人口时，把所有成年人归入三种类型中的一种：就业者、失业者或非劳动力者。失业率是失业者在劳动力中所占的比例，即失业率 =(失业人数/劳动力)×100%。

6. 描述劳工统计局衡量就业总量的两种方法。为什么它们不相同？

答：当劳工统计局每月报告失业率时，它还同时汇报其他各种形容劳动市场状况的统计数据。这些数据分为两类：一类如劳动力参与率是从家庭现期人口调查中得来的；另一类统计数据来自于一个对约 70 万个工作场所的约 145000 个商业和政府机构的调查。

由于劳工统计局进行两种劳动市场状况的调查，所以它产生了两种就业总数的度量。从家庭调查中，它得到了声称自己有工作的人数的估计。从机构调查中，它得到了企业工资名单上工人人数的估计。

虽然这两种度量正相关，但它们可能相互背离，特别是在短期内。对这两种度量出现背离的部分解释是由于这两种调查测量了不同的东西。例如，一个人经营自己的生意是自雇，家庭调查把这个人算为正在工作，而机构调查没有，因为这个人并不在任何一家企业的工资名单上。

对这种偏离另一部分的解释是调查并不完美。例如，当新的企业开张时，可能一段时间后它们才会被列入机构调查的范围。劳工统计局力图去估算初创企业中的就业人数，但是用来得到这些估计量的模型是误差的可能来源之一。一个不同的问题起因于家庭调查怎样从被调查的家庭来推断整个人口规模。如果劳工统计局使用不正确的人口规模来进行估算，这些误差将会被反映到对于家庭就业的估算中去。不正确的人口规模估算的可能来源之一是移民率的变化，这包括合法移民与非法移民。

三、问题与应用

1. 访问经济分析局的网站，找到最近一个季度的实际 GDP 增长率。访问劳工统计局的网站，找到去年的通货膨胀率和最近一个月的失业率。你如何解释这些数据？

答：(1)从经济分析局网站寻找 GDP 数据，可以发现 2023 年第四季度实际 GDP 增长率为 3.4%，与前三个季度的增长率 2.2%、2.1%、4.9% 相比，第四季度增速低于第三季度，高于第一季度和第二季度，后两个季度增速均明显高于前两个季度，经济回暖。

(2)从劳工统计局网站寻找去年的通货膨胀率数据，发现过去一年(2023.4 ~ 2024.3)通货膨胀率为 3.4%，比起 2023 年 4 月 4.9% 的通货膨胀率已经有所回落。

(3)从劳工统计局网站寻找失业率数据，发现 2024 年 3 月失业率为 3.8%，此前七个月一直维持在 3.7% ~ 3.9% 的水平，失业率趋于稳定。

2. 一个农民种植了1蒲式耳小麦，以1美元的价格把它卖给一个磨坊主。该磨坊主把小麦磨成面粉，然后以3美元的价格卖给一个面包师。该面包师用面粉制作面包，并以6美元的价格卖给一个工程师。该工程师吃了面包。每个人的增加值是多少？这个面包对GDP的贡献是多少？

答：每个人的增加值是商品的价值减去这个人为生产此商品所付的原材料的价值。

增加值：农民1美元；磨坊主2美元；面包师3美元。

$$GDP = 1 + 2 + 3 = 6(\text{美元})$$

可以看出，用此方法计算的GDP等于最终产品（面包）的价值，即这个面包对GDP的贡献是6美元。

3. 假定一个妇女嫁给了其男管家。在他们结婚之后，她的丈夫继续像以前一样照顾她，她也继续像以前一样养活他（但是把他作为丈夫而不是雇员）。他们的婚姻如何影响GDP？你认为它应该如何影响GDP？

答：当一个妇女嫁给了其男管家后，GDP将下降，下降的数量等于该男管家原先的工资。因为GDP并不是一种完善的经济活动衡量指标，它没有包括所有的商品和服务，计算GDP必须以市场价格来计算。在他们结婚之前，双方是雇佣关系，男管家出售自己的劳动获得收入，这个收入计算在GDP中。但结婚以后，尽管男管家继续自己以前的工作，而且妻子也继续养活他，但他们之间的支付已经不是一个市场交易的概念，所以，支付额不再计算在GDP之中。因此，他们的结婚将导致整个GDP下降。

如果GDP能真正衡量所有商品和服务的价值，那么他们的婚姻将不会影响GDP，因为经济活动总体没有改变。

4. 把下列交易归入支出的四个组成部分之一：消费、投资、政府购买和净出口。

a. 苹果公司向肯塔基州巴黎市的一所公立学校出售一台电脑。

b. 苹果公司向伊利诺伊州巴黎市的一家会计师事务所出售一台电脑。

c. 苹果公司向法国巴黎市的一家面包店出售一台电脑。

d. 苹果公司向帕里斯·希尔顿出售一台电脑。

e. 苹果公司制造了一台供明年出售的电脑。

答：a. 政府购买是指国家或地方政府购买的产品和服务，主要包括军事设备、高速公路和政府工作人员提供的服务等项目，所以苹果公司向肯塔基州巴黎市的一所公立学校出售一台电脑属于政府购买。

b. 投资由为未来使用而购买的产品构成，苹果公司向伊利诺伊州巴黎市的一家会计师事务所出售一台电脑属于投资。

c. 净出口是指与其他国家的贸易，等于出口减去进口。因此苹果公司向法国巴黎市的一家面包店出售一台电脑属于净出口。

d. 消费是指由家庭购买产品与服务。苹果公司向帕里斯·希尔顿出售一台电脑属于消费。

e. 存货投资是指企业产品存货的增加，属于投资的一部分。苹果公司制造了一台供明年出售的电脑属于投资（存货投资）。

5. 找到有关 GDP 及其组成部分的数据，计算在 1950 年、1990 年和能得到数据的最近一年下列组成部分在 GDP 中所占的百分比。

a. 个人消费支出。

b. 私人国内总投资。

c. 政府购买。

d. 净出口。

e. 国防购买。

f. 进口。

你看出了这些数据中存在任何稳定的关系吗？你看出什么趋势了吗？[提示：你可以在经济分析局的网站 **www. bea. gov** 找到这些数据。]

答：这些数据都可以从经济分析局的网站（www. bea. gov——在 GDP 和相关数据一栏中）下载得到，也可以从《总统经济报告》中的附录中直接获取以下百分比：

GDP 各项组成	1950	1990	2023
个人消费支出	64. 0%	63. 9%	60. 4%
私人国内总投资	18. 8%	16. 7%	-9. 2%
政府购买	16. 9%	20. 8%	28. 0%
净出口	0. 2%	-1. 3%	22. 8%
国防购买	7. 6%	6. 8%	4. 8%
进口	3. 9%	10. 6%	10. 0%

通过观察 1950、1990、2023 年的数据，可以发现经济有如下一些变化趋势：

a. 个人消费支出占 GDP 的 2/3 左右，从 1950 年到 2023 年该份额下降了 3. 6 个百分点。

b. 私人国内总投资占 GDP 的比重下降，在 2023 年甚至为负。

c. 从 1950 年到 2023 年，政府购买占 GDP 的比重呈上升趋势。

d. 1990 年时，净出口为负值。但是，1950 年和 2023 年时，净出口都为正值，且占比越来越大。

e. 从 1950 年到 2023 年，国防购买支出占 GDP 的比重呈下降趋势。

f. 进口占 GDP 的份额从 1950 年到 1990 年有所上升，从 1990 年到 2023 年又有所下降。

6. 蒂娜是蒂娜除草股份有限公司的唯一老板。某一年，该公司从客户那里得到了 1000000 美元的除草收入。公司设备价值折旧了 125000 美元。公司支付给工人的报酬为 600000 美元，工人交纳了 140000 美元税收。公司交纳了 50000 美元所得税，给蒂娜支付了 150000 美元股息。蒂娜支付了 60000 美元股息税。公司留存了 75000 美元收入供未来扩张使用。这一经济活动对以下各项的贡献分别是多少？

a. GDP。

b. NNP。

c. 国民收入。

d. 雇员报酬。

e. 业主收入。

f. 公司利润。

g. 个人收入。

h. 个人可支配收入。

答：a. GDP = 1000000（美元）。

b. 根据 NNP = GNP − 折旧，GNP = GDP + 来自国外的要素报酬 − 支付给国外的要素报酬，得：NNP = 1000000 − 125000 = 875000（美元）。

c. 国民收入 = 875000（美元）。

d. 雇员报酬 = 600000（美元）。

e. 业主收入 = 150000（美元）。

f. 公司利润 = 公司所得税 + 股息 + 留存收益 = 50000 + 150000 + 75000 = 275000（美元）。

g. 个人收入 = 875000 − 50000 − 75000 = 750000（美元）。

h. 个人可支配收入 = 个人收入 − 个人税收 = 750000 − 140000 − 60000 = 550000（美元）。

7. 考虑一个生产和消费热狗与汉堡的经济。下表是两个不同年份的数据。

产品	2010 年		2020 年	
	数量	价格	数量	价格
热狗	200	2 美元	250	4 美元
汉堡	200	3 美元	500	4 美元

a. 把 2010 年作为基年，计算每年的以下统计指标：名义 GDP、实际 GDP、GDP 的隐性价格平减指数，以及 CPI。

b. 在 2010～2020 年间，价格上涨了多少百分比？对每种产品以及 GDP 平减指数和 CPI 这两个总体价格水平的衡量指标，给出你的答案。比较这两个拉氏和帕氏价格指数（以上两个价格指数分属拉氏和帕氏价格指数）给出的答案。解释其差别。

答：a. 2010 年的情况是：

名义 GDP：

$$200 \times 2 + 200 \times 3 = 1000（美元）$$

实际 GDP：

$$200 \times 2 + 200 \times 3 = 1000（美元）$$

$$GDP 平减指数 = 名义 GDP/实际 GDP = 1$$

以固定一篮子物品计算的 CPI 固定加权物价指数为：

$$CPI = (200 \times 2 + 200 \times 3)/(200 \times 2 + 200 \times 3) = 1$$

2020 年的情况是：

名义 GDP：

$$250 \times 4 + 500 \times 4 = 3000（美元）$$

实际 GDP：

$$250 \times 2 + 500 \times 3 = 2000（美元）（以 2010 年的价格计算）$$

$$GDP 平减指数 = 名义 GDP/实际 GDP = 1.5$$

以固定一篮子物品计算的 CPI 固定加权物价指数为：

$$CPI = (200 \times 4 + 200 \times 4) / (200 \times 2 + 200 \times 3) = 1.6$$

b. GDP 平减指数属于帕氏指数，因为它是由变化了的一组商品计算出来的；CPI 属于拉氏指数，因为它是由确定的一组商品计算的。2020 年的 GDP 平减指数为 1.5，说明价格较 2010 年上涨了 50%；2020 年 CPI 是 1.6，说明价格较 2010 年上涨了 60%。

它们产生差别的原因主要在于：拉氏指数确定不同物品价格的固定加权数，而帕氏指数则确定可变的加权数。因此，在例题中，当汉堡价格上涨了 1.33 倍，而热狗价格上涨了 2 倍的情况下，热狗与汉堡之间的相对价格将上涨，但拉氏指数的加权数固定，不能反映由于相对价格发生变动而导致的购买数量的变动，因此，由拉氏价格计算出来的价格指数比由帕氏价格计算的价格指数要大。

8. 阿贝只消费苹果。在第 1 年，红苹果的价格是每个 1 美元，青苹果每个 2 美元，阿贝买了 10 个红苹果。在第 2 年，红苹果的价格是每个 2 美元，青苹果每个 1 美元，阿贝买了 10 个青苹果。

a. 计算每年苹果的消费者价格指数。假设第 1 年是基年，即消费者篮子固定的年份。从第 1 年到第 2 年，你计算的指数如何变动？

b. 计算阿贝每年在苹果上的名义支出。从第 1 年到第 2 年，名义支出如何变动？

c. 把第 1 年作为基年，计算阿贝每年在苹果上的实际支出。从第 1 年到第 2 年，实际支出有什么变动？

d. 把隐性价格平减指数定义为名义支出除以实际支出，计算每年的价格平减指数。从第 1 年到第 2 年，价格平减指数如何变动？

e. 假设阿贝吃红苹果或青苹果同样快乐。阿贝的真实生活成本增加了多少？比较这一答案与你得到的问题 a 和 d 的答案。关于拉氏和帕氏价格指数，这个例子告诉了你什么？

答： a. 假设第一年是基年，则第一年的 CPI = 1。第二年的 $CPI = (2 \times 10 + 1 \times 0) \div (1 \times 10 + 2 \times 0) = 2$。所以，根据 CPI，价格上涨了一倍。

b. 第一年对苹果的名义支出：

$$1 \times 10 = 10 \text{ 美元}$$

第二年对苹果的名义支出：

$$1 \times 10 = 10 \text{ 美元}$$

因此，两年的名义支出没有变动。

c. 实际支出是以基期价格计算的每年产出的总价值。第一年是基年，阿贝的实际支出等于她的名义支出，为 10 美元。在第二年，阿贝的实际支出 $= 10 \times 2 = 20$。因此，阿贝的实际支出从 10 美元上升到 20 美元。

d. 第二年的价格平减指数 = 名义支出 ÷ 实际支出 $= 10 \div 20 = 0.5$，价格平减指数显示价格降低了一半。

e. 如果阿贝认为吃红苹果和青苹果同样快乐，阿贝的生活支出与获得的福利水平在前后两年都没有发生改变。然而根据 CPI，生活成本上涨了一倍，这是因为，CPI 只考虑了红苹果的价格上涨了一倍，而忽略了由于基年没有消费的青苹果的价格降低。与 CPI 相比，用价格平减指数衡量的生活成本少了一半。因此，属于拉氏指数的 CPI 夸大了生活成本的上升，而属于帕氏指数的价格平减指数低估了生活成本的上升。

9. 考虑一个由100人组成的经济。这100人分成如下几个群体：25人有全职工作，20人有一份兼职工作，5人有两份兼职工作，10人想工作且正在找工作，10人想工作但丧失信心并放弃找工作了，10人经营自己的生意，10人退休了，还有10个人是小孩。

a. 计算劳动力规模和劳动力参与率。

b. 计算失业者人数和失业率。

c. 用两种方法计算总就业量：一种是按家庭调查来衡量，另一种是按机构调查来衡量。

答： a. 根据：

$$劳动力 = 就业人数 + 失业人数$$

$$劳动力参与率 = 劳动力/成年人口 \times 100\%$$

可得：

$$劳动力 = 25 + 20 + 5 + 10 + 10 = 70$$

$$劳动力参与率 = \frac{70}{90} \times 100\% \approx 77.8\%$$

b. 失业者包括那些愿意工作但没有找到工作的人，根据题意可得：

$$失业者人数 = 10$$

根据失业率 = 失业人数/劳动力 × 100%，可得：

$$失业率 = \frac{10}{70} \times 100\% \approx 14.3\%$$

c. 按家庭调查计算的总就业量为：

$$N_1 = 25 + 20 + 5 + 10 = 60$$

按机构调查计算的总就业量：

$$N_2 = 25 + 20 + 5 + 5 = 55$$

10. 当参议员罗伯特·肯尼迪(Robert Kennedy)1968年竞选总统时，他在一篇演讲中就GDP讲了以下一段话：

(GDP)没有考虑到孩子们的健康、他们的教育质量或者玩耍带给他们的快乐。它没有包括我们的诗歌之美好或婚姻之力量，没有包括我们关于公共问题争论的智慧或者我们公务员的正直。它既没有衡量出我们的勇气与智慧，也没有衡量出我们对祖国的热爱。简言之，它衡量一切，但并不包括使我们的生活有意义的东西，它可以告诉我们有关美国的一切，但没有告诉我们，为什么我们以作为美国人而骄傲。

罗伯特·肯尼迪的话正确吗？如果正确，我们为什么要关注GDP？

答： 对于经济发达的国家而言，他的话在一定程度上是对的。因为，GDP并不是一个完美的统计指标，它忽略了很多与社会福利水平相关的因素，比如环境污染、居民健康、家庭劳务等方面。而这些方面的因素对人们的生活质量的影响日益增大，尤其是在发达国家，他们的GDP已经足够大，更有理由来考虑如何改善其他指标。

仍旧要关注GDP的原因在于：

(1)GDP对于国家本身的经济活动的年度比较是有用的，因为以上所提到的无法涵括的内容在每一年都没有计入 GDP 之内。

(2)GDP 指标也有助于国家之间的横向比较，对于世界经济增长引擎地区的界定以及资本的流动方向提供了较为科学的指导。

(3)对于像中国这样的发展中国家而言，尽管应该重视 GDP 指标的以上不足，但目前的主要任务是发展问题。也就是说，目前的主要任务是发展生产力，进一步增加社会产出，即提高 GDP。只有具备了足够规模的 GDP，才有足够的社会财富来进一步考虑社会福利水平问题。

11. 考虑下列每一个事件可能如何增加或减少实际 GDP。对于每个事件，你认为社会中人均福利很可能与实际 GDP 同方向变动吗？为什么？

a. 佛罗里达的飓风迫使迪士尼乐园停业一个月。

b. 新的、更容易种植的小麦品种的发现增加了农场的收成。

c. 工会和经理之间敌对状态的加剧引起了罢工的爆发。

d. 整个经济中的企业都经历着需求的减少，导致企业解雇工人。

e. 国会通过了新的环境法，该法禁止企业使用排放大量污染的生产方法。

f. 更多的高中生辍学从事除草工作。

g. 全国的父亲减少工作周数，把更多的时间用于与孩子相处。

答：a. 实际 GDP 下降，由于迪士尼关闭不再提供任何服务，工人收入与股东收益的减少(国民账户的收入方面)以及人们在迪士尼消费的下降(国民账户的支出方面)致使国民收入下降。

b. 实际 GDP 上升，因为农场生产的小麦增加了。由于人们可以消费更多的小麦，致使国民收入增加。

c. 实际 GDP 下降，因为劳动的工人减少了，公司产量下降，从而实际 GDP 下降。

d. 实际 GDP 下降，因为公司解雇了大量工人，致使产量下降，从而实际 GDP 下降。

e. 实际 GDP 可能下降。企业转变生产方式，产出减少，污染也减少。经济福利可能上升，现在经济生产可计量的产出减少了，但空气更加清洁。清洁的空气不在市场交易，因而不出现在 GDP 中，但仍然是一种有价值的物品。

f. 实际 GDP 可能上升，因为高中生从不生产任何商品和服务的领域转向了创造价值的领域。实际 GDP 也可能下降，一般认为上学是一种投资行为，因为这增加了未来工人的工作效率。虽然国民账户并不考虑这种投资，然而值得注意的是，未来的实际 GDP 也许会下降。

g. 实际 GDP 下降。因为父亲在生产商品和服务上所花费的时间少了，可测量的 GDP 减少了，但不可测量的 GDP 却增加了，即培育孩子的服务增加了。

第二篇　古典理论：长期中的经济

第3章　国民收入：源自何处？去向何方？

3.1　复习笔记

【知识框架(庖丁解牛)】

- 国民收入
  - 生产函数
    - 规模报酬不变的生产函数
    - 柯布－道格拉斯生产函数
  - 国民收入的分配(新古典收入分配理论)
    - 新古典收入分配理论的假定
    - 企业的要素需求
    - 收入的分配
  - 总需求的决定
    - 总需求的决定因素
    - 产品与服务供求的均衡
    - 各种因素变化时的分析

【考点难点归纳(厚积薄发)】

考点一：生产函数　★★★

1. 规模报酬不变的生产函数

生产函数表示给定数量的资本和劳动与能够生产产出的关系。令 Y 为产出量，K 为资本量，L 为劳动量，生产函数可写为 $Y=F(K,\ L)$。

规模报酬不变是指产量增加的比例等于各种生产要素增加的比例，且各种生产要素增加的比例也是相同的。如果生产函数是规模报酬不变的，那么，当资本投入和劳动投入都增加10%时，产量也增加10%。用生产函数来表示，即：对任意一个正数 z，都有 $zY=F(zK,\ zL)$。

2. 柯布－道格拉斯生产函数

柯布－道格拉斯生产函数的一般形式为：$Y=AK^{\alpha}L^{1-\alpha}(0<\alpha<1)$。式中，$Y$ 为产量；A 表示技术系数；L 和 K 分别为劳动和资本投入量；α 为参数。该生产函数的主要特征见表3－1。

表3-1 柯布-道格拉斯生产函数的主要特征

特征	具体内容
规模报酬不变	当资本和劳动都增加$z(z>1)$倍时，$A(zK)^{\alpha}(zL)^{1-\alpha}=zAK^{\alpha}L^{1-\alpha}=zY$
要素边际生产力递减	$MPL=(1-\alpha)AK^{\alpha}L^{-\alpha}$；$MPK=\alpha AK^{\alpha-1}L^{1-\alpha}=\alpha A(L/K)^{1-\alpha}$ 由于$0<\alpha<1$，可证明得出劳动和资本的边际生产力递减
经济利润为零	要素报酬之和等于总产量，经济利润为零。 $MPK\times K+MPL\times L=\alpha AK^{\alpha-1}L^{1-\alpha}\times K+(1-\alpha)AK^{\alpha}L^{-\alpha}\times L=AK^{\alpha}L^{1-\alpha}$
要素所占份额固定	α和$1-\alpha$分别表示资本和劳动在生产过程中的相对重要性，或者说是表示资本所得和劳动所得在总产量中所占的份额。 $K\cdot MPK=\alpha AK^{\alpha-1}L^{1-\alpha}\cdot K=\alpha AK^{\alpha}L^{1-\alpha}$，即：$K\cdot MPK/(AK^{\alpha}L^{1-\alpha})=\alpha$。 $L\cdot MPL=(1-\alpha)AK^{\alpha}L^{-\alpha}\cdot L=(1-\alpha)AK^{\alpha}L^{1-\alpha}$，即：$L\cdot MPL/(AK^{\alpha}L^{1-\alpha})=1-\alpha$

考点二：国民收入的分配（新古典收入分配理论） ★★★

新古典收入分配理论是指研究国民收入如何在生产要素之间进行分配的理论，国民收入的分配由要素价格决定。

1. 新古典收入分配理论的假定（见表3-2）

表3-2 新古典收入分配理论的假定

假定	具体内容
完全竞争市场	完全竞争市场是指竞争充分而不受任何阻碍和干扰的一种市场结构，完全竞争市场中的企业是价格的接受者，产出价格和投入价格都是既定的，由市场供求决定
边际产量递减	在一种要素（资本或劳动力）投入量不变的情况下，随着另一种要素（劳动力或资本）投入量的增加，追加要素（劳动力或资本）的边际产量是递减的
欧拉定理	如果产品市场和要素市场都是完全竞争的，而且厂商生产的规模报酬不变，那么在市场均衡的条件下，所有生产要素实际所取得的报酬总量正好等于社会所生产的总产品

2. 企业的要素需求

企业对劳动和资本的需求是由以下过程决定的。

竞争性企业追求利润最大化，即有：

$$\max\pi=P\cdot F(K,\ L)-W\cdot L-R\cdot K$$

利润最大化的一阶条件为：

$$\partial\pi/\partial L=P\cdot MPL-W=0，\text{即：}MPL=W/P$$

$$\partial\pi/\partial K=P\cdot MPK-R=0，\text{即：}MPK=R/P$$

*MPL*曲线和*MPK*曲线分别就是企业的劳动和资本需求曲线。由于边际产量递减，从而得到向右下方倾斜的要素需求曲线。

从分析可以看出，一个处于完全竞争市场的追求利润最大化的企业在要素投入量的问题上遵循以下原则：其对每一种生产要素的需求会持续增加直到要素的边际产量递减到等于该要素实际的要素价格时为止。

3. 收入的分配

企业所有者的经济利润是其总收入扣除生产要素报酬之后留下来的收入。因此，有：

$$经济利润 = Y - (MPL \times L) - (MPK \times K)$$

将上式整理得：

$$Y = MPL \times L + MPK \times K + 经济利润$$

总收入由劳动报酬、资本收益和经济利润组成。

根据欧拉定理，如果生产函数具有规模报酬不变的性质，则经济利润为零，即：

$$Y = F(K,\ L) = MPL \times L + MPK \times K$$

因此，总收入在资本收益和劳动报酬之间的分配取决于它们各自的边际生产率。

需要注意的是，在生产函数规模报酬不变的情况下，经济利润为零，但是厂商获得了正常利润。考虑到企业所有者同时具有资本所有者的身份，可得：

$$会计利润 = 经济利润 + MPK \times K$$

考点三：总需求的决定 ★★★★★

1. 总需求的决定因素

一个封闭经济，经济中的产出用于消费、投资和政府购买。国民收入核算恒等式为：$Y = C + I + G$。

(1)消费：

消费取决于可支配收入$(Y-T)$。可支配收入越高，消费也越多。消费函数写为：$C = C(Y-T)$。边际消费倾向是指每增加一单位收入所引起的消费的变化。图 3－1 表示消费函数，消费函数的斜率是边际消费倾向 MPC。

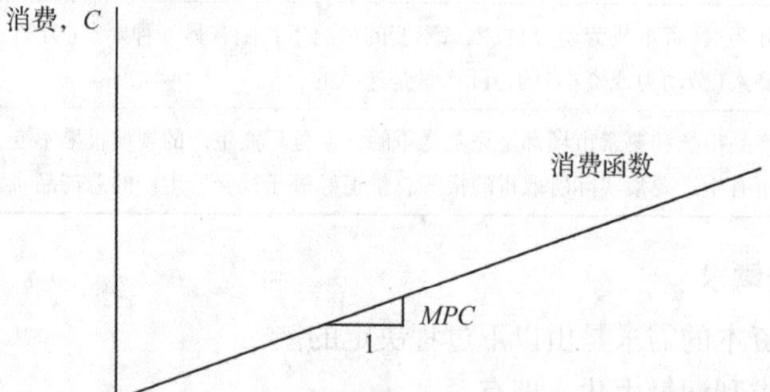

图 3－1　消费函数

(2)投资：

利率是借贷的成本，因此投资的多少取决于实际利率的高低，实际利率越高，投资越少。投资函数写为：$I = I(r)$，如图 3－2 所示。

(3)政府购买：

政府购买和税收是财政政策的外生变量，可写为：$G = \overline{G}$，$T = \overline{T}$。

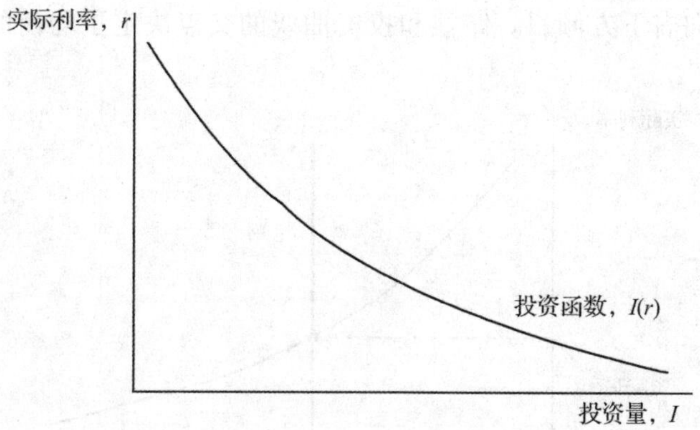

图 3－2　投资函数

2. 产品与服务供求的均衡

在产品与服务供求均衡中，利率起着至关重要的作用，利率主要通过影响可贷资金的供求来影响产品与服务的供求。

(1)产品与服务市场的均衡：

产品与服务的需求：

$$Y = C + I + G$$
$$C = C(Y - T)$$
$$I = I(r)$$
$$G = \overline{G},\ T = \overline{T}$$

产品与服务的供给：

$$Y = F(\overline{K},\ \overline{L}) = \overline{Y}$$

产品与服务市场供求相等时，可得：

$$\overline{Y} = C(\overline{Y} - \overline{T}) + I(r) + \overline{G}$$

实际利率是此方程式中唯一没有确定的变量，实际利率的调整使得此方程式成立。如果实际利率极高，投资极低，产出就会供过于求。如果实际利率极低，投资极高，产出就会供不应求。在均衡利率时，产品与服务实现供求平衡。

(2)金融市场的均衡：

把国民收入核算恒等式改写成：

$$Y - C - G = I$$

其中，$Y - C - G$ 被定义为国民储蓄，即满足消费者和政府需求后的产量。在此情形下，国民收入核算恒等式表示储蓄与投资相等。

把消费函数和投资函数代入国民收入核算恒等式，得：

$$Y - C(Y - T) - G = I(r)$$

因为 G 和 T 由财政政策决定，Y 由生产要素和生产函数决定，所以：

$$\overline{Y} - C(\overline{Y} - \overline{T}) - \overline{G} = I(r)$$
$$\overline{S} = I(r)$$

利率调整使得储蓄和投资相等。储蓄是外生给定的，用一条垂直线表示，投资和利率负相关，投资曲线向右下方倾斜。储蓄和投资曲线的交点决定了均衡的利率，如图 3－3 所示。

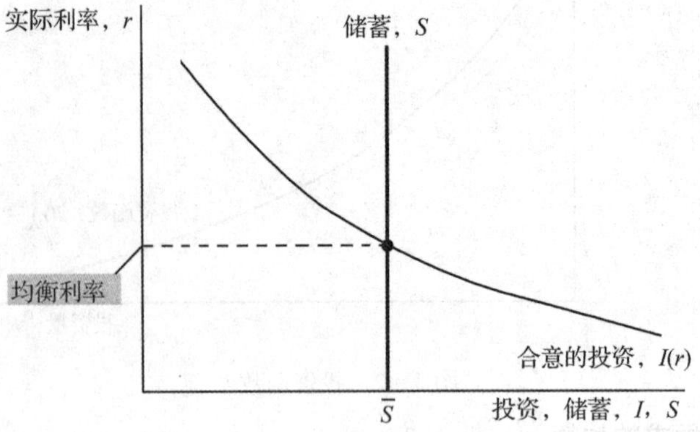

图 3－3　储蓄、投资和利率

3. 各种因素发生变化时的分析

(1)财政政策的影响：

①政府购买的增加。如图 3－4 所示，政府购买的增加，使得公共储蓄减少，从而储蓄曲线向左移动。当达到新的均衡时，利率上升。因此，政府购买的增加引起利率上升和投资减少，可以说政府购买挤出了部分投资。

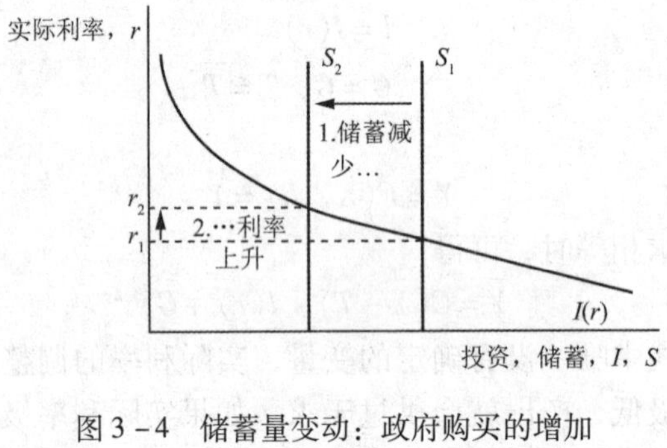

图 3－4　储蓄量变动：政府购买的增加

②税收的减少。税收减少，增加了消费者的可支配收入，从而消费增加，增加量为 *MPC* 乘税收减少量，由于产出不变，所以必然导致投资减少来弥补，从而利率上升，也挤出了投资。

(2)投资需求的变动：

投资需求增加的原因：一是技术创新，另一个就是政府通过税收政策对投资进行鼓励。

投资需求增加会使投资曲线向右平移，如图 3－5(a)所示，由于储蓄是固定不变的，所以投资需求的增加使利率上升，投资量不变。也即由于存在固定的可贷资金供给，投资需求的增加仅仅提高了均衡利率。

当储蓄是利率的函数即 $S = S(r)$ 时，储蓄曲线将向右上方倾斜，而不是垂直。从而可知，当投资需求增加时，既提高了均衡利率，又增加了均衡投资量，如图 3－5(b)所示。

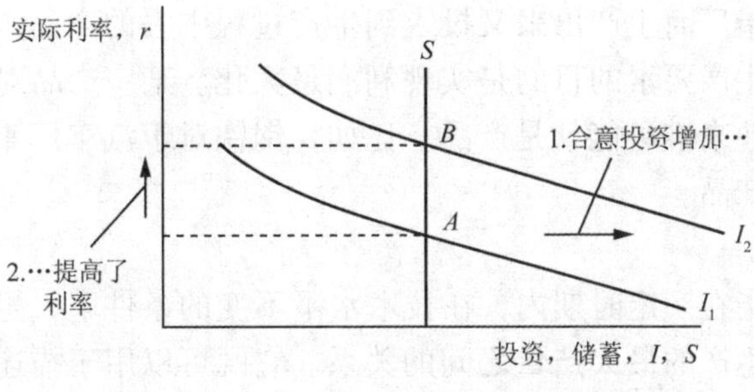

图 3－5(a)　投资需求的增加：储蓄与利率无关

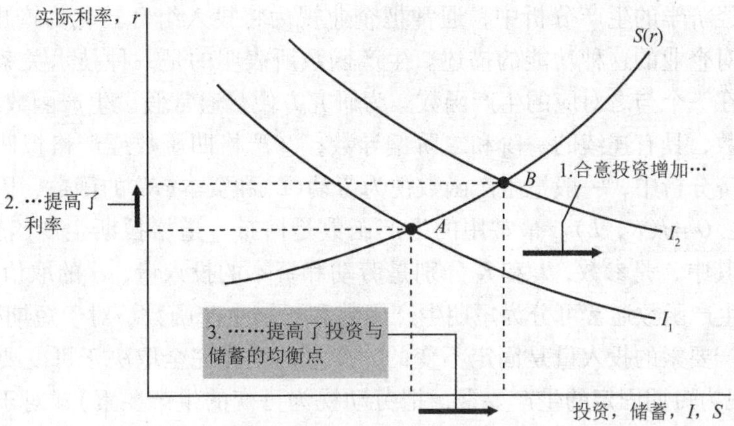

图 3－5(b)　投资需求的增加：储蓄与利率正相关

3.2　课后习题详解

一、概念题

1．生产要素

答：生产要素是指为进行生产和服务活动而投入的各种经济资源。要进行生产活动，就要投入各种经济资源。通常将生产要素分为两大类：中间生产要素(或者称之为中间产品)和原始生产要素。

原始生产要素的所有者是消费者，消费者提供要素的目的是实现效用最大化。在经济学中，原始生产要素包括以下四种：

(1)劳动：人类在生产活动中所付出的体力和智力的活动，是所有生产要素中最具有能动性的因素，劳动者是劳动这一生产要素的基本所有者。

(2)资本：人类生产出来又用于生产中的经济货物，包括机器、厂房、工具等生产资料。从企业的角度看，既包括有形的资产，也包括无形资产，如商标、信誉和专利权等。通常货币资本并不计入生产要素中。

(3)土地：包括土地、河流、森林、矿藏、野生生物等一切的自然资源，它们来自于大自然的恩赐，是最稀缺的经济资源。

(4)企业家才能：综合运用其他生产要素进行生产、革新、从事企业组织和经营管理的能力，以及创新和冒险精神。

中间生产要素是指厂商生产出来又投入到生产过程中去的产品，这类要素的所有者是厂商，厂商提供中间生产要素的目的是实现利润最大化。某一产品对某一个企业来说是中间产品，对另一个企业来讲可能就是产品。比如，钢铁对于汽车厂来讲是中间产品，但它对于钢铁厂来讲就是产品。

2. 生产函数

答： 生产函数是指在一定时期内，在技术水平不变的条件下，生产中所使用的各种生产要素的数量与所能生产的最大产量之间的关系。它既可以用于描述某个企业或行业的生产特征，也可以作为总生产函数应用于整个经济。

在新古典经济学的生产分析中，通常把企业视为将投入组合转化为产出的“黑匣子”，生产函数就是对企业的这种功能的描述。生产函数所表明的是一种技术关系。在任何技术条件下，都存在一个与之对应的生产函数。为研究方便，通常假设生产函数满足如下假定：①单值连续函数，具有连续的一阶和二阶偏导数；②严格凹函数或严格拟凹函数；③递增的函数。在经济分析中，一般把生产函数视为劳动(L)和资本(K)的函数，因此简单的生产函数可表示为：$Q=f(K, L)$。最常用的生产函数是柯布－道格拉斯生产函数，其公式为：$Q=AL^{\alpha}K^{1-\alpha}$。其中 A 是参数，L 和 K 分别是劳动和资本的投入量，α 的取值大于 0 小于 1，Q 表示产量。生产函数通常可分为短期生产函数和长期生产函数。对于短期生产函数来说，至少有一种生产要素的投入量是固定不变的，产量的变化完全取决于可变要素的投入水平(通常把资本视为短期固定的生产要素，把劳动视为可变的生产要素)；对于长期生产函数来说，所有的生产要素都是可变的。

3. 规模报酬不变

答： 规模报酬不变是指产量增加的比例等于各种生产要素增加的比例，即投入扩大某一倍数，产出也扩大相同的倍数。对于生产函数 $Y=F(K, L)$ 而言，若 $zY=F(zK, zL)$ 成立，则该生产函数为规模报酬不变的生产函数，其中 z 为大于 1 的常数。

4. 要素价格

答： 要素价格是支付给生产要素的报酬，包括支付给工人的工资和支付给资本所有者的租金。要素价格是由要素的供求所决定的。假设经济中的生产要素是固定的，所以供给曲线是一条垂直线，需求曲线向下倾斜，供给与需求的交点决定了均衡的要素价格，如图 3－6 所示。

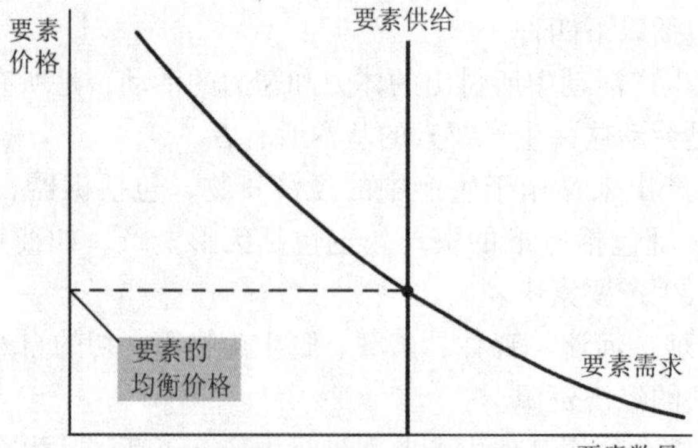

图 3－6　要素价格决定

5. 竞争性企业

答： 竞争性是经济学中对一般企业所作的一个假设，竞争性的企业对市场价格完全没有影响，它仅仅是价格的接受者，包括雇用工人的工资。因此，竞争性企业将产出和投入的价格都视为由市场条件决定。

6. 利润

答： 经济学中的利润概念是指经济利润，等于总收入减去总成本的差额。总成本既包括显性成本也包括隐性成本。因此，经济学中的利润概念与会计利润也不一样。

经济利润可以为正、负或零。在经济学中，经济利润对资源配置和重新配置具有重要意义。如果某一行业存在着正的经济利润，这意味着该行业内企业的总收益超过了机会成本，生产资源的所有者将要把资源从其他行业转入这个行业中，因为他们在该行业中可能获得的收益超过了该资源从其他用途中获得的收益。反之，如果一个行业的经济利润为负，生产资源将要从该行业退出。经济利润是资源配置和重新配置的信号。正的经济利润是资源进入某一行业的信号；负的经济利润是资源从某一行业撤出的信号；只有经济利润为零时，企业才没有进入某一行业或从中退出的动机。

7. 劳动的边际产量

答： 劳动的边际产量是指在资本投入不变的情况下，增加一单位劳动投入所增加的产量。$MPL = F(K, L+1) - F(K, L)$，该式右边第一项是使用 K 单位资本和 $L+1$ 单位劳动在既定技术条件下所生产的产出量；第二项是使用 K 单位资本和 L 单位劳动在既定技术条件下所生产的产出量。这个式子说明，劳动的边际产量是用 $L+1$ 单位劳动和仅用 L 单位劳动所生产的产出量之差。随着劳动投入量的增加，劳动的边际产量通常先递增，达到最大值后，开始减少。

8. 边际产量递减

答： 边际产量递减是指在其他条件不变的情况下，如果一种投入要素连续等量地增加，增加到一定产值后，所生产的产品的增量就会下降，即可变要素的边际产量会递减。

边际产量递减存在的原因是：随着可变要素投入量的增加，可变要素投入量与固定要素投入量之间的比例在发生变化。在可变要素投入量增加的最初阶段，相对于固定要素来说，可变要素投入过少，因此，随着可变要素投入量的增加，其边际产量递增。当可变要素与固定要素的配合比例恰当时，边际产量达到最大。如果再继续增加可变要素投入量，由于其他要素的数量是固定的，可变要素就相对过多，于是边际产量就必然递减。

边际产量递减规律是有条件的：①以技术不变为前提；②以其他生产要素固定不变，只有一种生产要素的变动为前提；③在可变要素增加到一定程度之后才出现；④假定所有的可变投入要素是同质的，如所有劳动者在操作技术、劳动积极性等各个方面都没有差异。

9. 实际工资

答： 实际工资是用产品而不是用货币衡量的工资，它等于名义工资与价格水平的比值，即 $\omega = W/P$。实际工资是企业雇佣劳动的成本。完全竞争条件下，追求利润最大化的企业雇佣劳动要到劳动的边际产量 MPL 等于实际工资 ω 这一点对应的劳动量为止。因为如果多使用一单位劳动而带来的额外收益 $P \cdot MPL$ 大于名义工资 W，额外的一单位劳动就会增加利润，企业会继续雇佣劳动，直到劳动的边际产量等于实际工资。

10. 资本的边际产量

答：资本的边际产量是指在劳动投入量不变的条件下，一个产业中资本投入增加一单位所增加的产出量。资本边际产量存在递减规律，即在一定的技术条件下，如果其他投入要素的数量保持不变，在生产过程中不断增加一种资本的使用量，最终会超过某一定点，造成总产量的边际增加量(可变投入要素的边际产量)递减。凯恩斯认为不断增加的资本投入，其单位资本的收益率是递减的，这一规律必然引起投资需求的不足。

11. 资本的实际租赁价格

答：资本的实际租赁价格是用产品而不是货币衡量的租赁价格。它等于名义租赁价格 R 与价格水平 P 的比值，即 $r=R/P$。追求利润最大化的企业使用资本要到资本的边际产量 MPK 等于实际租赁价格 r 这一点为止。因为如果多使用一单位资本而带来的额外收益 MPK 大于实际租赁价格 r，额外的一单位资本就会增加利润，企业会继续增加资本使用量，直到资本的边际产量等于实际租赁价格。

12. 经济利润 vs. 会计利润

答：经济利润是指属于企业所有者的，超过生产过程中所运用的所有要素的机会成本的一种收益。经济利润 $=Y-(MPL\times L)-(MPK\times K)$。会计利润是厂商的总收益与会计成本的差，也就是厂商在申报应缴纳所得税时的账面利润。会计利润等于经济利润和资本利润之和，即会计利润 = 经济利润 $+(MPK\times K)$。

13. 柯布－道格拉斯生产函数

答：柯布－道格拉斯生产函数是在 20 世纪 30 年代初，由美国经济学家柯布(Charles W · Cobb)和道格拉斯(Paul H · Douglas)根据美国 1899 ~ 1922 年间的制造业的历史统计资料得出的反映资本和劳动的投入量与产量之间关系的函数。柯布－道格拉斯生产函数的公式为：

$$Q=f(L,\ K)=AL^{\alpha}K^{1-\alpha}$$

其中，Q 表示产量，L 表示劳动投入量，K 表示资本投入量，A 是正常数，α 是小于 1 的正数。这一公式表明：在总产量中，劳动收益的相对份额是 α，资本收益的相对份额是 $1-\alpha$。该函数被认为不仅能研究生产要素同产量之间的关系，而且可以考察技术进步与产量之间的关系(A 是表示技术进步的参数)。

14. 可支配收入

答：可支配收入是反映居民家庭全部现金收入中能用于安排家庭日常生活的那部分收入，即用家庭中得到的全部现金收入减去个人所得税、记账补贴及家庭从事副业生产支出的费用。可支配收入一般指个人可支配收入。个人收入不能全归个人支配，因为还要缴纳个人所得税，因此，税后的个人收入才是个人可支配收入，即人们可随意用来消费和储蓄的收入。个人可支配收入等于个人收入扣除向政府缴纳的所得税、遗产税和赠予税、不动产税、人头税、汽车使用税以及交给政府的非商业性费用等以后的余额。个人可支配收入被认为是消费开支的决定性因素，常被用来衡量一国的生活水平。

15. 消费函数

答：消费函数是描述消费与诸影响因素之间的关系的函数。在宏观经济中，消费支出受某些因素影响，如国民收入水平、价格水平、利率、收入分配、个人偏好、社会风尚等。经济学家一般认为，在影响消费的各种因素中，收入是影响消费最重要、最稳定的因素，即消费是收入的函数。根据凯恩斯的收入决定理论，收入是消费的主要决定因素，利率不重要，因而消费函数的表达式为 $C=C_0+cY$，$C_0>0$，$0<c<1$，其中 c 即是边际消费倾向（MPC）。消费函数理论最先由凯恩斯提出，并成为《就业、利息和货币通论》的基石之一。凯恩斯认为，边际消费倾向是一个正数且小于1，他认为边际消费倾向小于平均消费倾向，平均消费会随着收入水平的提高而下降，这就是凯恩斯的绝对收入假设。但二战后的研究表明，绝对收入假设适用于短期分析而不适用于长期分析。因此，为了弥补凯恩斯主义的不足，相对收入假设、生命周期假设和永久收入假设相继兴起和发展起来。

16. 边际消费倾向

答：边际消费倾向与“平均消费倾向”是相对而言的，是指每增加一单位收入所引起的消费的变化。可以用以下式子来表示：

$$MPC=\frac{\Delta C}{\Delta Y}$$

其中，ΔC 表示增加的消费，ΔY 表示增加的收入。一般而言，边际消费倾向在0和1之间波动。在经济学中，任何增加的收入无非有两个用途：消费和储蓄。所以，边际消费倾向与边际储蓄倾向之和必定为1。根据消费统计资料，短期中的边际消费倾向小于平均消费倾向，长期中的边际消费倾向等于平均消费倾向。边际消费倾向既可以指国民收入的消费倾向，也可以指可支配收入的消费倾向。

17. 利率

答：利息是为使用一段时间的资金而进行的支付，单位时间内付出的利息数量作为资金余额的一个分数就称之为利率。

在经济学中，利率被视为货币的价格或借入货币的价格。到底什么决定利率的结构和变化，可以说这一直是经济学一个争论不休的话题。“古典学派”认为，利率是资本的价格，而资本的供给和需求决定利率的变化；凯恩斯则把利率看作是“使用货币的代价”，在他的理论中，货币供给由中央银行控制（货币供给为外生变量），而货币需求取决于人们心理上的“流动性偏好”，货币供给和货币需求决定利率水平。

18. 名义利率

答：按照利率的真实水平，利率可划分为名义利率和实际利率。其中，名义利率是中央银行或其他提供资金借贷的机构所公布的未调整通货膨胀因素的利率，即利息（报酬）的货币额与本金的货币额的比例。

名义利率并不是投资者能够获得的真实收益，还与货币的购买力有关。如果发生通货膨胀，投资者所得的货币购买力会降低，因此投资者所获得的真实收益必须剔除通货膨胀的影响，剔除了通货膨胀影响的利率就是实际利率。

19. 实际利率

答：按照利率的真实水平，利率可划分为名义利率和实际利率。其中，实际利率是指物价不变，从而货币购买力不变条件下的利率。通常情况下，名义利率扣除通货膨胀率为实际利率，即实际利率 = 名义利率 - 通货膨胀率。

应该着重指出的是，名义利率是适应通货膨胀的变化而变化的，但并非同步的，从而现实中人们必然以预期的通货膨胀率来代替公式中的通货膨胀率，否则实际利率的测算往往呈现滞后的问题，但这样同时也使得实际利率水平带有较大的主观性。

实际利率对经济有实质性影响。区分名义利率与实际利率的意义在于，它为分析通货膨胀下的利率变动及其影响提供了理论依据与工具，便于利率杠杆的操作。

20. 国民储蓄(储蓄)

答：国民储蓄是私人储蓄和公共储蓄之和。国民储蓄 = 私人储蓄 + 公共储蓄 = $(Y-T-C)+(T-G)=Y-C-G$。私人消费和政府财政政策的变化都会引起国民储蓄的变化。国民储蓄和投资共同决定均衡的利率，国民储蓄增加，会使储蓄曲线右移，降低利率；国民储蓄减少，会使储蓄曲线左移，提高利率。

21. 私人储蓄

答：私人储蓄是指社会公众或居民将个人可支配收入扣去消费以后所余下的部分，在内容上由个人储蓄和企业储蓄两部分构成。它是市场经济中投资活动的主要来源，因此是一国资本形成和经济增长的重要支柱。进行私人储蓄的行为是典型的市场主体决策行为，所以经济学中关于储蓄的理论(如储蓄动机、储蓄倾向、储蓄水平等)大部分是围绕着私人储蓄来展开的。由于私人储蓄可能大于或小于意愿的投资水平，因此政府需要采取宏观政策以对公共储蓄进行调节，或引入国外储蓄进行补充。

22. 公共储蓄

答：公共储蓄亦称政府储蓄，是指财政收入与财政支出的差额。若财政收入大于财政支出，就称为财政盈余或正储蓄；如果财政收入小于财政支出，就称为财政赤字或负储蓄。但一般说政府储蓄时指的是正储蓄。政府储蓄可以通过增收、节支的手段来实现，但从目前大多数国家情况看，节支与增收均较困难，财政多呈现赤字，政府没有储蓄，需发行国债借老百姓的钱弥补财政赤字。

23. 可贷资金

答：可贷资金是指可贷给资金需求者的资金。可贷资金的供给主要来自于储蓄，可贷资金的需求主要来自于投资，可贷资金的供给和需求决定了均衡利率。如图 3－7 所示，垂直线代表储蓄，即可贷资金的供给；向下倾斜的曲线代表投资，即可贷资金的需求。这两条曲线的交点决定了均衡利率。

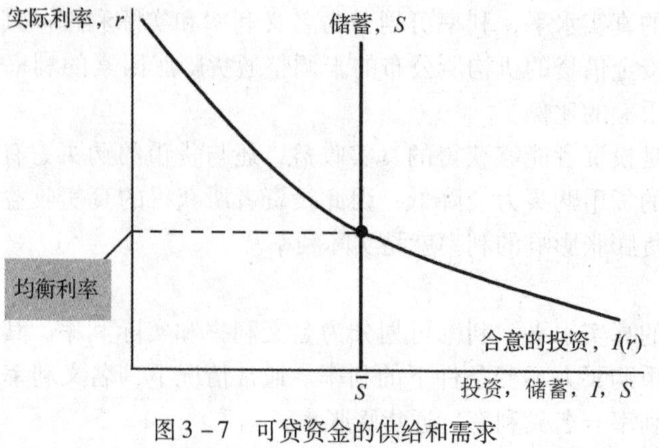

图 3－7　可贷资金的供给和需求

24. 挤出

答：挤出是指政府购买增加引起利率上升，从而私人消费或投资减少。挤出效应作用的机制：一是政府支出增加，商品市场上竞争加剧，价格上涨，实际货币供应量减少，因而用于投机目的的货币量减少；二是用于投机目的的货币量减少引起债券价格下降，利率上升，结果投资减少。由于存在着货币幻觉，在短期内，将会有产量增加。但在长期内，如果经济已经处于充分就业状态，那么增加政府支出只能挤占私人支出。货币主义者认为，当政府增加支出而没有增加货币供给时，那么实际上是用政府支出代替私人支出，总需求不变，生产也不会增长。所以，货币主义者认为财政政策不能刺激经济增长。

二、复习题

1. 什么决定了一个经济生产的产出量？

答：一个经济生产的产出量主要由该经济的生产要素与技术水平决定。生产要素是用于生产产品与服务的投入。经济学考虑的生产要素主要有土地、资本和劳动三种，进一步说，主要讨论劳动和资本。技术水平则反映了在给定的投入要素下能够生产多少产出。一般地，投入要素增加或技术水平进步将导致产出增加。

2. 解释一个竞争性的、利润最大化的企业如何决定每种生产要素的需求量。

答：作为竞争性的、利润最大化的企业，它决定每种生产要素的需求量在于这种要素能为它带来多大利润。

比如说，多使用一单位额外的劳动会导致产出和收益增加，企业将这额外的收入与更高的工资账单带来的额外成本做比较。企业的额外的收入取决于劳动的边际生产率（MPL）和产品的价格 P。增加一单位劳动导致的产出增加量就是 MPL，其价格就是 P。因此，额外的收入就是 $P \times MPL$。多雇佣一单位劳动的成本是工资 W。使用劳动量的决策就取决于以下式子：利润的变动 = 收入变动 - 成本变动 = $(P \times MPL) - W$。若多雇佣一单位劳动时增加的收入（$P \times MPL$）超过了增加的成本 W，则利润就增加了。只要企业每多购买一单位的要素（比如劳动）带来的利润为正，企业将继续购买这种要素以获得更多利润。

但是，企业生产所需要的并不仅仅是一种要素，而且在生产过程中存在要素的边际产量递减效应。即企业继续购买更多的要素，而这些要素给企业带来的利润递减，直到企业购买的最后一单位要素的成本与其产出相等，即该单位要素所带来的利润为零时，企业将不再购买该要素，因为继续购买将导致企业利润下降。

因此，可以得出如下结论：当企业购买的某要素的边际利润等于零时，企业不再购买该要素。

3. 在收入分配中规模报酬不变的作用是什么？

答：规模报酬不变意味着投入要素都增加 $n(n>1)$ 倍时，产出也增加 n 倍。如果一个竞争性的追求利润最大化的企业规模报酬不变，那么，它首先将根据第 2 题中的条件来决定购买的投入要素，然后以这些投入要素来进行生产；其次，由于第 2 题的结论，企业最后获得的经济利润为零，即在收入分配上，它将出售产品所获得的收入全部分配给要素。比如：按照 $MPL \times L$ 来分配劳动收入，按照 $MPK \times K$ 来分配资本收入。

4. 写出资本回报是总收入的 1/4 的柯布 - 道格拉斯生产函数。

答：柯布 - 道格拉斯生产函数的一般形式为：

$$F(K, L) = AK^{\alpha}L^{1-\alpha}$$

式中，A 是一个大于 0 的参数，衡量现有技术的生产率。α 和 $1-\alpha$ 分别表示资本和劳动在生产过程中的相对重要性。$1-\alpha$ 为劳动所得在总产量中所占的份额，α 为资本所得在总产量中所占的份额。资本回报是总收入的1/4，即要求 $\alpha=1/4$，因此相应的柯布－道格拉斯生产函数可写为：

$$F(K,\ L)=AK^{\frac{1}{4}}L^{\frac{3}{4}}$$

5. 什么决定了消费和投资？

答：(1)可支配收入决定消费，并且消费与可支配收入正相关。可支配收入是总收入扣除税收之后的量。从经济学的角度来看，可支配收入越高，消费越多；反之，消费越少。

(2)实际利率水平决定投资。实际利率衡量了资本的使用成本。投资与实际利率水平呈负相关的关系，即实际利率水平越高，投资越少；反之，投资越多。

6. 解释政府购买和转移支付之间的差别。每种情况各举两个例子。

答：(1)政府购买是指政府像消费者一样直接购买产品和服务，而转移支付则是政府将政府收入的一部分向特定人群进行转移，这个过程中没有商品或服务的交换。它们的区别是：政府购买计入GDP，而转移支付不计入GDP。

(2)政府购买的例子有：政府购买导弹、坦克等军火扩充国家武装力量，修建公路，政府支付公务员工资提供管理服务。

转移支付的例子有：社会保障方面对老年人的支付，失业社会保险，退伍军人津贴。

7. 什么使经济中产品与服务的需求与供给相等？

答：消费、投资以及政府购买决定了经济中对产品的需求，而生产要素和生产函数则决定了产品的供给。经济体系中产品和服务的供给与需求的平衡是由经济体系的实际利率来调节的，或者说是由非意愿存货来调节的，两者是同一个道理。在经济学中，把企业的非意愿存货变动视为企业的投资，而投资是由实际利率来进行调节的。因此，归根结底，经济系统的供给与需求之间的平衡是由实际利率的变动来实现的。

8. 解释当政府增加税收时，消费、投资和利率会发生什么变动。

答：政府增加税收，使消费减少、投资增加、实际利率降低。分析如下：

政府增加税收减少了居民可支配收入，从而降低了消费。消费的减少额等于税收的增加额乘以边际消费倾向(*MPC*)。边际消费倾向越大，增税对消费的挤出就越大。而产出因为生产要素和生产技术固定而不变，政府购买也不变，消费的减少要由投资的增加来抵消。而投资要增加，实际利率必须下降。因此，政府增税导致消费减少，实际利率降低和投资增加。

三、问题与应用

1. 用新古典分配理论预测下列每个事件对实际工资和资本实际租赁价格的影响：

a. 移民潮增加了劳动力。

b. 地震摧毁了部分资本存量。

c. 技术进步改善了生产函数。

d. 高通货膨胀令经济中所有要素和产出的价格翻倍。

答：a. 根据新古典分配理论，实际工资等于劳动边际产量。移民潮增加了劳动力供给，由于劳动的边际报酬递减，劳动力的增加引起劳动边际产量下降，使得实际工资降低。

b. 地震摧毁了部分资本存量（并奇迹般地没有出现人员伤亡，劳动力数量不变），资本的边际产出上升。根据新古典分配理论，实际租赁价格等于资本边际产出。因此，实际租赁价格将上升。

c. 实际工资和资本的实际租赁价格都将上升。因为，技术进步意味着同样多的劳动和资本将生产更多的产品，即单位劳动和单位资本的回报将上升。根据新古典分配理论，实际工资应等于劳动的边际回报率，实际资本租赁价格应等于资本的边际回报率。因此，它们都将上升。

d. 高通货膨胀使名义工资 W、名义资本租赁价格 R 和价格水平 P 同比例上涨，根据实际工资和资本实际租赁价格的计算公式，可知此时实际工资和资本实际租赁价格都保持不变。

2. 假定中世纪欧洲的生产函数是 $Y=K^{0.5}L^{0.5}$，其中 K 是土地数量，L 是劳动数量。该经济一开始有 100 单位土地和 100 单位劳动。用计算器和本章的方程求出以下每个问题的答案：

a. 该经济生产多少产出？

b. 工资和土地租赁价格是多少？

c. 劳动收到的产出份额是多少？

d. 如果有一半的人口因为一场瘟疫而病死了，那么新的产出水平是多少？

e. 新的工资和土地租赁价格是多少？

f. 劳动现在收到的产出份额是多少？

答：a. 根据题意，有 $Y=K^{0.5}L^{0.5}$，$K=100$，$L=100$，得：

$$Y=100$$

即该经济生产 100 单位产出。

b. 根据工资 $W=MPL$，土地租赁价格 $R=MPK$（此处用 W 和 R 表示实际工资和实际土地租赁价格），得：

$$W=0.5,\ R=0.5$$

c. 根据题意，有 $Y=K^{0.5}L^{0.5}$，即 $\alpha=0.5$，并且劳动收到的产出份额 $=\alpha$。

因此，劳动收到的产出份额是 50%，产出总额为 $Y_L=100\times0.5=50$。

d. 如果有一半的人口因为一场瘟疫而病死了，即 $L_1=50$，则：

$$Y_1=50\sqrt{2}\approx70.71$$

即新的产出水平是 70.71 单位。

e. 根据工资 $W=MPL$，土地租赁价格 $R=MPK$（此处用 W 和 R 表示实际工资和实际土地租赁价格），得：

$$W_1=\frac{1}{2}\sqrt{2}\approx0.71,\ R_1=\frac{1}{2}\sqrt{\frac{1}{2}}\approx0.35$$

即新的工资为 0.71，新的土地租赁价格是 0.35。

f. 根据劳动收到的产出份额等于 α，得：劳动现在收到的产出份额仍是 50%。

根据边际产出 MPL 和劳动数量，得：此时劳动的产出总量为 $Y_L'=50\times\frac{1}{2}\sqrt{2}=25\sqrt{2}\approx35.36$。

3. 如果资本和劳动各增加10%而引起的产出增加少于10%，我们说生产函数表现出规模报酬递减(decreasing returns to scale)的性质。如果资本和劳动各增加10%而引起的产出增加多于10%，我们说生产函数表现出规模报酬递增(increasing returns to scale)的性质。为什么生产函数可能表现出规模报酬递减或递增呢？

答：(1)如果所有的生产要素增加同样的百分比而产出的增加却小于这一比例，则生产函数表现为规模报酬递减。出现这种情况，可能是因为生产函数中存在另外一种固定的投入要素(比如土地)，当资本和劳动都增加时，它保持不变，使得这种要素相对而言显得更加稀缺，从而导致规模报酬递减。

(2)如果所有的生产要素增加同样的百分比而产出的增加却大于这一比例，则生产函数表现为规模报酬递增。出现这种情况，可能是因为社会化分工进一步细致。因为分工更细，可以使单位劳动的生产效率更高，从而表现为整个生产函数的规模报酬递增。

4. 假定某经济的生产函数是参数 $\alpha=0.3$ 的柯布－道格拉斯生产函数。

a. 资本和劳动得到的收入比例是多少？

b. 假定移民使劳动力增加了10%。总产出会发生什么变化(用百分比表示)？资本的租赁价格呢？实际工资呢？

c. 假定来自国外的资本捐赠使资产存量增加了10%。总产出会发生什么变化(用百分比表示)？资本的租赁价格呢？实际工资呢？

d. 假定技术进步使参数 A 的值提高了10%。总产出会发生什么变化(用百分比表示)？资本的租赁价格呢？实际工资呢？

解：a. 当参数 $\alpha=0.3$ 时，对应的柯布－道格拉斯生产函数为 $F(K,L)=AK^{0.3}L^{0.7}$，则资本得到的收入比例为30%，劳动得到的收入比例为70%。

b. (1)假设移民使劳动力增加了10%，则总产出为 $AK^{0.3}(1.1L)^{0.7}=1.1^{0.7}AK^{0.3}L^{0.7}$，总产出增加 $1.1^{0.7}-1\approx 6.9\%$。

(2)劳动力增加10%会使资本的租赁价格增加6.9%。计算如下：

实际资本租赁价格(R/P)的公式：$R/P=MPK=\alpha AK^{\alpha-1}L^{1-\alpha}$。已知 $\alpha=0.3$，又知劳动力增加10%。令 $(R/P)_1$ 为初始的实际资本租赁价格，$(R/P)_2$ 为后来的实际资本租赁价格，则：

$$(R/P)_1=0.3AK^{-0.7}L^{0.7},\quad (R/P)_2=0.3AK^{-0.7}(1.1L)^{0.7}$$

用 $(R/P)_2$ 除以 $(R/P)_1$ 就可得到资本的租赁价格变动率 $\dfrac{(R/P)_2}{(R/P)_1}=\dfrac{0.3AK^{-0.7}(1.1L)^{0.7}}{0.3AK^{-0.7}L^{0.7}}=(1.1)^{0.7}=1.069$。即资本的租赁价格增加了6.9%。

(3)劳动力增加10%会使实际工资下降2.8%。计算如下：

实际工资(W/P)的公式：$W/P=MPL=(1-\alpha)AK^{\alpha}L^{-\alpha}$。已知 $\alpha=0.3$，又知劳动力增加10%。令 $(W/P)_1$ 为初始的实际工资，$(W/P)_2$ 等于后来的实际工资，则：

$$(W/P)_1=(1-0.3)AK^{0.3}L^{-0.3},\quad (W/P)_2=(1-0.3)AK^{0.3}(1.1L)^{-0.3}$$

用 $(W/P)_2$ 除以 $(W/P)_1$ 就可得到实际工资的变动率：$\dfrac{(W/P)_2}{(W/P)_1}=\dfrac{(1-0.3)AK^{0.3}(1.1L)^{-0.3}}{(1-0.3)AK^{0.3}L^{-0.3}}=(1.1)^{-0.3}\approx 0.972$。也就是说，实际工资下降了2.8%。

c. 使用与 b 小问同样的步骤，得出当资本存量增加 10% 时，总产出会增加 2.9%，资本的租赁价格会下降 6.5%，实际工资会增加 2.9%。计算如下：

产出的变动是：$\frac{Y_2}{Y_1}=\frac{A(1.1K)^{0.3}L^{0.7}}{AK^{0.3}L^{0.7}}=(1.1)^{0.3}\approx 1.029$，这表明产出增加了 2.9%；

资本的租赁价格变动是：$\frac{(R/P)_2}{(R/P)_1}=\frac{0.3A(1.1K)^{-0.7}L^{0.7}}{0.3AK^{-0.7}L^{0.7}}=(1.1)^{-0.7}\approx 0.935$，这表明实际资本租赁价格下降了 6.5%；

实际工资的变动是：$\frac{(W/P)_2}{(W/P)_1}=\frac{0.7A(1.1K)^{0.3}L^{-0.3}}{0.7AK^{0.3}L^{-0.3}}=(1.1)^{0.3}\approx 1.029$，这表明实际工资增加了 2.9%。

d. 使用与 b 小问同样的步骤，得出当技术进步使参数 A 的值提高 10% 时，总产出、资本租赁价格实际工资都增加了 10%。计算如下：

产出的变动是：$\frac{Y_2}{Y_1}=\frac{(1.1A)K^{0.3}L^{0.7}}{AK^{0.3}L^{0.7}}=1.1$，这表示总产出增加了 10%；

资本的租赁价格变动是：$\frac{(R/P)_2}{(R/P)_1}=\frac{0.3(1.1A)K^{-0.7}L^{0.7}}{0.3AK^{-0.7}L^{0.7}}=1.1$，这表示资本租赁价格增加了 10%；

实际工资的变动是：$\frac{(W/P)_2}{(W/P)_1}=\frac{0.7(1.1A)K^{0.3}L^{-0.3}}{0.7AK^{0.3}L^{-0.3}}=1.1$，这表示实际工资增加了 10%。

5.（教材中）图 3－5 显示，在美国的数据中，劳动收入在总收入中所占比例随着时间的推移大体保持不变。（教材中）表 3－1 显示了实际工资的趋势和劳动生产率的趋势几乎同步。这些事实是如何联系的？如果第二个事实不是真实的，第一个事实可能是真实的吗？利用劳动份额的数学表达式对你的答案做出解释。

答：由实际工资 $=MPL$，劳动生产率 $=Y/L$，得劳动收入占总收入的份额 $=\frac{L\cdot MPL}{Y}=\frac{\text{实际工资}}{\text{劳动生产率}}$，因此，当第二个事实是真实的，即实际工资和劳动生产率基本同比例变化时，由劳动份额表达式可知此时劳动收入在总收入中所占比例基本不变，即此时第一个事实是真实的。而如果第二个事实不是真实的，即实际工资和劳动生产率不再同比例变化，那么劳动收入在总收入中所占比例也不会是不变的，即第一个事实也不会是真实的。

6. 根据新古典分配理论，一个工人的实际工资反映了他的生产率。让我们用这一见解考察两组工人的收入：农民和理发师。用 W_f 和 W_b 表示农民和理发师的名义工资，P_f 和 P_b 表示食物和理发的价格，A_f 和 A_b 表示农民和理发师的边际生产率。

a. 对于这 6 个变量中的每一个，尽可能精确地说出用来衡量它们的单位。（提示：每个答案的形式为"X/单位 Y"。）

b. 在过去的一个世纪中，由于技术进步，农民的生产率 A_f 大幅度提高。根据新古典分配理论，农民的实际工资 W_f/P_f 应该发生什么变动？这一实际工资是用什么单位来衡量的？

c. 在同一时期中(过去的一个世纪)，理发师的生产率 A_b 没有改变。理发师的实际工资 W_b/P_b 应该发生什么变动？这一实际工资是用什么单位来衡量的？

d. 假定在长期工人可以在当农民和当理发师之间自由流动。这种流动性对农民和理发师的名义工资 W_f 和 W_b 意味着什么？

e. 你前面的回答对理发和食物的相对价格 P_b/P_f 意味着什么？

f. 假定理发师和农民消费相同的产品和服务篮子。谁从农业技术进步中受益更多——是农民还是理发师？解释你的答案与 b 和 c 两小问中实际工资的结果是如何保持一致的。

答： a. W_f 和 W_b 表示农民和理发师的名义工资，单位均为美元/单位工作时间；P_f 和 P_b 表示食物和理发的价格，单位为美元/单位产出(一单位粮食或一次理发服务)；A_f 和 A_b 表示农民和理发师的边际生产率，单位为产出量/单位工作时间。

b. 根据新古典分配理论：技术进步提高了农民的边际生产率 A_f，从而使农民的实际工资 W_f/P_f 提高。农民的实际工资是用产出量/单位工作时间来衡量的。

c. 理发师的生产率没有改变，所以他们的实际工资 W_b/P_b 不变。理发师的实际工资是用理发师单位工作时间实际提供的理发服务量来衡量的，即理发服务量/单位工作时间。

d. 如果工人可以在当农民和当理发师之间自由流动，那么他们将会在每个部门里得到相同的工资 W。

e. 如果两个部门的名义工资均为 W，但是以农产品计量的实际工资大于以理发计量的实际工资，那么理发和食物的相对价格 P_b/P_f 必定上升。根据 $W/P = MPL$，有 $W = P \times MPL$。两部门名义工资相等，即 $P_f \times MPL_f = P_b \times MPL_b$，当 MPL_f 上涨而 MPL_b 不变时，P_b/P_f 必定上升，它们之间的增长率有如下关系：食物价格上涨幅度 + 农民边际生产率增长率 = 理发价格上涨幅度。

f. 综合以上各点，农业部门的技术进步首先将使农民受益，但如果市场是完善的，农民与理发师之间可以自由流动，则理发师也将从技术进步中受益，因此，最终的结果必然是两个行业的实际工资相等，农民和理发师均获益。

7. (本题要求运用微积分。)考虑有三种投入的柯布－道格拉斯生产函数。K 是资本(机器数量)，L 是劳动(工人人数)，H 是人力资本(工人中具有大学学位的人数)。生产函数是

$$Y = K^{1/3}L^{1/3}H^{1/3}$$

a. 推导出劳动的边际产量的表达式。人力资本量的增加怎样影响劳动的边际产量？

b. 推导出人力资本的边际产量的表达式。人力资本量的增加怎样影响人力资本的边际产量？

c. 支付给劳动的收入份额是多少？支付给人力资本的收入份额是多少？在这个经济的国民收入核算中，你认为工人会得到多大份额的总收入？(提示：考虑人力资本的回报出现在哪里。)

d. 一个非技能型工人的报酬等于劳动的边际产量，而一个技能型工人的报酬等于劳动的边际产量加上人力资本的边际产量。运用你得到的 a 与 b 小问的答案，找出技能型工人与非技能型工人工资的比率。人力资本量增加如何影响这个比率？请解释。

e. 一些人主张政府提供大学奖学金以创造一个更加平等的社会。另一些人则认为，大学奖学金只能帮助那些能上大学的人。你对前面问题的回答对这一争论提供了什么见解？

答：a. 根据生产函数，可得劳动的边际产量 $MPL = \frac{1}{3}K^{1/3}L^{-2/3}H^{1/3}$。从劳动的边际产量代数式可以看出，人力资本量的增加会使劳动的边际产量增加。

b. 根据生产函数，可得人力资本边际产量 $MPH = \frac{1}{3}K^{1/3}L^{1/3}H^{-2/3}$。从人力资本边际产量的代数式可以看出，人力资本量的增加会使人力资本的边际产量减少。

c. 产出支付给劳动的总数额就是实际工资（在完全竞争条件下为劳动边际产量）和劳动数量的乘积。该乘积除以产出总数额就是劳动份额：

$$\text{劳动份额} = \frac{(\frac{1}{3}K^{1/3}H^{1/3}L^{-2/3})L}{K^{1/3}H^{1/3}L^{1/3}} = \frac{1}{3}$$

用同样的方法计算人力资本份额：

$$\text{人力资本份额} = \frac{(\frac{1}{3}K^{1/3}L^{1/3}H^{-2/3})H}{K^{1/3}H^{1/3}L^{1/3}} = \frac{1}{3}$$

因此，劳动占有产出的1/3份额，人力资本占有产出的1/3份额。由于人力资本归工人自己拥有，所以工人得到了2/3的产出份额。

d. 技能型工人的工资与非技能型工人的工资比率是：

$$\frac{W_{\text{技能}}}{W_{\text{非技能}}} = \frac{MPL + MPH}{MPL} = \frac{\frac{1}{3}K^{1/3}L^{-2/3}H^{1/3} + \frac{1}{3}K^{1/3}L^{1/3}H^{-2/3}}{\frac{1}{3}K^{1/3}L^{-2/3}H^{1/3}} = 1 + \frac{L}{H}$$

这个比率通常都大于1，技能型工人获得了比非技能型工人更高的工资。当人力资本增加时，即 H 增加，这个比率就会下降。因为人力资本量增加降低了技能型工人的边际产量，而同时非技能型工人的边际产量增加了。

e. 个人认为更多的大学奖学金提高了人力资本 H，这有利于创造一个更加平等的社会。因为随着人力资本的增加，人力资本的边际产量减少，而劳动的边际产量增加，这样就缩小了受教育程度不同的工人之间的差距，使得技能型工人和非技能型工人之间的工资差距减少，社会更加平等。

8. 政府增加税收1000亿美元。如果边际消费倾向是0.6，以下各项会发生什么变化？它们会增加还是会减少？增加或减少的数量是多少？

a. 公共储蓄。

b. 私人储蓄。

c. 国民储蓄。

d. 投资。

答：政府增税对公共储蓄、私人储蓄以及国民储蓄的影响可以用下面的关系式来分析：国民储蓄 = 私人储蓄 + 公共储蓄 = $[Y - T - C(Y - T)] + [T - G] = Y - C(Y - T) - G$。

a. 公共储蓄 = $T - G$，所以政府增加税收1000亿美元，则公共储蓄也增加1000亿美元。

b. 私人储蓄将减少。由于税收增加了1000亿美元，所以，私人可支配收入减少了1000亿美元。而边际消费倾向是0.6，也就是说，边际储蓄倾向是1 - 0.6 = 0.4。当私人可支配收入减少1000亿美元，私人储蓄将减少400亿美元。

c. 国民储蓄将增加600亿美元。因为国民储蓄变动量 = 公共储蓄变动量 + 私人储蓄变动量 = 1000 − 400 = 600亿美元。

d. 投资增加600亿美元。国民收入恒等式：$Y = C(Y-T) + I(r) + G$，移项得：$Y - C(Y-T) - G = I(r)$。等式左边就是国民储蓄，而经济要达到均衡，必须满足国民储蓄等于投资即 $S = I$。所以当国民储蓄增加600亿美元时，则投资也应该增加600亿美元。

投资增加还可由可贷资金市场供求变化来得出。税收增加使国民储蓄增加，可贷资金供给曲线向右移动，均衡实际利率下降，而投资与实际利率负相关，所以投资增加，如图3－8所示。

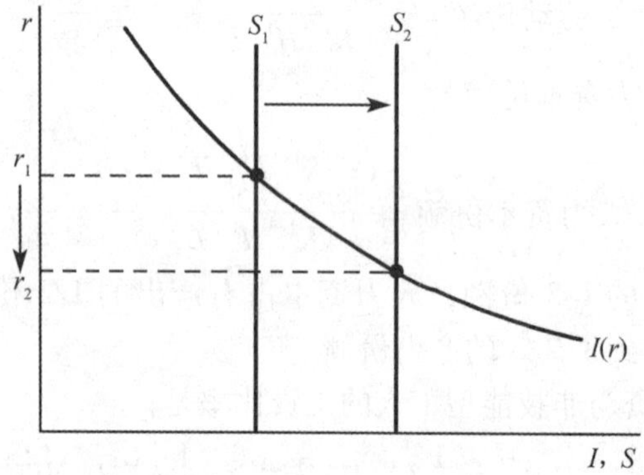

图3－8　储蓄增加

9. 假定消费者信心的提高增加了消费者对未来收入的预期，从而增加了他们现在希望消费的数量。这可以解释为消费函数向上移动。这种移动如何影响投资和利率？

答：消费增加使利率上升，投资减少。分析如下：如果消费者增加了对未来收入的预期，在当期多消费，根据国民储蓄定义式：国民储蓄 = 私人储蓄 + 公共储蓄 = $[Y - T - C(Y-T)] + (T - G) = Y - C(Y-T) - G$，则意味着，当期的私人储蓄将减少，进而导致国民储蓄减少。而根据 $S = I$，意味着投资也将减少，市场均衡利率将上升。

图3－9描绘了储蓄和投资关于利率 r 的函数图形。若国民储蓄减少，可贷资金供给曲线向左移动，均衡实际利率上升，投资减少。

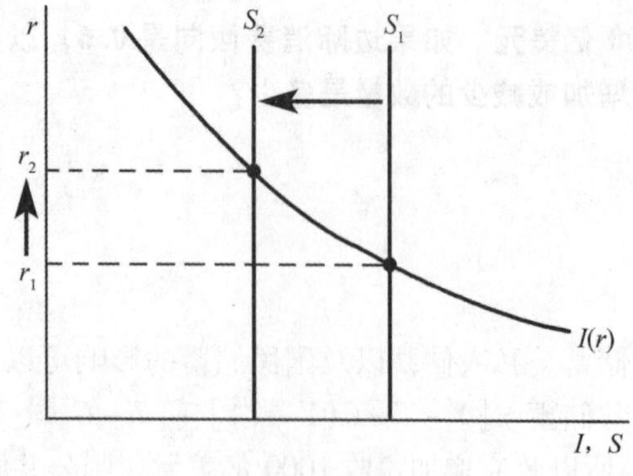

图3－9　储蓄减少

10. 考虑由下列方程描述的一个经济：

$$\boldsymbol{Y = C + I + G}$$
$$\boldsymbol{Y = 8000}$$
$$\boldsymbol{G = 2500}$$
$$\boldsymbol{T = 2000}$$
$$\boldsymbol{C = 1000 + 2/3(Y - T)}$$
$$\boldsymbol{I = 1200 - 100r}$$

a. 在这一经济中，计算私人储蓄、公共储蓄和国民储蓄。

b. 找出均衡利率。

c. 现在假设 G 减少了 500。计算私人储蓄、公共储蓄和国民储蓄。

d. 找出新的均衡利率。

解： a. 私人储蓄 $S_{私} = Y - T - C = 8000 - 2000 - [1000 + 2/3 \times (8000 - 2000)] = 1000$；

公共储蓄 $S_{公} = T - G = 2000 - 2500 = -500$；

国民储蓄 $= S_{私} + S_{公} = 1000 - 500 = 500$。

b. 在市场达到均衡时，必须满足 $S = I$，因此，$500 = 1200 - 100r$，解得均衡利率 $r = 7$。即均衡利率为 7%。

c. 政府购买减少时，私人储蓄不受影响仍为 1000，而公共储蓄增加了。

$$公共储蓄\ S_{公} = T - G = 2000 - 2000 = 0$$
$$国民储蓄 = S_{私} + S_{公} = 1000 + 0 = 1000$$

d. 此时，市场均衡条件仍为 $S = I$，因此，$1000 = 1200 - 100r$，解得 $r = 2$，即新的均衡利率为 2%。

11. 假定政府等量地增加政府税收和政府购买。作为对这种保持预算平衡的变动的反应，利率和投资会发生什么变动？解释你的答案会如何取决于边际消费倾向。

答： 政府等量地增加政府税收和政府购买，使利率上升，投资减少。变动的程度取决于边际消费倾向。分析如下：

国民储蓄 = 私人储蓄 + 公共储蓄 = $[Y - T - C(Y - T)] + (T - G) = Y - C(Y - T) - G$

产出 Y 是由生产要素和生产函数决定的。消费的变化就等于边际消费倾向 MPC 乘以可支配收入的变动，$\Delta T = \Delta G$。因此，

$$\begin{aligned} \Delta\,国民储蓄 &= [-\Delta T - MPC \times (-\Delta T)] + (\Delta T - \Delta G) \\ &= [-\Delta T + (MPC \times \Delta T)] + 0 \\ &= (MPC - 1)\Delta T \end{aligned}$$

上式表明，政府等量地增加政府税收和政府购买对储蓄的影响取决于边际消费倾向的大小。MPC 越接近于 1，储蓄的减少就越少，从而导致投资下降越少，利率上升越小；MPC 越接近于 0，对储蓄的影响越大，从而导致投资下降越多，利率上升越多。

总之，政府等量地增加政府购买和政府税收，使实际利率上升，投资减少，如图 3－10 所示。

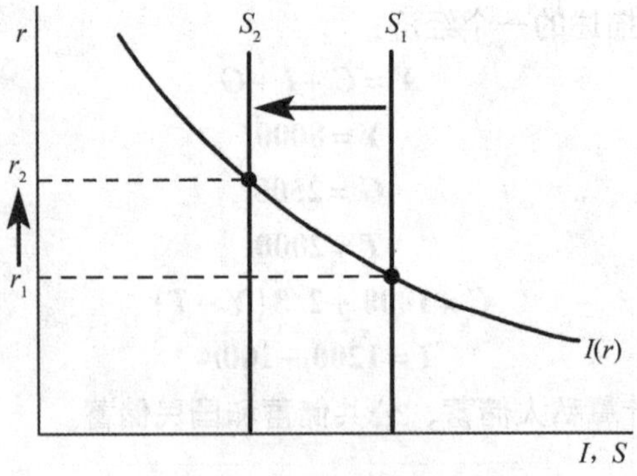

图 3-10　储蓄减少

12. 当政府通过投资税收抵免这类政策以补贴投资时，这种补贴常常只适用于某些类型的投资。请你考虑这种变动的效应。假定经济中有两种类型的投资：企业投资和住房投资。利率调整使得国民储蓄和总投资(企业投资和住房投资之和)达到平衡。现在假定政府实行只针对企业投资的税收抵免。

a. 这一政策如何影响企业投资的需求曲线？如何影响住房投资的需求曲线？

b. 画出经济中可贷资金的供给与需求曲线。该政策如何影响可贷资金的供给和需求？均衡利率会发生什么变动？

c. 比较原来的均衡与新均衡。该政策如何影响总投资量？如何影响企业投资量？如何影响住房投资量？

答：a. 这种补贴使企业投资需求曲线向右移动，不影响住房投资需求曲线。因为这种补贴增加了企业投资的回报，促使企业多投资，但没有增加住房投资回报，因此，住房投资需求曲线不变。总的来说，总投资需求将增加，从而，总投资需求曲线向右移动。

b. 图 3-11 表示整个经济可贷资金的供给曲线和需求曲线。该政策使得经济中投资的总需求曲线右移，可贷资金的需求增加，由于可贷资金的供给不变，从而使得均衡利率上升。

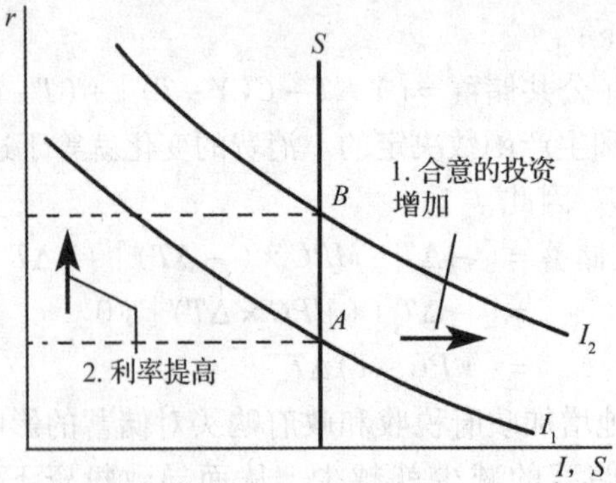

图 3-11　投资曲线右移

c. 这种政策不会影响总投资量，但会使企业实际投资量增加，住房实际投资量减少。分析如下：

因为整个社会的可贷资金保持不变(储蓄保持不变)，所以总投资量不变，但投资需求上升，导致均衡利率上升。利率上升使住房投资减少，但企业由于有投资补贴，可以抵消由于利率上升带来的投资成本，因此，企业将多投资。最后均衡的结果是，社会总投资量不变。

13. 假定消费取决于利率。这会如何改变本章得到的关于政府购买的增加对投资、消费、国民储蓄和利率的影响的结论(如果会改变的话)？

答：本章关于财政政策效应得出的结论是：政府增加政府购买，将减少公共储蓄、国民储蓄，进而抬高均衡利率；而政府降低税率，则增加了居民可支配收入，从而增加了居民消费，并导致国民储蓄减少，进而导致利率升高。因此，扩张性财政政策都将使利率升高减少投资，即挤出了投资。但是，如果消费取决于利率，情况会有所不同。

若消费取决于利率，则利率升高会使人们减少消费而增加储蓄，这时扩张性财政政策对投资的挤出作用要小，甚至可能增加投资。分析如下：

(1)当政府增加购买支出，由于税收没有变动，因此，公共储蓄减少，进而导致国民储蓄减少，利率将上升；但是，由于利率上升，居民的消费将减少，因为此时居民将理性地增加储蓄以获得更多的好处。这样财政政策对投资的挤出要小于本章得出的结论。

(2)当政府降低税率，居民可支配收入增加，如果消费取决于利率，即储蓄也取决于利率，当利率足够高的时候，居民可能更倾向于储蓄，而减少消费，从而导致国民储蓄增加，此时，均衡利率将降低，投资将增加。这样财政政策增加了投资。

14. 宏观经济数据没有显示投资与利率之间存在强相关。让我们考察一下为什么可能是这样。使用我们在本章建立的利率调整使可贷资金供给(向上倾斜)与可贷资金需求(向下倾斜)达到平衡的模型。

a. 假定可贷资金的需求是稳定的但其供给逐年波动。什么可能造成供给的波动？在这种情况下，你会发现投资与利率之间有何种相关性？

b. 假定可贷资金的供给是稳定的，但需求逐年波动。什么可能引起需求的波动？在这种情况下，现在你会发现投资与利率之间有何种相关性？

c. 假定这个市场上的供给和需求都随时间推移而波动。如果你要绘出一幅投资与利率的散点图，你将发现什么？

d. 你认为以上三种情况中哪一种在经验上最现实？为什么？

答：a. 可贷资金的供给波动可能是因为收入的暂时冲击、政府购买的变动、消费者对经济的信心的变化等，也有可能是几个因素的共同作用。如图 3－12 所示，当可贷资金需求不变时，可贷资金的供给增加会导致实际利率的下降和投资的增加；可贷资金的供给减少会导致实际利率的上升和投资的减少。这时，投资和实际利率之间负相关。

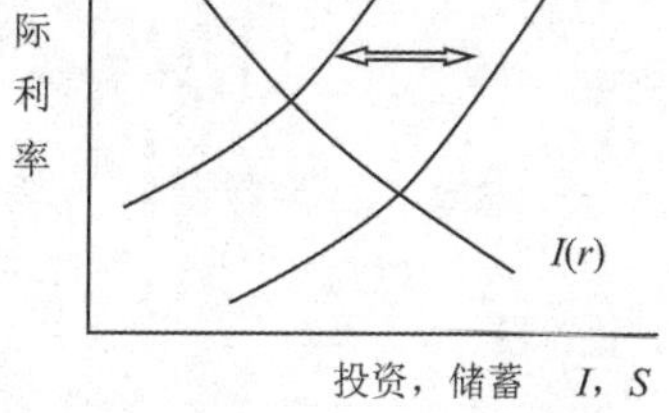

图 3－12　供给发生波动时的可贷资金市场

b. 可贷资金的需求波动可能是因为投资政策的变化、企业对资本的边际生产率预期的变化等，这些都会导致市场上对可贷资金需求的变化。如图 3－13 所示，当可贷资金供给不变时，可贷资金的需求增加会导致实际利率的上升和投资的增加；可贷资金的需求减少会导致实际利率的下降和投资的减少。这时，投资和实际利率之间正相关。

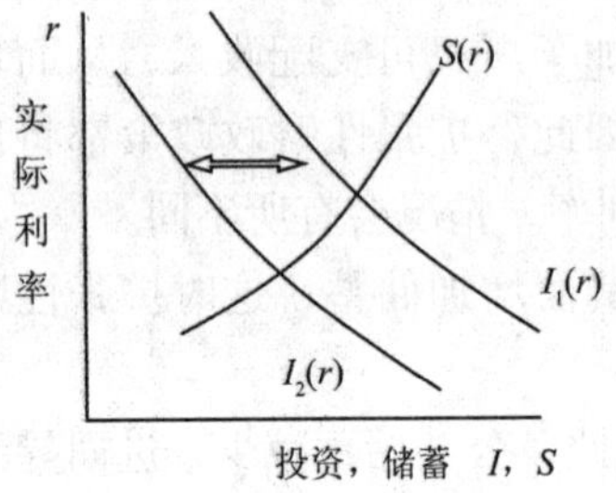

图 3－13　需求发生波动时的可贷资金市场

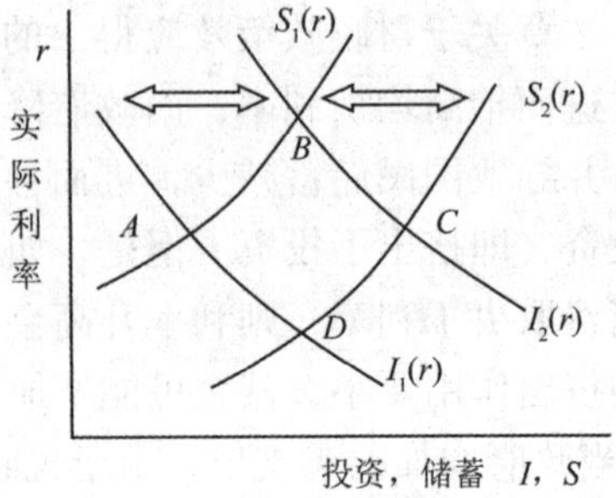

图 3－14　供给和需求都发生波动时的可贷资金市场

c. 如图 3－14 所示，如果需求和供给两条曲线都发生移动，那么经济整体会在 *A*、*B*、*C*、*D* 四个点之间变动。经济具体位于哪个点取决于可贷资金需求和供给的实际波动情况。在这种状况下，很难发现投资和利率之间存在明确的相关性。

d. 第三种情况在经验上最现实。经济中的不断变动会导致可贷资金的需求和供给都发生变动。

第4章　货币系统：它是什么？如何起作用？

4.1　复习笔记

【知识框架(庖丁解牛)】

- 货币系统
  - 货币
    - 货币的职能
    - 货币的类型
    - 货币量的控制
    - 货币量的衡量
  - 银行在货币系统中的作用
    - 准备金制度
    - 银行资本、杠杆和资本要求
  - 中央银行如何影响货币供给
    - 一个货币供给模型
      - 外生变量
      - 模型推导
      - 货币供给变动的影响因素
    - 货币政策工具

【考点难点归纳(厚积薄发)】

考点一：货币　★★

货币是指从商品中分离出来，固定地充当一般等价物的特殊商品。货币具有流动性，是财富的一种类型，但并不是指所有财富。

1. 货币的职能(见表4－1)

表4－1　货币的职能

职能	具体内容
价值储藏手段	指货币暂时离开流通领域，作为独立的价值形态和社会财富的一般代表被储存起来的职能。价值储藏手段自发调节了流通中的货币量，把现在的购买力变成未来购买力
计价单位	指以货币作为尺度来表现和衡量其他一切商品价值大小的职能，是货币的最基本、最重要的职能。衡量商品价值的货币本身也是商品，同样具有价值
交换媒介	指在流通过程中，用货币购买所需产品和服务以实现商品价值的职能。货币充当计价单位职能是它作为交换媒介职能的前提，而货币的交换媒介职能是计价单位职能的进一步发展

2. 货币的类型

(1)法定货币：

法定货币是指本身没有内在价值，依靠国家在法律上赋予其强制流通能力的货币。当用法定货币来偿还公、私债务时，债权人不得拒绝。

(2)商品货币：

商品货币是指有实物支持的货币，不同于法定货币，商品货币本身具有内在价值。商品货币的一个最具代表性的例子是黄金。

3. 货币量的控制

货币供给是指一个经济中可用的货币量。政府通过货币政策控制货币供给。在大多数国家，是由中央银行来实施货币政策的。常用的货币政策工具包括公开市场操作、法定准备金率、再贴现率。

公开市场操作是指中央银行在公开市场上买卖政府债券，以调节经济中的货币供应量。中央银行买进有价证券时，实际等于向社会投放了一笔基础货币，增加了货币供应量，引起信用的扩张；相反，当中央银行卖出有价证券和票据时，减少市场上相应数量的基础货币，引起信用的收缩。

4. 货币量的衡量(见表4－2)

表4－2　货币量的衡量

金融资产的流动性由高到低	美国	中国
通货	C	M_0
狭义货币供应量	$M_1=C$＋活期存款＋旅行支票＋其他可签发支票的存款	$M_1=M_0$＋企业活期存款＋机关团体部队存款＋农村存款＋个人持有的信用卡类存款
广义货币供应量	$M_2=M_1$＋货币市场共同基金余额＋储蓄存款＋小额定期存款	$M_2=M_1$＋城乡居民储蓄存款＋企业存款中具有定期性质的存款＋信托类存款＋其他存款
金融创新的货币供应量	$M_3=M_2$＋大额定期存款＋回购协定＋欧洲美元＋只为机构服务的货币市场共同基金余额	$M_3=M_2$＋金融债券＋商业票据＋大额可转让定期存单

考点二：银行在货币系统中的作用　★★

货币供给是指一定时期内，一国银行系统向经济中投入、创造、扩张(或收缩)货币的行为。货币供给的主体是银行，通过中央银行创造基础货币和商业银行创造存款货币而形成。令M代表货币供给，C代表通货，D代表活期存款，则货币供给＝通货＋活期存款，即$M=C+D$。

1. 准备金制度

准备金是商业银行为了应付客户提取存款和正常的贷款要求而准备的资金。根据商业银行是否将所有存款都作为准备金，准备金制度分为百分之百准备金银行制度和部分准备金银行制度。在这两种制度下，商业银行对货币供给的影响是不同的，如表4－3所示。

表4－3　准备金制度

准备金制度	特点	对货币供给的影响
百分之百准备金银行制度	所有存款都作为准备金持有	银行体系不影响货币供给
部分准备金银行制度	部分存款作为准备金，其余存款用于贷款或者投资	银行能够进行多倍货币创造，影响货币供给

2. 银行资本、杠杆和资本要求

银行资本又称银行的所有者权益，是指商业银行自身拥有的或能永久支配、使用的资金，是对开办银行的所有者的金融资源要求。

杠杆是指出于投资的目的，为追求更大的收益，使用借来的钱补充现有的资金。杠杆率等于银行的总资产和银行资本的比率，可以反映出银行资本与银行债务之间的关系。由于杠杆的存在，在经济萧条时期易产生银行挤兑。因此，银行监管者要求银行必须持有足够的资本，保证银行能够偿付它们的存款者和其他债权人，即存在资本要求。

考点三：中央银行如何影响货币供给 ★★★★

1. 一个货币供给模型

(1)模型的三个外生变量：

①基础货币。基础货币是指处于流通界为社会公众所持有的现金及银行体系准备金(包括法定存款准备金和超额准备金)的总和，即 $B = C + R$，由央行直接控制。

②存款准备金率。存款准备金率是指银行持有的准备金占全部存款的比率，即 $rr = R/D$，取决于银行的经营政策和监管银行的法律。

③通货存款比。通货存款比是指人们持有的通货存量占活期存款的比率，即 $cr = C/D$，反映了家庭对货币形式的持有偏好。

(2)模型的推导：

货币供给是通货与活期存款之和，基础货币是通货与银行准备金之和，用公式表示为：

$$M = C + D$$

$$B = C + R$$

用第一个方程除以第二个方程，得到：

$$M/B = (C + D)/(C + R)$$

把方程右边表达式的分子和分母同时除以 D：

$$M/B = (C/D + 1)/(C/D + R/D)$$

其中，C/D 是通货存款比 cr，R/D 是存款准备金率 rr，整理得：

$$M = B \times (cr + 1)/(cr + rr)$$

比例因子 $(cr + 1)/(cr + rr)$ 用 m 来表示，称为货币乘数，上式可以整理为 $M = m \times B$，即货币供给等于货币乘数与基础货币的乘积。

(3)货币供给变动的影响因素如表 4－4 所示：

表 4－4　货币供给变动的影响因素

影响因素	作用机制	变动方向
基础货币	基础货币通过银行的存款创造机制影响货币供给	同方向变动
存款准备金率	存款准备金率的下降提高了货币乘数，增加了货币供给	反方向变动
通货存款比	通货存款比的下降提高了货币乘数，增加了货币供给	反方向变动

2. 货币政策工具

中央银行控制货币供给主要是通过运用货币政策工具来实现的，中央银行三大传统货币政策工具是公开市场操作、法定准备金率和贴现率，此外还有一些选择性的政策工具以及道义上的劝说等。

表 4-5　三大货币政策工具

货币政策工具	作用机制	政策手段	评价
公开市场操作	中央银行在公开市场上买卖有价证券影响基础货币，进而影响货币供给	经济过热：卖出债券；经济衰退：买入债券	西方国家中央银行最经常使用的货币政策工具
法定准备金率	中央银行通过变动法定准备金率，影响货币乘数，从而影响货币供给	经济过热：提高法定准备率；经济衰退：降低法定准备金率	法定准备率的政策效果非常强烈，在现实中不经常使用
贴现率	贴现率的变动影响商业银行的准备金状况，影响商业银行的信用扩张能力，从而影响社会的货币供应量	经济过热：提高贴现率；经济衰退：降低贴现率	贴现率的运用受到商业银行借款意愿的影响，中央银行处于被动的地位

4.2　课后习题详解

一、概念题

1. 货币

答：货币是固定地充当一般等价物的特殊商品，货币具有流动性，它是财富的一种类型，但并不是指所有的财富。货币的类型分为法定货币和商品货币，其职能主要有：①价值储藏手段，指货币暂时离开流通领域，被人们作为独立的价值形态和社会财富的一般代表储存起来的职能。②计价单位，指货币提供可以标记价格和记录债务的单位的职能。③交换媒介，指用货币可以购买所需产品和服务的职能。

2. 价值储藏手段

答：价值储藏手段是指货币暂时离开流通领域，被人们作为独立的价值形态和社会财富的一般代表储存起来的职能，它是货币的一项重要职能。作为储藏手段的货币，原本是真实的、足值的金属货币，但在金属货币已退出流通的阶段，信用货币和纸币在一定条件下也具有此种职能，不过，它们的储藏已无自发调节货币流通量的作用。

3. 计价单位

答：计价单位是指货币提供了可以标记价格和记录债务的单位的职能。货币具有表现商品价值、衡量商品价值量的功能作用。计价单位是货币的首要的基本职能。货币作为计价单位，是将商品的价值表现为同名的量，使它们在质的方面相同，在量的方面可以比较。它是通过将商品的价值表现为价格而实现的。

4. 交换媒介

答：交换媒介是货币作为对商品和服务交易进行支付的中介，它是货币的一项重要职能。货币作为交换手段，把物物直接交换分割成买卖两个环节，降低了物物直接交换的交易成本，极大地提高了交换的效率。货币克服了易货贸易中在时间、空间上需要严格的需求双向一致性的条件这一局限性，降低了交易成本，极大地提高了交换的效率。

5. 法定货币

答：法定货币是指没有内在价值的、国家在法律上赋予强制流通能力的货币，当用它来偿还公、私债务时，债权人不得拒绝。简言之，法定货币即法律规定通用的货币。

在金属货币流通时，因为本位币的名义价值与内在价值相符，国家赋予其无限支付能力，每次支付的数额不受限制，任何人都不能拒绝接受，是无限法偿货币；而辅币却多用贱金属铸造，名义价值高于其内在价值，只能凭其法律效力使用，故国家规定每次的辅币使用量不得超过一定限额，否则允许拒绝接受，是有限法偿货币。在纸币流通时代，本位币和辅币都为价值符号，没有内在价值，二者都凭国家赋予的权力流通，都是无限法偿货币。

6. 商品货币

答：商品货币是指把有某种内在价值的商品作为货币，或说是从商品世界中分离出来独占一般等价物地位，专门充当一般等价物的特殊商品。商品货币的一个最普遍的例子是黄金，一旦黄金在商品世界的价值表现中独占了一般等价物地位，它就成为商品货币。

7. 金本位制

答：金本位制是把黄金作为本位货币的一种货币制度。广义的金本位制包括"金币本位制"、"金块本位制"和"金汇兑本位制"。通常所说的是狭义的金本位制，即金币本位制，它的特点是：①金币的形状、重量和成色由国家法律规定，但可以自由铸造和自由熔化；②辅币和银行券可以自由兑换成金币；③黄金可以自由地输出输入国境。这些特点使本位货币的名义价值与实际价值相等，国内价值和国外价值趋于一致，保证了货币制度的相对稳定性。然而随着生产力的发展，经济规模的扩大，对黄金的需要量不断增加，而黄金的产量有限，而且在世界各地分布不平衡，加之战争等因素的影响，金币自由铸造与自由流通的基础不断削弱，银行券等价值符号对金币自由兑换的可能性日益减小，黄金在国际间的自由输出和输入受到限制，最终导致西方国家于第一次世界大战爆发后，宣告金币本位制破产，并在1929～1933年世界经济危机之后，宣布放弃金块本位制。

8. 货币供给

答：货币供给是指在一定时期内，社会上可以得到的货币量。影响货币供给的因素有中央银行的政策取向和公众行为（包括商业银行行为）。中央银行控制货币供给是通过运用货币政策工具实现的，三大传统货币政策工具是：法定准备金率、贴现率和公开市场操作。在美国，美联储控制货币供给的主要方法是公开市场操作——买卖政府债券。

对应于货币供给的概念是货币需求，若相对于前一时期来说，货币差额（货币需求－货币供给）变小，则金融形式表现为货币松动。

9. 货币政策

答：货币政策有广义和狭义之分。其中，广义货币政策是指政府、中央银行和其他有关部门所有有关货币方面的规定和采取的影响金融变量的一切措施（包括金融体制改革，也就是规则的改变等）；狭义货币政策是指中央银行为实现既定的经济目标（稳定物价、促进经济增长、实现充分就业和平衡国际收支）运用各种工具调节货币供给和利率，进而影响宏观经济的方针和措施的总和，主要包括信贷政策、利率政策和外汇政策。

10. 中央银行

答：中央银行是指居于一个国家金融体系中心地位的金融机构或组织。中央银行控制全国货币供给，实施国家货币政策，统领一国金融机构体系，是"发行的银行"、"银行的银行”、“国家的银行”。

中央银行有三个明显的特征：①非盈利性。中央银行活动的宗旨是稳定货币、发展经济，不与商业银行以及一切经济部门争利，没有自身的盈利目标；②相对独立性。中央银行代表国家制定、执行金融政策，依法调节经济，管理金融活动，不受利益集团、政府领导人等的干预；③权威性和垄断性。中央银行作为国家调节经济的重要机构，独享货币发行权，履行国家赋予的调节经济、稳定货币的任务。这样中央银行就有别于商业银行和其他金融机构。

11. 联邦储备系统

答：联邦储备系统通常称为美联储，是美国的中央银行。美联储创建于1913年，现在由其理事会管理，理事会有7名由总统任命并得到参议院批准的理事。在理事会的7名成员中，最重要的是主席。主席任命美联储官员，主持理事会会议，定期在国会各种委员会前为美联储的政策作证。联邦储备委员会由设在华盛顿特区的联邦储备理事会和位于全国一些主要城市的12个地区联邦储备银行构成。地区银行的总裁由每个银行的理事会选举，理事会成员一般来自当地银行和企业界。

12. 公开市场操作

答：公开市场操作是指中央银行在公开市场上买卖有价证券的行为，主要是政府债券。它是中央银行三大传统政策工具之一。

公开市场操作的优越性体现在：①主动性强，买卖总能成交；②灵活性强，可以根据变化随时调节买卖的数量和方向；③调控效果缓和，震动性小；④影响范围广，对商业银行、公众、证券市场都会产生影响。其局限性是：①要求中央银行必须有强大的金融实力；②有一个发达、完善的金融市场；③有其他金融工具的配合。

13. 通货

答：通货是指流通领域中现实货币的通称。通货是一国的法定货币，通常由法律规定通货的名称、种类与发行程序，让通货在流通领域执行流通手段和支付手段的职能。在当代，各国通货基本由主币、辅币和信用支付工具构成。各国法律关于通货的具体规定存在一定区别，但将法定货币作为通货这一点上是相同的。有些国家的通货，还包括银行活期存款在内的存款通货；还有些国家商业银行的大额定期存单，也作为通货进入市场流通。

14. 活期存款

答：活期存款是定期存款的对称，又称“支票存款”，是商业银行的一种存款形式。活期存款是一种不需要事先通知，凭支票便可随时提取或支付的存款。活期存款主要是为满足客户支取方便、灵活运用的需要，同时也是客户取得银行放款和服务的重要条件。由于活期存款的流动性较大，存取频繁，手续复杂，风险较大，并需要提供许多相应的服务，如存取服务、转账服务、提现服务及支票服务等，因而成本也比较高，商业银行一般不支付或较少支付利息，有时还向客户收取手续费。美国在《Q条例》废除之前，不允许商业银行对活期存款支付利息。

活期存款是商业银行的主要资金来源。通过吸收活期存款，不但可以取得短期的可用资金以用于短期的放款和投资，而且还可以取得比较稳定的活期存款余额以用于中长期的放款和投资。另外，吸收活期存款还具有扩大信用关系和扩张信用规模的功能。为了吸收活期存款，商业银行除提供优质服务外，对于活期存款的存户，有时还允许在存款余额用完后进行透支。

15. 准备金

答：准备金是银行从储户手中得到的但尚未用于贷款的货币。一些准备金存放在全国各地银行的金库中，但大部分存放在中央银行，如美联储。

16. 百分之百准备金银行制度

答：百分之百准备金银行制度是指所有存款都作为准备金持有，银行只是接受存款，把货币作为准备金，直到存款者提款或依据余额签发支票为止。

17. 资产负债表

答：资产负债表是反映企业在某一特定日期（如月末、季末、年末）全部资产、负债和所有者权益情况的会计报表，是企业经营活动的静态体现，根据“资产 = 负债 + 所有者权益”这一平衡公式，依照一定的分类标准和一定的次序，将某一特定日期的资产、负债、所有者权益的具体项目予以适当的排列编制而成。它表明企业在某一特定日期所拥有或控制的经济资源、所承担的现有义务和所有者对净资产的要求权。它是一张揭示企业在一定时点财务状况的静态报表。资产负债表利用会计平衡原则，将合乎会计原则的资产、负债、股东权益交易科目分为“资产”和“负债及股东权益”两大区块，在经过分录、转账、分类账、试算、调整等等会计程序后，以特定日期的静态企业情况为基准，浓缩成一张报表。其报表功用除了企业内部除错、经营方向、防止弊端外，也可让所有阅读者于最短时间了解企业经营状况。

18. 部分准备金银行制度

答：部分准备金银行制度是指银行将部分存款作为准备金，其余存款用于贷款或者投资。只要新存款的数量接近提款数量，银行就不必把所有存款都作为准备金。因此在银行手头保持一定的准备金，以便存款人要提款的任何时候都有准备金可以用。银行开始用部分存款发放贷款，对贷款收取利息，银行家有发放贷款的激励。当它们这样做时，就有了部分准备金银行制度。

19. 金融中介化

答：金融中介化是指从储蓄者向借款者转移资金的过程。经济中许多机构的作用就是作为金融中介：最著名的例子是股票市场、债券市场和银行体系。在这些金融机构中，只有银行在法律上有权创造作为货币供给一部分的资产（例如支票账户）。因此，银行是唯一直接影响货币供给的金融机构。

20. 银行资本

答：银行资本又称银行的所有者权益，是对开办银行的所有者的金融资源要求。银行从三个渠道获得资源：提供资本的所有者、吸收存款和发行债券。以三种方式来利用这些资源：①作为准备金持有；②用于发放银行贷款；③购买金融债券。

21. 杠杆

答：杠杆是指为实现更大的收益，使用借来的钱补充现有的资金。杠杆率是银行的总资产（资产负债表的左侧）与银行资本（资产负债表右侧代表所有者权益的项目）之比。因为杠杆的存在，在经济不景气时，银行会很快地丧失大量资本。

22. 资本要求

答：银行监管者对银行施加的限制之一是银行必须持有足够的资本。其目标是保证银行能够偿付它们的存款者和其他债权人。要求的资本数量取决于银行所持有的资产种类。

23. 基础货币

答：基础货币 B 又称货币基数，是公众以通货形式持有的 C 和银行以准备金形式持有的 R 的总量。它由中央银行直接控制。基础货币具有以下四个属性：①可控性，是中央银行能调控的货币；②负债性，它是中央银行的负债；③扩张性，能被商业银行吸收作为其创造存款货币的基础，具有多倍扩张的功能；④初始来源唯一性，即其增量只能来源于中央银行，不能来源于商业银行，也不能来源于公众。

24. 存款准备金率

答：存款准备金率 rr 是银行持有的准备金占存款的比例。它由银行的经营政策和监管银行的法律决定。

25. 通货存款比

答：通货存款比 cr 是人们持有的通货量 C 对其活期存款量 D 的比例。它反映了家庭对其希望持有的货币形式的偏好。

26. 货币乘数

答：货币乘数是指中央银行创造一单位的基础货币所能增加的货币供应量，用公式表示为$M = m \times B$，其中 m 为货币乘数，M 表示货币供给，B 表示基础货币。影响货币乘数的因素有：现金漏损率、活期存款法定准备金率、超额准备金率、通货存款比。货币乘数可以从两个方面起作用：它既可以使银行存款多倍扩大，又能使银行存款多倍收缩。因此，中央银行控制准备金和调整准备金率对货币供给会产生重大影响。

27. 高能货币

答：高能货币是指使货币供应总量成倍放大或收缩的货币，是流通于银行体系之外被社会公众持有的现金与商业银行体系持有的存款准备金（包括法定存款准备金和超额准备金）的总和。高能货币是中央银行发行的债务凭证。由于基础货币对货币供给有乘数效应，所以，基础货币有时被称为高能货币，见概念题 23 题。

28. 贴现率

答：贴现率是指商业银行或专业银行用已同客户办理过贴现的未到期合格商业票据向中央银行再行贴现时所支付的利率。贴现率的变动会影响商业银行的准备金状况，影响商业银行的信用扩张能力，从而影响整个社会的货币供应量。

29. 法定准备金率

答：法定准备金率是中央银行施加给商业银行的最低存款准备金率的管制。法定准备金率的上升往往提高存款准备金率，从而降低货币乘数和货币供给。法定准备金率的变动是中央银行的政策工具中使用频率最低的。

30. 超额准备金

答：超额准备金是银行持有的在法定准备金率规定数量之上的准备金，即高于最低要求的准备金。商业银行收存一笔现金，其中一部分按法定准备金率保留作为准备金，其余部分（超额准备金）可用来进行贷款或购买有价证券，以增加银行收益。超额准备金扩大了商业银行增加信用的基础，增大了贷款能力。

31. 准备金利息

答：准备金利息是指当一家银行以在中央银行存款的形式持有准备金时，中央银行需要支付给该银行的利息。准备金利率越高，银行将选择持有的准备金就越多。因此，准备金利率的上升将倾向于增加存款准备金率，降低货币乘数和货币供给。

二、复习题

1. 描述货币的职能。

答：货币是指从商品中分离出来的，固定地充当一般等价物的特殊的商品。货币有三个职能：价值储藏手段、计价单位和交换媒介。

(1)价值储藏手段：指货币暂时离开流通领域，被人们作为独立的价值形态和社会财富的一般代表储存起来的职能，即它是一种把现在购买力变成未来购买力的方法。作为一般购买力的代表，货币便有可能作为一种金融资产，成为储藏财富的手段，其显著特征是具有高度流动性。一般的货币必须有储藏价值，但是有储藏价值的不一定是货币。

(2)计价单位：指货币提供了可以标记价格和记录债务的单位的职能。即人们利用货币来计值，作为比较价值的工具。货币代表一定的价值单位，用以衡量其他一切商品、服务、资产、负债的相对价值，减少了交易中需考虑的价格数目，从而减少了经济中的交易成本。

(3)交换媒介：指货币作为对商品和服务交易进行支付的中介。作为交易媒介，货币的出现克服了简单易货经济中在时间、空间上“需求的双重一致性”的困难，降低了交易成本，大大促进了交换的发展。

2. 什么是法定货币？什么是商品货币？

答：(1)法定货币是指不代表实质商品或货物，发行者亦没有将货币兑现为实物的义务，只依靠政府的法令使其成为合法通货的货币。法定货币的价值来自拥有者相信货币将来能维持其购买力。货币本身并无内在价值，是国家在法律上赋予其强制流通能力。当用它来偿还公、私债务时，债权人不得拒绝。简言之，法定货币即法律规定通用的货币。

(2)商品货币是指把有某种内在价值的商品作为货币，或说是从商品世界中分离出来独占一般等价物地位，专门充当一般等价物的特殊商品作为货币。商品货币的一个最普遍的例子是黄金。

3. 什么是公开市场操作？它们如何影响货币供给？

答：公开市场操作是中央银行对政府债券的买卖。当中央银行从公众手中购买债券时，它为债券支付的货币就增加了基础货币，从而增加了货币供给。当中央银行向公众出售债券时，它收到的货币就减少了基础货币，从而减少了货币供给。公开市场操作是中央银行最经常使用的货币政策工具。

4. 解释银行如何创造货币。

答：由于部分准备金制度，银行通过存贷款过程可以创造货币供给。假定在简化的经济体环境中，法定准备金率为20%。第一个人将1000美元存入A银行，这时货币供给为1000美元。银行在留存200美元准备金后，可以将剩余800美元用于贷款。第二个人从银行获得借款后，同样将800美元存入银行，此时货币供给为1800美元；第三个人可以获得640美元贷款，货币供给为1000+800+640=2440美元。上述过程不断重复下去，货币总

供给为 $1000 + 1000 \times (1-20\%) + 1000 \times (1-20\%)^2 + \cdots = 1000 \times (1/20\%) = 5000$ 美元。上述过程不能通过一家银行完成，而应通过一个国家的整个银行体系完成。

5. 美联储影响货币供给的方式有哪些？

答：美联储是通过公开市场操作、法定准备金率、贴现率等多种工具间接地控制货币供给的。这些工具可以被分成两大类：一类影响基础货币，另一类影响存款准备金率从而影响货币乘数。

(1)改变基础货币：公开市场操作是美联储最经常使用的政策工具。当美联储从公众手中购买债券时，它为债券支付的美元就增加了基础货币，从而增加了货币供给。当美联储向公众出售债券时，它收到的美元就减少了基础货币，从而减少了货币供给。贴现率也是影响基础货币的一种工具。当美联储提高贴现率时，银行就会减少向美联储借款，从而减少投放到市场的基础货币。

(2)改变准备金率：法定存款准备金率是美联储要求银行持有的最低准备金率，当准备金率提高时，银行保留的资金增加，可用于发放贷款的资金减少，同时使货币乘数减小，进而降低货币供给量。

6. 为什么银行危机可能导致货币供给的减少？

答：根据 $M = m \times B$，$m = \dfrac{cr+1}{cr+rr}$，可知货币供给主要由基础货币 B、通货存款比 cr、存款准备金率 rr 决定。银行危机主要通过改变存款人和银行家的行为，影响通货存款比 cr、存款准备金率 rr 并进而影响货币乘数引起货币供给的下降。

银行倒闭会降低公众对银行体系的信心进而提高通货存款比。人们会因为银行倒闭而持有消极预期，将通货视为比活期存款更合意的货币形式。因此他们就倾向于持有通货，提取自己的存款，这样就会消耗银行的准备金。如果银行通过减少未清偿的贷款余额对这种准备金的减少做出反应时，货币创造过程就会发生反转。

银行危机使银行家更为谨慎，因此会提高存款准备金率。当存在银行挤兑的状况时，银行家对只持有少量准备金的经营状况产生悲观情绪。因此，他们会持有远高于法定最低水平的准备金，这会导致货币乘数的大幅度下降，进而减少货币供给。

三、问题与应用

1. 货币的三种职能是什么？下列物品能满足哪些职能？不能满足哪些职能？

a. 信用卡。

b. 伦勃朗的油画作品。

c. 星巴克礼品卡。

答：货币有三个职能：价值储藏手段、计价单位和交换媒介。

a. 信用卡可以作为交换媒介，因为它能在商品和服务交换中被接受。信用卡也可作为负的储藏手段，因为它可以积累债务。但是，信用卡不能作为计价单位。

b. 伦勃朗的油画作品可以当成价值储藏手段，但不能作为交换媒介和计价单位。

c. 星巴克礼品卡在星巴克系统内部，可以满足货币的所有三个职能。而在星巴克系统之外，它不能作为计价单位或交换媒介，因此不是一种货币形式。

2. 解释以下每一事件如何影响基础货币、货币乘数和货币供给。

a. 美联储在公开市场操作中购买债券。

b. 美联储提高它对银行持有的准备金支付的利率。

c. 美联储减少它通过短期标售工具向银行提供的贷款。

d. 关于电脑病毒对 ATM 的攻击的谣言增加了人们持有的通货（而不是活期存款）的数量。

e. 美联储驾驶直升机在纽约市第五大道空投新发行的面值 100 美元的钞票。

答：a. 美联储在公开市场操作中购买债券，增加基础货币，货币乘数不变，从而增加货币供给。

b. 美联储提高它对银行持有的准备金支付的利率，会激励银行持有更多准备金，从而使得基础货币增加，货币乘数减小，但由于货币乘数减小的作用更大，最终使得货币供给减少。

c. 美联储减少它通过短期标售工具向银行提供的贷款，减少了基础货币和货币供给，货币乘数不变。

d. 通货存款比越高，公众作为通货持有的基础美元就越多，银行作为准备金持有的基础美元也就越少，总体上基础货币不变，但银行能够创造的货币也越少，通货存款比的上升降低了货币乘数，减少了货币供给。

e. 空投新发行的面值 100 美元的钞票，增加公众手中持有的基础货币，货币供给增加。如果公众将这些钞票存入银行，货币供给增加幅度更大；如果公众以通货形式持有这些钞票，通货存款比提高，货币乘数减小。

3. 某个经济的基础货币为 1000 张面值 1 美元的钞票。计算情形 a 至 d 的货币供给，然后回答问题 e。

a. 所有货币都作为通货持有。

b. 所有货币都作为活期存款持有。银行持有 100% 的存款作为准备金。

c. 所有货币都作为活期存款持有。银行持有 20% 的存款作为准备金。

d. 人们持有相同数量的通货和活期存款。银行持有 20% 的存款作为准备金。

e. 中央银行想将货币供给增加 10%。在以上四种情形的每一种，它应该增加多少基础货币？

答：在存款准备金制度下，货币供给与基础货币有如下关系：$M=\dfrac{cr+1}{rr+cr}\times B$，其中 B 为基础货币，rr 为银行准备金率，cr 为通货存款比。已知 $B=1000$（美元）。

a. 所有货币都作为通货持有，此时货币供给 = 基础货币，即 $M=B=1000$（美元）。

b. $cr=0$，$rr=100\%$，则货币供给为：$M=\dfrac{cr+1}{rr+cr}\times B=\dfrac{0+1}{100\%+0}\times 1000=1000$（美元）。

c. $cr=0$，$rr=20\%$，货币供给为：$M=\dfrac{cr+1}{rr+cr}\times B=\dfrac{0+1}{20\%+0}\times 1000=5000$（美元）。

d. $cr=1$，$rr=20\%$，货币供给为：

$$M=\frac{cr+1}{rr+cr}\times B=\frac{1+1}{20\%+1}\times 1000=\frac{5000}{3}\approx 1666.67\text{（美元）}$$

e. ①在情形 a 中，货币供给增加 10%，货币供给变为 1000×(1+10%)=1100(美元)。所有货币都作为通货持有，没有存款派生，此时基础货币等于货币供给，为 1100 美元，中央银行基础货币增加 100 美元。

②在情形 b 中，货币供给增加 10%，货币供给变为 1000×(1+10%)=1100(美元)。100% 的存款作为准备金，没有存款派生，此时基础货币等于货币供给，为 1100 美元，中央银行基础货币增加 100 美元。

③在情形 c 中，货币供给增加 10%，货币供给变为 5000×(1+10%)=5500(美元)。20% 的存款准备金率，通货与活期存款的比率为 0，货币乘数为 5，基础货币 = 货币供给/货币乘数 =5500/5=1100(美元)，因此基础货币增加 100 美元。

④在情形 d 中，当货币供给增加 10%，则货币供给变为 1666.67×(1+10%)=1833.337(美元)。20% 的存款作为准备金，通货与活期存款的比率为 1，货币乘数为 1.66667，基础货币 = 货币供给/货币乘数 =1833.337/1.66667=1100(美元)，基础货币增加 100 美元。

4. 在 Wiknam 国，人们持有 1000 美元通货和 4000 美元活期存款。所有的活期存款都存在威克银行，这是该国唯一的银行。存款准备金率为 0.25。

a. 货币供给、基础货币和货币乘数各为多少？

b. 假设威克银行是一家简单的银行：它吸收存款，发放贷款，没有资本。画出该银行的资产负债表。该银行未清偿的贷款的价值是多少？

c. Wiknam 国的中央银行想将货币供给增加 10%。它在公开市场操作中应该购买还是出售政府债券？假设货币乘数不变，计算中央银行需要进行交易的规模(用美元表示)。

答：a. 根据题意，可得：

$$C=1000(\text{美元})$$

$$D=4000(\text{美元})$$

$$rr=0.25 \text{ 且 } B=C+R$$

$$R=D\cdot rr$$

因此，$R=4000\times0.25=1000$(美元)，$B=1000+1000=2000$(美元)。

再根据：

$$rr=0.25$$

$$cr=C/D=1000/4000=0.25$$

$$m=(cr+1)/(cr+rr)$$

得：$m=(0.25+1)/(0.25+0.25)=2.5$。

最后根据 $M=m\times B$，得 $M=2.5\times2000=5000$(美元)。

b. 该银行的资产负债表如下表所示：

资产负债表

资产	负债
准备金 1000 美元	存款 4000 美元
贷款　3000 美元	

根据该资产负债表可以看出，该银行未清偿的贷款的价值是3000美元。

c. Wiknam国的中央银行想将货币供给增加10%。它在公开市场操作中应该购买政府债券。

假设货币乘数不变，则基础货币量需要增加10%，即 $2000\times10\%=200$ 美元，因此中央银行在公开市场操作中应该购买政府债券200美元。

5. 在Panicia这个经济中，基础货币为1000美元。人们以通货的形式持有1/3的货币（从而2/3的货币作为银行存款持有）。银行持有1/3的存款作为准备金。

a. 存款准备金率、通货存款比、货币乘数和货币供给各为多少？

b. 有一天，人们开始对银行体系感到担心，于是，现在人们想以通货的形式持有一半的货币。如果中央银行不采取任何措施，新的货币供给是多少？

c. 面对这一恐慌，如果中央银行想实施公开市场操作来将货币供给维持在原来的水平，它购买还是出售政府债券？计算中央银行需要进行交易的规模（用美元表示）。

答： a. 根据题意，得 $B=1000$（美元），而 $M=C+D$，则 $C=M/3$（美元），$D=2M/3$（美元），$rr=1/3$。因此，$cr=C/D=0.5$，$m=(cr+1)/(cr+rr)=(0.5+1)/(0.5+1/3)=1.8$，$M=mB=1.8\times1000=1800$（美元）。

b. 根据题意，得 $B=1000$（美元），而 $M=C+D$，则 $C=M/2$（美元），$D=M/2$（美元），$rr=1/3$。因此，$cr=C/D=1$，$m=(cr+1)/(cr+rr)=(1+1)/(1+1/3)=1.5$，$M=mB=1.5\times1000=1500$（美元）。

即新的货币供给是1500美元。

c. 面对这一恐慌，如果中央银行想实施公开市场操作来将货币供给维持在原来的水平，它应该购买政府债券，以提高市场上的货币供给，$M=mB$，m 减小，要保持 M 不变，需要增加 B，根据计算，$B_1=1200$（美元），因此中央银行应该在市场上购买200美元的政府债券。

6. 正如本章的一个案例研究所讨论的，因为通货存款比和存款准备金率都上升了，1929～1933年货币供给出现了下降。运用货币供给模型和（教材中）表4－2中的数据回答以下有关这一时期的假设性问题。

a. 如果通货存款比上升，但存款准备金率保持不变，货币供给会发生什么变动？

b. 如果存款准备金率上升，但通货存款比保持不变，货币供给会发生什么变动？

c. 这两种变动中哪一种要更多地对货币供给的下降负责？

答： 根据货币供给模型有 $M=m\times B=\dfrac{cr+1}{cr+rr}\times B$，可以得出货币供给主要由基础货币 B、通货存款比 cr、存款准备金率 rr 决定。

a. 如果通货存款比上升，但存款准备金率保持不变，基础货币不变，货币乘数减小，货币供给减少。利用教材表4－2的数据，证明如下：

$$m=\frac{cr_{1933}+1}{cr_{1933}+rr_{1929}}=\frac{0.41+1}{0.41+0.14}\approx2.56$$

则此时1933年的货币供给为：$M=m\times B=2.56\times8.4=21.504$；

因此，若通货存款比上升，但存款准备金率保持不变，则货币供给将由1929年的26.5

下降到 21.504。

b. 如果存款准备金率上升，但通货存款比保持不变，货币供给减少，可证明如下：

$$m' = \frac{cr_{1929} + 1}{cr_{1929} + rr_{1933}} = \frac{0.17 + 1}{0.17 + 0.21} \approx 3.08$$

在假设条件下 1933 年货币供给为 $M' = m' \times B = 3.08 \times 8.4 = 25.872$；

因此，若存款准备金率上升，但通货存款比保持不变，则货币供给将由 1929 年的 26.5 下降到 25.872。

c. 从 a 和 b 小问的计算结果来看，通货存款比的变化对货币乘数的影响更大，更多的对货币供给下降负责。

7. 为了增加税收收入，美国政府在 1932 年对根据银行账户存款签发支票征收 2 美分的税收。（按今天的美元计，这一税收相当于每张支票大约 40 美分。）

a. 你认为这一支票税如何影响通货存款比？请解释。

b. 使用部分准备金银行制度下的货币供给模型讨论这一税收如何影响货币供给。

c. 许多经济学家认为，货币供给的下降对 20 世纪 30 年代大萧条的严重性负有部分责任。从这个视角来看，在大萧条中期征收这一支票税是一项好政策吗？

答： a. 对银行账户存款签发支票征税，会降低公众将货币存入银行的意愿，相比于把钱存入银行，公众更愿意持有通货，因此通货存款比会升高。

b. 根据部分准备金银行制度下的货币供给模型，有：

$$M = \frac{cr + 1}{cr + rr} \times B$$

通货存款比升高，即 cr 增大，导致货币乘数 $m = (cr + 1)/(cr + rr)$ 减小，因此货币供给 M 减少。

c. 从货币供给的下降对 20 世纪 30 年代的大萧条的严重性负有部分责任的视角来看，大萧条中期征收支票税，会减少货币供给，因此不是一项好政策。

8. 给出一个杠杆率为 20 的银行资产负债表的例子。如果银行资产价值上升 2%，那么这家银行的所有者权益的价值会如何变化？若要使该银行的资本减少到零，银行资产价值要有多大的下降？

答： 杠杆率是银行的总资产（资产负债表的左侧）与银行资本（资产负债表右侧代表所有者权益的项目）之比，如下表所示。

资产（美元）		负债和所有者权益（美元）	
准备金	200	存款	800
贷款	600	债务	340
有价证券	400	所有者权益	60

资产负债表左右两边相等，如果负债不变，银行资产价值上升 2%，那么这家银行的所有者权益的价值会上升 40%，即增加 24。若要使该银行的资本减少到零，即减少 60 美元，则资产价值也应减少 60 美元，下降 5%。

9. 吉米·保罗·米勒开办了自己的银行，取名 JPM(其姓名首字母)。作为银行所有者，吉米投入了 2000 美元自己的钱。然后，JPM 从吉米的叔叔那里借了 4000 美元长期贷款，从其邻居那里吸纳了 14000 美元活期存款，购买了 7000 美元美国国库券，将 10000 美元借给本地企业用于新投资，剩下的银行资产被作为准备金存在美联储。

a. 画出 JPM 的资产负债表。该银行的杠杆率是多少？

b. 一场经济低迷导致 5% 的本地企业宣布破产和拖欠贷款。画出 JPM 的新资产负债表。JPM 的资产价值下降了多少百分比？资本下降了多少百分比？

答：a. JPM 的资产负债表如下：

JPM 的资产负债表

资产	负债和所有者权益
准备金 3000 美元	存款 14000 美元
贷款 10000 美元	债务 4000 美元
国库券 7000 美元	资本(所有者权益)2000 美元

根据：

$$杠杆率 = 总资产/所有者权益$$

有：

$$杠杆率 = 20000\ 美元/2000\ 美元 = 10$$

b. JPM 的新资产负债表如下：

JPM 的新资产负债表

资产	负债和所有者权益
准备金 3000 美元	存款 14000 美元
贷款 9500 美元	债务 4000 美元
国库券 7000 美元	资本(所有者权益)1500 美元

JPM 的新的资产价值变为 19500 美元，下降了 2.5%，资本变为 1500 美元，下降了 25%。

第5章　通货膨胀：起因、影响和社会成本

5.1　复习笔记

【知识框架(庖丁解牛)】

- 通货膨胀
  - 货币数量论
    - 数量方程
    - 货币数量论的假设
    - 货币、价格与通货膨胀的关系
  - 通货膨胀与利率
  - 货币需求函数
    - 货币需求函数分类
    - 货币市场的均衡
    - 货币、价格与利率的关系
  - 通货膨胀的社会成本
    - 通货膨胀的定义
    - 预期的通货膨胀的成本
    - 未预期到的通货膨胀的成本
  - 恶性通货膨胀
  - 古典二分法
    - 中典二分法的含义
    - 货币中性

【考点难点归纳(厚积薄发)】

考点一：货币数量论　★★★★

1. 数量方程

(1)交易与数量方程：

数量方程是指用来描述交易与货币之间关系的方程，即货币×货币流通速度＝价格×交易量。用公式表示为：$MV=PT$，其中，P表示一次典型交易的价格，T表示在某一时期用产品或服务交换货币的次数，PT表示某一时期用于交换的货币量，M表示货币量，V表示货币的交易流通速度。

货币数量方程为一个恒等式，一个变量发生变动会引起另一个或多个其他变量也发生变动。

(2)从交易到收入：

交易与产出密切相关，用Y表示产出，P表示每单位产出的价格，产出的价值即为PY。此时数量方程为：货币×货币流通速度＝价格×产出。用公式表示为：$MV=PY$，其中，V表示货币的收入流通速度，表示每单位货币进入个人收入的次数。

(3)货币需求函数和数量方程：

货币需求函数是指货币需求量与决定货币需求的各种因素之间的关系的函数。假设货币需求与收入有关，货币需求函数即为$(M/P)^d = kY$。式中M/P表示实际货币余额，k是一个常数，Y代表总收入。

假定实际货币余额需求等于货币供给，即$(M/P)^d = M/P = kY$，化简得$M(1/k) = PY$。令$V = 1/k$，则改写为$MV = PY$。因此，从货币需求角度也可以推导出货币数量方程。

2. 货币数量论的假设

货币流通速度V的定义式为：$V = (PY)/M$。货币数量论假设货币流通速度固定，即货币数量方程为：$M\bar{V} = PY$，则货币数量(M)发生变动必定会引起名义GDP(PY)发生同比例变动。因此，如果货币流通速度不变，那么货币的名义供给就会决定经济中产出的货币价值。

3. 货币、价格与通货膨胀的关系

假设货币流通速度不变，实际GDP由经济的生产能力决定，名义GDP由货币量决定，价格水平即GDP平减指数等于名义GDP与实际GDP的比率。因此，货币供给的变动影响名义GDP，但不改变实际GDP，即价格水平会与货币供给成比例变动。

用百分比变动形式所表示的数量方程为：

$$M\text{变动的百分比} + V\text{变动的百分比} = P\text{变动的百分比} + Y\text{变动的百分比}$$

式中，M变动的百分比由中央银行决定，V变动的百分比反映货币需求的变动（假设V不变），P变动的百分比反映通货膨胀率，Y变动的百分比由经济的生产能力决定。

由于货币流通速度是稳定的，所以名义GDP与货币量是成比例的。由于实际GDP不变，所以价格水平与货币供给同比例变动。因此，货币数量论说明通货膨胀率最终由中央银行控制。如果中央银行保持稳定的货币供给，价格水平也将保持稳定。如果中央银行迅速扩大货币供给，价格水平也会迅速上涨。

考点二：通货膨胀与利率（见表5－1） ★★★

表5－1 通货膨胀与利率

要点	具体内容
实际利率与名义利率	名义利率是未剔除通货膨胀因素的利率。实际利率是剔除了通货膨胀因素的利率
费雪方程	费雪方程是反映名义利率和实际利率关系的方程，即名义利率等于实际利率与通货膨胀率之和。用i表示名义利率，r表示实际利率，π表示通货膨胀率，则费雪方程可以写为：$i = r + \pi$，表明名义利率的变动是由实际利率变动或通货膨胀率变动引起的
费雪效应	费雪效应是指通货膨胀率和名义利率存在一一对应的关系，价格水平上升时，利率一般有增高的倾向；价格水平下降时，利率一般有下降的倾向

续表

要点	具体内容
事前实际利率与事后实际利率	事前实际利率是债务人和债权人进行贷款时预期的实际利率，事后实际利率是最终实现的实际利率
货币铸造税	货币铸造税是政府发行货币得到的收入，实际上是对货币持有者征收的税。货币铸造税的存在增加货币供给，但货币供给的增加导致通货膨胀，即货币铸造税类似于通货膨胀税

考点三：货币需求函数 ★★★★

货币需求函数是为了分析货币需求量的决定因素及其变动规律而建立的一种函数关系。通常将决定和影响货币需求的各种因素作为自变量，而将货币需求本身作为因变量。

1. 货币需求函数分类(见表5-2)

表5-2　货币需求函数分类

货币需求函数	作用机制	函数形式
简单的货币需求函数	实际货币余额的需求与实际收入成比例变动	$(M/P)^d = kY$
一般的货币需求函数	实际货币余额的需求与收入水平同方向变化，与名义利率反方向变化	$(M/P)^d = L(i, Y)$

2. 货币市场的均衡

货币市场均衡的条件是实际货币余额实现供求平衡，即有：

$$M/P = L(i, Y)$$

根据费雪方程，名义利率等于实际利率与预期通货膨胀率之和，上式变化为：

$$M/P = L(r + E\pi, Y)$$

因此，实际货币余额的水平取决于预期的通货膨胀率。

3. 货币、价格与利率的关系

货币数量论说明货币供给与货币需求共同决定均衡的价格水平。价格水平的变动是通货膨胀率，通货膨胀率通过费雪效应影响名义利率。由于名义利率是持有货币的成本，所以名义利率又反过来影响货币需求，货币、价格与利率之间的关系如图5-1所示。

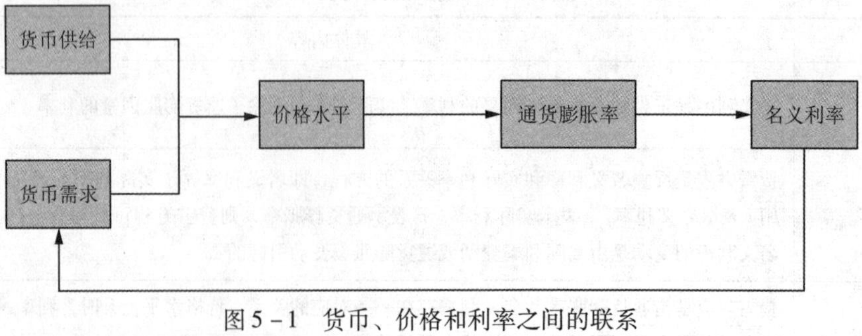

图5-1　货币、价格和利率之间的联系

考点四：通货膨胀的社会成本 ★★★★

1. 通货膨胀的定义

通货膨胀是指在一段时期内，一个经济中大多数商品和服务的价格持续显著的上涨，根据通货膨胀是否被预期，分为预期的通货膨胀和未预期到的通货膨胀。

通货膨胀的三层含义：

(1)通货膨胀是经济中一般价格水平的上涨，而不是个别商品或服务的价格上涨；

(2)通货膨胀是价格的持续上涨，而非一次性上涨；

(3)通货膨胀是价格的显著上涨，而非某些微小的上升，例如每年上升0.5%，不能视为通货膨胀。

2. 预期的通货膨胀的成本(见表5－3)

表5－3　预期的通货膨胀的成本

要点	具体内容
鞋底成本	鞋底成本是指当发生通货膨胀时，为减少货币持有量而导致的成本，衡量了通货膨胀税对人们货币持有量所产生的扭曲效应
菜单成本	菜单成本是指发生通货膨胀时，企业为改变销售商品的价格，需要给销售人员和客户提供新的价目表所花费的成本，衡量了高通货膨胀使得企业频繁变动物价的成本
相对价格变动成本	越高的通货膨胀率引起越大的相对价格变化，进而导致资源配置的无效率
税收扭曲	税法制定者没有考虑到通货膨胀的影响，发生通货膨胀时，改变了个人及企业所得税负担
生活的不便利性	通货膨胀的存在，导致货币的价值在不断变动，需要利用通货膨胀进行校正

3. 未预期到的通货膨胀的成本

(1)未预期到的通货膨胀任意地在个体之间进行财富再分配，造成债权人和债务人之间的利益不对等。

(2)未预期到的通货膨胀会损害领取固定收入的群体的利益，如领取固定养老金的人、低保家庭等。

考点五：恶性通货膨胀(见表5－4)　★★

恶性通货膨胀又称“超速通货膨胀”，是指价格水平以极高的、完全失去控制的速率持续上升的现象。有学者将恶性通货膨胀定义为每月超过50%、每天超过1%的通货膨胀，但各种教材对此定义并无统一标准，读者可以参考其他定义，斟酌使用。

表5－4　恶性通货膨胀

要点	具体内容
成本	①鞋底成本很大，企业经营者把精力和时间放在现金管理而非生产和投资决策上，导致经济无效率； ②菜单成本很大，企业价格的经常变动影响到正常的业务活动； ③相对价格变动成本很大，不能正常地反映真实的稀缺性，无法实现资源的有效配置； ④税制扭曲成本较大，政府的实际税收收入大幅度减少； ⑤生活的不便利性的成本
原因	①直接原因：货币供给过度增长。当中央银行以足够快的速度发行货币时，导致恶性通货膨胀的发生。 ②深层次原因：政府大量的财政赤字。当政府预算赤字很大而又无法通过征税或发行债券来弥补时，就会通过发行货币来弥补赤字，导致物价高速上涨，引起恶性通货膨胀

续表

要点	具体内容
对策	恶性通货膨胀最深层的原因是财政赤字，因此要结束恶性通货膨胀，必须从根本的财政改革入手，比如缩减财政开支并合理增加税收

考点六：古典二分法　★★

1. 古典二分法的含义

古典二分法是指古典经济学把变量分为实际变量和名义变量来研究经济现象的方法。实际变量是用实物单位衡量的变量，例如数量和相对价格；名义变量是用货币表示的变量，例如价格水平和通货膨胀率，并且认为货币供给的变化不影响实际变量。在现实中，在长期，货币供给不会对实际变量产生影响；而在短期，货币供给量会对实际变量产生影响。

2. 货币中性

货币中性是指货币供给变化不会影响就业、产出等实际变量，只会影响名义价格水平。实际上，在长期，货币中性是成立的；但在短期，货币非中性，即货币供给变化对实际经济变量会产生影响。

不同学派对货币非中性的解释不同，凯恩斯认为是由于短期价格黏性导致货币非中性，而货币学派和理性预期学派则认为是由于人们预期的错误或政府的干预，使得短期货币非中性。

5.2　课后习题详解

一、概念题

1. 通货膨胀

答：通货膨胀是指在一段时期内，一个经济中大多数商品和服务的价格水平持续显著地上涨。它包含三层含义：①通货膨胀是经济中一般价格水平的上涨，而不是个别商品或服务的价格上涨；②通货膨胀是价格的持续上涨，而非一次性上涨；③通货膨胀是价格的显著上涨，而非某些微小的上升，例如每年上升0.5%，不能视为通货膨胀。

通货膨胀的严重程度一般用通货膨胀率来衡量。根据不同标准，可以把通货膨胀划分为不同类型。根据通货膨胀的表现形式，可以分为公开型通货膨胀和隐蔽型通货膨胀；根据通货膨胀的严重程度，可以分为爬行式通货膨胀、奔跑式通货膨胀和恶性通货膨胀；根据通货膨胀发生的原因，可以分为需求拉动型通货膨胀、成本推动型通货膨胀、混合型通货膨胀和结构型通货膨胀；根据通货膨胀是否被预期，可以分为预期的通货膨胀和未预期到的通货膨胀。

2. 恶性通货膨胀

答：恶性通货膨胀又称“超速通货膨胀”，是指价格水平以极高的、完全失去控制的速率持续上升的现象。有学者认为，价格水平每月以50%以上的速率持续上升，为恶性通货膨胀。恶性通货膨胀较为少见，它往往发生在战争期间或战后初期。20世纪30年代的德国和20世纪40年代末的中国都曾出现这种物价上涨率数以亿计的急剧通货膨胀。

引起恶性通货膨胀的直接原因为货币供给过度增长。当中央银行以足够快的速度发行货币时就会导致恶性通货膨胀。引起恶性通货膨胀的深层次原因往往是政府大量的财政赤字。当政府有很大的预算赤字而又无法通过征税或发行债券来弥补赤字时，就会通过发行货币来弥补赤字。发行过多货币就会导致物价高速上涨，从而导致恶性通货膨胀。

3. 数量方程

答：数量方程是用来表示交易量与货币之间的关系的方程。它有以下表示形式：

$$M \times V = P \times T$$

式中，M 为流通中的货币数量，V 为货币的流通速度，P 为一般价格水平，T 为社会总交易次数。数量方程直观地表示了流通中的货币数量与一般价格水平之间的关系。

如果用 Y 表示实际 GDP，P 是 GDP 平减指数，而 PY 是名义 GDP，数量方程变为：

$$货币 \times 货币流通速度 = 价格 \times 产出$$

$$M \times V = P \times Y$$

4. 货币的交易流通速度

答：货币的交易流通速度是衡量货币在经济中流通的速度，即在一个给定的时期中一张钞票转手的次数。数量方程：$M \times V = P \times T$，式中，M 为流通中的货币数量，P 为一般价格水平，T 为社会总交易次数，这里的 V 就是货币的交易流通速度。

5. 货币的收入流通速度

答：货币的收入流通速度是指在一个给定时期中货币进入某个人收入中的次数。数量方程：$M \times V = P \times Y$，式中，M 为流通中的货币数量，P 为 GDP 平减指数，Y 表示实际 GDP，这里的 V 就是货币的收入流通速度。

6. 实际货币余额

答：实际货币余额是根据货币可以购买的产品与服务量来表示的货币量，用 M/P 表示。货币需求是对实际货币余额的需求，实际货币余额衡量货币的实际购买力。实际货币余额(M/P)是家庭财富的一部分，随着价格水平 P 的下降，实际货币余额(M/P)增加，消费者会感到富有，并更多地进行支出(消费)。这被称作是“实际货币余额效应”。

7. 货币需求函数

答：货币需求函数是为了分析货币需求量的决定因素及其变动规律而建立的一种函数关系。通常将决定和影响货币需求的各种因素作为自变量，而将货币需求本身作为因变量。

比较典型的货币需求函数有：①传统货币数量论的收入方程式：$MV = PY$，其中 M 为货币数量，V 为货币流通速度，P 为 GDP 平减指数，Y 为实际国民收入。②剑桥方程式：$M = kPY$，其中 M 为货币数量，k 为以货币形式持有的国民收入的比例，P 为一般价格水平，Y 为实际国民收入。③凯恩斯的货币需求函数：$L = L_1(Y) + L_2(i)$。其中，由交易动机和预防性动机而产生的货币需求用 L_1 表示，是收入 Y 的递增函数，即 $L_1 = L_1(Y)$；投机性货币需求 L_2 则与利率有关，是利率的递减函数，即 $L_2 = L_2(i)$。④弗里德曼的货币需求函数：$M = f\left\{P,\ r_b,\ r_c,\ \frac{1}{P} \cdot \frac{\mathrm{d}P}{\mathrm{d}t},\ w,\ y,\ u\right\}$。其中，$M$ 表示名义货币量，P 表示价格水平，r_b 表示债券的预期收益率，r_c 表示股票的预期收益率，$\frac{1}{P} \cdot \frac{\mathrm{d}P}{\mathrm{d}t}$ 表示物价的预期变动率，w 表示人力财富与非人力财富的比率，y 表示货币收入，u 为其他随机因素。

8. 货币数量论

答：货币数量论是关于货币数量与价格水平关系的一种理论。货币数量论用数量方程作为分析工具。

数量方程：$MV=PT$，式中，M 为流通中的货币数量，V 为货币的流通速度，P 为一般价格水平，T 为社会总交易次数。如果用 Y 表示实际 GDP，P 表示 GDP 平减指数，而 PY 是名义 GDP，那么数量方程式变成：$MV=PY$。

货币数量论假设货币流通速度不变，那么货币数量 M 的变动必然引起名义 GDP 的同比例变动。货币数量论进一步认为生产要素和生产函数共同决定实际 GDP，这样货币数量论意味着，价格水平和货币供给同比例变动，也即货币增长率决定通货膨胀率。

9. 货币铸造税

答：货币铸造税是指政府由于其印制货币的垄断权而获得的收入。铸币税是一种无形的税收，它是政府通过垄断货币发行权而获得的货币面值大于币材成本的差价部分。印制货币所需花费的成本极低，而所印出的钞票本身具有购买力，政府可以用它来换取商品与服务。

在金属货币时代，货币产生于实体经济，货币与商品实行等价交换，因此基本上不存在货币的发行收入。但到了不足值货币特别是信用货币时代，货币发行从技术上脱离了实体经济的束缚，成为一种能为发行者带来发行收入的特权。西方政府曾以“铸币税”的形式对私人银行发行现钞课税，作为允许他们拥有货币发行特权的交换。当中央银行建立后，中央银行垄断了货币发行权，铸币税就全部归政府所有，成为政府的一项收入。

10. 名义利率与实际利率

答：经济学家把银行支付的利率称为名义利率，它是未剔除通货膨胀因素的利率，而把剔除了通货膨胀因素的利率称为实际利率。平时能观察到的都是名义利率，但对购买力产生实质影响的却是实际利率。

如果 i 表示名义利率，r 表示实际利率，而 π 表示通货膨胀率，那么，这三个变量之间的关系可以写为：$r=i-\pi$。因此，实际利率是名义利率与通货膨胀率之间的差额。

11. 费雪方程和费雪效应

答：费雪方程是指反映名义利率和实际利率关系的方程。如果 i 表示名义利率，r 表示实际利率，而 π 表示通货膨胀率，那么，费雪方程可以写为：$i=r+\pi$。费雪方程说明名义利率可以由于两个原因而变动：实际利率变动或通货膨胀率变动。

费雪效应是指名义利率和预期通货膨胀率一对一的变动的关系。价格水平上升时，即存在通货膨胀时，利率一般有增高的倾向；价格水平下降时，即存在通货紧缩时，利率一般有下降的倾向。

12. 事前实际利率和事后实际利率

答：事前实际利率是指债务人和债权人在贷款时预期的实际利率，事后实际利率是指最终实现的实际利率。虽然债务人和债权人无法对未来的通货膨胀做出准确的预测，但他们能够对通货膨胀率进行预期。假设 π 表示实际的未来通货膨胀率，$E\pi$ 表示未来通货膨胀率的预期。事前的实际利率为 $i-E\pi$，而事后的实际利率为 $i-\pi$。当实际通货膨胀率 π 与

预期的通货膨胀率 $E\pi$ 不同时，事前实际利率与事后实际利率也就不同。

13. 鞋底成本

答： 鞋底成本，也称“皮鞋成本”，是形象地衡量发生通货膨胀时为了减少货币持有量而产生的成本。较高的通货膨胀率引起较高的名义利率，而名义利率增加又减少了实际货币余额，人们为了降低实际货币余额减少所带来的损失，必然更频繁地跑到银行去取款——例如，他们会一周两次各取 50 美元，而不是一周一次取 100 美元。这种来自减少货币持有量的不方便就是通货膨胀的鞋底成本，因为更经常地去银行使皮鞋磨损得更快。

14. 菜单成本

答： 菜单成本是指企业为改变销售商品的价格，需要给销售人员和客户提供新的价目表所花费的成本，它用来衡量高通货膨胀使得企业频繁变动价格的成本。它是新凯恩斯主义为反击新古典主义的批判，并证明其所主张的价格黏性的重要理由。关于菜单成本能否引起价格的短期黏性，经济学家们的观点是不一致的。一部分经济学家认为，菜单成本通常非常小，不可能对经济产生巨大影响。另一部分经济学家却认为，菜单成本虽然很小，但由于总需求外部性的存在，会导致名义价格出现黏性，从而对整个经济产生巨大影响，甚至引起周期性波动。

15. 实际变量与名义变量

答： 古典经济学把变量分为实际变量和名义变量，这被称为“古典二分法”。实际变量是用实物单位衡量的变量，例如数量和相对价格；名义变量是用货币表示的变量，例如价格水平和通货膨胀率，并且认为货币供给的变化不影响实际变量。在现实中，在长期，货币供给不会对实际变量产生影响；而在短期，货币供给量会对实际变量产生影响。

16. 古典二分法

答： 古典经济学把变量分为实际变量和名义变量，这被称为“古典二分法”。实际变量是用实物单位衡量的变量，例如数量和实际国民收入；名义变量是用货币表示的变量，例如价格水平和通货膨胀率，并且认为货币供给的变化不影响实际变量。在现实中，在长期，货币供给不会对实际变量产生影响；而在短期，货币供给量会对实际变量产生影响。

古典二分法是古典宏观经济学的一个重要的观点，它简化了经济理论，考察实际变量而不考虑名义变量。

17. 货币中性

答： 货币中性是指货币对实际经济变量不产生影响。古典经济学把变量分为实际变量和名义变量，认为货币只会对名义变量产生影响，而不会对实际变量产生影响。

实际上，在长期，货币中性是成立的；但在短期，货币非中性，即货币对实际经济变量会产生影响。不同学派对货币非中性的解释不同，凯恩斯认为是由于短期价格黏性，而货币学派和理性预期学派则认为是由于人们预期的错误或政府的干预，使得短期货币非中性。

二、复习题

1. 写出数量方程并解释。

答： 数量方程是一个恒等式，它表示了人们的交易数量以及他们持有的货币量之间的联系。可以将它写为：货币量 × 货币流通速度 = 价格 × 交易量，即 $M \times V = P \times T$。

数量方程右边说明的是在一个给定时间内，比如一年发生的交易总量(交易额)。T 表示在一年中用产品或服务交换货币的次数，P 表示一次典型交易的价格，交易的价格和交易次数的乘积 PT 等于一年中用于交换的货币量。数量方程的左边表示的是用于进行交易的货币。M 是货币量，V 称为货币的交易流通速度，它衡量货币在经济中流通的速度。

由于交易次数的衡量比较困难，经济学家常常用与数量方程表述形式略有不同的方程式。在新的方程式中，经济总产出 Y 代替了交易量 T。货币 × 货币流通速度 = 价格 × 产出，即 $M \times V = P \times Y$。Y 是实际 GDP，P 是 GDP 平减指数，所以 PY 表示了用货币衡量的产出价值——名义 GDP，V 代表货币的流通速度。

2. 货币流通速度不变的假设意味着什么？

答：有着固定流通速度的数量方程式可表示成：$M\overline{V} = PY$。如果货币流通速度 V 不变，则货币量 M 的变化会导致名义 GDP(PY)做相同比例变动。若进一步假定产出由生产要素和生产技术决定，因此 Y 保持不变，就可以得出货币量决定价格水平的结论。

3. 谁支付通货膨胀税？

答：通货膨胀税是指发生通货膨胀时，由于物价上涨，使得货币的实际价值下降，这相当于对货币持有者征收了一种税。通货膨胀税由货币持有者支付。因为，如果发生通货膨胀，那么意味着持有的货币比以前不值钱，即相同的货币量购买的实际商品和服务减少了，这部分购买力就被通货膨胀剥夺了。

4. 如果通货膨胀率从 6% 上升到 8%，那么，根据费雪效应，实际利率和名义利率会发生什么变化？

答：费雪方程为：$i = r + \pi$，其中 i 表示名义利率，r 表示实际利率，而 π 表示通货膨胀率。假定实际利率不受通货膨胀影响，它随着储蓄与投资的平衡状况而调整。所以，如果通货膨胀率从 6% 上升到 8%，则费雪效应意味着在实际利率不变的同时名义利率上升了 2%。

5. 列出你可以想到的所有通货膨胀成本，根据你认为的重要程度进行排序。

答：通货膨胀根据是否预期到，分为预期的通货膨胀和未预期到的通货膨胀。预期的通货膨胀可能存在的社会成本有：鞋底成本、菜单成本、相对价格变动成本、税收扭曲成本、人们生活普遍不方便的成本；未预期到的通货膨胀还会带来任意再分配社会财富的成本，且会损害靠固定养老金生活的人的利益。

作为学生，预期的通货膨胀带来最多的可能是鞋底成本。通货膨胀成本按重要程度排列如下：

(1)鞋底成本：也称为皮鞋成本。较高的通货膨胀率引起较高的名义利率，而名义利率增加又减少了实际货币余额。如果人们都减少了所持有的货币余额，他们就必然更频繁地跑到银行去取款。这种来自减少货币持有量的不方便以及所花费的时间就是通货膨胀的鞋底成本，因为更经常地去银行使皮鞋磨损得更快。

(2)菜单成本：高通货膨胀使企业更经常地改变自己的报价，而改变价格是有成本的。比如，它要求印刷并发送新目录表。这些成本称为菜单成本，因为通货膨胀率越高，餐馆越要经常地印刷新菜单。

(3)相对价格变动成本：面临菜单成本的企业不会频繁地改变价格，因此，通货膨胀率越高，相对价格的变动越大。而自由市场经济是依赖相对价格体系来实现资源的有效配置的，通货膨胀会引起资源配置中的微观经济无效率。

(4)税收扭曲成本：许多税法的条款没有考虑通货膨胀的影响。因此，通货膨胀会以法律制定者没有想到的方式改变个人的税收义务。

(5)变动的价格水平造成的人们生活普遍不方便的成本：在一个物价水平不断变动的世界中，人们生活不方便。货币是衡量经济交易的尺度，当存在通货膨胀时，尺度的长度也一直在变动，从而货币作为衡量指标的作用就会减小。

(6)任意再分配社会财富的成本：未预期到的通货膨胀任意地在个体之间进行财富再分配。比如，如果通货膨胀高于预期，债务人受益而债权人受损。而且，依靠固定养老金生活的人的利益将会受到损害，因为他们的钱只能买到更少的商品了。

6. 解释货币政策和财政政策在引起和结束恶性通货膨胀中的作用。

答：一般地，引起恶性通货膨胀的原因是货币政策。因为，只有当货币供给快速增长时才会导致价格水平急剧上升。但恶性通货膨胀最初始的原因往往是政府财政赤字。当政府有很大的预算赤字而又无法通过征税或发行债券来弥补赤字时，就会通过发行货币来弥补赤字。发行过多货币就会导致物价高速上涨，导致恶性通货膨胀。因此，如果要结束恶性通货膨胀，必须从根本的财政政策入手，比如缩减财政开支或适当地征税。

7. 定义术语"实际变量"和"名义变量"，并各举一个例子。

答：实际变量是指用实物单位衡量的变量，例如数量和相对价格；名义变量是用货币表示的变量，例如价格水平和通货膨胀率。

实际变量是用在各个时期都不变的单位来衡量的，这种单位对通货膨胀作过调整。名义变量是用货币衡量的，变量的价值没有对通货膨胀因素作调整。例如，一个实际变量可以是黑人的糖果；而名义变量就是当前糖果的货币价格。

三、问题与应用

1. 在 Wiknam 国中，货币流通速度是不变的。实际 GDP 每年增长 3%，货币存量每年增长 8%，名义利率是 9%。以下各个变量是多少？

a. 名义 GDP 的增长率；

b. 通货膨胀率；

c. 实际利率。

解：a. 根据 $MV=PY$，PY 即为名义 GDP，那么有：

$$M\text{ 变动\%}+V\text{ 变动\%}=\text{名义 GDP 变动\%}$$

所以，名义 GDP 的增长率 $=8\%+0\%=8\%$。

b. 把数量方程写成变量百分比的形式：M 变动% $+V$ 变动% $=P$ 变动% $+Y$ 变动%，根据题意可以得到：

$8\%+0\%=\Delta P\%+3\%$，得 $\Delta P\%=5\%$，即通货膨胀率 $=5\%$。

c. 再由费雪方程：$i=r+\pi$，$9\%=r+5\%$，可得实际利率：$r=4\%$。

2. 假定一国的货币需求函数为 $(M/P)^d=kY$，式中，k 为一个常数。货币供给每年增加 12%，实际收入每年增长 4%。

a. 平均通货膨胀率是多少？

b. 如果实际收入增长更快，通货膨胀将会有什么不同？请解释。

c. 你如何解释参数 k？它与货币流通速度是什么关系？

d. 假定货币需求函数不再是不变的，相反，该经济中货币流通速度由于金融创新而稳定地上升。这将会如何影响通货膨胀率？请解释。

答： a. 由货币需求函数 $(M/P)^d = kY$ 可以得出下式：

$$M\text{ 的变动百分比} - P\text{ 的变动百分比} = k\text{ 的变动百分比} + Y\text{ 的变动百分比}$$

其中 k 是固定的，所以其变动为 0。由题目可知货币供给每年增加 12%，实际收入每年增长 4%，代入上式可知平均通货膨胀率为 8%。

b. 如果实际收入增长更快，会导致更低的平均通货膨胀率。

c. $k = 1/V$，货币流通速度的上升导致 k 的减小。

d. 由 a 小问得知：

$$P\text{ 的变动百分比} = M\text{ 的变动百分比} - k\text{ 的变动百分比} - Y\text{ 的变动百分比}$$

因为 $k = 1/V$，货币流通速度的上升导致 k 的减小，由上式可知平均通货膨胀率增加。由于货币流通速度的变快，同样数目的通货交易得更加频繁，花在每一单位交易的商品上的通货数目增加了，由此导致了物价的上升。

3. 某经济的货币需求函数为 $(M/P)^d = 0.2Y/i^{1/2}$。

a. 推导货币流通速度的表达式。货币流通速度取决于什么？解释为什么会有这种依赖关系。

b. 如果名义利率为 4%，计算货币流通速度。

c. 如果产出 Y 为 1000 单位，货币供给 M 为 1200 美元，那么，价格水平 P 为多少？

d. 假定新任中央银行行长有着对通货膨胀态度温和的声誉，一个关于新中央银行行长的公告使预期通货膨胀提高了 5 个百分点。根据费雪效应，新的名义利率为多少？

e. 计算新的货币流通速度。

f. 如果在这个公告后该经济的产出和现期货币供给都没有变化，那么，价格水平会怎么变化？为什么？

g. 如果新中央银行行长要把该公告发布后的价格水平维持在公告前的水平，那么，她应该把货币供给设定在什么水平？

答： a. 根据：

$$(M/P)^d = kY$$

即：

$$M/P = kY$$

简单整理各项后，这个方程变为：

$$M(1/k) = PY$$

上式也可以写为：

$$MV = PY$$

式中，$V = 1/k$，因此根据题意可以得出，$V = 5i^{0.5}$。根据公式可以看出，货币流通速度取决于名义利率 i。当名义利率越大时，人们对每一美元的收入愿意持有的货币量越小（考虑到名义利率可以看成人们对持有货币而不是存入银行的机会成本），而当人们只想持有少量货币时(k 小)，货币转手就频繁(V 大)，因此名义利率越大时，货币流通速度也越大。

b. 如果名义利率为 4%，即 $i=4$，根据 $V=5i^{0.5}$，可得 $V=10$。

c. 由：

$$MV=PY$$
$$Y=1000$$
$$M=1200$$
$$V=10$$

可得：

$$P=12$$

d. 根据费雪效应，有：

$$i=r+E\pi$$

根据题意，有：

$$i_0=4\%$$
$$\Delta E\pi=5\%$$
$$r \text{ 不变}$$

因此

$$i_1=4\%+5\%=9\%$$

即新名义利率为 9%。

e. 新名义利率为 9%，即 $i_1=9$，根据 $V=5i^{0.5}$，可得 $V_1=15$，即新的货币流通速度为 15。

f. 用百分比变动的形式表示的数量方程为：

M 的百分比变动 + V 的百分比变动 = P 的百分比变动 + Y 的百分比变动

根据上式和题意，产出 Y 的百分比变动和货币量 M 的百分比变动均为 0，价格水平 P 的百分比变动就等于货币流通速度 V 的百分比变动，即 $(15-10)/10=50\%$。

g. 根据 $(M/P)^d=0.2Y/i^{0.5}$，可得：

公告前价格水平为：$P=\dfrac{M}{0.1Y}$；

公告后价格水平为：$P'=\dfrac{3M'}{0.2Y}$。

价格水平保持 $P=P'$，则有 $\dfrac{M}{0.1Y}=\dfrac{3M'}{0.2Y}$，得 $M'=\dfrac{2}{3}M=800$，即货币供给调整为原来的 $\dfrac{2}{3}$，即 800。

4. 假定货币需求函数的形式为 $(M/P)^d=L(i, Y)=Y/(5i)$。

a. 如果产出增长速度为 g，名义利率恒定，那么，实际货币余额需求将会以什么速度增长？

b. 这一经济的货币流通速度是多少？

c. 如果通货膨胀和名义利率恒定，那么，货币流通速度将会以什么速度增长(如果有的话)？

d. 利率水平的一个永恒的(一次性)增加将如何影响货币流通速度？它将如何影响随后的货币流通速度增长率？

e. 如果中央银行要实现长期目标通货膨胀率 π，那么，货币供给应该以什么速度增长？

答：a. 如果货币需求函数的形式为 $(M/P)^d = L(i,\ Y) = Y/(5i)$，那么可得：

$$\frac{\Delta(M/P)}{M/P} = \frac{\Delta Y}{Y} - \frac{\Delta i}{i}$$

当名义利率 i 不变的时候，实际货币余额需求的增长速度就等于产出的增长速度 g。

b. 由货币数量方程式 $MV = PY$ 可求出货币流通速度 $V = (P/M)Y$。而其中的 P/M 正是实际货币余额需求的倒数，即 $1/L(i,\ Y)$，所以 $V = (5i/Y) \times Y = 5i$。

c. 如果通货膨胀率和名义利率恒定，那么货币流通速度也应该是恒定的，增长速度为0。

d. 利率水平的永久增加将使货币流通速度永久增加，利率水平的一次性增加也将使货币流通速度一次性增加。但是，只要利率的长期增长速度为0，货币流通速度增长率也为0。

e. 如果中央银行要实现长期目标通货膨胀率 π，那么，货币供给也应该按 π 速度增长。

5. 一篇报纸文章曾经报道，美国经济正经历着低通货膨胀率。它说：“低通货膨胀有一个负面效应：4500 万名社会保障和其他津贴的领取者将看到他们的支票在下一年中仅仅增加 2.8%。”

a. 为什么政策制定者将社会保障和其他津贴的增加与通货膨胀建立联系？

b. 津贴的小幅增加是否如该文所认为的那样是低通货膨胀的一个“负面效应”？为什么？

答：a. 因为在美国，社会保障与津贴是经过通货膨胀指数化的。如果有通货膨胀，那么实际领取的社会保障与津贴的货币数量将随着通货膨胀上升而同比例上升，以保持实际货币数量不变。

b. 因为社会保障与津贴是经过通货膨胀指数化的，所以，无论通货膨胀率是高还是低，都不能影响实际购买力。从实际购买力不变的层面讲，这个政策没有社会成本，因此并不算是低通货膨胀的一个“负面效应”。

6. 在第二次世界大战期间，德国和英国都有纸武器的计划：它们各自印制对方国家的通货，打算用飞机大量空投。为什么这可能是一种有效的武器呢？

答：空投纸币是一种有效的武器，因为空投对方国家的纸币，会使对方国家发生通货膨胀。而通货膨胀会给一国带来很多不利影响，比如，它会增加鞋底成本和菜单成本；会使相对价格变动更频繁；会以法律制定者没有想到的方式改变个人的税收义务；会削弱货币计价单位功能使人们生活不方便；未预期的通货膨胀还会增加不确定性并导致任意再分配社会财富。如果恶性通货膨胀十分极端，它会削弱公众对于经济和经济政策的信心。此外，外国飞机空投货币还会使本国政府因为通货膨胀使得铸币税减少。

7. 对于以下每个场景，解释并对通货膨胀的成本进行归类。

a. 由于通货膨胀上升了，某服装公司决定每月而不是每个季度发行一个新的产品目录。

b. 爷爷从一家保险公司购买了 100000 美元的年金，该公司承诺在爷爷的有生之年每年付给他 10000 美元。在购买了该年金后，爷爷意外地发现在接下来的几年里高通货膨胀使价格上升到了原来的三倍。

c. 玛丽亚生活在一个有着恶性通货膨胀的经济中。每到发工资的那一天，她就尽可能快地跑到商店，以便能在钱丧失价值之前花掉。

d. 吉塔生活在一个通货膨胀率为 10%的经济中。在过去一年里，她的价值百万美元的股票和债券组合给她带来了 50000 美元的回报。由于她的税率为 20%，她给政府缴纳了 10000 美元的税收。

e. 你的父亲告诉你，当他在你这个年龄时，他每小时工作的报酬只有 4 美元。他的言下之意是你有一份每小时 9 美元的工作已经很幸运了。

答：a. 由于服装公司发行新的产品目录更加频繁，这属于通货膨胀造成的菜单成本中的一种。

b. 高通货膨胀使得爷爷在保险公司所购买的年金的价格与实际价格水平的相对价格变动很大，这属于通货膨胀造成的相对价格变动成本，即通货膨胀使得相对价格变动并导致资源配置在微观上的无效率。

c. 恶性通货膨胀使得玛丽亚领取到的工资很快丧失价值，玛丽亚只有花时间和精力在钱丧失价值之前把钱花掉，这属于在恶性通货膨胀下，与减少货币持有量相关的鞋底成本。

d. 吉塔投资的价值百万美元的股票和债券组合，收益 50000 美元，但是经济中通货膨胀率为 10%，因此扣除通货膨胀因素，她实际收入回报 = 50000 − 50000 × 10% = 45000 美元，然而税法的条款没有考虑通货膨胀的影响，她又缴纳了 10000 美元的税收。通货膨胀扭曲了税收的征收，属于通货膨胀的税收扭曲成本。

e. 父亲并没有考虑到他这个年龄的年代的价格水平和当今的价格水平是不一样的，这属于通货膨胀的生活的不便利性成本，即生活在一个价格水平变动的世界中的不方便：当存在通货膨胀时，我们在比较不同时期的美元时应对通货膨胀进行校正。

8. 一些经济史学家指出，在金本位时期，黄金的发现在长期通货紧缩之后最可能出现。(1896 年的发现是一个例子。)什么可能解释这一观察？

答：通货紧缩是指在一定时期内，经济中一般商品和服务的价格水平的持续显著的下降，也即货币价值的上升。在金本位制下，货币价值的上升就是黄金价值的上升，因为货币与黄金之间的兑换比例是固定的。因此，在通货紧缩之后，一盎司黄金可以购买到更多的商品和服务，这就刺激人们去寻找新的金矿，从而在通货紧缩之后会有更多的黄金被发现。

第 6 章　开放的经济

6.1　复习笔记

【知识框架(庖丁解牛)】

- 开放的经济
  - 资本和产品的国际流动
    - 净出口
    - 国际资本流动和贸易余额
    - 双边贸易余额的无关紧要性
  - 小型开放经济
    - 小型开放经济模型
    - 政策对贸易余额的影响
      - 国内财政政策
      - 国外财政政策
      - 投资需求的移动
    - 评价经济政策
  - 汇率
    - 名义汇率和实际汇率
    - 实际汇率和贸易余额
    - 实际汇率的决定因素
    - 政策对实际汇率的影响
      - 国内财政政策
      - 国外财政政策
      - 投资需求的移动
    - 贸易政策的影响
    - 名义汇率的决定因素
    - 购买力平价
  - 大型开放经济
    - 含义
    - 模型
      - 可贷资金市场
      - 外汇市场
      - 名义汇率
    - 大型开放经济的均衡
    - 大型开放经济中的政策影响
      - 国内财政政策
      - 投资需求的移动
      - 贸易政策
      - 资本净流出的移动

【考点难点归纳(厚积薄发)】

考点一：资本和产品的国际流动　★★★★

1. 净出口

净出口也称贸易余额，一般用 NX 表示，是本国向其他国家出口的产品与服务的价值减去外国向本国提供的产品与服务的价值，反映国际间产品与服务的流动。用 X 表示出口，用 IM 表示进口，则出口减去进口 $(X-IM)$ 就是净出口。

国民收入核算恒等式可被写为：

$$Y = C + I + G + NX$$

对上式进行简单变形，得：

$$NX = Y - (C + I + G)$$

$$\text{净出口} = \text{产出} - \text{国内支出}$$

这个式子说明，在一个开放经济中，国内支出无须等于产品与服务的产出。如果产出大于国内支出，则净出口为正；如果产出小于国内支出，则净出口为负。

2. 国际资本流动和贸易余额

(1)资本净流出：

资本净流出也称国外净投资，是国内储蓄和国内投资之间的差额 $S-I$，反映为资本积累融资的资金国际流动。

(2)资本净流出和贸易余额的关系：

根据储蓄和投资重写国民收入核算恒等式可以推导出：

$$Y = C + I + G + NX$$
$$Y - C - G = I + NX$$
$$(Y - C - T) + (T - G) = I + NX$$
$$S - I = NX$$

国民收入核算恒等式表明，资本净流出总是等于贸易余额，即资本净流出 = 贸易余额。这表明为资本积累筹资的资金国际流动和国际间产品和服务的流动是同一枚硬币的两面。

(3)开放经济可能经历的三种结果如表 6－1 所示：

表 6－1　开放经济可能经历的三种结果

	贸易盈余	贸易赤字	贸易平衡
进出口	$X > IM$	$X < IM$	$X = IM$
净出口	$NX > 0$	$NX < 0$	$NX = 0$
国内产出与支出	$Y > C + I + G$	$Y < C + I + G$	$Y = C + I + G$
储蓄与投资	$S > I$	$S < I$	$S = I$
资本净流出	$S - I > 0$	$S - I < 0$	$S - I = 0$

3. 双边贸易余额的无关紧要性

双边贸易余额是指一国与某一特定国家之间的贸易余额。一国总体的贸易余额与其储蓄和投资之间有着密切的关系，但是对于双边贸易余额而言，却并非如此。一国可以在对特定贸易伙伴有巨额贸易赤字和盈余的同时，在总体上保持贸易平衡。

在政治舞台上，一国与某一特定国家之间的双边贸易赤字受到了较为普遍的关注。部分原因在于国际关系主要表现为国与国之间的关系，尤其是在贸易方面的关系；但是，在一国与某一特定国家之间存在贸易赤字的同时，不排除该国与另一特定国家之间存在贸易盈余，在这种情况下，该国也可以基本保持贸易平衡。因此，站在宏观经济的角度，只有总体贸易余额才是重要的。

考点二：小型开放经济 ★★★★★

1. 小型开放经济模型

(1)假设：

①该经济对世界利率的影响微不足道；

②资本完全流动，即该经济中的利率 r 必定等于世界利率 r^* ($r=r^*$)；

③经济的产出由生产函数和生产要素固定，$Y=\bar{Y}=F(\bar{K}, \bar{L})$；

④消费 C 与可支配收入 $(Y-T)$ 正相关，消费函数为 $C=C(Y-T)$；

⑤投资 I 与实际利率 r 负相关，投资函数为 $I=I(r)$；

⑥财政政策固定。

(2)模型：

在以上假设下，$NX=Y-(C+I+G)$ 可写为：

$$NX=[\bar{Y}-C(\bar{Y}-T)-G]-I(r^*)=\bar{S}-I(r^*)$$

这样就可得到如图 6－1 所示的储蓄和投资图。贸易余额是由世界利率水平上储蓄和投资之间的差额决定的。当世界利率高于国内均衡利率时，国内储蓄大于投资，有贸易盈余；当世界利率低于国内均衡利率时，国内投资大于储蓄，有贸易赤字。

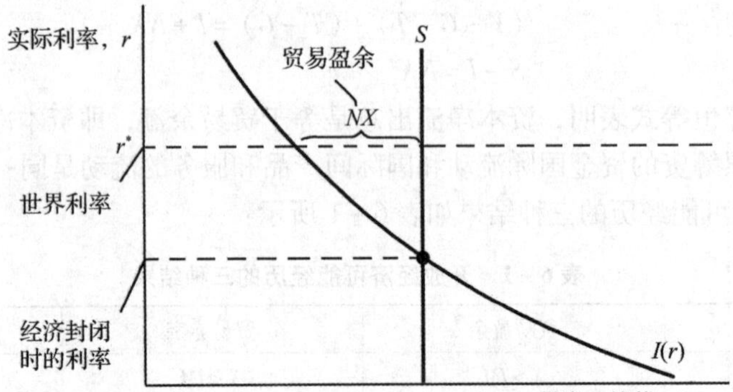

图 6－1　小型开放经济中的储蓄和投资

2. 政策对贸易余额的影响

假设经济开始时实现了贸易均衡，即：该经济的利率等于世界利率，且投资 I 等于储蓄 S，净出口 NX 等于零。

(1)国内财政政策：

本国扩张性的财政政策，如增加政府购买或减税，都会使国民储蓄减少，在既定的世界利率水平上，投资不变，因此本国出现贸易赤字，如图 6－2 所示。反之，本国出现紧缩性的财政政策，如减少政府购买或增税，都会使国民储蓄增加，在既定的世界利率水平上，投资不变，因此本国出现贸易盈余。

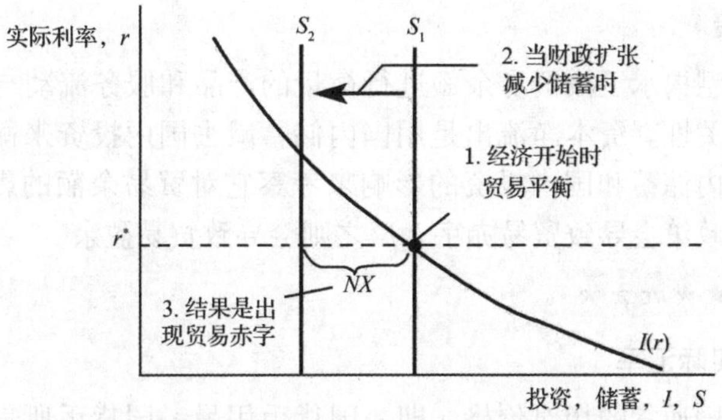

图 6－2 小型开放经济中的国内财政扩张

（2）国外财政政策：

如图 6－3 所示，当国外经济的财政扩张政策大到足以影响世界储蓄和投资时，就使世界利率从 r_1^* 上升到 r_2^*，较高的世界利率减少了这个小型开放经济中的投资，引起贸易盈余。

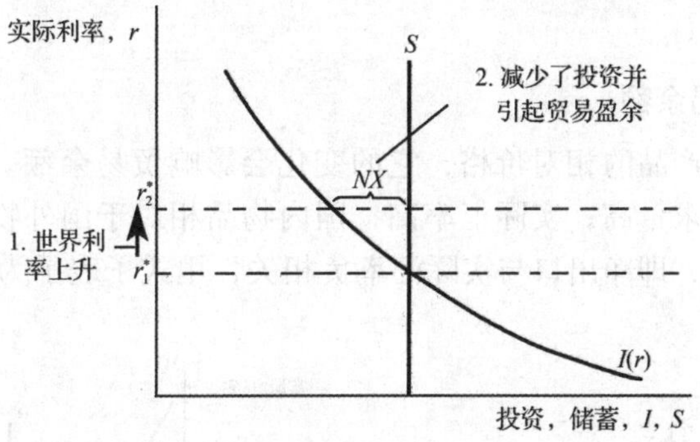

图 6－3 小型开放经济中的国外财政扩张

反之，当国外经济的财政紧缩大到足以影响世界储蓄和投资时，就使世界利率下降，较低的世界利率增加了小型开放经济中的投资，引起贸易赤字。

（3）投资需求的移动：

本国自主性投资增加，使得投资曲线外移，即从 $I(r)_1$ 外移至 $I(r)_2$，在既定的世界利率水平上，投资大于储蓄，结果是出现贸易赤字，如图 6－4 所示。反之，本国自主性投资减少，使得投资曲线内移，在既定的世界利率水平上，投资小于储蓄，结果是出现贸易盈余。

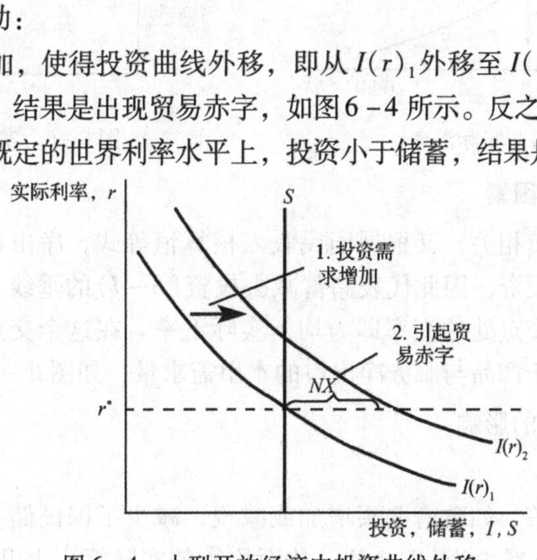

图 6－4 小型开放经济中投资曲线外移

3. 评价经济政策

小型开放经济模型揭示了按贸易余额进行衡量的产品和服务流动与用于资本积累的国际资金流动的密切相关性。资本净流出是用国内储蓄减去国内投资来衡量的，因此可以通过考察经济政策对国内储蓄和国内投资的影响来考察它对贸易余额的影响。一般来说，增加投资或减少储蓄的政策会导致贸易赤字，反之则会导致贸易盈余。

考点三：汇率 ★★★★★

1. 名义汇率和实际汇率

名义汇率是指两国通货的相对价格，即一国货币用另一国货币所表示的价格。实际汇率也称作贸易条件，是指外国商品与本国商品的相对价格，它反映了本国商品的国际竞争力。

在间接标价法下，实际与名义汇率之间的关系：实际汇率 = 名义汇率 × 价格水平的比率，$\varepsilon = e \times (P/P^*)$。其中 ε 为实际汇率，e 为名义汇率，P 为国内价格水平，P^* 为国外价格水平。

2. 实际汇率和贸易余额

实际汇率反映两国产品的相对价格，它的变化会影响贸易余额。实际汇率低，国内物品相对便宜，净出口需求量高；实际汇率高，国内物品相对于国外物品昂贵，净出口需求量低。因此，贸易余额，即净出口与实际汇率负相关，用式子表示为：$NX = NX(\varepsilon)$，如图 6-5 所示。

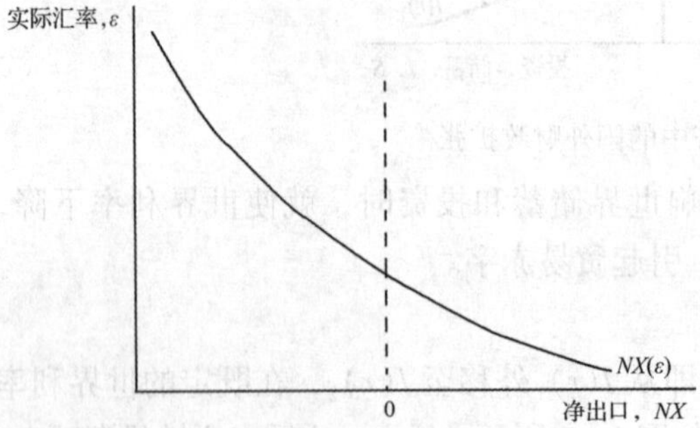

图 6-5　净出口与实际汇率

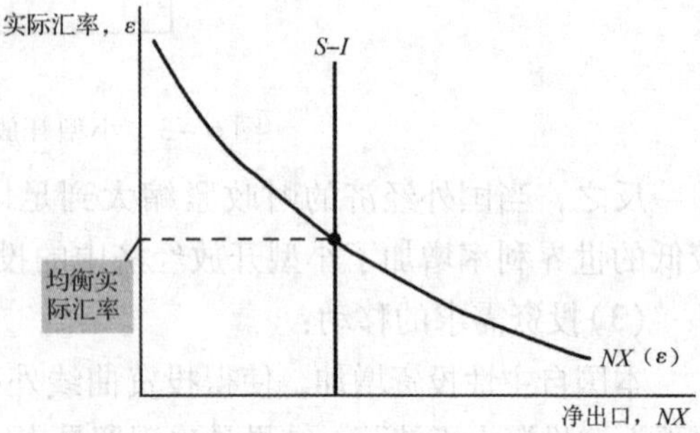

图 6-6　实际汇率的决定

3. 实际汇率的决定因素

实际汇率与净出口负相关，又根据国民收入核算恒等式，净出口等于资本净流出。资本净流出等于储蓄减去投资，因此代表储蓄减去投资($S-I$)的垂线与向右下方倾斜的净出口曲线有一个交点，该交点处的汇率即为均衡实际汇率。在这个交点上，用于资本流向国外的本币供给量等于用于产品与服务净出口的本币需求量，如图 6-6 所示。

4. 政策对实际汇率的影响

(1) 国内财政政策：

国内扩张性财政政策，如政府购买增加或减税，减少了国民储蓄。储蓄减少使外汇市场上本币供给从(S_1-I)减少为(S_2-I)，从而均衡的实际汇率上升，如图 6-7 所示。反之，国内紧缩性财政政策，如政府购买减少或增税，增加了国民储蓄，会使均衡的实际汇率下降。

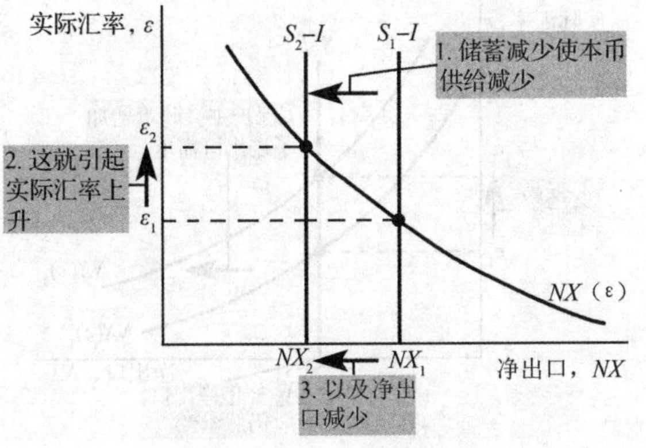

图6－7 国内扩张性财政政策对实际汇率的影响

（2）国外财政政策：

如图6－8所示，国外扩张性财政政策会导致世界储蓄减少，这使世界利率由 r_1^* 上升至 r_2^*，世界利率的上升抑制了国内投资，这又增加了 $S-I$，结果，均衡的实际汇率由 ε_1 下降为 ε_2。

反之，国外紧缩性财政政策，会使世界利率下降，增加了国内投资，减少了外汇市场上本币供给，结果均衡的实际汇率上升。

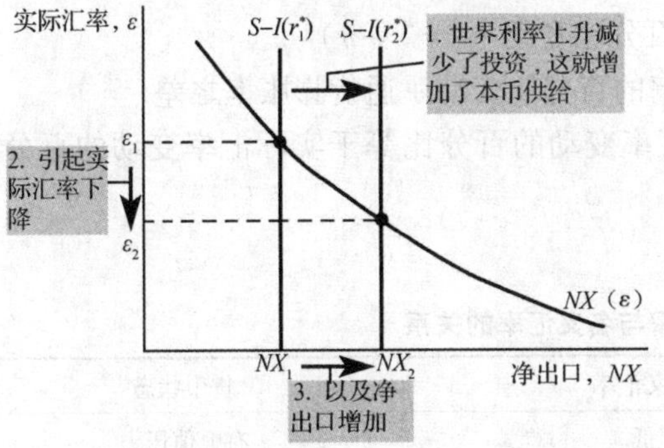

图6－8 国外扩张性财政政策对实际汇率的影响

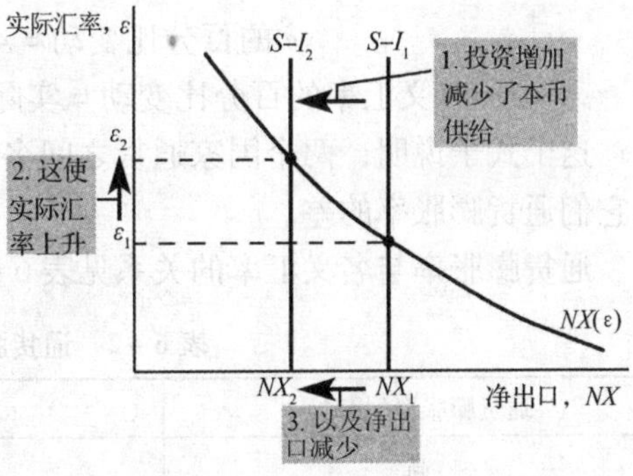

图6－9 投资需求增加对实际汇率的影响

（3）投资需求的移动：

投资需求增加使国内投资从 I_1 增加到 I_2，外汇市场上本币供给从（$S-I_1$）减少为（$S-I_2$），均衡的实际汇率上升，如图6－9所示。反之，投资需求减少则会使实际汇率下降。

5. 贸易政策的影响

贸易政策是旨在直接影响物品与服务进口与出口量的政策。贸易政策通常采取的形式有：①保护国内产业使其免受国外竞争；②针对从外国进口的商品征税（关税）；③限制可以进口的产品与服务的数量（配额）。

贸易保护主义使净出口曲线向外移动，但不影响储蓄与投资，从而不影响贸易余额（均衡的净出口水平没有变），但却影响了贸易量，因为实际汇率升值虽然增加了进口，但这仅仅抵消了一部分因贸易限制而减少的进口，则保护主义政策使进口量与出口量均减少，如图 6－10 所示。

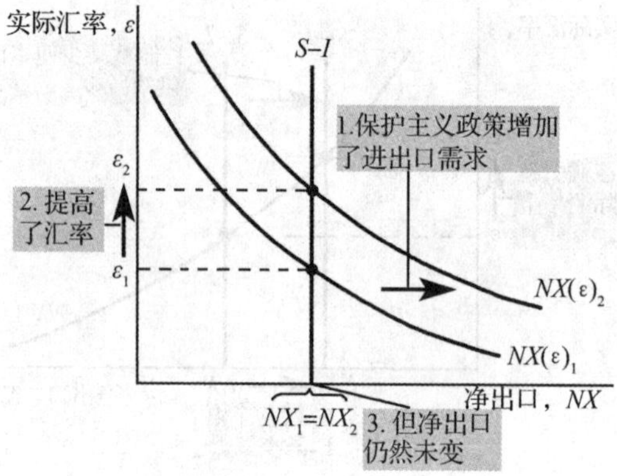

图 6－10 保护主义贸易政策对实际汇率的影响

6. 名义汇率的决定因素

根据实际汇率与名义汇率之间的关系，可将名义汇率写为：$e=\varepsilon\times(P^*/P)$。

因此，名义汇率由实际汇率和两国的价格水平决定。

名义汇率变动的百分比是：

$$e\text{ 的百分比变动}=\varepsilon\text{ 的百分比变动}+P^*\text{ 的百分比变动}-P\text{ 的百分比变动}$$

即：

$$e\text{ 的百分比变动}=\varepsilon\text{ 的百分比变动}+(\pi^*-\pi)$$

名义汇率的百分比变动＝实际汇率的百分比变动＋通货膨胀率之差

这个式子说明，两个国家通货之间名义汇率变动的百分比等于实际汇率变动的百分比加它们通货膨胀率的差。

通货膨胀率与名义汇率的关系见表 6－2。

表 6－2 通货膨胀率与名义汇率的关系

通货膨胀率(相对)	名义汇率	货币状态
高	低	有贬值压力
低	高	有升值压力

7. 购买力平价

(1)一价定律：

同一时间，同一种商品在世界各地用同一种货币表示的价格相同。国际间商品套利交易保证了一价定律的成立。

(2)购买力平价：

购买力平价是指一价定律在国际市场的运用。它表明，如果国际套利交易是可能的，那么任何一种通货在每个国家都有相同的购买力。可以用实际汇率的模型对购买力平价学说做出解释。净出口对实际汇率的微小变动极为敏感，由这种极端敏感性可以得到一条平坦的净出口曲线，如图 6－11 所示。

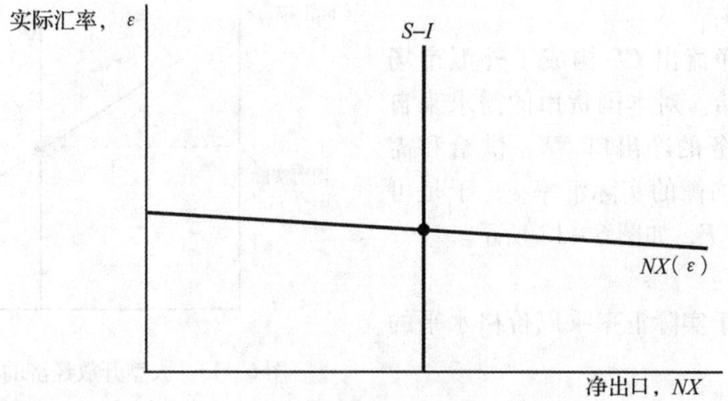

图 6－11 购买力平价

购买力平价有两个重要的含义：①平坦的净出口曲线意味着实际或名义汇率不受储蓄或投资变动的影响；②由于实际汇率保持不变，名义汇率的所有变动都源于价格水平的变动。

(3)购买力平价学说的局限性：

①许多产品和服务是不易于交易的。

②可贸易的产品之间也存在异质性，并不总是完全替代品。

因此，现实中实际汇率并不像购买力平价学说所说的是固定不变的，而是经常变动的。

考点四：大型开放经济 ★★★★

1. 含义

大型开放经济是指大到足以影响世界利率、资本不是完全流动的经济体。大型开放经济与资本完全流动的小型开放经济的主要区别是两者的资本净流出函数是不一样的。在大型开放经济中，资本净流出(CF)是国内实际利率的函数，与国内实际利率呈负相关关系，国内利率越低，资本净流出越大，这一关系记为 $CF=CF(r)$；而在资本完全流动的小型开放经济中，资本净流出曲线是一条通过世界利率 r^* 的水平线。

大型开放经济中考虑可贷资金市场和外汇市场。通过这两个市场可以分别决定经济中的实际利率 r 和实际汇率 ε。

2. 模型

(1)可贷资金市场：

与 $S-I=NX$，$S=I+NX$ 相类似，国内储蓄 S 一方面为国内投资 I 筹资，另一方面为资本净流出 CF 筹资，即 $S=I+CF$。其中，国内储蓄由国内产出水平、国内财政政策和消费函数所固定，和国内实际利率无关。而投资 I 和资本净流出 CF 都是国内实际利率的函数，并且都呈负相关关系，从而可以写作 $\overline{S}=I(r)+CF(r)$。因此，由国内储蓄形成的资金供给以及国内投资和资本净流出形成的资本需求决定了均衡的实际利率，如图 6－12 所示。

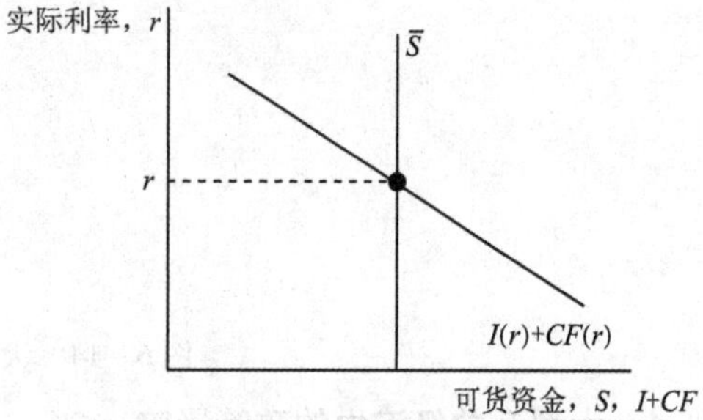

图 6－12 大型开放经济的可贷资金市场

(2)外汇市场：

首先，资本净流出 CF 构成了外汇市场上本国货币的供给。对本国货币的需求来自本国的产品与服务的净出口 NX。供给和需求的平衡决定了均衡的实际汇率 ε，于是可以写出 $NX(\varepsilon)=CF$，如图 6－13 所示。

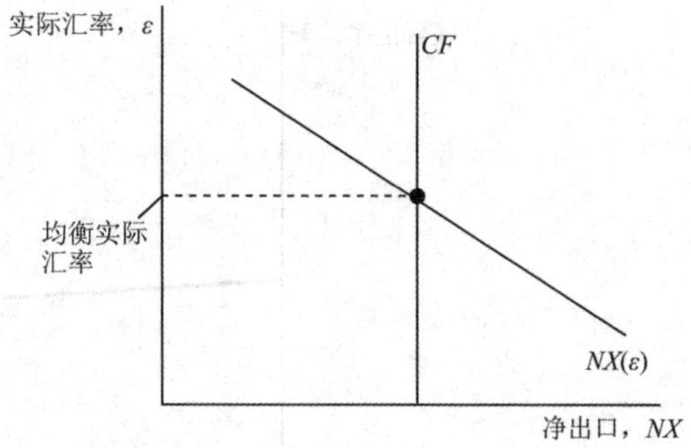

图 6－13　大型开放经济的外汇市场

(3)名义汇率：

名义汇率等于实际汇率乘以价格水平的比率，即：

$$e=\varepsilon\times(P^*/P)$$

实际汇率的决定如图 6－13 所示，价格水平取决于国内与国外的货币政策，而且那些影响实际汇率或价格水平的力量也会影响名义汇率，并使其发生变动。

3. 大型开放经济的均衡

把大型开放经济的可贷资金市场和外汇市场结合起来就可得该经济中均衡的实际利率 r 和实际汇率 ε。

如图 6－14 所示，在可贷资金市场上，由储蓄形成的资金供给和由投资和资本净流出形成的资金需求，决定了均衡的实际利率 r。在国内实际利率 r 的水平上，必然对应着一定的资本净流出 $CF(r)$。在外汇市场上，由资本净流出形成的本国货币供给与来自本国的产品与服务净出口 NX 形成的对本国货币的需求相等时决定了实际汇率。

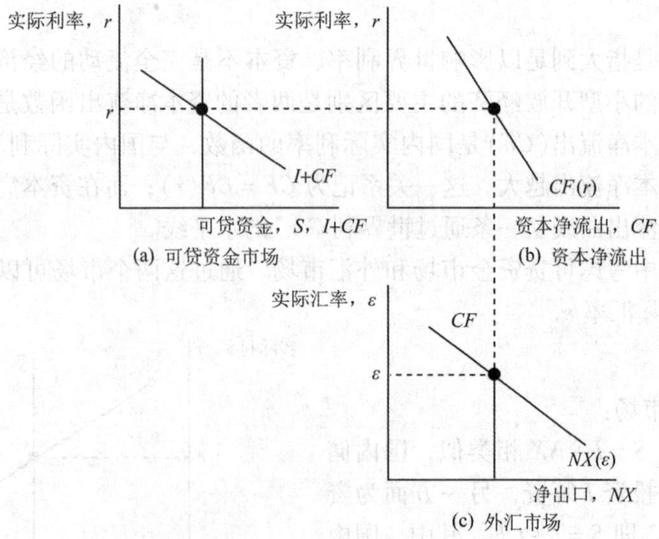

图 6－14　大型开放经济的均衡

4. 大型开放经济中的政策影响

(1)国内财政政策：

扩张性财政政策(如政府购买增加或减税)减少了国民储蓄 S，从而减少了可贷资金的供给并提高了均衡利率 r。更高的利率减少了国内投资 I 和资本净流出 CF。资本净流出的减少降低了需要换成外国通货的美元供给。汇率升值，净出口减少，如图6－15所示。

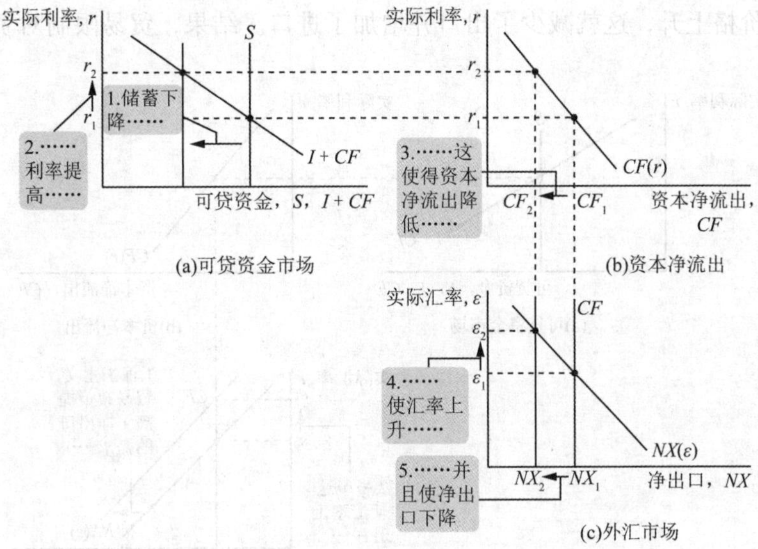

图6－15　大型开放经济中的扩张性财政政策

(2)投资需求的移动：

假定投资需求曲线由于国会通过了投资税收抵免规定而向外移动。如图6－16所示，可贷资本需求因此增加，这也进一步提高了均衡利率。利率的提高减少了资本净流出：减少了本国人向国外的贷款，增加了外国人向本国的贷款。资本净流出的减少导致外汇市场上的本国货币供给也减少。因此，汇率升值，净出口减少。

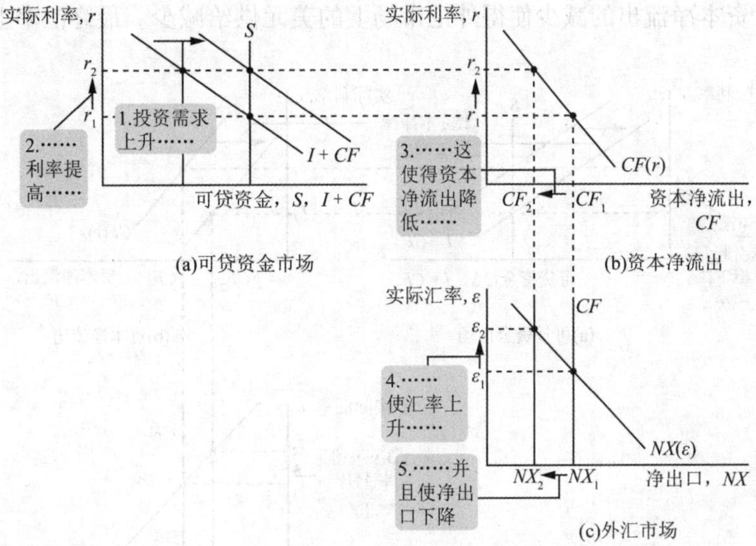

图6－16　大型开放经济中的投资需求增加

(3)贸易政策：

贸易限制(如进口配额)的影响如图6－17所示。在图6－17(c)中，进口需求的减少增加了净出口，使净出口曲线向外移动。但是因为可贷资金市场没有变化，利率保持不变，因此资本净流出就保持不变。净出口曲线的移动导致汇率升值。汇率升值使本国产品相对于外国产品的价格上升，这就减少了出口并增加了进口。结果，贸易限制对贸易余额没有影响。

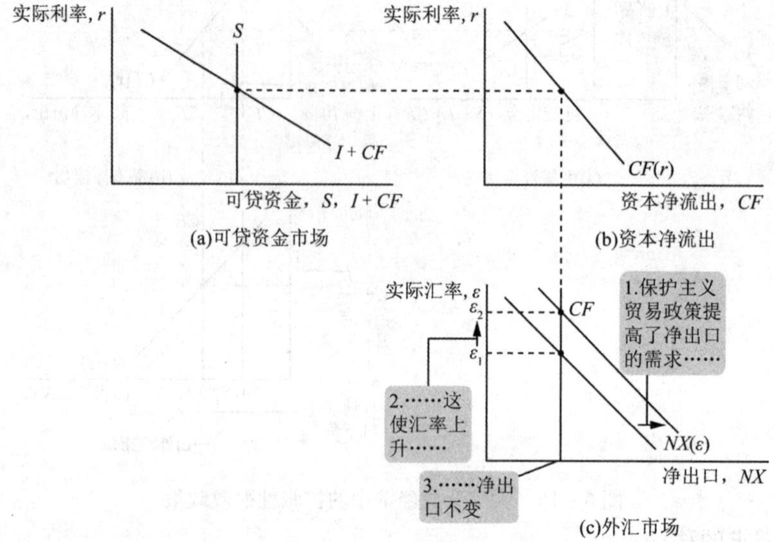

图 6－17　大型开放经济的进口限制

（4）资本净流出的移动：

CF 曲线向左移动的影响如图 6－18 所示。可贷资金需求的减少降低了均衡利率。较低的利率导致资本净流出增加，但是，这只能部分地抵消 CF 曲线移动所带来的 CF 的减少，CF 仍会下降。资本净流出的减少使得外汇市场上的美元供给减少。最终汇率上升，净出口下降。

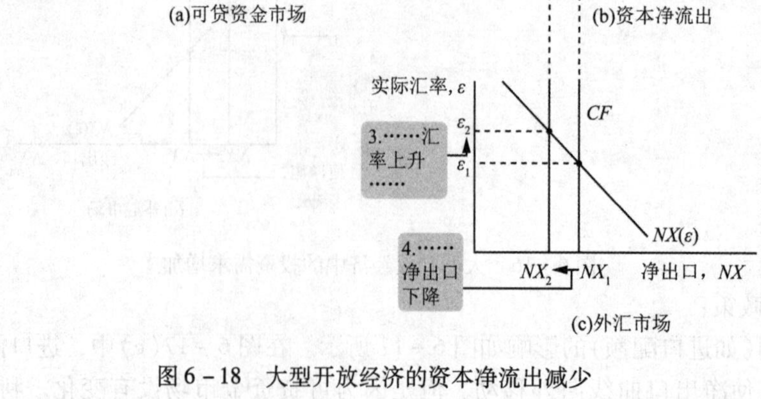

图 6－18　大型开放经济的资本净流出减少

6.2 课后习题详解

一、概念题

1. 净出口

答：净出口是本国向其他国家出口的产品与服务的价值减去外国向本国提供的产品和服务的价值。用X表示出口，用IM表示进口，则$(X-IM)$就是净出口。进口应从本国总购买中减去，因为进口表示收入流到国外，不是用于购买本国产品的支出；出口则应加进本国总购买量之中，因为出口表示收入从外国流入，是用于购买本国产品的支出。因此，净出口应计入总支出，它可能是正值，也可能是负值。影响净出口的因素有很多，在宏观经济学中，汇率和国内收入水平被认为是两个最重要的因素。

2. 贸易余额

答：贸易余额是出口与进口的差额，一般用NX表示。它表示一国产品与服务的贸易与进口和出口相等的标准距离有多大。如果一国NX是正的，则称该国有贸易盈余。在这种情况下，该国在世界金融市场上是净债权人，该国出口的产品大于进口的产品。如果一国NX是负的，则该国有贸易赤字。在这种情况下，该国在国际金融市场上是净债务人，该国进口的产品大于出口的产品。如果NX恰好等于零，那么，该国有平衡的贸易，因为进口值等于出口值。

3. 资本净流出

答：资本净流出也被称为国外净投资，它是国内储蓄和国内投资之间的差额$(S-I)$。如果一国的资本净流出是正的，那么，该国的储蓄大于投资，该国把余额贷给了外国人；如果资本净流出是负的，那么，该国的投资大于储蓄，该国通过从国外借贷来为这种额外投资筹资。因此，资本净流出等于国内居民对国外的借贷额减外国人借给本国的金额，它反映了国际间为资本积累筹资的资金流动。

4. 贸易盈余与贸易赤字

答：国民收入核算恒等式表明，资本净流出总是等于贸易余额，资本净流出＝贸易余额，即$S-I=NX$。如果一国的$(S-I)$和NX是正的，该国就有贸易盈余。在这种情况下，该国在世界金融市场上是净债权人，该国出口的产品大于进口的产品。如果一国的$(S-I)$和NX是负的，该国就有贸易赤字。在这种情况下，该国在世界金融市场上是净债务人，该国进口的产品大于该国出口的产品。

5. 贸易平衡

答：贸易平衡是指进口值等于出口值，即$NX=0$。国民收入核算恒等式表明，资本净流出总是等于贸易余额，即$S-I=NX$。如果一国$(S-I)$和NX恰好等于零，那么，该国有平衡的贸易，因为进口值等于出口值。

6. 小型开放经济

答：小型开放经济是指这样一种开放经济，它是世界市场中的一个很小部分，对世界市场特别是对世界利率的影响可以忽略不计。小型开放经济中的利率等于世界利率(r^*)，它也是存在于世界金融市场上的实际利率：$r=r^*$。在小型开放经济中，利率完全是一个外生变量，是由外部世界给定的。在短时间内，国内利率可能与国际利率不一致，但在资本完全流动的情况下，较高的利率会导致国外资金流入，改变资金供求关系从而使利率降低到世界利率水平；如果利率水平低于世界利率，则会使本国资金流出，导致利率提高，使之趋于世界利率水平。

7. 世界利率

答：世界利率是世界储蓄与世界投资相等时决定的均衡利率。对小型开放经济来说，它对世界的影响微不足道，因此，小型开放经济对世界利率没有影响。但对于像美国这样的大国，它在世界经济中发挥巨大作用，它的国内经济如储蓄、投资的变化会对世界利率产生影响。

8. 名义汇率

答：名义汇率是两国货币的相对价格，即一国货币用另一国货币表示的价格。名义汇率随外汇市场供求关系变动而变动，它不能反映两种货币的实际价值。

在间接标价法下，实际汇率与名义汇率之间的关系是：实际汇率 = 名义汇率 × 价格水平的比率，$\varepsilon = e \times (P/P^*)$。也可以把名义汇率写为：$e = \varepsilon \times (P^*/P)$。由此可见，名义汇率取决于实际汇率和两国的价格水平。在实际汇率给定时，如果国内价格水平 P 上升，那么名义汇率 e 将会下降；如果国外价格水平 P^* 上升，那么名义汇率 e 将会上升。

9. 实际汇率

答：实际汇率又被称为贸易条件，是两国产品的相对价格。实际汇率表示用一国的产品交换另一国的产品的比率。在间接标价法下，实际汇率与名义汇率之间的关系是：实际汇率 = 名义汇率 × 价格水平的比率，$\varepsilon = e \times (P/P^*)$。如果实际汇率高，外国产品就相对便宜，而国内产品相对昂贵；如果实际汇率低，外国产品就相对昂贵，而国内产品相对便宜。

实际汇率由代表储蓄减投资的垂线和向右下方倾斜的净出口曲线的交点决定，如图 6 – 19所示。

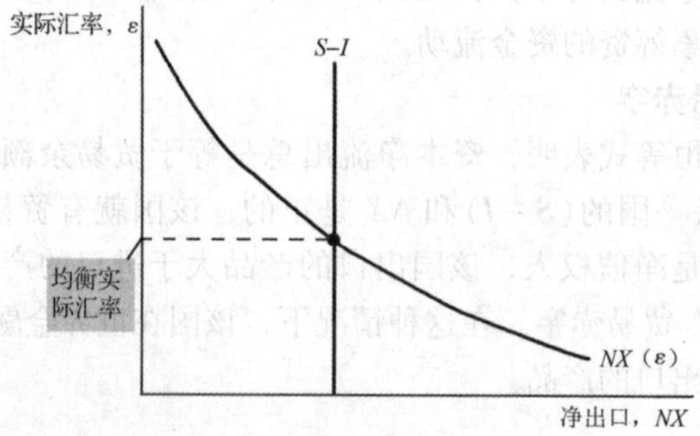

图 6 – 19　实际汇率的决定

10. 购买力平价

答：购买力平价是一种汇率决定理论，实际上是一价定律在国际市场上的应用。它认为如果国际套利交易是可能的，那么任何一种通货在每个国家都有相同的购买力。

购买力平价理论的思想基础是，如果一国的货物相对便宜，那么人们就会购买该国货币并在那里购买商品。购买力平价成立的前提是一价定律，即同一商品在不同国家的价格是相同的。此外，购买力平价成立还需要一些其他的条件：①经济的变动来自货币方面；②价格水平与货币供给量成正比；③国内相对价格结构比较稳定；④经济中如技术、消费倾向等实际因素不变，也不对经济结构产生实质影响。

购买力平价存在两种形式：①绝对购买力平价，即两国货币的兑换比率等于两国价格水平的比率；②相对购买力平价，指两国货币兑换比率的变动等于两国价格水平比率的变动。但由于运输成本及关税等因素的存在，这种情况并非像实际上的那样。此外，汇率并非由商品和服务的国际贸易决定，而是由外汇的供求、资本转移以及政府的汇率政策等决定的。因而实际汇率会经常背离购买力平价，并且在许多情况下也难以对不同国家选择一套合适的商品加以比较，并计算平衡价格。

二、复习题

1. 定义资本净流出和贸易余额。解释它们是如何相关的。

答：(1)资本净流出是国内储蓄和国内投资之间的差额($S-I$)。贸易余额是出口与进口的差额，一般用NX表示。

(2)资本净流出和贸易余额是同一枚硬币的两面，它们的关系分析如下：

由国民收入核算恒等式：$Y=C+I+G+NX$，可以得到：$Y-C-G=I+NX$。同时，$S=Y-C-G$，因此，$S=I+NX$，即$S-I=NX$。

这个等式表明了国家间为资本积累筹资的资本流动($S-I$)与国家间产品与服务的流动(NX)之间的关系。国外净投资对应该恒等式的($S-I$)部分，它是国内储蓄大于国内投资的余额。在开放经济中，国内储蓄无须和国内投资相等，因为投资者可以在国际金融市场贷出或借入资本。贸易余额对应恒等式NX部分，它是出口和进口的差额。这样，国民收入核算恒等式表明，国家间为资本积累筹资的资金流动和国家间产品与服务的流动是同一枚硬币的两面。

2. 定义名义汇率与实际汇率。

答：(1)名义汇率是两国货币的相对价格，即一国货币用另一国货币表示的价格。在现实中看到的一般是名义汇率，它随外汇市场的供求状况的变化而变化，它不能反映两种货币实际价值的变化。

(2)实际汇率有时被称为贸易条件，是两国产品的相对价格。实际汇率能反映不同货币实际购买力水平，并可用来衡量两国产品在国际市场上的相对竞争力。

(3)在间接标价法下，实际汇率与名义汇率之间的关系是：实际汇率=名义汇率×价格水平的比率，即$\varepsilon=e\times(P/P^*)$，其中$\varepsilon$是实际汇率，$e$为名义汇率，$P$为国内价格水平，$P^*$是外国价格水平。

3. 如果一个小型开放经济削减国防支出，则储蓄、投资、贸易余额、利率和汇率会发生什么变动?

答：在小型开放经济中，削减国防支出增加了政府储蓄，因此，增加了国民储蓄。投资取决于世界利率，因而不受影响。从而，储蓄增加导致($S-I$)曲线向右移动，如图6-20所示。贸易余额增加，实际汇率下降，利率不变。

4. 如果一个小型开放经济禁止日本视频游戏系统的进口，则储蓄、投资、贸易余额、利率和汇率会发生什么变动?

答：如果一个小型开放经济禁止进口日本视频游戏系统，则意味着对于给定的任何一个汇率，进口将下降，净出口将上升。因此，净出口曲线往右移动，如图6-21所示。禁止视频游戏系统的保护性政策不影响投资、储蓄、世界利率，所以，资本净流出曲线（$S-I$）不变，贸易余额也不变。但是，这种禁止进口的政策将使实际汇率上升。

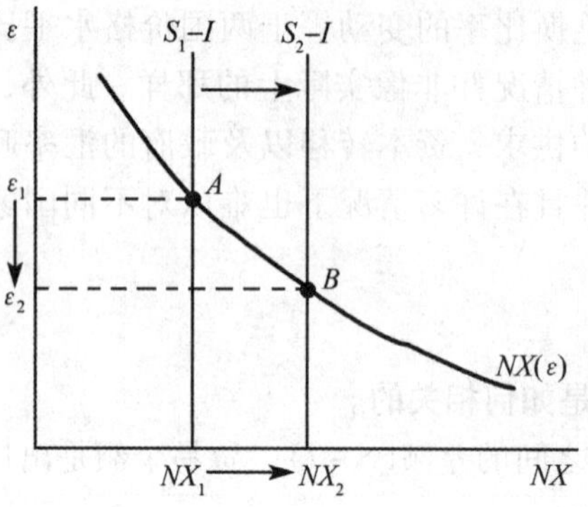

图 6－20　国内紧缩性财政政策对汇率的影响

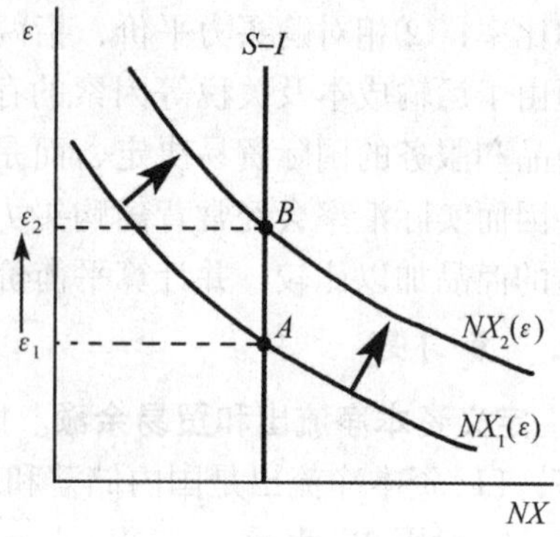

图 6－21　净出口曲线右移

5. 根据购买力平价理论，如果日本有低通货膨胀而墨西哥有高通货膨胀，日元和墨西哥比索之间的汇率会怎么变化？

答：名义汇率与实际汇率之间有如下联系：

实际汇率＝名义汇率×价格水平的比率，即 $\varepsilon=e\times(P/P^*)$，该式又可写作：$e=\varepsilon\times(P^*/P)$。

设 e 为 1 日元能够兑换的墨西哥比索数，ε 为 1 单位日本某产品能够交换的墨西哥该产品单位数。于是，比索对日元的 e 的百分比变动＝ε 的百分比变动＋（墨西哥价格水平的百分比变动－日本价格水平的百分比变动）。

根据购买力平价理论，ε 的百分比变动为 0；由题意知墨西哥通货膨胀率高于日本通货膨胀率，即墨西哥价格水平的百分比变动大于日本价格水平的百分比变动，因此，e 的百分比变动大于零，1 日元将可以兑换更多的比索，即日元相对于比索升值了。

三、问题与应用

1. 用小型开放模型预测，作为对下列每个事件的反应，贸易余额、实际汇率和名义汇率会发生什么变动？

a. 消费者对未来的信心下降引起消费者减少消费和增加储蓄。

b. 一项税收改革增加了企业建立新工厂的激励。

c. 丰田新推出一款时尚车型使一部分消费者偏好外国汽车而不是本国汽车。

d. 中央银行将货币供给增加至原来的两倍。

e. 限制信用卡使用的新规定增加了货币需求。

答：a. 消费者对未来的信心下降，会使贸易余额增加，实际汇率和名义汇率都下降。分析如下：

消费者对未来的信心下降，消费减少而储蓄增加，使（$S-I$）曲线向右移动，如图 6－22 所示，外汇市场上美元供给增加导致均衡实际汇率从 ε_1 下降到 ε_2。因为美元的价值下降，国内商品相对于国外商品更便宜，所以出口增加进口减少，贸易余额（净出口）增加。因为价格水平对此冲击没有做出反应，保持不变，所以名义汇率将随实际汇率的下降而下降。

b. 一项税收改革增加了企业建立新工厂的激励，储蓄不变，投资增加，使得（$S-I$）曲线向左移动，外汇市场上美元供给减少导致均衡实际汇率上升。如图 6－23 所示。因为美元的价值上升，国外商品相对于国内商品更便宜，所以进口增加出口减少，贸易余额(净出口)减少。因为价格水平对此冲击没有做出反应，保持不变，所以名义汇率将随实际汇率的上升而上升。

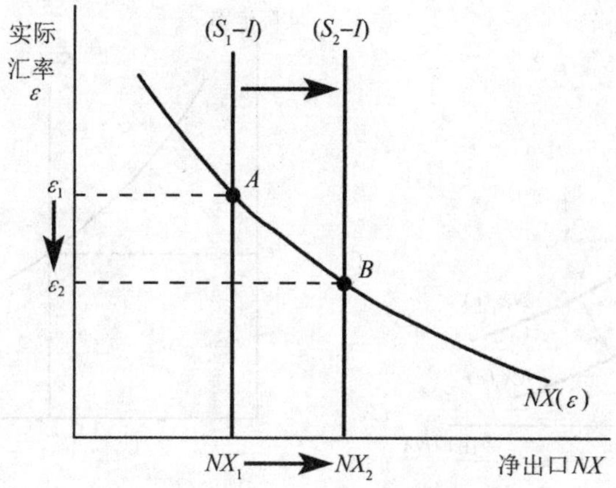

图 6－22　$(S-I)$ 曲线右移

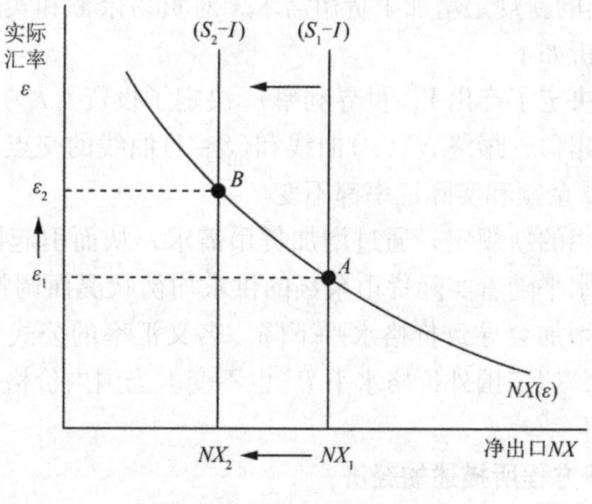

图 6－23　$(S-I)$ 曲线左移

c. 丰田新推出一款时尚车型，尽管使一部分消费者对外国汽车的偏好大于本国汽车，但是这并不影响储蓄与投资，$(S-I)$ 曲线不动，但是会使 $NX(\varepsilon)$ 曲线左移，如图 6－24 所示。在新的均衡点 B，贸易余额不变，实际汇率从 ε_1 下降到 ε_2。因为价格水平不受影响，导致名义汇率跟随实际汇率下降而下降。

d. 在小型开放经济中，实际利率等于世界利率，中央银行将货币供给增加至原来的两倍，对实际汇率与实际利率不会产生影响。资本和劳动的数量决定了产出 $\overline{Y}$，世界利率 r^* 决定了投资 $I(r^*)$，储蓄取决于财政政策，国内储蓄和国内投资的差额 $(S-I)$ 决定了净出口(贸易余额)，最终 $NX(\varepsilon)$ 曲线和 $(S-I)$ 曲线的交点决定了实际汇率，如图 6－25 所示。因此，贸易余额和实际汇率都不变。

中央银行通过增加货币供给量，从而引起国内价格水平变化，最终影响名义汇率。价格水平随着实际货币余额的供求均衡状况而调整，即：$M/P=(M/P)^d$。由于实际货币需求由产出(或收入)水平和实际利率决定，因此，当货币供给量增加时，实际货币需求$(M/P)^d$会保持不变。则为了恢复货币市场的平衡状态，价格水平P必须增加。由于名义汇率的公式为$e=\varepsilon/(P/P^*)$，已知实际汇率ε是保持不变的，假如国外价格水平P^*也是固定不变的，则当国内价格水平P增加时，名义汇率e将减少。

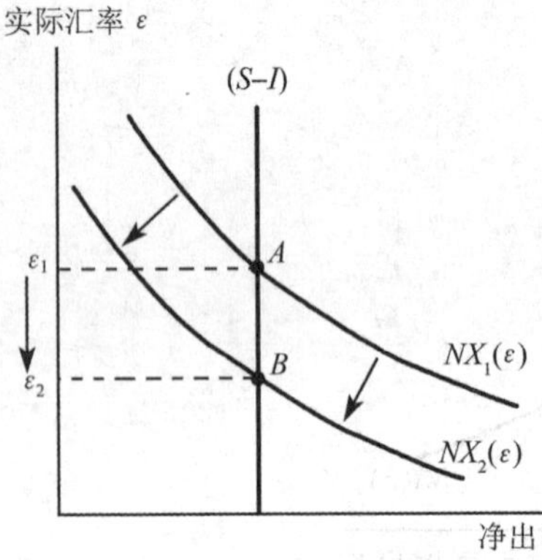

图6－24 $NX(\varepsilon)$曲线左移

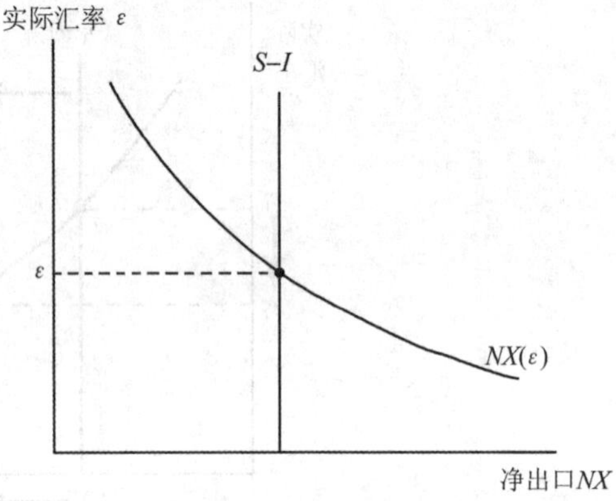

图6－25 实际汇率的决定

e. 限制信用卡使用的新规定增加了货币需求，对贸易余额和实际汇率都没有影响，但会使名义汇率上升。分析如下：

资本和劳动的数量决定了产出$\bar{Y}$，世界利率r^*决定了投资$I(r^*)$，国内储蓄和国内投资的差额$(S-I)$决定了净出口，最终$NX(\varepsilon)$曲线和$(S-I)$曲线的交点决定了实际汇率，如图6－25所示。因此，贸易余额和实际汇率都不变。

但是限制信用卡使用的新规定，通过增加货币需求，从而引起国内价格水平变化，最终影响名义汇率。价格水平随着实际货币余额的供求均衡状况而调整，$M/P=(M/P)^d$。如果M固定，则$(M/P)^d$增加会导致价格水平下降。名义汇率的公式为：$e=\varepsilon/(P/P^*)$。已知实际汇率ε保持不变，假定国外价格水平P^*也不变。当国内价格水平下降时，名义汇率e就会上升。

2. 考虑一个由以下方程所描述的经济：

$$\boldsymbol{Y=C+I+G+NX}$$
$$\boldsymbol{Y=8000}$$
$$\boldsymbol{G=2500}$$
$$\boldsymbol{T=2000}$$
$$\boldsymbol{C=500+2/3(Y-T)}$$
$$\boldsymbol{I=900-50r}$$
$$\boldsymbol{NX=1500-250\varepsilon}$$
$$\boldsymbol{r=r^*=8}$$

a. 在这个经济中，求出私人储蓄、公共储蓄、国民储蓄、投资、贸易余额以及均衡汇率。

b. 假定现在G减少到2000，求出私人储蓄、公共储蓄、国民储蓄、投资、贸易余额以及均衡汇率。解释你的结果。

c. 现在假定世界利率从 8% 下降到 3%（G 还是 2500），求出私人储蓄、公共储蓄、国民储蓄、投资、贸易余额以及均衡汇率。解释你的结果。

解：a. 根据题意：

$$私人储蓄\ S_{私} = Y - T - C$$

$$公共储蓄\ S_{公} = T - G$$

$$国民储蓄\ S = S_{私} + S_{公}$$

因此

$$S_{私} = 8000 - 2000 - [500 + 2/3 \times (8000 - 2000)] = 1500$$

$$S_{公} = 2000 - 2500 = -500$$

$$S = 1500 + (-500) = 1000$$

投资取决于利率，而 $r = r^* = 8$。

因此，投资 $I = 900 - 50 \times 8 = 500$，贸易余额 $NX = S - I = 1000 - 500 = 500$。

解得贸易余额之后，就能找到使外汇市场出清的汇率：$NX = 1500 - 250\varepsilon$，解得均衡实际汇率 $\varepsilon = 4$。

b. 在新的政府支出数字下作同样的分析，可以得到：

$$S_{私} = 8000 - 2000 - [500 + 2/3 \times (8000 - 2000)] = 1500$$

$$S_{公} = 2000 - 2000 = 0$$

$$S = 1500 + 0 = 1500$$

$$I = 900 - 50 \times 8 = 500$$

$$NX = S - I = 1500 - 500 = 1000$$

$$NX = 1500 - 250\varepsilon$$

$$\varepsilon = 2$$

政府支出降低增加了国民储蓄，但由于不变的实际世界利率，投资依然保持不变。所以，现在国内投资低于了国内储蓄，一些投资资金必须进入海外市场。资本流出伴随着净出口的增加，并要求货币贬值，因而均衡实际汇率下降。

c. 在新的世界利率下重复上述计算步骤，可以得到：

$$S_{私} = 8000 - 2000 - [500 + 2/3 \times (8000 - 2000)] = 1500$$

$$S_{公} = 2000 - 2500 = -500$$

$$S = 1500 + (-500) = 1000$$

$$I = 900 - 50 \times 3 = 750$$

$$NX = S - I = 1000 - 750 = 250$$

$$NX = 1500 - 250\varepsilon$$

$$\varepsilon = 5$$

储蓄与 a 小问中的相比没有改变，但更低的实际世界利率增加了投资。国内储蓄仍然大于国内投资，但资本净流出减少，贸易余额也随之减少，并引起货币升值，因而均衡实际汇率上升。

3. Leverett 国是一个小型开放经济。突然，世界时尚的变动使该国的出口品不受欢迎。

a. Leverett 国的储蓄、投资、净出口、利率和汇率会发生什么变动？

b. Leverett 国的公民喜欢出国旅游。汇率的这种变动将如何影响他们？

c. Leverett 国的财政政策制定者想调整税收，以把汇率维持在以前的水平上。他们应该做什么？这样的行动对储蓄、投资、净出口和利率的总体影响是什么？

答： a. Leverett 国的出口品变得不受欢迎，该国储蓄、投资、利率和净出口都不受影响，但实际汇率会下降。分析如下：

因为，Y 由资本和劳动的数量决定，消费仅仅取决于可支配收入，并且政府支出是一个固定的外生变量，所以该国的储蓄$(Y-C-G)$不会受到影响。又因为投资由利率决定，而 Leverett 国是一个小型开放经济，采用的是给定的世界利率，所以该国的投资也不会变化。储蓄和投资都没有改变，则$(S-I)$曲线没有移动。但 Leverett 国的出口品变得不受欢迎，会导致净出口曲线左移，如图 6－26 所示。在新的均衡点，净出口额没有变化，但是实际汇率下降，货币贬值。

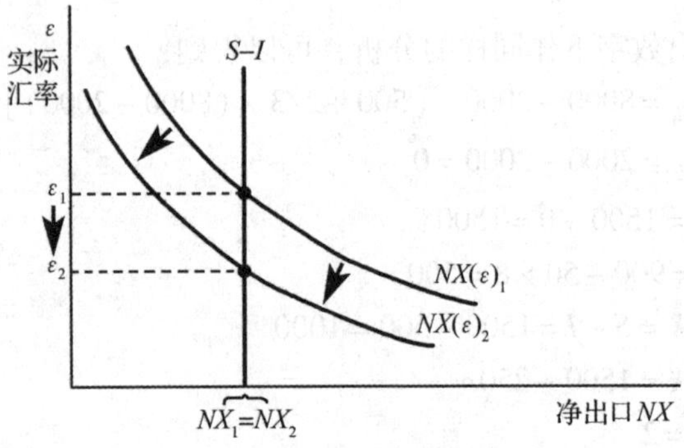

图 6－26　净出口曲线左移

即使 Leverett 国的出口品变得不受欢迎，但它的贸易余额保持不变。造成这个现象的原因是货币贬值刺激了净出口，贬值令 Leverett 国的出口品更加便宜，抵消了受欢迎程度下降所带来的不利影响。

b. 由于该国货币贬值，一单位本币兑换的外币的数量减少了。所以，该国居民出国旅游的成本会上升，该国居民会减少国外旅游。

c. 因为汇率下降了，所以，要使汇率回升到原来的水平，应该采取减税或增加政府购买的政策。这样的行动会使储蓄减少，投资和利率不变，净出口减少。

减税使居民可支配收入增加，消费增加，国民储蓄减少；政府购买增加也会减少国民储蓄。储蓄减少导致$(S-I)$减少，即贸易余额也降低。这种降低使得实际汇率上升，引起出口下降和进口上升。由于 Leverett 国是一个小型开放经济，采用的是给定的世界利率，所以，该国的投资和利率不会受减税或增加政府购买政策的影响。

4. 当政府购买增加时，例如在战争期间，一个小型开放经济的贸易余额和实际汇率会发生什么变动？你的回答是否取决于这是国内战争还是世界大战？

答： 对这个问题的回答取决于是国内战争还是世界大战。

(1)如果发生国内战争，当政府增加购买，会使贸易余额减少，实际汇率上升。分析如下：

当政府购买增加，公共储蓄减少，则国民储蓄将减少，储蓄曲线向左移动，如图 6－27 所示。而投资依然由世界利率 r^* 决定，利率不变，则投资不变。储蓄降低，投资不变，会导致 $(S-I)$ 下降，则贸易余额下降。

图 6－28 描绘了政府购买增加对实际汇率的影响。国民储蓄下降导致 $(S-I)$ 曲线向左移动，减少了用于海外投资的本币供给。本币供给减少又会导致均衡实际汇率上升。结果，国内物品相对于国外物品变得更昂贵，从而出口减少进口增加，贸易余额下降了。

(2)如果发生世界大战，政府购买增加对贸易余额和实际汇率的影响都不确定。分析如下：

如果发生世界大战，国外的政府也会增加政府购买，那么，这种财政政策降低了世界储蓄并使世界利率 r^* 上升。世界利率上升，将导致国内投资降低。此时，政府购买增加，这对一国贸易余额和实际汇率的影响取决于世界利率相对于国内储蓄的变化幅度。世界利率的上升可能导致一国产生贸易赤字(如图 6－29 所示)，但也可能是贸易盈余(如图 6－30 所示)。

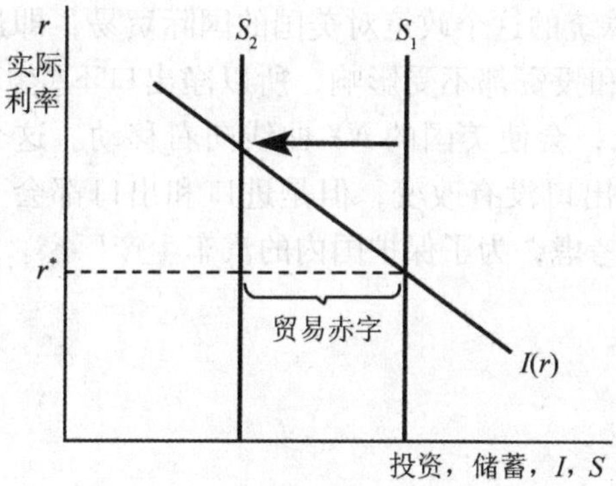

图 6－27　储蓄曲线向左移动

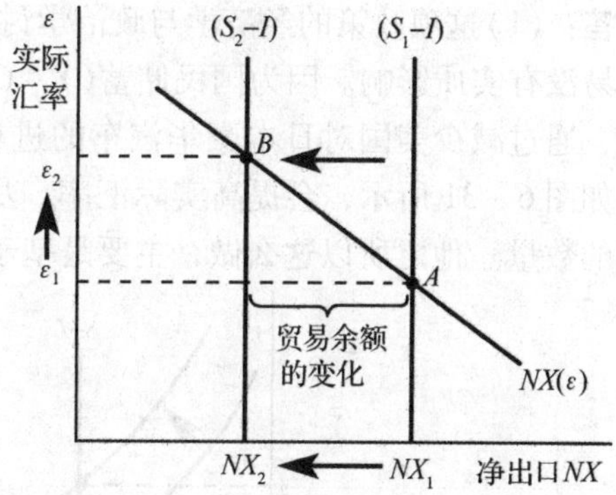

图 6－28　政府购买增加对汇率的影响

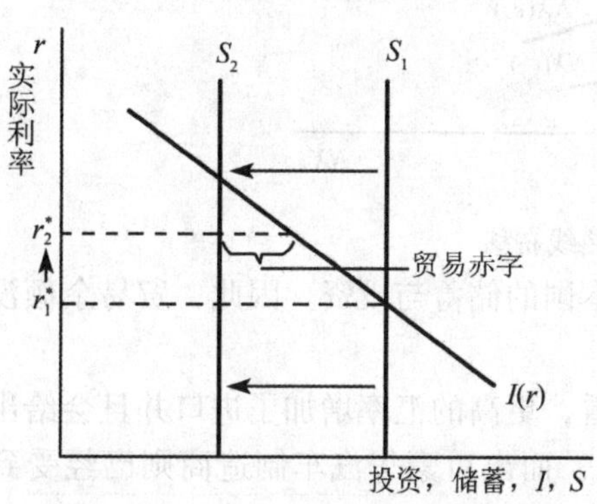

图 6－29　政府购买增加导致贸易赤字

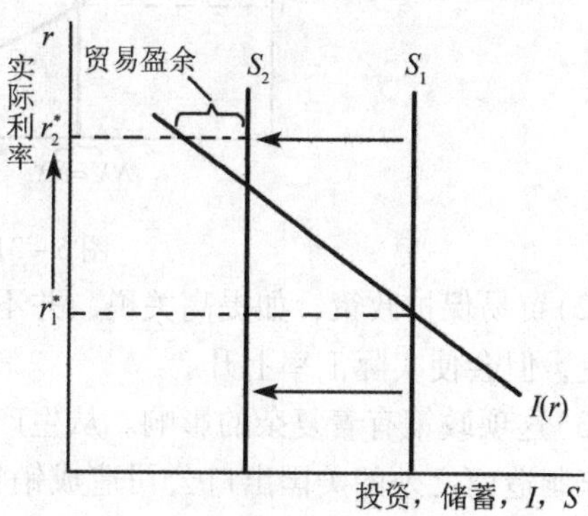

图 6－30　政府购买增加导致贸易盈余

5. 本章的一个案例研究得出结论：如果穷国提供更高的生产效率和更好的法律保护，像美国这样的富国的贸易余额将走向盈余。让我们考虑为什么可能是这样。

a. 如果世界的穷国提供更高的生产效率和更好的法律保护，这些国家的投资需求函数

会发生什么变化？

b. 你在 a 小问中描述的变化会如何影响世界金融市场的可贷资金需求？

c. 你在 b 小问中描述的变化会如何影响世界利率？

d. 你在 c 小问中描述的变化会如何影响富国的贸易余额？

答： a. 如果世界的穷国提供更高的生产效率和更好的法律保护，在相同利率条件下，投资需求会增加，表现为投资需求曲线向右移动。

b. 当 a 小问中描述的变化发生时，即投资需求曲线向右移动时，世界金融市场的可贷资金需求会增加。

c. 当 b 小问中描述的变化发生时，投资需求曲线增加表现为投资需求曲线向右移动，进而引起世界金融市场可贷资金需求增加，进一步引起世界利率增加。

d. 当 c 小问中描述的变化发生时，即世界利率因为可贷资金需求的增加而上升时，使得富国投资减少，在富国国内储蓄一定的条件下，由 $NX = S - I(r)$ 可知富国贸易余额增加。

6. 总统正考虑对日本豪华汽车的进口征收关税。利用本章介绍的模型，讨论这项政策的经济学与政治学。特别地，这项政策会如何影响美国的贸易赤字？如何影响汇率？谁会受到这项政策的损害？谁将获益？

答：(1)这项政策的经济学与政治学讨论：总统的这个政策对美国的国际贸易，即进出口贸易没有实质影响。因为国民储蓄$(Y - C - G)$和投资都不受影响，所以净出口不受影响。但是，通过减少美国对日本豪华汽车的进口需求，会使美国的 NX 曲线向右移动。这个移动，如图 6－31 所示，会提高实际汇率。尽管净出口没有改变，但是进口和出口都会下降同样的数量。他之所以这么做，主要是基于政治考虑，为了保护国内的汽车生产厂家。

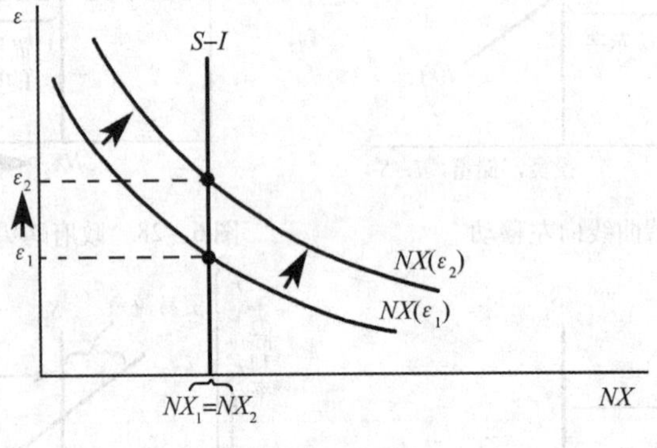

图 6－31　NX 曲线右移

(2)贸易保护政策，如提高关税，并不影响本国的储蓄与投资。因此，贸易余额没有发生改变，但会使实际汇率上升。

(3)这项政策有着复杂的影响。从生产方面看，更高的汇率增加了进口并且会给出口豪华汽车制造商之外的美国出口公司造成销售压力，而出口豪华汽车制造商则已经受到关税的保护。消费日本豪华汽车的国内消费者将受到关税的伤害，而消费其他进口商品的国内消费者则会得到汇率上升的好处，因为他们可以用更便宜的价格买到商品。总的来说，这项政策将以其他的美国产品做出牺牲为代价，使对豪华汽车的需求转向美国的制造商；同时，将对日本豪华汽车的消费转向其他进口物品。

7. 下面是一个与(教材)表 6-2 类似的表格，它给出了四个假想国家(按字母顺序排序)的通货的信息。利用购买力平价理论填充表格，如果根据给出的信息无法确定某些数字，就填写"N/A"。解释你的答案。

国家	通货	黄油啤酒的价格	汇率(每 Hagrid Fluffy)	
			预测值	现实值
Hagrid	Fluffy	5	—	—
Hermionia	Galleon	—	80	70
Potterstan	Sickle	60	—	10
Ronland	Knut	100	20	—

答：(1)一瓶黄油啤酒在 Hagrid 的价格是 5 fluffies，两国的汇率是每 Hagrid fluffy 为 80 Hermionia galleons，所以一瓶黄油啤酒在 Hermionia 的价格是 400 galleons。

(2)一瓶黄油啤酒在 Hagrid 的价格是 5 fluffies，在 Potterstan 是 60 sickles，所以两国汇率是每 Hagrid fluffy 为 12 Potterstan sickles。

国家	通货	黄油啤酒的价格	汇率(每 Hagrid Fluffy)	
			预测值	现实值
Hagrid	Fluffy	5	—	—
Hermionia	Galleon	400	80	70
Potterstan	Sickle	60	12	10
Ronland	Knut	100	20	N/A

8. 假定中国出口电视机并使用人民币(元)作为其通货，而俄罗斯出口伏特加啤酒并使用卢布作为其通货。中国有稳定的货币供给，电视机生产的技术进步稳定，而俄罗斯有快速增长的货币供给，没有伏特加啤酒生产的技术进步。基于这一信息，你预测实际汇率(用每台电视机换取的伏特加啤酒瓶数来衡量)和名义利率(用每一元人民币兑换的卢布数来衡量)会怎么变动？解释你的推理。(提示：对于实际汇率，思考稀缺性和相对价格之间的联系。)

答：(1)实际汇率也被称为贸易条件，是剔除两国通货膨胀因素后的汇率，它表示用一国的产品交换另一国的产品的比率。在本题中，实际汇率衡量的就是用每台电视机换取的伏特加啤酒瓶数。如果俄罗斯没有伏特加啤酒生产的技术进步，那么所生产的伏特加啤酒的瓶数就是固定不变的。而中国电视机生产的技术进步稳定，那么所生产的电视机的台数是不断增加的。这样会导致电视机越来越多而伏特加啤酒越来越稀少。从稀缺性上来看，每台电视机能换到的伏特加啤酒的瓶数会逐渐变少，也就是说实际汇率会下降。

(2)在间接标价法下，名义汇率 $e=\varepsilon\cdot(P^{*}/P)$，其中 ε 表示实际汇率，P^{*} 表示国外的价格水平(在本题中指俄罗斯的一般价格水平)，P 表示国内的价格水平(在本题中指中国的一般价格水平)。由于中国有稳定的货币供给，而俄罗斯有快速增长的货币供给，所以 P 保持不变而 P^{*} 快速上升。由(1)可知实际汇率下降，但是下降的幅度小于 P^{*} 上升的幅度，综合两者的作用来看，名义汇率 e 会上升。

9. Oceania 是一个小型开放经济。假定众多其他国家开始通过实行投资税收抵免来补贴投资(同时调整其他税收以保持税收收入不变)，但是 Oceania 没有实行这样的投资补贴。

a. 作为世界利率函数的世界投资需求会发生什么变动？

b. 世界利率会发生什么变动？

c. Oceania 的投资会发生什么变动？

d. Oceania 的贸易余额会发生什么变动？

e. Oceania 的实际汇率会发生什么变动？

答：a. 由于众多其他国家都制定了这样的政策来刺激投资，投资需求曲线向右移动，投资需求会增加，如图 6－32 所示。

b. 世界范围内的投资需求增加，使世界利率升高。如图 6－32 所示，世界利率从 r_1^* 上升到 r_2^*。

c. 小型开放的经济 Oceania 是世界利率的接受者，它必须接受升高的世界利率，这会导致国内投资减少，如图 6－33 所示。

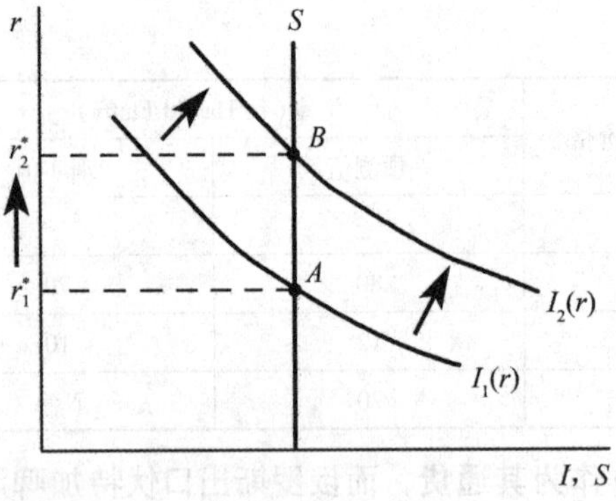

图 6－32 投资增加

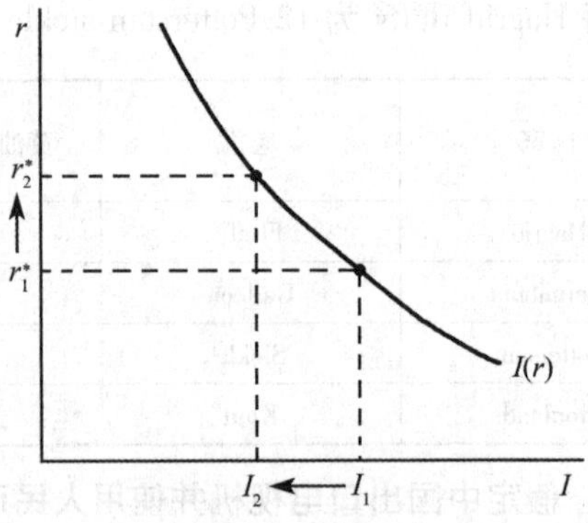

图 6－33 投资曲线

d. 假定储蓄不变，而高的世界利率减少了投资。因此，$(S-I)$ 变大，即 Oceania 的贸易余额增加，如图 6－34 所示。

e. 因为贸易余额增加，即净出口变大，所以 Oceania 的实际汇率应该下降，使国内产品相对国外产品变得更加便宜，出口增加，进口减少，如图 6－35 所示。

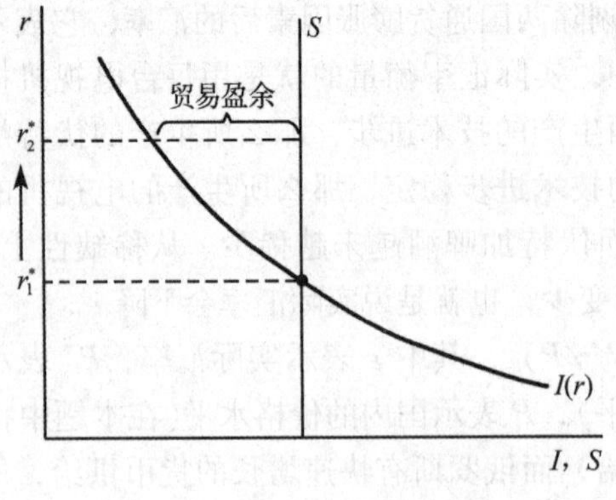

图 6－34 储蓄、投资和利率

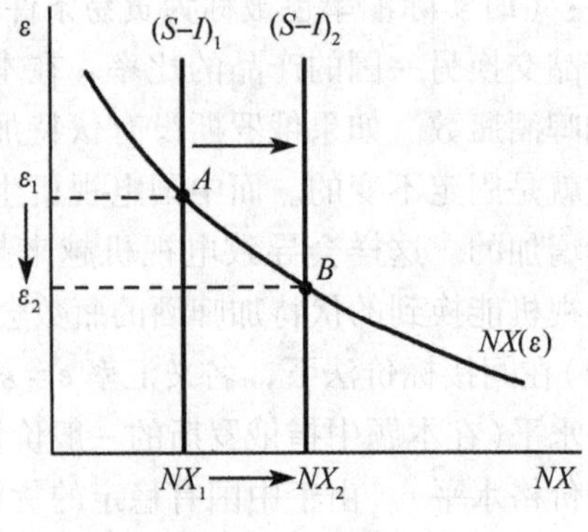

图 6－35 $(S-I)$ 曲线右移

10. “在墨西哥旅游现在比 10 年前便宜得多”，一位朋友说，“10 年前，1 美元兑换 10 比索，今年，1 美元兑换 15 比索。”你朋友的话正确还是错误呢？给定这段时期总的通货膨胀在美国是 25%，而在墨西哥是 100%，在墨西哥旅行是变得更贵还是更便宜呢？用一个具体例子——例如，美国热狗 vs. 墨西哥玉米饼卷——写出将令你朋友信服的答案。

答：朋友的话是错误的，他没有考虑两国通货膨胀的差异。

现在去墨西哥旅游实际上是更贵了，可以用一个简单的例子来说明这个问题。假定 10 年前，在美国一个热狗 1 美元，而在墨西哥值 10 比索。既然 10 年前 1 美元能换 10 比索，所以在两个国家买一个热狗的花费是一样的。由于美国的通货膨胀为 25%，则美国的一个热狗现在值 1.25 美元；墨西哥的通货膨胀是 100%，则墨西哥的一个热狗现在值 20 比索。今年，1 美元兑换 15 比索，热狗的价格[20 比索/(15 比索/美元)]≈1.33 美元。这意味着墨西哥的热狗现在比美国贵。

因此，朋友认为现在去墨西哥旅游更便宜显然是错误的。即使现在美元可以兑换比过去更多的比索，但比索相对来说更快的通货膨胀速度意味着它所能购买的商品更少了，所以现在去墨西哥旅游实际上是更贵了。

11. 你在某金融网站上看到，加拿大的名义利率是每年 12%，而美国是每年 8%。假定国际资本流动使得这两个国家的实际利率相等，购买力平价成立。

a. 利用(第 5 章中讨论的)费雪方程，关于加拿大和美国的预期通货膨胀，你能做出什么推断？

b. 关于加拿大元和美元之间汇率的预期变动，你能做出什么推断？

c. 一个朋友提议了一个迅速致富的计划：从一家美国银行以 8%的利率借钱，存入利率为 12%的一家加拿大银行，就可以赚到 4%的利润。这个计划错在哪里？

答：a. 费雪方程为：$i=r+\pi^e$，其中 i 为名义利率，r 为实际利率，π^e 为预期通货膨胀率。

对于加拿大而言：$12\%=r+\pi^e_{Can}$；

对于美国而言：$8\%=r+\pi^e_{US}$；

因此：$\pi^e_{Can}-\pi^e_{US}=4\%$。

因为已知实际利率 r 在两个国家相同，所以加拿大的预期通货膨胀率比美国的预期通货膨胀率要高 4 个百分点。

b. 加元兑美元预期的名义汇率变动也是 4%。分析如下：

名义汇率 $e=\varepsilon(P_{Can}/P_{US})$，$e$ 是名义汇率，ε 为实际汇率，P_{Can} 为加拿大的价格水平，P_{US} 为美国的价格水平。

$$e\text{ 变动的百分比}=\varepsilon\text{ 变动的百分比}+(\pi_{Can}-\pi_{US})$$

因为购买力平价成立，所以美元在任何一个国家的购买力是一样的。这就意味着，实际汇率 ε 变动的百分比为 0。所以上式变为：

$$e\text{ 变动的百分比}=\pi_{Can}-\pi_{US}$$

因为经济行为人是有理性的，会预期到这个等式成立。所以，预期的名义汇率变动等于加拿大的预期通货膨胀率减去美国的预期通货膨胀率，即：

$$\text{预期 } e\text{ 变动的百分比}=\pi^e_{Can}-\pi^e_{US}$$

由 a 小问的结果可以知道预期通货膨胀率之差等于 4%，因此，预期的名义汇率变动也是4%。

c. 朋友的这个计划错误之处在于他只看到了两个国家存款的名义利率的不同，但没有看到两个国家间的名义汇率的变动。已知美国和加拿大的实际利率相等，而且购买力平价成立，所以，名义利率的差别就意味着美元和加元之间名义汇率的变动。在这个例子中，加拿大的名义利率是12%，美国的名义利率是8%，由b小问已知，预期的名义汇率变动是4%。因此，假定朋友以8%的利率从美国银行借100美元，换成100加元后存入加拿大的一家银行。一年后，获得112加元，减去名义汇率上升，他实际上只得到了108美元。这正好等于他所需偿还的美国银行的本息。因此，朋友没有从这项交易中获得任何收益，如果考虑了交易成本后，还会赔钱。

四、更多的问题与应用

1. 如果国外爆发了一场战争，它将在许多方面影响美国经济。用大型开放经济模型考察这样一场战争的如下影响：美国的储蓄、投资、贸易余额、利率以及汇率会发生什么变动？(为了简化，分别考察以下各项影响。)

a. 美国政府由于担心需要介入战争，增加了对军事装备的购买。

b. 其他国家增加了对高科技武器的需求，高科技武器是美国的一项主要出口。

c. 战争使美国企业无法确知未来，这些企业推迟了一些投资项目。

d. 战争使美国消费者无法确知未来，消费者做出的反应是增加储蓄。

e. 美国人变得害怕出国旅行，更多的人在美国本土度假。

f. 外国投资者为他们的投资组合在美国寻找一个避风港。

答： a. 如图6-36所示，政府购买增加减少了国民储蓄，使均衡利率上升，这会导致国内投资与资本净流出都下降。资本净流出下降使外汇市场上美元供给数量减少，从而实际汇率上升，贸易余额下降。

b. 如图6-37所示，美国储蓄和投资都不改变，所以利率保持不变。出口需求增加使净出口曲线外移，导致汇率上升，汇率上升使美国的商品相对于外国的商品更昂贵，从而减少出口刺激进口。最终，对美国商品需求的增加并没有影响到贸易余额。

c. 如图6-38所示，企业的投资项目延期，储蓄不变，投资减少，投资需求曲线左移，则均衡利率下降，这又意味着资本净流出增加。资本净流出的增加使外汇市场上美元的供给增加，从而使汇率下降，贸易余额增加。

d. 如图6-39所示，储蓄增加使可贷资金增加并且降低了均衡利率，这就导致国内投资和资本净流出都增加。资本净流出增加意味着外汇市场上美元供给增加，所以汇率下降并且贸易余额增加。

e. 美国人出国旅行的意愿降低会减少进口，如图6-40所示，这使净出口曲线右移，使实际汇率上升。汇率上升使美国商品相对于外国商品更昂贵，从而减少出口刺激进口。最终，美国人出国旅行的意愿降低并没有影响到贸易余额。同时没有什么因素使可贷资金市场受到影响，储蓄和投资都不变，则利率保持不变。

f. 如图6-41所示，资本净流出曲线左移了，这就减少了对可贷资金的需求，所以均衡利率下降，投资上升。资本净流出也下降，这是因为$(I+CF)$并没有改变，I增加就意味着CF减少。资本净流出减少使外汇市场上美元供给减少，所以实际汇率上升，贸易余额减少。

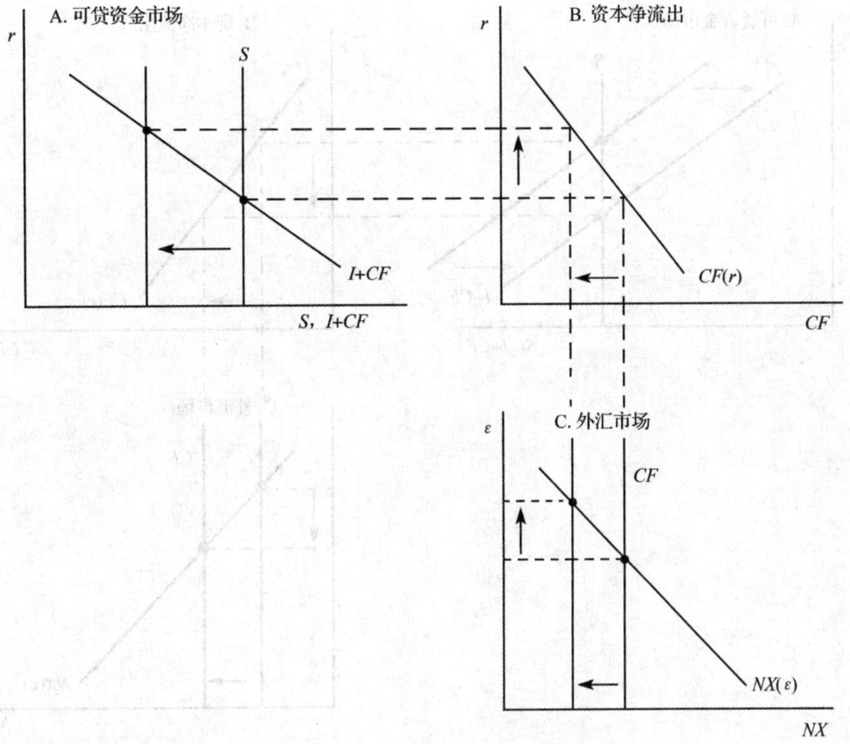

图 6－36　政府购买增加的影响

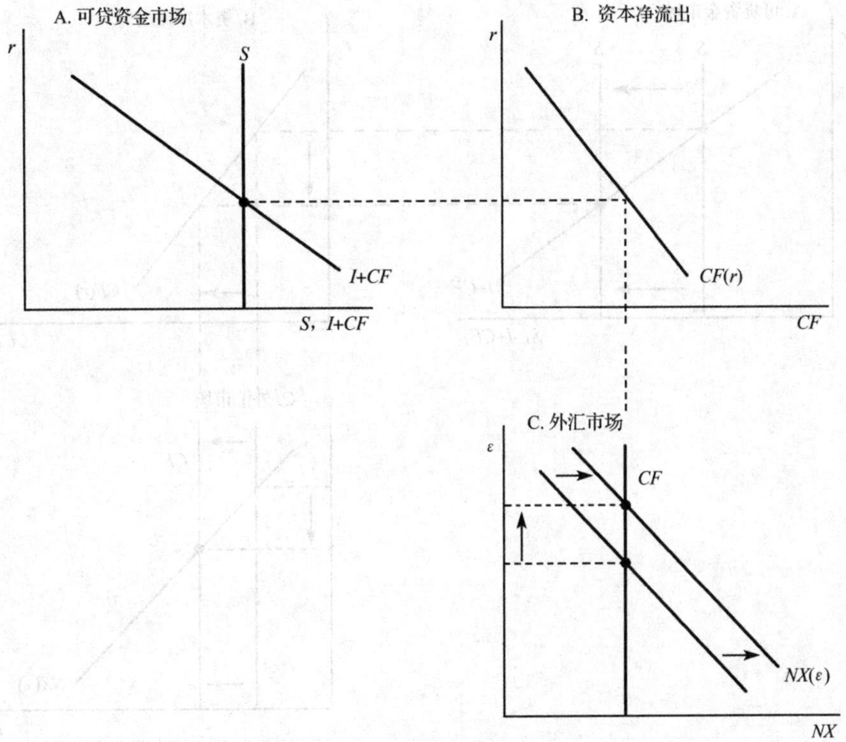

图 6－37　出口需求增加的影响

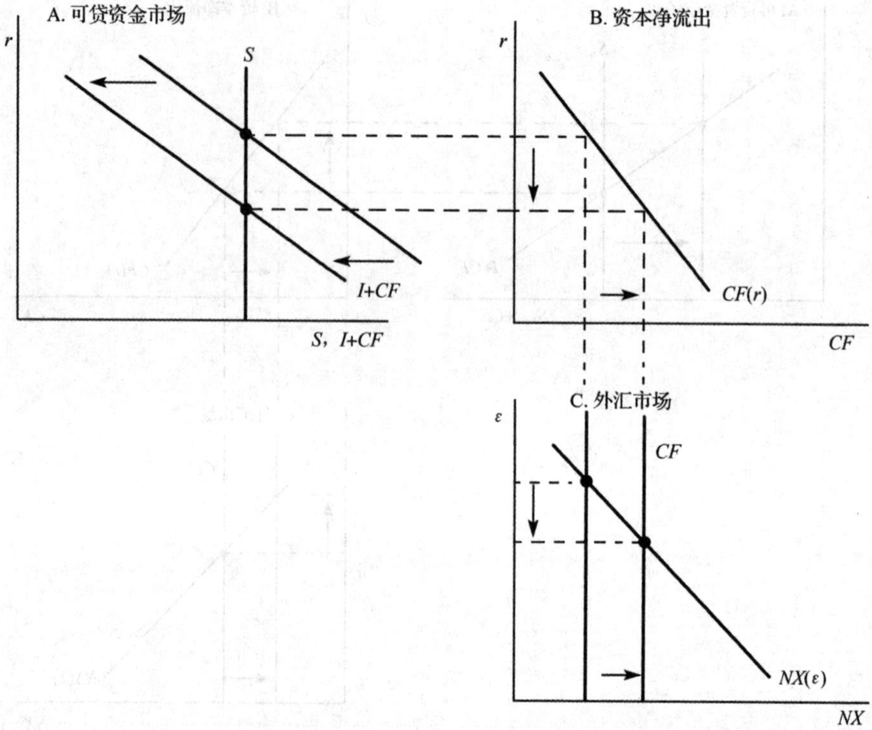

图 6－38　企业投资减少的影响

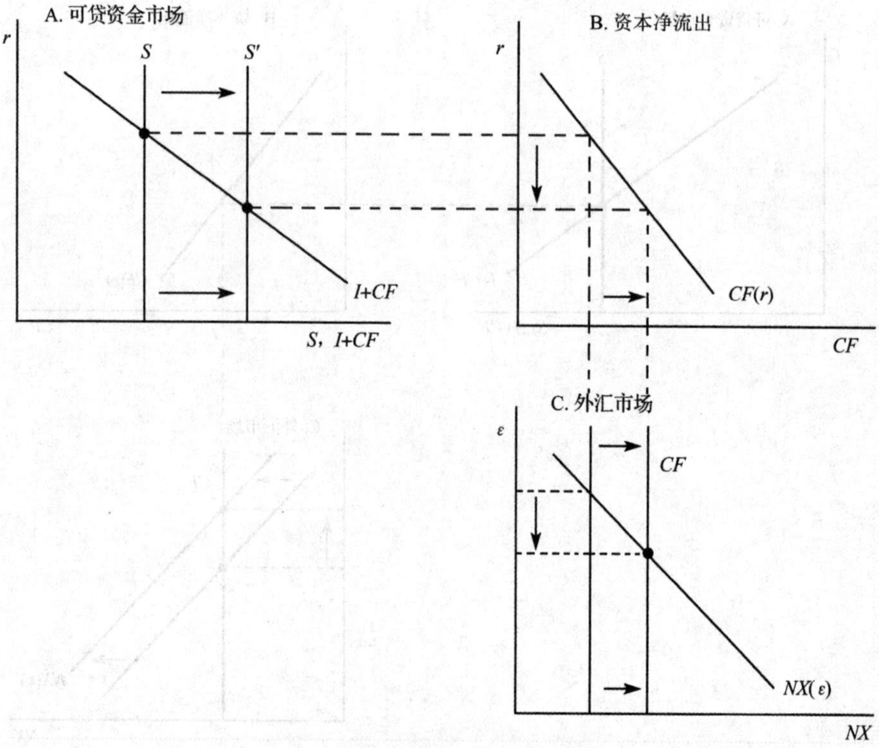

图 6－39　储蓄增加的影响

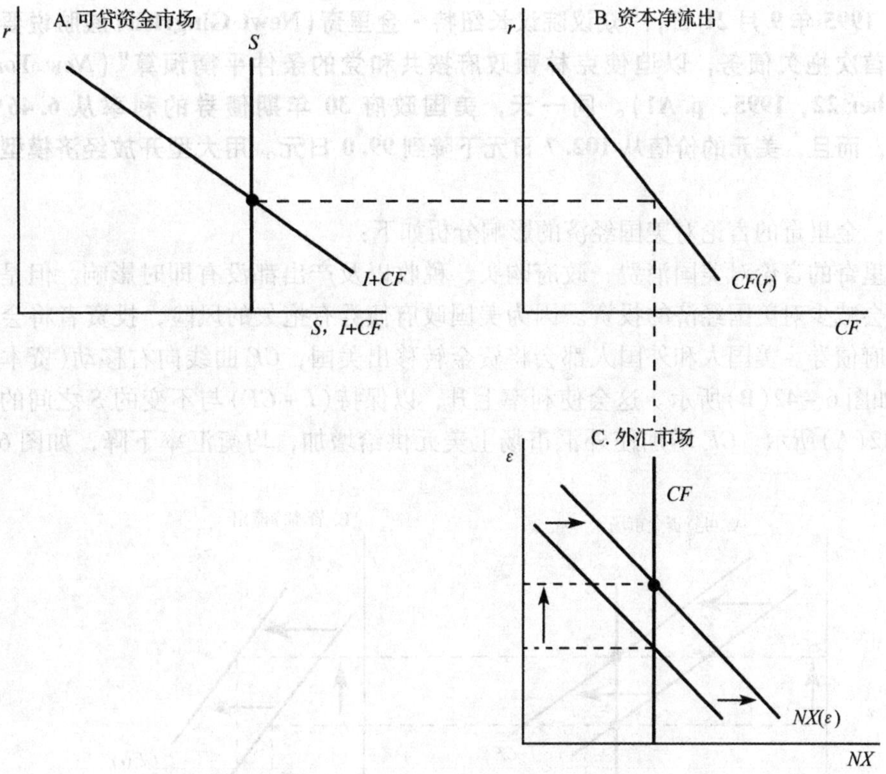

图6－40　美国人出国旅行的意愿降低的影响

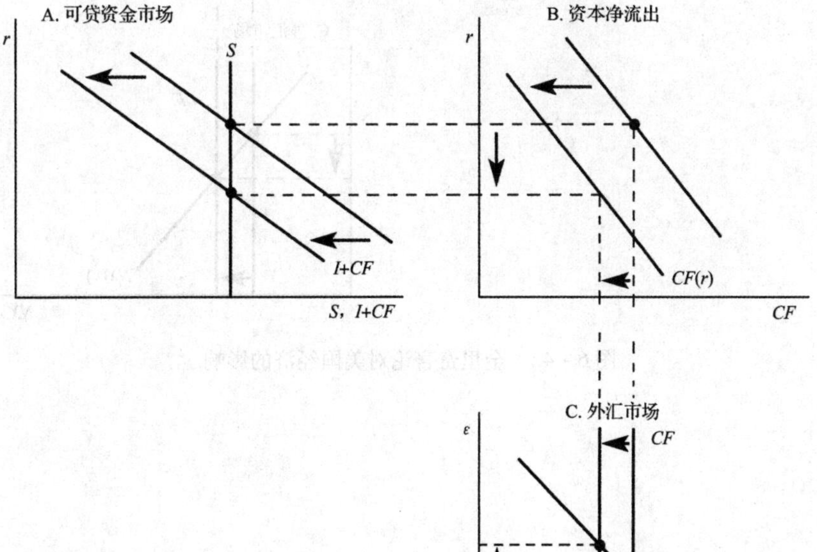

图6－41　国外净投资曲线左移的影响

2. 1995 年 9 月 21 日，“众议院议长纽特 · 金里奇(Newt Gingrich)威胁说要让美国在历史上首次拖欠债务，以迫使克林顿政府按共和党的条件平衡预算”(*New York Times*, September 22, 1995, p. A1)。同一天，美国政府 30 年期债券的利率从 6.46%上升到 6.55%，而且，美元的价值从 102.7 日元下降到 99.0 日元。用大型开放经济模型解释这一事件。

答：金里奇的言论对美国经济的影响分析如下：

金里奇的言论对美国消费、政府购买、税收以及产出都没有即时影响。但是，国际投资者将会减少对美国经济的投资。因为美国政府债券有拖欠的风险，投资者将会减少购买美国政府债券。美国人和外国人都会将资金转移出美国，*CF* 曲线向右移动(资本净流出更多)，如图 6－42(B)所示。这会使利率上升，以保持($I+CF$)与不变的 S 之间的平衡，如图 6－42(A)所示。*CF* 增加使外汇市场上美元供给增加，均衡汇率下降，如图 6－42(C)所示。

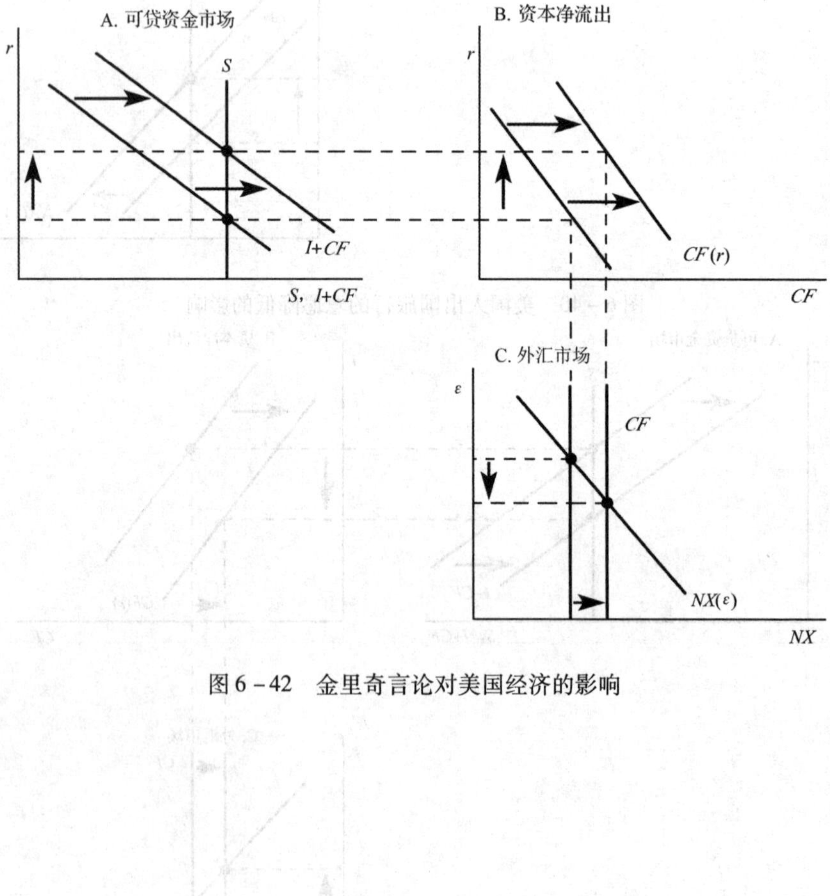

图 6－42　金里奇言论对美国经济的影响

第 7 章　失业和劳动市场

7.1　复习笔记

【知识框架(庖丁解牛)】

- 失业和劳动市场
  - 自然失业率
    - 定义
    - 公式推导
    - 劳动力动态模型对公共政策的意义
  - 自然失业
    - 摩擦性失业
      - 定义
      - 产生的原因
      - 公共政策与摩擦性失业
    - 结构性失业
      - 定义
      - 工资刚性的原因
  - 失业的形式

【考点难点归纳(厚积薄发)】

考点一：自然失业率　★★★

1. 定义

自然失业率是指在没有货币因素干扰的情况下，在劳动力市场和商品市场自发力量下应有的并处于均衡状态下的失业率。自然失业率又被称作“充分就业状态下的失业率”或“无加速通货膨胀下的失业率”。

2. 公式推导

(1)建立劳动力的动态模型：

令劳动力为 L，就业工人人数为 E，失业工人人数为 U，劳动力等于就业者与失业者之和($L=E+U$)，失业率为 U/L。

假设劳动力 L 为定值，而且劳动力中每个个体都可以在就业和失业状态之间转换。

令 s 代表离职率，即每个月失去或离开自己的工作的就业者比例；令 f 代表入职率，即每个月找到工作的失业者比例，两者共同决定了失业率。

(2)劳动市场均衡状态下的失业率公式：

当找到工作的人数等于失去工作的人数时，劳动力市场处于稳定状态，即：

$$fU=sE$$

$$fU=s(L-U)$$

等式两边同除以 L，化简得自然失业率的公式：

$$U/L=s/(s+f)$$

3. 劳动力动态模型对公共政策的意义

自然失业率取决于离职率和入职率，高离职率对应高失业率，高入职率对应低失业率。因此任何一种旨在降低自然失业率的政策都应该选择降低离职率或提高入职率。同样，任何一种影响离职率和入职率的政策也会改变自然失业率。

考点二：自然失业 ★★★

自然失业是指由经济中某些难以避免的原因所引起的失业，在任何动态经济中这种失业都是必然存在的。失业主要有两方面原因：一是工人找到与其偏好、能力等相匹配的工作岗位需要花时间；二是工资刚性。

1. 摩擦性失业

(1)定义：

摩擦性失业也称“工作转换中的失业”，是指由于劳动力缺乏流动性，信息交流不完全以及市场组织不健全所造成的失业。这种失业一般发生在人们处于不同地区，职业或生命周期的不同阶段，因而工作不停变动的场合。摩擦性失业量的大小取决于劳动力流动性的大小和寻找工作所需要的时间，各种政策也会影响摩擦性失业的数量。劳动力的流动是正常的，因此一定数量的摩擦性失业是不可避免的。

(2)摩擦性失业产生的原因：

在动态经济中，部门转移即产品和服务的需求结构在不同行业和地区之间的变动总在发生，但是工人改变部门需要时间，因此产生摩擦性失业。此外，工人所在工厂或企业破产，其技能被淘汰等多种原因都会导致离职，而找到新工作都需要花费时间和努力。因此在正常的劳动力流动下，一定数量的摩擦性失业是不可避免的。

(3)公共政策与摩擦性失业：

①公共政策降低自然失业率。

公共政策常常通过减少摩擦性失业来降低自然失业率。如政府就业机构统计并发布工作空缺信息，以实现工人和工作岗位的有效匹配；政府资助再培训项目，便于工人更容易地完成行业转移等。这些项目都是通过提高入职率，以降低自然失业率。

②公共政策提高自然失业率。

一些公共政策会在无意中增加摩擦性失业。如失业保障项目为失业工人提供津贴，减轻其失业的经济困难，但同时也减轻了寻找新工作的压力，更有可能放弃对其没有吸引力的工作机会，从而降低了入职率，提高了自然失业率。

2. 结构性失业

(1)定义：

结构性失业是指由于经济结构的变化，劳动力的供给和需求在职业、技能、产业、地区分布等方面不协调所引起的失业，是由于工资刚性与工作配给所引起的失业。工资刚性，即工资未能调整到劳动供给与需求平衡的水平。

结构性失业的特点是既有失业，又有职位空缺。失业者因为没有合适的技能，或居住地点不当，无法填补现有的职位空缺。

当实际工资保持在高于劳动供求均衡的水平时，劳动供给量大于需求量，企业必须以某种方法在工人中分配稀缺的工作岗位，此时愿意工作的人数与可分配工作岗位之间存在不匹配，结果产生了结构性失业。如图 7－1 所示。

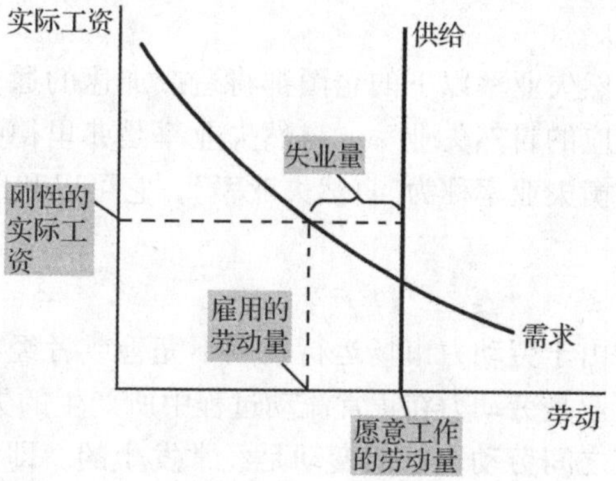

图 7－1　结构性失业

(2)工资刚性的原因如表 7－1 所示：

表 7－1　工资刚性的原因

要点	具体内容
最低工资法	最低工资法阻止工资下降到均衡水平，造成工资刚性
工会的垄断力量	工会的垄断力量会导致工资刚性
效率工资	①效率工资理论认为，高工资可以激励工人更有效率地工作，因此企业可能会使实际工资保持在劳动供求均衡的水平之上，从而导致工资刚性。 ②效率工资理论认为，高工资减少了劳动力的更替，提高了劳动力质量，也提高了工人的努力程度，因此企业可以通过实行高工资来更有效地运行

考点三：失业的形式(见表 7－2)　★

表 7－2　失业的形式

形式	具体内容
失业持续时间	大多数失业是短期的，失业者可以在较短的时间内找到新的工作。但大多数失业周数要归因于长期失业者。失业持续时间对公共政策有重要意义，当目标是大幅度降低自然失业率时，政策应该针对占了大部分失业时间的长期失业者
各人口群体的失业率差别	①年轻人的失业率远高于成年人，这是由于离职率的差别而不是入职率的差别。 ②黑人的失业率远高于白人，这是由更高的离职率和更低的入职率导致的

7.2　课后习题详解

一、概念题

1. 自然失业率

答：自然失业率又称“有保证的失业率”“正常失业率”“充分就业失业率”等，它是指在没有货币因素干扰的情况下，在劳动力市场和商品市场自发力量下应有的并处于均衡状态下的失业率。“没有货币因素干扰”是指失业率的高低与通货膨胀率的高低之间不存在替代关系。自然失业率决定于经济中的结构性和摩擦性的因素，取决于劳动市场的组织状况、人口组成、失业者寻找工作的能力愿望、现有工作的类型、经济结构的变动、新加入劳动者队伍的人数等众多因素。

任何把失业降低到自然失业率以下的企图都将造成加速的通货膨胀。任何时候都存在着与实际工资率结构相适应的自然失业率。自然失业率是弗里德曼对菲利普斯曲线发展的一种观点，他将长期的均衡失业率称为“自然失业率”，它可以和任何通货膨胀水平相对应，且不受其影响。

2. 摩擦性失业

答：摩擦性失业是指由于劳动力市场运行机制不完善或者经济变动过程中的工作转换而产生的失业。摩擦性失业是劳动力在正常流动过程中所产生的失业。在一个动态经济中，各行业、各部门和各地区之间劳动需求的变动是经常发生的。即使在充分就业状态下，由于人们从学校毕业或搬到新城市而要寻找工作，总是会有一些人的周转。摩擦性失业量的大小取决于劳动力流动性的大小和寻找工作所需要的时间。由于在动态经济中，劳动力的流动是正常的，所以摩擦性失业的存在也是正常的。

3. 部门转移

答：部门转移是指由于需求结构在不同行业和地区之间发生变动所造成的劳动力在生产部门之间的转移。由于许多原因，企业和家庭需要的产品类型一直在变动。随着产品需求的变动，对生产这些产品的劳动力的需求也在改变，因此就出现劳动力在部门之间的转移。由于工人改变部门需要时间，所以，部门再配置量越大，离职率就越高，摩擦性失业水平也越高。20 世纪 70 年代和 80 年代初期，部门转移的一个原因是国际石油卡特尔——欧佩克引起的石油价格的巨大波动。石油价格的这种巨大变动要求在高能源集约型部门和低能源集约型部门之间重新配置劳动力，这就增加了这一时期的失业。

4. 失业保障

答：失业保障是指工人在失去工作后，可以在某一时期内得到自己工资的一个比例的补贴计划。失业保障这个计划的好处是减少了工人对自己收入的不确定性。此外，补贴可以使工人拒绝所提供的没有吸引力的工作，也会使工人和工作之间更为匹配。但是，失业保障增加了摩擦性失业的数量，并提高了自然失业率。那些得到失业保障津贴的失业者寻找新工作的压力小了，并很可能放弃所提供的没有吸引力的工作。这两种行为都降低了就业率。此外，由于工人知道他们的收入受到失业保障的部分保护，所以，他们不太愿意去寻找有稳定就业前景的工作，也不太愿意就工作安全保障去讨价还价。这些行为提高了离职率。因此，评价不同失业保障制度的成本与收益是一个困难的任务，也是许多研究一直关注的问题。

5. 工资刚性

答：工资刚性是指工资不能调整到劳动供给等于劳动需求的水平。工资刚性降低了就业率，并提高了失业水平。它是短期总供给曲线的两个基本假设之一，在长期，经济学家则一般认为工资是可以灵活调整的。

工资刚性的原因包括：①当最低工资法阻止工资下降到均衡水平时就会造成工资刚性；

②工会的垄断力量会导致工资刚性；③效率工资理论认为高工资可以使工人更有效率。即使削减工资减少了企业的工资总额，但它同时也降低了工人的生产率和企业利润。因此，企业可能会使实际工资保持在劳动供求均衡的水平之上，这就会造成工资刚性。

工资刚性是在供给方面对失业的一个基本解释。当价格水平较低时，实际工资较高，这样会形成劳动供给大于劳动需求。由于工资能上不能下，这种状况将持续下去，这就是产生失业的原因。

6. 结构性失业

答：结构性失业是指因经济结构的变化，劳动力的供给和需求在职业、技能、产业、地区分布等方面不协调所引起的失业。结构性失业包括两种情况：一是某些具有劳动力的工人，由于他们工作的产业进入萧条而失去工作机会，而他们不一定适应新工业部门的技术要求，因而一部分人找不到工作；二是由于地区经济发展不平衡，落后地区的剩余劳动力因地理位置的限制，不能迅速流动到发展迅速的地区，因而也有一部分劳动者失业。

根据凯恩斯的观点，结构性失业既有失业，也有职位空缺，两者并存，但不匹配。结构性失业经常被认为是摩擦性失业的极端形式，它不能通过扩大总需求予以解决。一般认为对就业有严重影响的比较重要的结构变化有：消费者偏好的变化、技术水平的变化、人口增长速度的变化以及政府政策的变化。消费者偏好和技术水平在长期中的变化会新产生一些行业，也会淘汰一些行业，从而造成失业。由于人口的增长既能影响生产又能影响劳动力供给，所以也会影响失业。随着政府在经济中的作用越来越大，政府的开支和税收政策对失业的影响也在增加。

在宏观经济学界，对结构性失业还存在另一种观点：新古典经济学派认为，通过劳动者相对工资的调整，可以反映出引起劳动力需求结构性失调的根本性需求变化，可以消除结构性失业，因而结构性失业不可能长期存在。他们还认为，自然失业率包含一种摩擦性和结构性因素，其中结构性因素来自劳动力和商品市场的特征以及社会和法律的障碍，因此他们认为失业和空缺的并存与结构性失业无关。

7. 局内人 vs. 局外人

答：局内人是那些已经被企业雇佣的工人，他们一般都想使企业保持高工资。局外人即失业者，他们承担了局内人高工资的部分代价，因为他们在低工资时才会被雇佣。局内人与局外人这两个集团之间的利益冲突是不可避免的。“局内人－局外人”理论认为，每个企业都需要一支受过特殊培训的劳动力队伍，而对新雇员(局外人)的培训通常是由在职工人(局内人)来完成的。在职工人担心培训了新工人，他们与企业讨价还价时地位就降低了，因而并不愿意与企业持合作态度。另一方面，如果企业对新雇员实行低工资，经培训后的雇员就可能被提出高工资的企业“挖走”。因此，企业只能通过向新老雇员支付相同的报酬来解决这一矛盾。由此，“局内人－局外人”理论就解释了为什么存在较高失业率的情形下，企业仍给新雇员支付较高工资的现象。

8. 效率工资

答：效率工资理论是在最低工资法和工会之外解释工资刚性的第三个原因。效率工资理论认为，在一定限度内，企业通过支付给工人比劳动市场出清时更高的工资，可以促使劳动生产率的提高，获得更多的利润。效率工资取决于两个因素：其他企业支付的工资与失业率水平。

效率工资理论的基本观点是，雇主必须把工资作为刺激雇员努力工作的手段。雇员在工作时候的努力程度决定了生产和经营的经济效率。如果员工积极性高，则生产的效率就高，反之亦然；而雇员工作时的努力程度又在很大程度上取决于雇员得到的报酬的高低。

如果雇主给雇员支付的工资高于其他企业从事同种工作的雇员的工资水平，雇员就会认为自己的工作是有前途的“好工作”，并为了保持这种好工作而努力工作，这就有利于企业效率的提高。根据这一理论，经济学家们得出结论，除非不得已，雇主不愿意降低员工的工资，因为这不利于刺激工人的生产积极性。不但如此，社会上的工资水平总体上有不断上升的趋势。而且，高工资率还可以刺激产生高效率，效率的提高不可避免的会引起对劳动需求的下降，从而社会上失业的存在就是可以理解的。效率工资理论是新凯恩斯主义反击新古典主义的批判，并证明其所主张的工资刚性的重要理由。

9. 丧失信心的工人

答：丧失信心的工人是指那些可能想工作，但在不成功的寻找之后放弃了找工作的工人。这些丧失信心的工人被算在劳动力之外，并不反映在失业统计上。尽管没有衡量他们失去工作的情况，但这可能是一个需要解决的社会问题。

二、复习题

1. 什么决定了自然失业率?

答：自然失业率取决于离职率和入职率。离职率即每个月失去或离开工作的就业者比例，入职率即每个月得到工作的失业者比例。

自然失业率的公式为：

$$\frac{U}{L}=\frac{s}{s+f}$$

其中，U/L 是稳定状态失业率，用来代表自然失业率，s 为离职率，f 为入职率。

可以看出，离职率越高，自然失业率也就越高；入职率越高，自然失业率越低。任何一种旨在降低自然失业率的政策都应该要么降低离职率要么提高入职率；同样，任何一种影响离职率和入职率的政策都将改变自然失业率。

2. 描述摩擦性失业与结构性失业之间的差别。

答：摩擦性失业与结构性失业之间的差别在于：

(1)定义不同。摩擦性失业是由于工人找一份工作需要时间而引起的失业。结构性失业是由于工资刚性和工作配给引起的失业。

(2)产生的原因不同。摩擦性失业的原因有：①工人有不同偏好和技能，工作有不同性质；②找工作中存在信息不对称；③工人不能在地区间迅速流动等。结构性失业的原因是在现行实际工资下，劳动供给大于劳动需求。如果工资没有调整到使劳动力市场出清的水平，这些工人只能“等待”可以得到的工作。因此，结构性失业是在存在过量劳动供给时工资却没有下降造成的；同时结构性失业也可能是由于经济结构的变化造成的，即劳动力的供给与需求在职业、技能、产业、地区分布等方面不协调所引起的失业。

3. 给出三种对实际工资可能保持在高于使劳动供给和需求达到均衡的水平的解释。

答：实际工资可能保持在高于使劳动供给和需求达到均衡的水平的原因主要有三种：

最低工资法、工会垄断力量和效率工资。

(1)当最低工资法阻止工资下降到均衡水平时就会造成工资刚性。尽管大多数工人被支付高于最低水平的工资，但对一些工人，尤其是对那些不熟练工人和缺乏经验的工人来说，最低工资使他们的工资提高到均衡水平之上。因此，最低工资减少了企业劳动需求量而导致工人的超额供给，由此产生失业。

(2)工会的垄断力量会导致工资刚性。工会工人的工资并不是由供求均衡决定的，而是由工会领导人与企业经理之间的集体议价决定的。通常的协议结果是把工资提高到均衡水平以上，并允许企业自行决定雇佣工人的数量。最终结果就是所雇佣的工人数量减少了，就业率下降了，而结构性失业增加了。

(3)效率工资理论认为高工资可以使工人更有效率。即使削减工资减少了企业的工资总额，它同时也降低了工人的生产率和企业利润。因此，企业可能会使实际工资保持在使劳动供求均衡的水平之上。

因此，这三个原因的存在，使得实际工资可能保持在高于使劳动供给与需求达到均衡的水平。

4. 大多数失业是长期的还是短期的？请解释。

答：大多数失业是短期的。因为大多数失业持续时间较短，失业者一般可以在较短的时间内找到新的工作。但总失业时间中的大多数要归因于长期失业者。因此，如果要降低自然失业率，那么政策应该针对长期失业者，因为这些人占了大部分失业量。

5. 欧洲人工作的小时数高于还是低于美国人？列举三个解释这一差别的假说。

答：欧洲人工作的小时数低于美国人。有关工作模式的这些差别的根本原因，经济学家提出了几种假说：

(1)更高的税率。2004 年诺贝尔经济学奖获得者爱德华·普雷斯科特(Edward Prestx)做出的结论是：“实际上，美国与德国和法国在劳动供给上的所有大的差别是由于税收系统的不同。”这一假说与以下两个事实相符：①欧洲的税率高于美国；②欧洲的税率在过去几十年中出现了显著的上升。

一个相关的假说是，人们所观察到的工作努力的差别可以由地下经济来解释。高税率更加激励人们从事“不入账”的工作来避税。从事相关问题研究的经济学家认为欧洲的地下经济比美国大。

(2)强调工会的作用。在欧洲的劳动市场上，集体议价扮演着重要的角色，而且通常比在美国更重要。工会的力量使其在合同谈判中常常推动获得更短的工作周或者游说政府制定各种劳动市场管制规则，例如法定假日。

(3)强调不同偏好的可能性。当技术进步和经济增长已经使所有先进国家更富裕时，世界各地的人们面临这样的选择：是以增加消费的形式还是以增加闲暇的方式来享受更为繁荣的经济带来的好处。

三、问题与应用

1. 回答下列关于你自己在劳动力中的经历的问题：

a. 当你或你的朋友找一份兼职工作时，一般需要几周？在你找到一份工作之后，该工作一般持续多少周？

b. 利用你的估计，计算你的入职率 f 与你的离职率 s(用每周的比率表示)。(提示：如果 f 是入职率，那么，平均的失业时间长度就是 $1/f$。)

c. 你所代表的人口的自然失业率是多少?

答：a. 我找一份兼职，一般需要花 2 周时间，找到一份兼职后一般可以持续工作 12 周。

b. 我花 2 周找到 1 份工作，则入职率 f = (1 工作/2 周) = 0.5 工作/周。

我的工作持续 12 周，那么离职率 s = (1 工作/12 周) ≈ 0.083 工作/周。

c. 自然失业率公式为：$(U/L)=[s/(s+f)]$，将 b 小问计算的 f、s 代入式中，得 $(U/L)=[0.083/(0.083+0.5)]\approx 0.14$。所以如果平均 2 周找到一个持续 12 周的工作，所代表的人口的自然失业率约为 14%。

2. 某个郊外住宅区的居民收集了以下数据：居住在这个住宅区的人可以分为在谈恋爱的或没在谈恋爱的。在谈恋爱的人中，每月有 10% 的人经历了分手。在没有谈恋爱的人中，每月有 5% 的人开始谈恋爱。在稳定状态，居民中没有谈恋爱的比例是多少?

答：设住宅区在谈恋爱的居民数为 I，没在谈恋爱的为 U，总居民数为 $T=I+U$。在稳定状态下，涉及到的居民数是不变的。由题意知，新的经历了分手的居民数为 $0.1I$，新开始谈恋爱的居民数为 $0.05U$。作如下的代换，$0.05U=0.1I=0.1(T-U)$，因此，$\frac{U}{T}=\frac{0.10}{0.10+0.05}=\frac{2}{3}$，居民中没有谈恋爱的稳定状态比例是 $\frac{2}{3}$。

3. 在本章中我们看到了稳定状态失业率是 $U/L=s/(s+f)$。假定失业率开始时并不位于这个水平。证明失业率将随时间变动并达到这一稳定状态。(提示：把失业人数的变动表示成 s、f 和 U 的函数。然后证明，如果失业高于自然失业率，那么失业下降；如果失业低于自然失业率，那么失业上升。)

证明：失业人口的变动等于失去工作的人口(sE)减去找到工作的人口(fU)。用等式表示就是：$U_{t+1}-U_t=\Delta U_{t+1}=sE_t-fU_t$。

公式：$L=E_t+U_t$ 或 $E_t=L-U_t$，在这里 L 是总劳动力人口(假定 L 不变)，把它代入上面的公式，得 $\Delta U_{t+1}=s(L-U_t)-fU_t$。

等式两端同除 L，就可以得到从 t 期到 $t+1$ 期失业率的变化：$\Delta U_{t+1}/L=\Delta(U/L)_{t+1}=s(1-U_t/L)-fU_t/L$。将右边项重新排列，可得：$\Delta(U/L)_{t+1}=s-(s+f)U_t/L=(s+f)[s/(s+f)-U_t/L]$。

由此可以看出，当失业率等于自然失业率时，这个表达式左边等于零，这时自然失业率 $(U/L)_n$ 等于 $s/(s+f)$。将表达式重新整理一下，用 $(U/L)_n$ 代替 $s/(s+f)$，从而得到 $\Delta(U/L)_{t+1}=(s+f)[(U/L)_n-U_t/L]$。

这个表达式说明：如果 $U_t/L>(U/L)_n$(失业率高于自然失业率)，则 $\Delta(U/L)_{t+1}$ 是负数，失业率将会下降；如果 $U_t/L<(U/L)_n$(失业率低于自然失业率)，则 $\Delta(U/L)_{t+1}$ 是正数，失业率将会上升。这个过程一直持续到失业率 U/L 达到稳定状态，即自然失业率水平 $(U/L)_n$。

4. 假定国会通过了使企业更难解雇工人的立法。(例如，法律要求向被解雇工人支付离职金。)如果这项法律降低了离职率而又不影响入职率，自然失业率会如何变动？你认为这项立法不影响入职率是合理的吗？为什么？

答：(1)根据自然失业率的公式：$\frac{U}{L}=\frac{s}{s+f}$，如果新的法律降低了离职率，但没有对入职率 f 造成影响，则自然失业率下降。

(2)个人认为这项立法不影响入职率不合理。新的法律会降低 f，原因如下：①增加解雇的成本将会使公司更加谨慎地雇佣新工人；②如果求职者认为新的法律会使他们得在一个特定的职位上干更长的时间，他们就会仔细地考虑是否接受这一职位。这两个因素使得入职率 f 下降，如果入职率 f 下降够大，新政策甚至会提高自然失业率。

5. 考虑一个由以下柯布－道格拉斯生产函数描述的经济：

$$Y=5K^{1/3}L^{2/3}$$

a. 求出描述该经济中劳动需求的方程，将它表示为实际工资和资本存量的函数。(提示：回顾第 3 章。)

b. 该经济有 27000 单位资本和 1000 个工人。假设要素价格调整以使供给和需求达到均衡，计算实际工资、总产出和工人所赚到的工资总量。

c. 现在假定关注工人阶级福利的国会通过了一项法律，规定了比你在 b 部分求得的均衡工资高出 10%的最低工资。假设国会不能强行规定企业以规定的工资雇用多少工人，这一法律的影响是什么？具体而言，计算实际工资、就业、产出以及工人赚到的工资总量会发生什么变动。

d. 国会成功地实现了帮助工人阶级的目的了吗？请解释。

e. 你认为这一分析为思考最低工资法提供了一种好方法吗？为什么？

答：a. 企业利润最大化的条件是企业雇佣劳动直到劳动的边际产品等于实际工资，即：

$$MPL=W/P$$

劳动的边际产品可以通过对生产函数关于劳动 L 求导得到：

$$MPL=\frac{\mathrm{d}Y}{\mathrm{d}L}=\frac{\mathrm{d}(5K^{1/3}L^{2/3})}{\mathrm{d}L}=\frac{10}{3}K^{1/3}L^{-1/3}$$

令 MPL 等于实际工资：

$$\frac{10}{3}K^{1/3}L^{-1/3}=\frac{W}{P}$$

得出经济中劳动力需求作为实际工资和资本存量函数的方程式为：

$$L=\frac{1000}{27}K\left(\frac{W}{P}\right)^{-3}$$

b. 这个经济有 27000 单位资本和 1000 单位劳动，由于实际工资能灵活调整，因此，所有 1000 单位的劳动和资本都会在均衡条件下得到使用，所以，将数据代入劳动需求函数可以求得 W/P：

$$1000=\frac{1000}{27}\times 27000\left(\frac{W}{P}\right)^{-3}\Rightarrow\frac{W}{P}=10$$

所以，实际工资是 10，在均衡条件下，就业量为 1000，总产出为 $Y=5K^{1/3}L^{2/3}=5\times$

$27000^{1/3}\times1000^{2/3}=15000$，工人赚到的工资量为$\frac{2}{3}\times15000=10000$。

c. 根据劳动力需求作为实际工资和资本存量函数的关系有：

$$L=\frac{1000}{27}K\left(\frac{W}{P}\right)^{-3}$$

当国会立法规定在 b 部分求得的均衡工资高出 10% 的最低工资，即实际工资$\frac{W}{P}=11$，又假设国会不能强行规定企业以规定的工资雇用多少工人，则新的就业量$L=\frac{1000}{27}\times27000\times(11)^{-3}\approx751$，产出$Y=5K^{1/3}L^{2/3}=5\times27000^{1/3}\times751^{2/3}\approx12393$，工人赚到的工资总量为$\frac{2}{3}\times Y=8262$。

d. 这个政策不能实现帮助工人阶级的目的。因为这项政策产生了 249 个非自愿失业工人，工人阶级总的收入从 10000 单位产品减少为 8262 单位产品。

e. 这种分析为考虑最低工资法提供了一种好的方法。最低工资法有正反两方面影响，一方面它提高了一些工人的工资水平，另一方面减少了总职位数。所以，要考虑最低工资法的影响可以从这两方面入手。

6. 假定一个国家经历了生产率下降——也就是说，对生产函数的不利冲击。

a. 劳动需求曲线会有什么变动？

b. 如果劳动市场总处于均衡状态，生产率的这一变动会如何影响劳动市场——也就是说，会如何影响就业、失业和实际工资？

c. 如果工会阻止了实际工资下降，生产率的这一变动会如何影响劳动市场？

答： a. 如果一个国家正在经历生产率下降，那么如图 7－2(a)所示，劳动需求曲线会向左移动。如果是劳动本身的生产效率下降了，则在任何给定的实际工资水平下，厂商对劳动的需求都会减少。

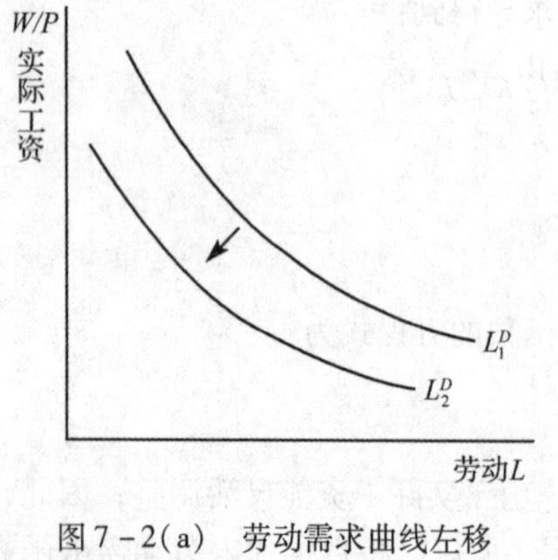

图 7－2(a)　劳动需求曲线左移

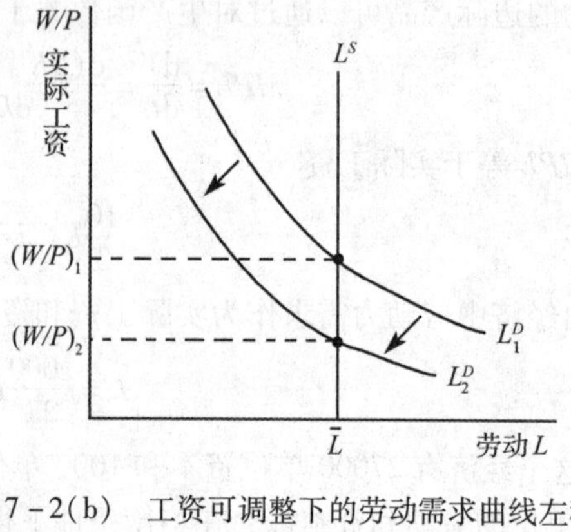

图 7－2(b)　工资可调整下的劳动需求曲线左移

b. 如果劳动力市场总是处于均衡，那么假设劳动力供给固定，不利的技术冲击导致实际工资下降，但对就业和失业没有影响，如图 7－2(b)所示。

c. 如果工会阻止实际工资下降，生产率的下降会使就业下降到 L_1，失业为$(L-L_1)$，如图 7－2(c)所示。

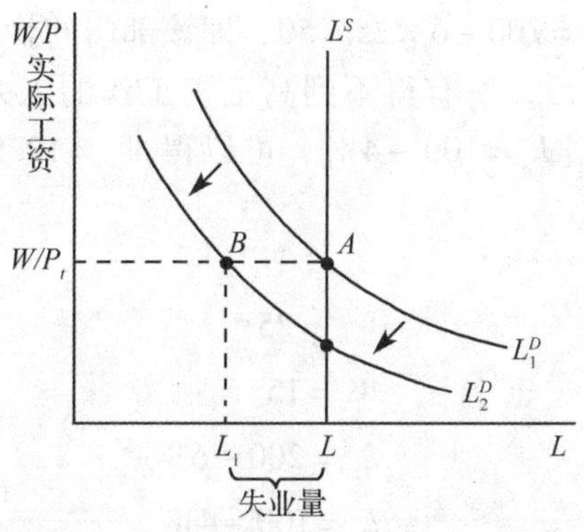

图 7-2(c)　工资既定下的劳动需求曲线左移

这个例子的结论是，生产率下降(对生产函数的不利冲击)对经济的影响，取决于工会和雇主之间讨价还价的能力对这种冲击的反应的变化。

7. 考虑一个有两个部门的经济：制造部门和服务部门。两个部门的劳动需求由如下方程描述：

$$L_m = 200 - 6W_m$$
$$L_s = 100 - 4W_s$$

式中，L 为劳动(工人人数)；W 为工资(美元数)：下标 m 和 s 分别代表制造部门和服务部门。该经济有 100 个愿意和能够在任意一个部门工作的工人。

a. 如果工人在部门间自由流动，W_m 和 W_s 之间会有什么关系？

b. 假定 a 小问中的条件成立且工资调整以使劳动供给和劳动需求达到均衡。计算每个部门的工资和就业。

c. 假定制造部门成立了工会，它将该部门的工资推高到 25 美元。计算该部门的就业。

d. 在制造部门工会化之后，所有得不到高工资工作的工人都流向服务部门。计算服务部门的工资和就业。

e. 现在假定工人的保留工资为 15 美元，也就是说，他们宁愿等待制造部门 25 美元的工作机会，也不接受工资在 15 美元以下的工作。计算每个部门的工资和就业。该经济的失业率为多少？

答：a. 如果工人在部门间自由流动，则 W_m 和 W_s 会相等。

b. 假定 a 小问中的条件成立且工资调整以使劳动供给和劳动需求达到均衡。

则

$$L_m = 200 - 6W$$
$$L_s = 100 - 4W$$
$$L = L_m + L_s = 100$$

即

$$W = 20$$
$$L_m = 200 - 6 \times 20 = 80$$
$$L_s = 100 - 4 \times 20 = 20$$

c. 假定制造部门成立了工会，它将该部门的工资推高到 25 美元，即 $W_m = 25$，代入

$L_m=200-6W_m$，可以得到 $L_m=200-6\times25=50$，即该部门的就业为 50 人。

d. 在制造部门工会化之后，所有得不到高工资工作的工人都流向服务部门，则 $L_s=L-L_m=100-50=50$，再根据 $L_s=100-4W_s$，可以得 $W_s=12.5$，即服务部门的工资 $W_s=12.5$，就业 $L_s=50$。

e. 根据题意，有

$$W_m=25$$
$$W_s=15$$
$$L_m=200-6W_m$$
$$L_s=100-4W_s$$

因此，可以得出

$$L_m=200-6\times25=50$$
$$L_s=100-4\times15=40$$
$$\frac{U}{L}=\frac{10}{100}=10\%$$

该经济的失业率为 10%。

8. 如同你可能已经在微观经济学课程学到的那样，当工资上升时，有两种相互矛盾的效应决定了工人的工作时间决策。收入效应是当工资上升时少工作的欲望，因为更多的收入意味着工人可以负担消费更多的闲暇。替代效应是当工资上升时多工作的欲望，因为更高的工资意味着多工作 1 小时的报酬上升了（等价地说，闲暇的机会成本上升了）。把这些概念应用到布兰查德关于美国人和欧洲人对闲暇的偏好的假说上。在大西洋的哪一边，收入效应看来大于替代效应？在哪一边这两种效应大体相互抵消？你认为对闲暇的偏好随地域变化是一个合理的假说吗？为什么？

答：布兰查德认为，"各大陆之间的主要不同是欧洲用生产力提高的一部分来增加闲暇而不是增加收入，而美国所做的正好相反。"即他认为欧洲闲暇时间高于美国是由于不同偏好引起的。当技术进步和经济增长使所有先进国家更富裕时，世界上的人们必须选择是得到以不断增长的产品和服务消费为形式的更大繁荣（替代效应更大），还是增加闲暇（收入效应更大）。事实研究证明，美国更偏好前者，欧洲则偏向后者，因此大西洋的东海岸——欧洲的收入效应大于替代效应，而大西洋的西海岸——美国的这两种影响大体相互抵消。

从表面上看，对闲暇的偏好随地域而变化是一个合理的假说，可以很好地解释实际情况。但是对闲暇的不同选择的影响因素有多种，而偏好只是其中的解释之一，而且如果研究这一问题的话，就会有为什么偏好在地域上有不同这样难以回答的问题。因此，偏好随地域变化不能算是一个完整合理的解释。

9. 在任何时间任何城市，总有一些可用的办公场所的存量是闲置的。这些闲置的办公场所是未被利用的资本。你如何解释这种现象？特别地，哪种对失业的解释可以最佳地被应用于解释未被利用的资本？你认为未被利用的资本是一个社会问题吗？请解释。

答：(1) 如同失业问题一样，这个问题其实也是"失业"问题，资本没有被"雇佣"。有以下原因可以解释这个问题：

①企业经营发生改变，这使得一部分企业离开原来的办公空间，而同时另一部分企业

寻找办公空间。

②不同的企业需要不同的办公空间，找到相匹配的办公空间要花费一定时间。很多企业可能在寻找办公空间，但可能由于信息不对称而一时无法找到，或者是即使找到了，但不合意。因此，由于这些原因，一部分办公空间出现闲置。

③对不同商品的需求波动导致生产要素在行业和地区上的“部门转移”，即不同的企业对办公空间的需求发生变化，这也可能引起部分有用的办公空间闲置。

(2)摩擦性失业可以最佳地被应用于解释未被利用的资本。

(3)一般认为，这是一个社会问题。类似解决劳动力失业问题，解决这个问题需要公共机构在发布信息、调整部门经济结构等方面进行努力。

第三篇 增长理论：超长期中的经济

第8章 作为增长源泉之一的资本积累

8.1 复习笔记

【知识框架(庖丁解牛)】

作为增长源泉之一的资本积累
- 基本的索洛模型
  - 产品的供给和需求
  - 资本存量的增长与稳定状态
  - 趋近稳定状态
  - 储蓄率与增长的关系
- 资本的黄金律水平
  - 比较稳态
  - 向黄金律稳态的过渡

【考点难点归纳(厚积薄发)】

考点一：基本的索洛模型 ★★★★★

1. 产品的供给和需求

(1)产品的供给：

产品的供给取决于生产函数，总生产函数的形式为：$Y=F(K, L)$。根据规模报酬不变的假设，对于任意 $z>0$，均有：$zF(K, L)=F(zK, zL)$。特别地，当 z 取 $1/L$ 时，有 $Y/L=F(K/L, 1)$。这表明经济规模对人均产出与人均资本量之间的关系并不产生影响。令 $y=Y/L$，表示人均产出；$k=K/L$，表示人均资本量。因此生产函数可简化为：$y=f(k)$。

如图8-1所示，生产函数的斜率是资本的边际产量，表示增加一单位资本时，一个工人所能生产的额外产出，即：$MPK=f(k+1)-f(k)$。随着 k 的增加，生产函数曲线渐趋平缓，这表明资本的边际产量递减。

(2)产品的需求：

产品的需求主要包括消费需求和投资需求，也就是说人均产出 y 可以分为人均消费 c 和人均投资 i 两部分，因此就有 $y=c+i$。这个方程是不考虑政府支出和净出口的情况下，用人均形式所表示的国民收入核算恒等式。假设储蓄率为 s 并将其固定：有 $c=(1-s)y$。则：

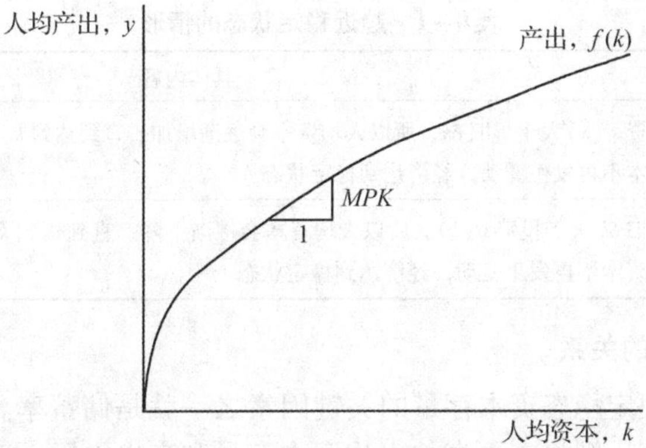

图8－1　生产函数

$y=c+i=(1-s)y+i$，可得 $i=sy=sf(k)$。这意味着投资等于储蓄。因此，储蓄率 s 也可以被理解为用于投资的产出比例。

2. 资本存量的增长与稳定状态

(1)资本存量的增长：

投资和折旧是影响资本存量的两种力量，投资使资本存量增加，折旧使资本存量减少。人均资本折旧＝折旧率(δ)×人均资本水平(k)。因此资本存量变动等于同期的投资减折旧：$\Delta k=i-\delta k=sf(k)-\delta k$，这就是索洛模型的核心方程。该方程描述了资本随时间的运动情况；同时也决定了其他内生变量，因为所有的内生变量都依赖于 k。

(2)稳定状态：

如图8－2所示，投资量等于折旧量时的资本存量为 k^*。如果某一经济处于该资本存量水平时，由于 $\Delta k=sf(k)-\delta k=0$，人均资本存量保持不变，记为 k^*，称之为稳定状态的人均资本存量。在稳定状态，由于人均资本存量保持不变，所以人均产出也保持不变，即人均产出增长率为零。

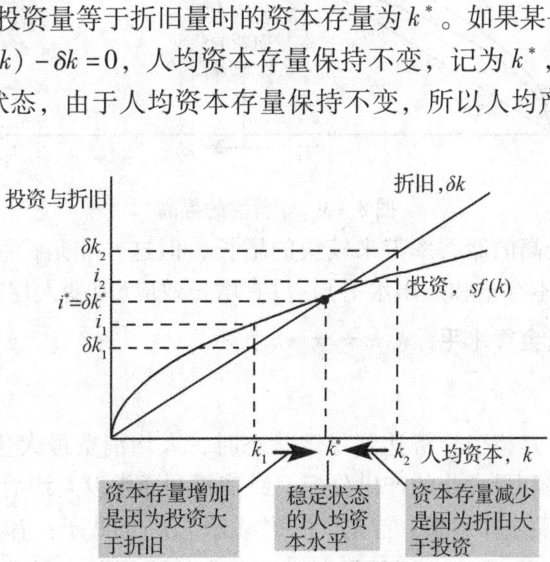

图8－2　投资、折旧和稳定状态

3. 趋近稳定状态

如图8－2所示，在稳态资本水平 k^* 处，投资等于折旧，这表示资本量不随时间而变化。当资本存量偏离稳态时，会逐渐趋向稳态。趋近稳定状态的情形见表8－1。

表 8-1　趋近稳定状态的情形

要点	具体内容
初始资本水平小于 k^*	投资 $sf(k)$ 大于折旧 δk，所以人均资本会逐渐增加。直到达到 k^* 时，投资和折旧相等，人均资本不再发生变动，经济达到稳定状态
初始资本水平大于 k^*	折旧 δk 大于投资 $sf(k)$，所以人均资本会逐渐下降。直到达到 k^* 时，折旧和投资相等，人均资本不再发生变动，经济达到稳定状态

4. 储蓄率与增长的关系

索洛模型表明：决定稳态资本存量的关键因素之一就是储蓄率。从长期看，如果一国有更高的储蓄率和投资，则将有更高的人均资本存量和产出水平，反之也成立。减少储蓄率的长期后果是较低的资本存量和较低的国民收入，这就是许多经济学家批评长期预算赤字的原因。

如图 8-3 所示，当储蓄率上升时，储蓄曲线向上移动，此时储蓄(投资)高于折旧，于是人均资本存量增加，直到达到新的稳态点 k_2^*。在新的稳定状态下，人均产出水平也会高于经济初始水平。

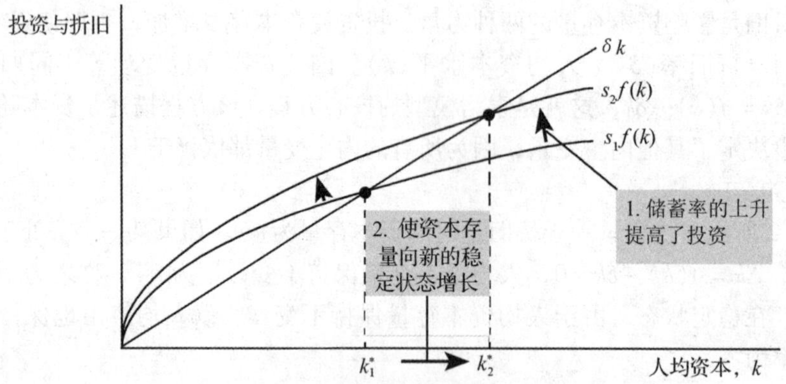

图 8-3　储蓄率的提高

在索洛模型中，较高的储蓄率带来较快的增长，但这并非是持续性的，储蓄率的提高只有水平效应(提高资本存量和产出水平)，没有增长效应(改变人均收入的稳态增长率)。

考点二：资本的黄金律水平 ★★★★★

1. 比较稳态

资本的黄金律水平是指当经济达到稳定状态时，人均消费最大化所对应的人均资本水平，它描述了使经济福利最大化的产出分配。经济福利通常以人均消费来衡量。

用 k_{gold}^* 表示资本的黄金律水平。首先，把 c^* 表示为 k^* 的式子：有 $c^*=y^*-i^*=f(k^*)-i^*=f(k^*)-\delta k^*$，最大化 c^*，求解可得资本的黄金律水平的条件：$MPK=\delta$，即在资本的黄金律水平，资本的边际产量等于折旧率。

如图 8-4 所示，两曲线之间的差距表示稳态时的人均消费水平。求解 k_{gold}^* 就是要找到使 $f(k^*)$ 曲线和 δk^* 之间的差最大时的资本水平，当两曲线的斜率相等时得到资本的黄金律水平，有 $MPK=\delta$。

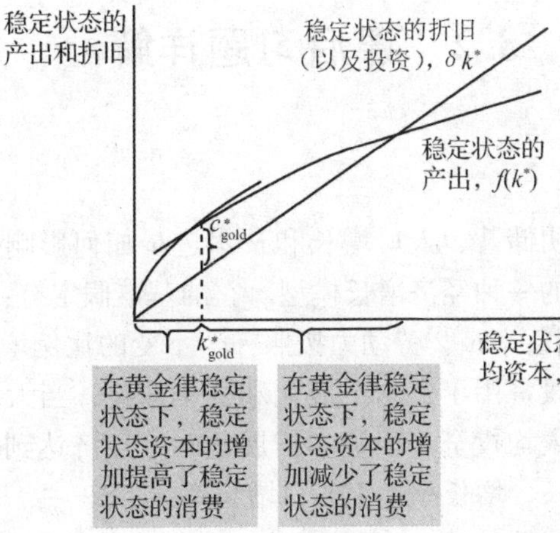

图 8－4　稳态消费

2. 向黄金律稳态的过渡

(1)特点：

①经济体系不会自发地向黄金律稳态过渡。

②要达到黄金律稳态，政策制定者必须调整储蓄率，这种调整会使经济实现更高的消费水平。

③在过渡时，消费的变动是不确定的，这取决于初始资本水平与资本的黄金律水平间的大小关系。

(2)向黄金律稳态过渡的情形如表 8－2 所示：

表 8－2　向黄金律稳态过渡的情形

要点	具体内容
初始资本水平大于 k^*_{gold} 的情况	如图 8－5 所示，由于初始经济的资本水平大于 k^*_{gold}，要使经济过渡到黄金律稳态水平，就要减少储蓄。在整个过渡过程中，人均消费水平都高于初始状态
初始资本水平小于 k^*_{gold} 的情况	如图 8－6 所示，由于初始经济的资本水平小于 k^*_{gold}，要使经济过渡到黄金律稳态水平，就要增加储蓄。在整个过渡过程中，短期内消费水平会下降，但在稳态后消费水平会高于初始状态

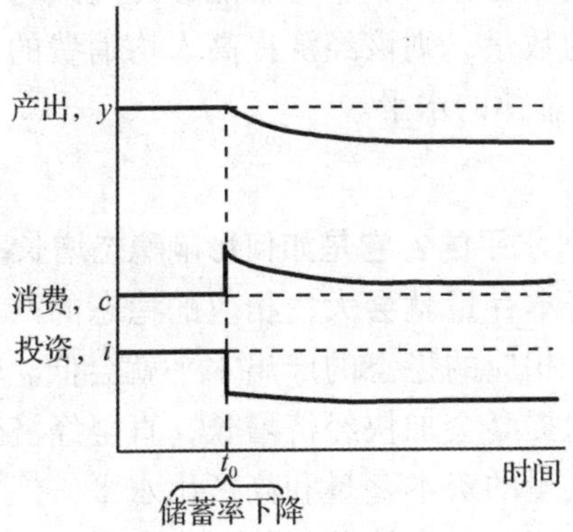

图 8－5　储蓄率的下降

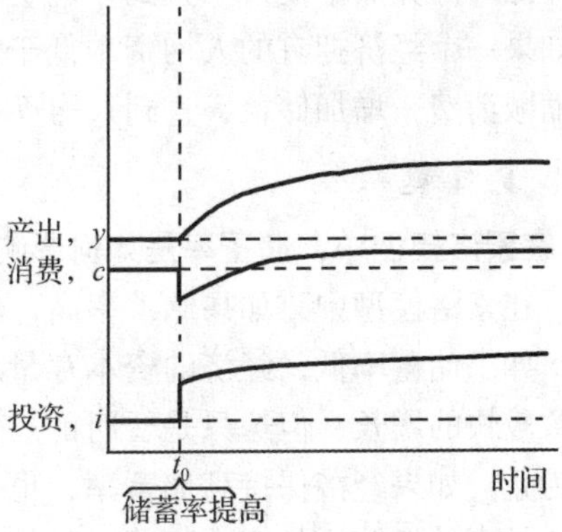

图 8－6　储蓄率的提高

8.2　课后习题详解

一、概念题

1. 索洛增长模型

答：索洛增长模型是表明储蓄、人口增长和技术进步如何影响一个经济的产出水平及其随着时间推移而实现增长的一种经济增长模型。它的基本假定有：①社会储蓄函数为 $S=sY$，式中，s 是作为参数的储蓄率；②劳动力按照一个不变的比例增长；③生产的规模报酬不变。其主要思想是：人均投资用于资本扩展化和资本深化，当人均投资大于资本扩展化时，人均产出就会增长；当人均投资等于资本扩展化时，经济达到稳定状态，人均产出不再增长，但总产出会继续增长，增长率等于人口增长率。

索洛增长模型以经济学家罗伯特·索洛(Robert Solow)的名字命名，是在20世纪50～60年代提出来的。1987年，索洛由于在经济增长研究中的贡献而获得了诺贝尔经济学奖。这个模型来自 Robert M. Solow："A Contribution to the Theory of Economic Growth," *Quarterly Journal of Economics*(February，1956)。

2. 稳定状态(稳态)

答：索洛模型的稳定状态是指长期中经济增长达到的一种均衡状态，在这种状态下，投资等于资本扩展化水平，人均资本存量维持不变，即 $\Delta k=sf(k)-\delta k=0$ 。这个维持不变的人均资本存量 k^* 被称为稳定状态人均资本存量。

不论经济初始位于哪一点，随着时间的推移，经济总是会收敛于人均资本水平 k^* 。在稳定状态，由于人均资本存量保持不变，所以人均产出也保持不变，即人均产出增长率为零。

3. 资本的黄金律水平

答：资本的黄金律水平是指在稳定状态人均消费最大化时所对应的人均资本水平，由经济学家费尔普斯于1961年提出。他认为如果一个经济的发展目标是使稳态人均消费最大化，稳态人均资本量的选择应使资本的边际产出等于劳动力的增长率与折旧率之和。黄金律具有如下的性质：①在稳态时，如果一个经济中人均资本量高于黄金律的水平，则可以通过消费掉一部分资本使每个人的平均资本下降到黄金律的水平，就能够提高人均消费水平；②如果一个经济拥有的人均资本低于黄金律的数量，则该经济提高人均消费的途径是在目前缩减消费，增加储蓄，直到人均资本达到黄金律的水平。

二、复习题

1. 在索洛模型中，储蓄率是如何影响稳态收入水平的？它是如何影响稳态增长率的？

答：在索洛模型中，如果储蓄率高，经济的资本存量就会大，相应的稳态的产出水平就会高；如果储蓄率低，经济的资本存量就会少，相应的稳态的产出水平就会低。较高的储蓄导致较快的增长，但这只是暂时的。储蓄率的提高会加快经济增长，直至经济达到新的稳态为止。如果经济保持高储蓄率，也会保持大量的资本存量和高产出水平，但并不能永远保持较高的经济增长率，随着时间的推移，经济总是会趋向收敛于稳态下的均衡经济增长率。

2. 为什么经济的政策制定者可能会选择黄金律资本水平？

答：政策制定者会选择黄金律资本水平的原因如下：

经济政策制定者的目标是社会福利最大化，而社会福利水平体现为社会中个体的人均消费水平而非产出水平。所以，政策制定者的目标就应该是人均消费最大化。

如果政策制定者要使人均产出最大化，那么就应该使储蓄率为 100%；但如果要使人均消费水平最大化，显然储蓄率不应该是 100%，因为 100% 的储蓄率会使消费为零。通过索洛模型的分析，可以知道这个使人均消费最大化的资本水平就是黄金律资本水平。因此，政策制定者要使社会福利最大化，就一定会选择黄金律资本水平。

假定经济中不存在人口增长和技术进步。如果稳定状态下的资本存量增加一个单位，产出增加量则等于资本的边际产出 MPK；但是，折旧以速度 δ 增加，所以新增产出中可以用于消费的净增加量等于 $(MPK-\delta)$。黄金规则的资本存量水平的条件是 $MPK=\delta$，即资本的边际产出等于折旧。

3. 政策制定者会选择一个资本高于黄金律稳态水平的稳态吗？会选择一个资本低于黄金律稳态水平的稳态吗？请解释。

答：应该说，政策制定者对这两种情况都可能选择，只是看本国情况的不同而定。

(1) 在理想的状况下，政策制定者出于长远考虑，肯定会选择黄金律资本水平，因为在黄金律资本水平下，稳态的人均消费可以达到最大，即社会福利最大化。但是在实际情况中，政治等多种因素可能会影响政策制定者的选择。

(2) 考虑初始资本水平高于黄金律水平。在这种情况下，政策制定者如果选择将经济的资本水平带入黄金律水平，那么在达到黄金律资本水平的过程中，所有时点的人均消费都会比初始消费水平更高。

(3) 再考虑初始资本水平低于黄金律水平的情况。在这种情况下，如果要把经济带入黄金律资本水平，社会将要忍受短期的痛苦，在短期内人均消费会降低，因为用于储蓄(投资)的部分更大了。或者可以理解为为了使下一代人的福利水平更高，现在这代人要牺牲一部分消费，用更多的储蓄(投资)提高社会的产量。

如此看来，如果不选择黄金律资本存量，则各期的消费水平会有所不同，也就可能造成不同代际的人的福利水平不同，这种选择要视不同国家实际情况而定。

三、问题与应用

1. A 国与 B 国的生产函数都是 $Y=F(K,L)=K^{1/3}L^{2/3}$。

a. 这个生产函数是规模报酬不变的吗？请解释。

b. 人均生产函数 $y=f(k)$ 是什么？

c. 假设两个国家都没有人口增长和技术进步，资本折旧为每年 20%。进一步假设 A 国每年储蓄 10% 的产出，B 国每年储蓄 30% 的产出。用你得到的 b 小问的答案和投资等于折旧这一稳态条件，找出每个国家的稳态人均资本水平，然后找出稳态人均收入水平和人均消费水平。

d. 假定两国开始的人均资本存量都为 1。人均收入水平和人均消费水平是多少？

e. 记住资本存量的变动是投资减去折旧，用一个计算器(或电子表格)来显示这两个国家的人均资本存量将如何随时间变动。计算每一年的人均收入和人均消费。B 国的消费要

过多少年才会高于 A 国的消费？

解： a. 该生产函数是规模报酬不变的生产函数。

规模报酬不变的函数定义为对任意 $z>1$，$zF(K, L)=F(zK, zL)$。

A 国与 B 国的生产函数都是 $Y=F(K, L)=K^{1/3}L^{2/3}$，对于任何正数 z，都有

$$F(zK, zL)=(zK)^{\frac{1}{3}}(zL)^{\frac{2}{3}}=zK^{\frac{1}{3}}L^{\frac{2}{3}}=zF(K, L)$$

b. 人均生产函数是以生产函数两边同除以 L 得到的：$\frac{Y}{L}=\frac{K^{\frac{1}{3}}L^{\frac{2}{3}}}{L}$。

如果定义 $y=Y/L$，可以得到 $y=K^{\frac{1}{3}}/L^{\frac{1}{3}}$，定义 $k=K/L$，整理上式得：$y=k^{\frac{1}{3}}$。

c. 已知：资本折旧率 $\delta=0.2$；A 国储蓄率 $s_a=0.1$；B 国储蓄率 $s_b=0.3$；人均产出函数是 $y=k^{\frac{1}{3}}$。

在稳定状态时，资本存量不变，即投资等于折旧：$sf(k)=\delta k$。

将人均生产函数代入可推出：$k=(s/\delta)^{\frac{3}{2}}$。

因此：

A 国的稳态人均资本水平为：$k_a^*=(s_a/\delta)^{\frac{3}{2}}=(0.1/0.2)^{\frac{3}{2}}\approx 0.35$；

B 国的稳态人均资本水平为：$k_b^*=(s_b/\delta)^{\frac{3}{2}}=(0.3/0.2)^{\frac{3}{2}}\approx 1.84$。

将 k_a^*、k_b^* 的值代入人均生产函数，可得两国的稳态人均产出水平分别为：

$$y_a^*=(0.35)^{1/3}\approx 0.70,\ y_b^*=(1.84)^{1/3}\approx 1.23$$

由于收入中用于储蓄的比例是 s，那么用于消费的比例就是 $(1-s)$，因此两国的人均消费水平分别为：

$$c_a^*=(1-s_a)y_a^*=(1-0.1)\times 0.70=0.63$$
$$c_b^*=(1-s_b)y_b^*=(1-0.3)\times 1.23=0.86$$

d. 开始时，两国的人均资本存量都为 1，此时，根据人均产出函数 $y=k^{\frac{1}{3}}$，可得两国此时的人均收入都为 1，人均消费水平分别为：$c_a=(1-s_a)y_a=0.9$；$c_b=(1-s_b)y_b=0.7$。

e. 对于 A 国：$s_a=0.1$，$\delta=0.2$，$k=1$，$y=k^{\frac{1}{3}}$，$c_a=(1-s_a)y_a$。

年度	k	y	c	i	δk	Δk
1	1.000	1.000	0.900	0.100	0.200	−0.100
2	0.900	0.965	0.869	0.096	0.180	−0.084
3	0.816	0.934	0.841	0.093	0.163	−0.070
4	0.746	0.907	0.816	0.091	0.149	−0.058
5	0.688	0.883	0.795	0.088	0.138	−0.050
6	0.638	0.861	0.775	0.086	0.128	−0.042

对于 B 国：$s_b=0.3$，$\delta=0.2$，$k=1$，$y=k^{\frac{1}{3}}$，$c_b=(1-s_b)y_b$。

年度	k	y	c	i	δk	Δk
1	1.000	1.000	0.700	0.300	0.200	0.100
2	1.100	1.032	0.723	0.309	0.220	0.089
3	1.189	1.059	0.742	0.317	0.238	0.079

续表

年度	k	y	c	i	δk	Δk
4	1.268	1.082	0.758	0.324	0.254	0.070
5	1.338	1.102	0.771	0.331	0.268	0.063
6	1.401	1.119	0.783	0.336	0.280	0.056

由以上两个表可以看出：直到第六年 B 国的人均消费才会比 A 国更高。

2. 在有关德国和日本战后增长的讨论中，正文描述了当部分资本存量在战争中被摧毁时所出现的情况。相反，假定战争并没有直接影响资本存量，但导致了许多人员死伤从而减少了劳动力。假设经济在战前处于稳态，储蓄率没有变化，战后的人口增长率与战前相同。

a. 战争对总产出和人均产出的即刻影响是什么？

b. 随后，战后经济中的人均产出会发生什么变动？战后人均产出增长率比战前快还是慢？

答：a. 索洛增长模型的总量生产函数是 $Y=F(K, L)$，或者以人均形式来表示为 $y=f(k)$。如果一场战争减少了劳动力，L 下降，使 $k=K/L$ 上升了。由总量形式的生产函数可知，劳动力减少，则总产出下降。但是，由于人均资本存量水平上升了，工人人均产出将会增加。

b. 劳动力的减少意味着战后人均资本存量高于战前。如图 8－7 所示，战后的人均资本存量位于 k^* 的右边的某一个位置 k_1。但是 k_1 不是稳定状态，这时人均储蓄小于资本扩展化水平，所以资本深化为负，人均资本存量会降低，经济逐渐向稳定状态过渡。最后，人均资本存量下降到 k^*，经济重新达到稳定状态。在这个过程中，由于人均资本存量一直在下降，所以人均产出也一直在下降。由于没有技术进步，所以战前处于稳态时的人均产出增长率等于零。而在战后重新达到稳态的过程中，人均产出增长率小于零，低于战前水平，直到恢复到稳态时才和战前水平相等。

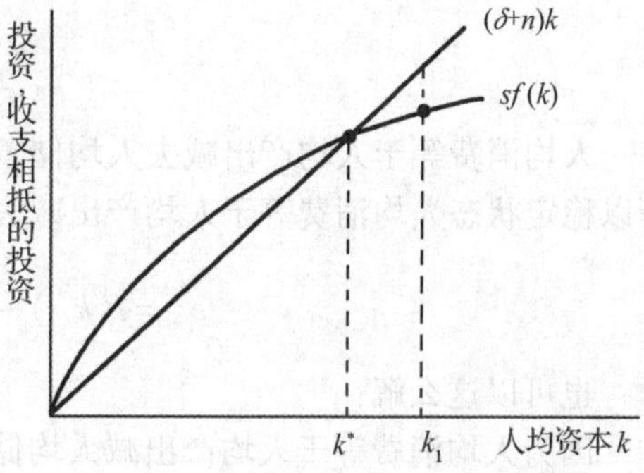

图 8－7 资本存量恢复稳态水平

3. 考虑用以下生产函数描述的一个经济：$Y=F(K, L)=K^{0.4}L^{0.6}$。

a. 人均生产函数是什么？

b. 假设没有人口增长和技术进步，找出稳态人均资本存量、人均产出和人均消费，把它们表示成储蓄率和折旧率的函数。

c. 假设折旧率是每年 15%。制作一个表格，表示出储蓄率为 0、10%、20%、30% 等时的稳态人均资本、人均产出和人均消费。(你或许发现使用电子表格是最容易的。) 使人均产出最大化的储蓄率是多少？使人均消费最大化的储蓄率是多少？

d. 使用第 3 章的知识求出资本的边际产量。对于每个储蓄率，在你在 c 小问得到的表格中增加一项——资本的边际产量减去折旧。关于资本的净边际产量 (即资本的边际产量减去折旧) 和稳态消费之间的关系，你的表格说明了什么？

解：a. 对生产函数两端同时除以 L，得：

$$\frac{Y}{L}=\frac{K^{0.4}L^{0.6}}{L}$$

令 $y=Y/L$，$k=K/L$，所以：

$$f(k)=y=k^{0.4}$$

b. 稳定状态的条件为：

$$\Delta k=sf(k)-\delta k=0$$

或者也可以写成：

$$\frac{k^*}{f(k^*)}=\frac{s}{\delta}$$

将人均产出函数代入得：

$$\frac{k^*}{(k^*)^{0.4}}=\frac{s}{\delta}$$

解得：

$$k^*=\left(\frac{s}{\delta}\right)^{\frac{5}{3}}$$

再将它代入人均产出函数得：

$$y^*=\left(\frac{s}{\delta}\right)^{\frac{2}{3}}$$

人均消费等于人均产出减去人均储蓄，而人均储蓄在稳定状态下等于人均资本的折旧，所以稳定状态人均消费等于人均产出减去人均资本折旧：

$$c^*=f(k^*)-\delta k^*=\left(\frac{s}{\delta}\right)^{\frac{2}{3}}-\delta\left(\frac{s}{\delta}\right)^{\frac{5}{3}}$$

也可以这么解：

因为人均消费等于人均产出减人均储蓄，那么人均消费就是人均产出的 $(1-s)$ 倍，即：

$$c^*=(1-s)f(k^*)=(1-s)(k^*)^{0.4}=(1-s)\left(\frac{s}{\delta}\right)^{\frac{2}{3}}$$

通过代数变化可以发现两种结果是等价的。

c. 由表 8-3 可以清晰地看到：使人均产出最大化的储蓄率为 100%（$s=1$），此时人均产出达到最大值 3.54；使人均消费最大化的储蓄率为 40%，此时人均消费达到最大值 1.15（$s=0.4$）。

表 8-3　不同储蓄率下的稳态人均资本、人均产出、人均消费和资本的净边际产量

s	k^*	y^*	c^*	$MPK-\delta$
0	0.00	0.00	0.00	
0.1	0.51	0.76	0.69	0.45
0.2	1.62	1.21	0.97	0.15
0.3	3.17	1.59	1.11	0.05
0.4	5.13	1.92	1.15	0.00

续表

s	k^*	y^*	c^*	$MPK-\delta$
0.5	7.44	2.23	1.12	−0.03
0.6	10.08	2.52	1.01	−0.05
0.7	13.03	2.79	0.84	−0.06
0.8	16.28	3.05	0.61	−0.08
0.9	19.81	3.30	0.33	−0.08
1	23.61	3.54	0.00	−0.09

d. 对生产函数关于 K 求导，得：

$$MPK=0.4(K/L)^{-0.6}=0.4k^{-0.6}$$

将资本的净边际产量 $MPK-\delta$ 加入上表并观察，可知资本的净边际产量和稳态消费有如下关系：当资本的净边际产量大于零时，稳态消费量增长；当资本的净边际产量小于零时，稳态消费量减少；当达到黄金律资本水平时，即 $s=0.4$ 时，资本的净边际产量为零，稳态消费量达到其最大值。

4. “把更大比例的国民产出用于投资将有助于恢复快速的生产率增长和提高生活水平。”你同意这种说法吗？请用索洛模型进行解释。

答：不同意。根据索洛模型可以知道，这样的结论不一定成立。

把更大比例的国民产出用于投资，会在短期内提高人均资本，从而提高人均产出增长率，即生产率的增长。但是，当经济达到稳定状态之后，人均产出的增长率只与技术进步率相关，而与投资率无关，即提高投资率（储蓄率）并不能提高长期的人均产出增长率。

生活水平是指人均消费水平，投资率高并不一定意味着人均消费就高，要看人均资本处在什么样的水平。当人均资本高于黄金律水平时，提高投资率只会降低人均消费。而在人均资本低于黄金律水平时，虽然达到稳定状态后的人均消费水平会高于现在，但是在短期内人均消费水平仍然会下降。

因此，上述结论是不一定成立的。

5. 考虑失业会如何影响索洛增长模型。假定生产函数为 $Y=K^{\alpha}[(1-u)L]^{1-\alpha}$，式中，$K$ 为资本；L 为劳动；u 为自然失业率。国民储蓄率为 s，资本折旧率为 δ。

a. 把人均产出（$y=Y/L$）表示为人均资本（$k=K/L$）和自然失业率的函数。

b. 写出描述该经济的稳态的方程。用图形表示稳态，就像我们在本章对标准的索洛模型所做的那样。

c. 假定政府政策的某些变化降低了自然失业率。运用你在 b 小问中所画的图形，描述这一变化对产出的即刻影响和随着时间的推移对产出的影响。对产出的稳态的影响大于还是小于对产出的即刻影响？请解释。

答：a. 资本的人均产出为：

$$y=\frac{K^{\alpha}[(1-u)L]^{1-\alpha}}{L}=\left(\frac{K}{L}\right)^{\alpha}(1-u)^{1-\alpha}=k^{\alpha}(1-u)^{1-\alpha}$$

人均产出是人均资本和自然失业率的函数。从上式中可以看出：失业降低了任何一个人均资本水平对应的人均产出水平。这是因为失业使得参与生产的劳动力数量减少了，而人均产出是按劳动力总数除的。

b. 稳态就是人均资本不再发生变化的状态，或者说是储蓄与资本扩展化相等的状态。因此稳态的人均资本量可由下式解出：

$$sy^* = \delta k^*$$

$$s(k^*)^\alpha (1-u)^{1-\alpha} = \delta k^*$$

$$k^* = (1-u)\left(\frac{s}{\delta}\right)^{\frac{1}{1-\alpha}}$$

失业降低了资本的边际产量，所以，它如同一种不利的技术冲击，降低了稳定状态的资本存量。

把 k^* 代入人均产出函数，就可以得到人均产出 y^*：

$$y^* = \left[(1-u)\left(\frac{s}{\delta}\right)^{\frac{1}{1-\alpha}}\right]^\alpha (1-u)^{1-\alpha} = (1-u)\left(\frac{s}{\delta}\right)^{\frac{\alpha}{1-\alpha}}$$

所以，失业通过两种途径影响了稳态的产出水平。一方面，对任一给定的 k，失业降低了产出 y；另一方面，失业还降低了稳态的 k^*，通过 k^* 又降低了 y^*。

该经济的稳态如图 8－8 所示。

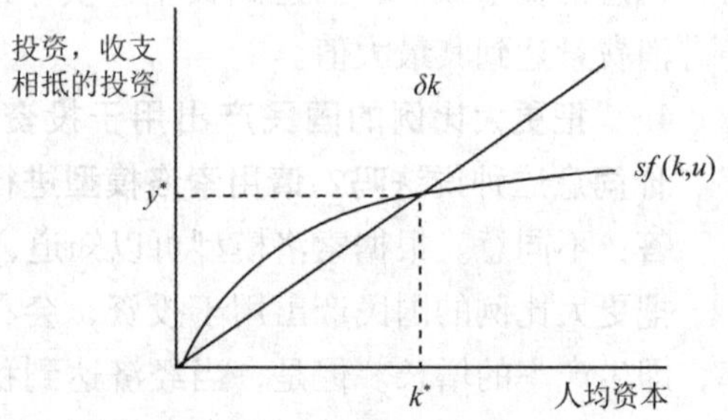

图 8－8 考虑失业的索洛稳态

c. 初始经济处于稳定状态，产出为 $y^*(u_1)$。由 $y^*(u_1) = (k_1^*)^\alpha (1-u_1)^{1-\alpha}$ 知，当失业率从 u_1 降低到 u_2 时，在即刻的影响中，k 暂时不变，而 u 降低，从而 y 增加，即这一变化对人均产出 y 的即刻影响为使之增加；又由 b 小问中得到的 $k^* = (1-u)\left(\frac{s}{\delta}\right)^{\frac{1}{1-\alpha}}$ 知 u 的降低会使该经济的稳态人均资本增加，从而使其稳态的人均产出也增加，因而随着时间的推移，人均产出会不断增加直至达到新的稳态 $y^*(u_2)$，如图 8－9 和 8－10 所示。由于在达到新的稳态的过程中人均产出是不断增加的，所以对产出的稳态的影响大于对产出的即刻影响。（没有考虑人口增长和技术进步。）

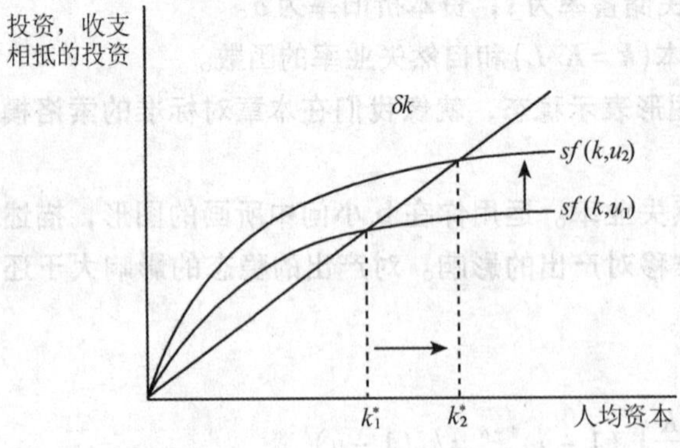

图 8－9 失业降低对稳态的影响

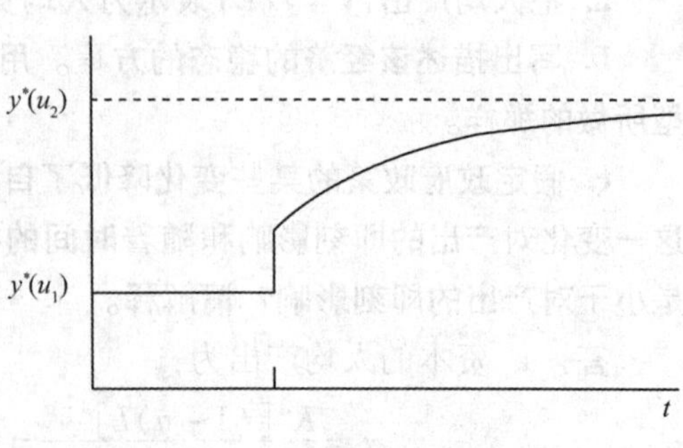

图 8－10 人均产出的时间路径

第 9 章 人口增长和技术进步

9.1 复习笔记

【知识框架(庖丁解牛)】

- 人口增长和技术进步
  - 索洛模型中的人口增长
    - 存在人口增长的稳态
    - 人口增长的影响
    - 存在人口增长时的黄金律稳态
    - 关于人口增长的其他观点
  - 索洛模型中的技术进步
    - 劳动效率
    - 有技术进步的稳态
    - 技术进步的影响
    - 技术进步下的黄金律水平
  - 内生增长理论
    - 基本模型
    - 两部门模型
    - 内生增长理论与索洛模型的比较

【考点难点归纳(厚积薄发)】

考点一：索洛模型中的人口增长 ★★★★★

1. 存在人口增长的稳态

(1)资本广化与资本深化的含义如表 9 - 1 所示：

表 9 - 1 资本广化与资本深化的含义

要点	具体内容
资本广化	也称资本扩展化、补偿投资或收支相抵的投资，是指为使人均资本存量保持不变而进行的投资。在没有人口增长和技术进步时，资本广化就等于折旧 δk。在人口增长率为 n 的情况下(仍然没有技术进步)，资本广化就等于 $(\delta+n)k$
资本深化	指人均资本存量的累积。资本深化大于零时，人均资本增加；资本深化等于零时，经济达到了稳态。投资 = 资本扩展化 + 资本深化，所以资本运动方程为：资本深化 = 投资 - 资本扩展化。稳态时资本深化为零，因此稳态时：投资 = 资本扩展化

(2)资本运动方程：

存在人口增长时，资本运动方程变为：$\Delta k = sf(k) - (\delta+n)k$。新的稳态条件为：$sf(k) = (\delta+n)k$。如图 9 - 1 所示，在稳态，$\Delta k = 0$ 且 $i^* = \delta k^* + nk^*$。此时，投资的目的是替代折

旧(δk^*)以及给新增加的人口提供稳态的资本量(nk^*)。

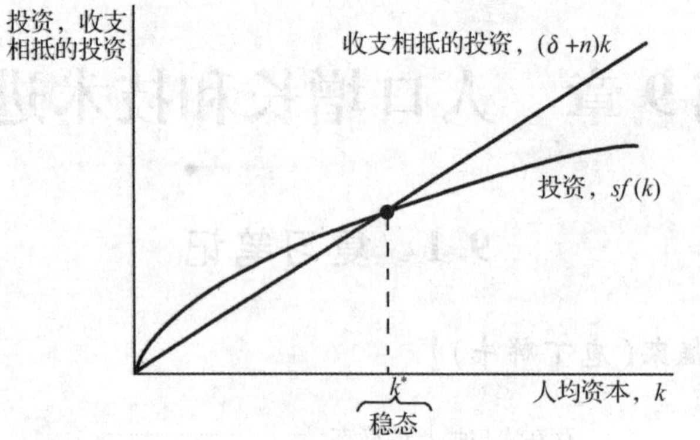

图 9－1　有人口增长时的新稳态条件

2. 人口增长的影响

索洛模型认为从长期看，人口增长率较高的国家，人均资本水平和人均收入水平较低。如图 9－2 所示，提高人口增长率 n 会使资本扩展线向上移动，稳态的人均资本水平会降低，从而稳态的人均产出水平也会降低。

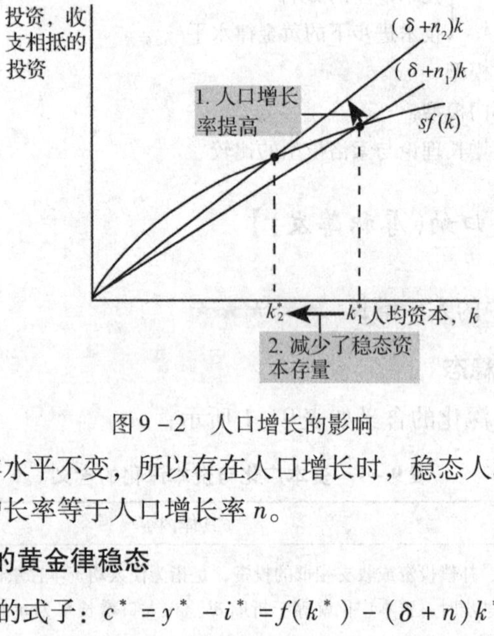

图 9－2　人口增长的影响

由于稳态的人均资本水平不变，所以存在人口增长时，稳态人均产出增长率仍然为零，但是总产出在增长，其增长率等于人口增长率 n。

3. 存在人口增长时的黄金律稳态

将 c^* 表示为关于 k^* 的式子：$c^*=y^*-i^*=f(k^*)-(\delta+n)k^*$。解 c^* 的最大化问题，可得：$MPK=\delta+n$ 或 $MPK-\delta=n$。因此，当资本边际产量减去资本折旧率等于人口增长率时，经济达到黄金律稳态。

4. 关于人口增长的其他观点

(1)马尔萨斯模型：强调人口与自然资源的相互作用。

马尔萨斯认为人口的不断增长将持续地限制社会供养自己的能力。因此，他将人口增长看作生活水平提高的威胁。

(2)克雷默模型：强调人口与技术的相互作用。

克雷默认为人口增长会促进技术进步，进而导致经济的繁荣。

考点二：索洛模型中的技术进步 ★★★★★

1. 劳动效率

假设技术进步是劳动效率型的，并设 E 为劳动效率，则生产函数变为：$Y=F(K, L\times E)$。其中，$L\times E$ 衡量工人的有效数量。这一模型化技术进步的方法的本质是，劳动效率 E 提高的作用与劳动力 L 的增加是类似的。此外，假设劳动效率 E 以不变的外生速率 g 增长，即 $g=\Delta E/E$。

2. 有技术进步的稳态

设 $y=Y/(L\times E)$，$k=K/(L\times E)$，对生产函数两边同除以 $L\times E$，可得单位效率工人产出函数，即 $y=f(k)$。该函数形式虽然与上一章完全相同，但是意义已经发生了改变。

因为单位效率工人的储蓄（投资）为：$sy=sf(k)$，而单位效率工人的补偿投资（资本扩展化）为：$(\delta+n+g)k$。因此，当单位效率工人的储蓄和补偿投资相等时，即 $\Delta k=sf(k)-(\delta+n+g)k=0$，经济达到稳定状态。如图9－3所示，$k^*$ 表示稳态的资本存量，在这一水平，有效工人的人均资本和有效工人的人均产出保持不变。

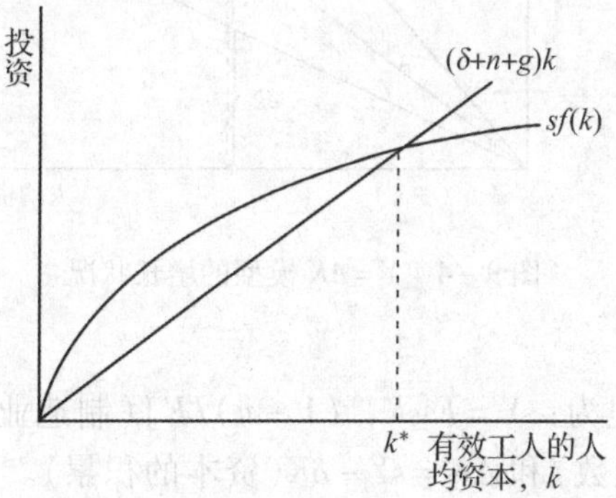

图9－3 技术进步和索洛模型

3. 技术进步的影响（见表9－2）

表9－2 技术进步的影响

变量	表达式	稳态增长率
有效工人的人均资本	$k=K/(L\times E)$	0
有效工人的人均产出	$y=Y/(L\times E)$	0
人均产出	$Y/L=y\times E$	g
总产出	$Y=y\times E\times L$	$n+g$

4. 技术进步下的黄金律水平

因为 $c^*=y^*-i^*=f(k^*)-(\delta+n+g)k^*$，当 c^* 达到最大值时，有：$MPK=\delta+n+g$ 或 $MPK-\delta=n+g$。这说明，当资本的边际产出减去折旧率等于人口增长率与技术进步率之和时，资本达到黄金律水平。由于现实经济中必须考虑人口增长和技术进步，因此，必须用这个标准对经济的资本存量与黄金律稳态水平的关系做出评价。

考点三：内生增长理论 ★★★

1. 基本模型

生产函数为：$Y=AK$。其中，A 为常数。在这个生产函数中，资本的边际产出为常数，即 $MPK=A$，并没有表现出索洛模型中资本的边际收益递减的性质，这就是内生增长理论与索洛模型之间的最大区别。

生产函数的人均形式为：$Y/L=A\times K/L$，即人均产出 $y=Ak$。资本积累方程为：$\Delta K=sY-\delta K$。因此：$\Delta Y/Y=\Delta K/K=(sY-\delta K)/K=sA-\delta$。当 $sA-\delta>0$，即 $sA>\delta$ 时，即使没有外生技术进步，经济也会持续增长。

如图 9－4 所示，由于实际投资始终大于持平投资，因此 Δk 一直大于零，所以人均资本 k 不断增大，不会收敛于稳态值。

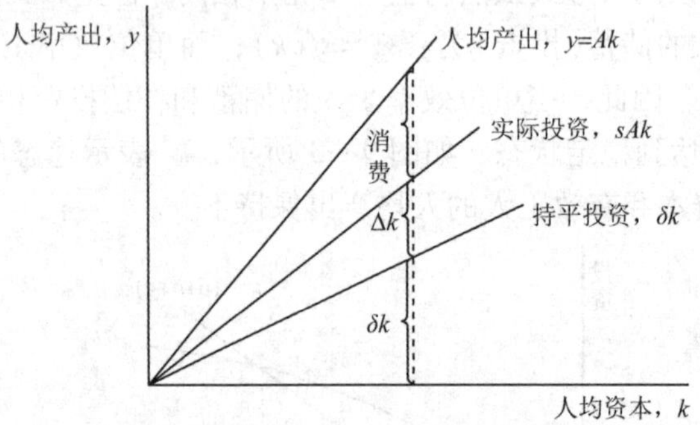

图 9－4　$Y=AK$ 模型的增长状况

2. 两部门模型

两部门模型的三个方程为：$Y=F[K,(1-u)LE]$（制造业企业的生产函数）、$\Delta E=g(u)E$（研究性大学的生产函数）和 $\Delta K=sY-\delta K$（资本的积累）。式中，u 表示大学的劳动力比例，$1-u$ 表示制造业的劳动力比例；E 为知识存量，决定劳动效率。

在该模型中，制造业企业的生产函数规模报酬不变，把知识 E 看成资本，则函数表现为资本的边际收益不变。特别地，如果把实物资本 K 和知识 E 都翻倍，那么经济中两个部门的产出就会都翻倍。可见持续增长是内生的，因为大学的知识创造永远不会停止。

在该模型中，s 决定了稳态的实物资本存量；u 决定了知识存量的增长。尽管只有 u 影响稳态的收入增长率，但 s 和 u 都影响收入水平。

3. 内生增长理论与索洛模型的比较

（1）索洛模型假设资本边际产出递减，因此经济不能内生增长。该模型较好地解释了普通的经济增长现象；但它未能解释决定技术进步的经济因素，并且储蓄率与经济增长速度在稳态时没有关联的预测未通过经验检验。

（2）内生增长理论改变了生产函数的形状，假设资本的边际产出不变，在一定程度上容许内生增长。

9.2　课后习题详解

一、概念题

1. 劳动效率

答：劳动效率是指单位劳动时间的产出水平，反映了社会对生产方法的掌握和熟练程度。当可获得的技术改进时，劳动效率会提高。当劳动力的健康、教育或技能得到改善时，劳动效率也会提高。

在索洛模型中，劳动效率(E)是表示技术进步的变量，反映了索洛模型劳动扩张型技术进步的思想：技术进步提高了劳动效率，就像增加了参与生产的劳动力数量一样，所以在生产函数中的劳动力数量上乘以一个劳动效率变量，形成了有效工人概念，这使得索洛模型在稳态分析中纳入了外生的技术进步。

2. 劳动改善型技术进步

答：劳动改善型技术进步是指技术进步提高了劳动效率，就像增加了参与生产的劳动力数量一样，所以在生产函数中的劳动力数量上乘以一个劳动效率变量，以反映外生技术进步对经济增长的影响。

劳动改善型技术进步实际上认为技术进步是通过提高劳动效率而影响经济增长的。它的引入形成了有效工人的概念，从而使得索洛模型能够以单位有效工人的资本和产量来进行稳定状态研究。

3. 内生增长理论

答：内生增长理论是用规模收益递增和内生技术进步来说明一个国家长期经济增长和各国增长率差异的一种经济理论，其重要特征就是试图使增长率内生化。根据其依赖的基本假定条件的差异，可以将内生增长理论分为完全竞争条件下的内生增长模型和垄断竞争条件下的内生增长模型。按照完全竞争条件下的内生增长模型，使稳定增长率内生化的两条基本途径就是：①将技术进步率内生化；②如果可以被积累的生产要素有固定报酬，那么可以通过某种方式使稳态增长率受要素的积累影响。

内生增长理论就是抛弃了索洛模型外生技术进步的假设，以更好地研究技术进步与经济增长之间的关系的理论。它认为经济增长是可以内生持续的，不会达到索洛模型的稳定状态。内生增长也得到了与索洛模型不同的结论：储蓄率的提高能够使经济的增长速度持久的提高。因为内生增长模型中投资是“增长引擎”，投资的外部性足够大，以至于它能够带动经济内生持续增长。

4. 创造性毁灭

答：创造性毁灭是指企业家引入那些在促进整体经济增长的同时致使一些现有生产者无利可图的创新的这样一个过程。

经济学家约瑟夫·熊彼特认为经济进步是由那些拥有新产品、生产旧产品的新方法或某种其他创新等创意的企业家提供驱动力的。当这些企业家的企业进入市场时，会在某种程度上拥有对其创新的垄断力量。事实正是企业家为追求垄断利润而进行创新。新企业的进入由于增加了消费者的选择而对消费者产生益处，但却因为加强了市场竞争而对现存的生产者造成不利局面。如果新产品具有旧产品不可替代的功能并受到足够大程度的偏好，现存企业甚至可能被逐出市场。这一过程随着时间的推移不断地自我重复。具有创新精神的企业家的企业成为了现存企业，并享受着垄断利润，直至其产品被下一代拥有创新精神的另一个企业家的产品所替代。

二、复习题

1. 在索洛模型中，人口增长率是如何影响稳态收入水平的？它是如何影响稳态增长率的？

答：(1)在一定的储蓄率下，人口增长率越高，则稳态人均资本水平越低，相应的人均产出水平也越低；反之，人口增长率越低，稳态下的人均资本水平越高，人均产出水平也就越高。

(2)人口增长率越高，稳态下的经济总量增长率就越高。在稳态下，人均资本以及人均产出都不变，即人均产出增长率为零，所以，在没有技术进步的情况下，经济总量增长率等于人口增长率(n)，那么人口增长率越高，经济总量增长率就越高。在有技术进步(g)的情况下，经济总量增长率等于人口增长率与技术进步率之和，稳态的经济总量增长率仍然与人口增长率正相关。

但人口增长率与稳态的人均产出增长率没有关系。因为在稳态时(假设没有技术进步)，人均资本不变，人均产出增长率为零，与人口增长率无关。即使在有技术进步时，稳态的人均产出增长率与人口增长率也无关。因为在稳态时，人均资本维持不变，那么人均产量也就不变，因此人均产出增长率只与技术进步相关。

2. 在索洛模型中，什么决定了稳态的人均收入增长率？

答：在索洛模型中，决定稳态人均收入增长率的因素只有技术进步。

在考察技术进步时，在稳态下，单位效率工人的资本存量不变，但是人均资本仍然在增长，增速等于效率工人增长率 g(技术进步率)，所以人均产出增长率也为 g。

因此，决定稳态人均收入增长率的因素只有技术进步率。

3. 在没有外生技术进步假设的情况下，内生增长理论如何解释长期增长？这种解释与索洛模型有什么不同？

答：内生增长理论通过解释内生的知识创造过程，进而解释了经济内生的技术进步。内生增长理论认为：技术进步是内生的，可以通过研究型劳动力的研究与开发来获得。并且，内生增长模型许多最本质的假定都是资本以及知识的边际报酬不变而非递减，因而储蓄(投资)对经济增长的作用是持久的而非短期的。

在索洛模型中，技术进步是外生的，而且，索洛模型认为，达到稳定状态时，$MPK=\delta+g+n$，即储蓄率对经济增长的作用是暂时的，从不稳定状态向新的稳定状态过渡的过程中，储蓄(投资)对经济的作用逐渐变小。而最后经济之所以可以继续增长，是因为外生的技术进步因素。资本的边际报酬递减最终使经济达到一个依靠外生技术进步增长的稳定状态。

三、问题与应用

1. 画一幅图说明有人口增长(但是没有技术进步)的索洛模型的稳态，清楚地标注横轴、纵轴、各条曲线和直线。利用该图形找出以下各种外生变动会引起稳态人均资本和人

均收入发生什么变动。

a. 消费者偏好的某种变化增加了储蓄率。

b. 天气模式的某种变化提高了折旧率。

c. 更好的生育控制手段降低了人口增长率。

d. 技术的一次性永久进步增加了利用任何给定数量的资本和劳动能够生产的产出量。

答：当有人口增长（但是没有技术进步）时，索洛模型的稳态如图 9－5 所示。

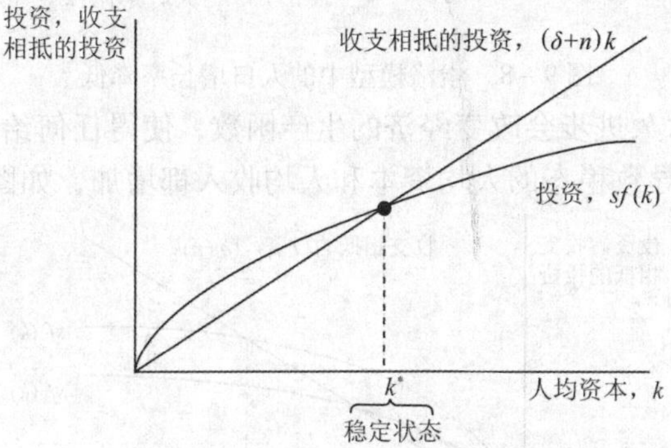

图 9－5　有人口增长的索洛模型

a. 消费者偏好的某种变化增加了储蓄率，会使得稳态的人均资本和人均收入都增加，如图 9－6 所示。

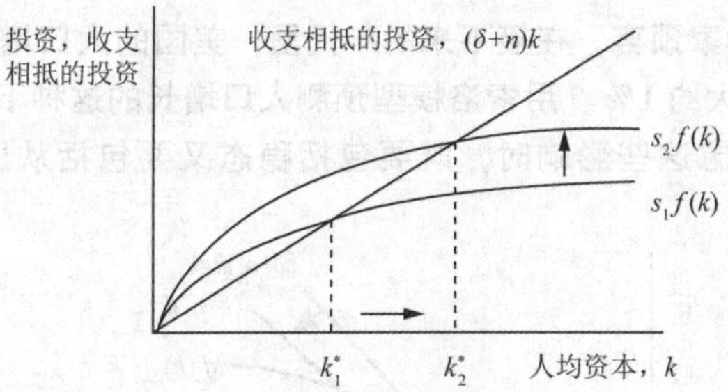

图 9－6　索洛模型中的储蓄率增加

b. 天气模式的某种变化增加了折旧率，会使得稳态人均资本和人均收入都下降，如图 9－7 所示。

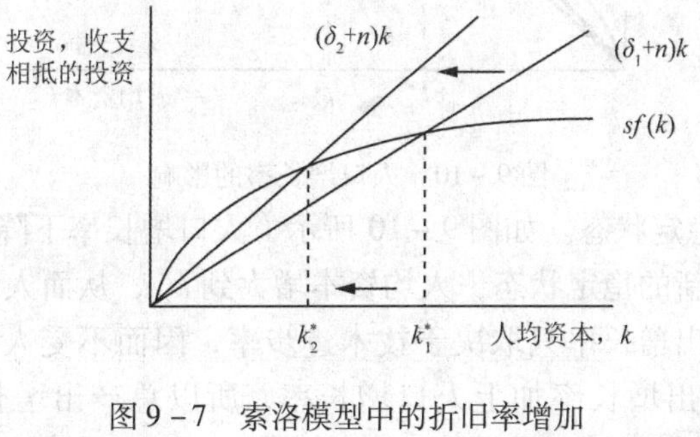

图 9－7　索洛模型中的折旧率增加

c. 更好的生育控制手段降低了人口增长率，会使得稳态的人均资本和人均收入都增加，如图 9－8 所示。

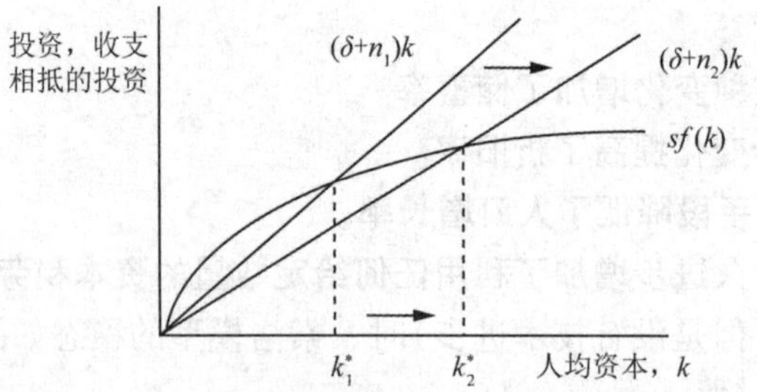

图 9－8 索洛模型中的人口增长率降低

d. 技术的一次性永久进步会改变经济的生产函数，使得任何给定数量的资本和劳动下的产出量增加了，这会导致稳态的人均资本和人均收入都增加，如图 9－9 所示。

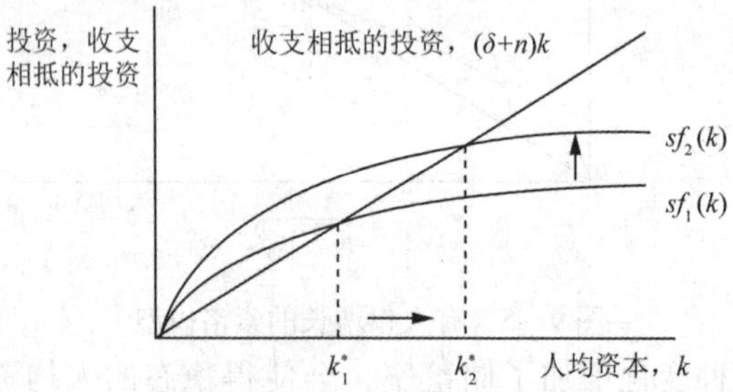

图 9－9 索洛模型中的一次性技术永久进步

2. 许多人口统计学家预言，在接下来的年代里，美国的人口增长将为零，而历史上的平均人口增长率是每年大约 1%。用索洛模型预测人口增长的这种下降对总产出增长和人均产出增长的影响。在考虑这些影响时，既要包括稳态又要包括从原来的稳态到新稳态的过渡。

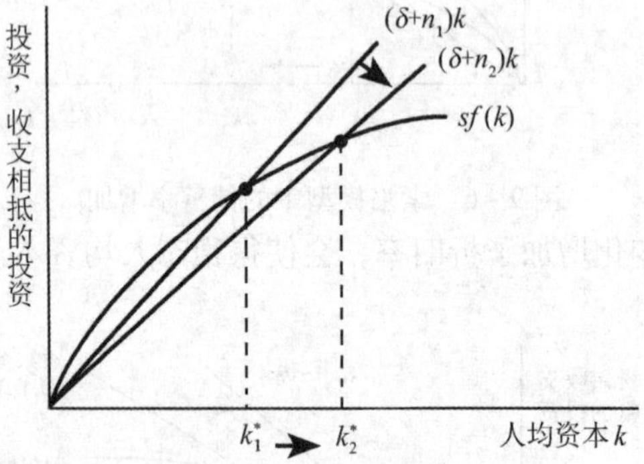

图 9－10 人口增长率的影响

答：(1)首先考虑稳定状态。如图 9－10 所示，人口增长率下降，资本扩展化曲线顺时针转动，可以看出，在新的稳定状态，人均资本增大到 k_2^*，从而人均产出也增大。

稳定状态的人均产出增长率只取决于技术进步率，因而不受人口增长率的影响。而总产出增长率等于人均产出增长率加上人口增长率，所以总产出增长率随人口增长率一起下降。

(2)再考虑中间的过渡状态。从图 9－10 上可以看出，在人均资本水平从 k_1^* 增大到 k_2^*

的过程中，人均储蓄是大于资本扩展化的，这意味着在此过程中人均资本增长率大于零，所以人均产出增长率大于稳态时的情形。但是由于人均储蓄和资本扩展化之间的缺口越来越小，即资本深化越来越小，所以在此过程中人均资本的增长率是逐渐降低的，从而人均产出的增长率也是逐渐降低的。

总产出的增长情况可以由人均产出的增长来推知。在过渡过程中，人均产出的增长率一直在下降，而人口增长率从 k_1^* 之后就一直是 n_2，所以在过渡过程中，总产出增长率在逐渐下降。（但是在初始点 k_1^*，当人口增长率突然下降为 n_2时，总产出增长率与 k_1^* 的稳态水平相比是增大了还是变小了这个问题比较复杂，如果忽略一些不重要因素，它们的大小是相当的，有兴趣的读者可以用代数方法研究一下。）

3. 在索洛模型中，人口增长导致稳态总产出增长，但人均产出并不增长。如果生产函数表现出规模报酬递增或递减，你认为还是如此吗？请解释。（关于规模报酬递增和递减的定义，参见第 3 章“问题与应用”第 3 题。）

答：情况不再如此。分析如下：

如果生产函数表现出规模报酬递减，那么，当所有投入要素增加同一比例时，产出的增加将小于这一比例。比如，如果所有要素都增加为原来的 2 倍，产出的增加将小于 2 倍。如果生产函数中有一种固定的生产要素（如土地）随着经济增长变得更加稀缺，那么这种规模报酬递减的现象就有可能发生。在这种情况下人口增长会导致总产出增加，但是人均产出会降低，因为可以与每个人匹配的固定要素减少了。

如果生产函数表现出规模报酬递增，资本和劳动都增加为原来的 2 倍，产出的增加则大于 2 倍。随着人口增长和劳动的专业化分工有可能会出现这种情况。这时人口增长的结果是：总产出增加，人均产出也增加。因为经济可以更快地利用规模扩大带来的好处。

4. 假定索洛增长模型描述的一个经济有以下生产函数：

$$Y = K^{1/2}(LE)^{1/2}$$

a. 对于这个经济，$f(k)$ 的形式是什么？

b. 利用 a 小问的答案解出稳态的 y 值，把它表示成 s、n、g 和 δ 的函数。

c. 两个邻国经济体都有如上的生产函数，但它们的参数值不一样。Atlantis 的储蓄率为 28%，人口增长率为每年 1%。Xanadu 的储蓄率为 10%，人口增长率为每年 4%。在这两个国家中，都有 $g = 0.02$，$\delta = 0.04$。找出每个国家稳态的 y 值。

解：a. 对生产函数求其有效工人人均产出，$\frac{Y}{LE} = \frac{K^{\frac{1}{2}}(LE)^{\frac{1}{2}}}{LE}$，令 $y = \frac{Y}{LE}$，$k = \frac{K}{LE}$，得 $y = f(k) = \sqrt{k}$。

b. 稳定状态条件为：

$$\Delta k = sf(k) - (\delta + n + g)k = 0$$

由 $y = \sqrt{k}$得 $y^2 = k$，代入上式解得：

$$y^* = s/(\delta + n + g)$$

c. 根据 b 小问的公式，

Atlantis：$s = 0.28$，$n = 0.01$，$g = 0.02$，$\delta = 0.04$，得：

$$y^* = 0.28/(0.04 + 0.01 + 0.02) = 4$$

Xanadu：$s=0.10$，$n=0.04$，$g=0.02$，$\delta=0.04$，得：

$$y^*=0.10/(0.04+0.04+0.02)=1$$

5. 某经济有如下形式的柯布－道格拉斯生产函数：$Y=K^{\alpha}(LE)^{1-\alpha}$。该经济中资本的份额为1/3，储蓄率为24%，折旧率为3%，人口增长率为2%，劳动改善型技术进步率为1%。它处于稳态。

a. 总产出、人均产出和有效工人人均产出的增长率分别为多少？

b. 求出有效工人人均资本、有效工人人均产出以及资本的边际产量。

c. 该经济的资本比黄金律稳态水平多还是少？你是如何知道的？为了达到黄金律稳态，储蓄率需要增加还是减少？

d. 假定你在c小问中描述的储蓄率变动发生了。在向黄金律稳态过渡期间，人均产出的增长率将比你在a小问中得到的高还是低？在该经济达到新的稳态后，人均产出的增长率将比你在a小问中得到的高还是低？请解释。

解：a. 由题意可知，$\alpha=1/3$，$s=0.24$，$\delta=0.03$，$n=0.02$，$g=0.01$，$Y=K^{1/3}(LE)^{2/3}$，求得有效工人人均生产函数为：$y=k^{1/3}$。

总产出 $Y=y\times(L\times E)$，总产出的增长率为 $n+g=0.03$；人均产出 $Y/L=y\times E$，人均产出的增长率为 $g=0.01$；有效工人人均产出 $y=Y/(L\times E)=f(k)$，稳态增长率为0。

b. 达到稳态时，有 $sf(k)=(\delta+n+g)k$，代入数据解得有效工人人均资本 $k^*=8$，有效工人人均产出 $y=2$，资本的边际产量 $MPK=\mathrm{d}y/\mathrm{d}k=1/12$。

c. 因为资本的净边际产量 $(MPK-\delta)\approx0.053$ 大于总产出增长率 $(n+g)=0.03$，因此，该经济的资本比黄金律稳态水平少，为了达到黄金律稳态，储蓄率需要提高。

d. 在向黄金律稳态过渡时，人均产出 $Y/L=y\times E$，其中，E 的增长率为 $g=0.01$，同时，过渡期间有效工人人均产出 y 随有效工人人均资本 k 的不断增加而增加，因此，此时人均产出的增长率比a小问中得到的要大；而在该经济达到新的稳态后，E 的增长率为 $g=0.01$，而有效工人人均产出 y 不再增加，其增长率为0，因而此时人均产出的增长率就为技术增长率 $g=0.01$，这与在a小问中得到的人均产出增长率是相等的。

6. 在美国，GDP中资本的份额大约为30%；产出的平均增长为每年大约3%；折旧率为每年大约4%；资本－产出比率为大约2.5。假定生产函数是柯布－道格拉斯生产函数且美国已经处于稳态。

a. 在初始稳态，储蓄率必须是多少？[提示：使用稳态的关系式 $sy=(\delta+n+g)k$。]

b. 在初始稳态，资本的边际产量是多少？

c. 假定公共政策改变了储蓄率，从而使经济达到了资本的黄金律水平。在黄金律稳态，资本的边际产量将是多少？比较黄金律稳态资本的边际产量和初始稳态资本的边际产量，并解释。

d. 在黄金律稳态，资本－产出比率将是多少？（提示：对柯布－道格拉斯生产函数来说，资本－产出比率与资本的边际产量是相关的。）

e. 要达到黄金律稳态，储蓄率必须是多少？

解：因为生产函数是柯布－道格拉斯生产函数，所以：$y=k^{0.3}$。

在稳态时，经济增长率为3%，则 $(n+g)=0.03$。

已知 $K/Y=2.5$，因为 $k/y=[K/(L\times E)]/[Y/(L\times E)]=K/Y$，所以 $k/y=2.5$。

a. 在稳态，有：$sy=(\delta+n+g)k$，即：

$$s=(\delta+n+g)\times(k/y)$$

代入数值得：

$$s=(0.04+0.03)\times(2.5)=0.175$$

b. 对于柯布－道格拉斯生产函数，有 $\alpha=MPK(K/Y)$，所以：

$$MPK=\alpha/(K/Y)$$

代入数值得：

$$MPK=0.3/2.5=0.12$$

c. 在黄金律稳态下有：

$$MPK=n+g+\delta$$

代入数值得：

$$MPK=0.03+0.04=0.07$$

黄金律稳态的资本边际产量小于初始稳态时的资本边际产量。因为初始稳态的资本存量小于黄金律水平，而边际产量是递减的。

d. 由柯布－道格拉斯函数的特点可得：

$$K/Y=\alpha/MPK$$

代入黄金律稳态的 MPK 值，得黄金律稳态的资本－产出比率：

$$K/Y=0.3/0.07=4.29$$

e. 在式子 $s=(\delta+n+g)\times(k/y)$ 中代入黄金律稳态的资本－产出比率，求得的储蓄率为：

$$s=(0.04+0.03)\times(4.29)=0.30$$

即要达到黄金律稳态，储蓄率需达到30%。

7. 证明下列关于有人口增长与技术进步的索洛模型的稳态的每一条表述。

a. 资本－产出比率是不变的。

b. 资本和劳动各自赚取了经济的一个不变份额的收入。［提示：回忆定义 $MPK=f(k+1)-f(k)$。］

c. 资本总收入和劳动总收入的增长率都等于人口增长率加技术进步率 $(n+g)$。

d. 资本的实际租赁价格是不变的，实际工资以技术进步率 g 增长。（提示：资本的实际租赁价格等于资本总收入除以资本存量，实际工资等于劳动总收入除以劳动力。）

证明：a. 在稳态时有 $sy=(\delta+n+g)k$，即：

$$k/y=s/(\delta+n+g)$$

因为等式右边的系数都是确定的，因此，k/y 是确定不变的。而 $k/y=[K/(L\times E)]/[Y/(L\times E)]=K/Y$，因此，$K/Y$ 也是不变的。

b. 资本赚得的份额即资本回报 $=MPK\times(K/Y)$，由 a 小问可知 K/Y 是确定的。而 MPK 是 k 的函数，k 在稳态时是不变的，所以 MPK 也是确定不变的。因此，资本回报 $MPK\times(K/Y)$ 是确定的。同理可知，劳动赚得的份额也是确定的。

c. 由 b 小问可知：资本总收入和劳动总收入在总产出中的比重是不变的。而总产出的增长率为$(n+g)$，所以资本总收入和劳动总收入的增长率都为$(n+g)$。

d. 资本的实际租赁价格即实际租金为：

$$\begin{aligned} R &= (MPK \times K)/K \\ &= MPK \end{aligned}$$

因为在 b 小问中已知 MPK 在稳态时是不变的，所以资本的实际租赁价格是不变的。

设劳动的总收入为 TLI，则：

$$\omega L = TLI$$

变形为百分比变化的形式为：

$$\Delta\omega/\omega + \Delta L/L = \Delta TLI/TLI$$

这个公式说明实际工资的增长率与劳动力增长率之和等于劳动收入增长率。已知劳动力增长率为 n，劳动收入增长率为$(n+g)$，所以实际工资增长率等于技术进步率 g。

8. 两个国家，Richland 和 Poorland，都由索洛增长模型描述。它们有相同的柯布－道格拉斯生产函数，$F(K, L)=AK^{\alpha}L^{1-\alpha}$，但是资本量和劳动量不同。Richland 储蓄其收入的 32%，而 Poorland 储蓄 10%。Richland 的人口增长率每年为 1%，而 Poorland 的人口增长率每年为 3%。(本问题的数字选取近似为对富国和穷国的现实性描述。) 两国的技术进步率均为每年 2%，折旧率均为每年 5%。

a. 人均生产函数 $f(k)$ 是什么？

b. 解出 Richland 的稳态人均收入与 Poorland 的稳态人均收入的比率。(提示：参数 α 在你的答案中将扮演一个角色。)

c. 如果柯布－道格拉斯参数 α 为常用值的约 1/3，Richland 的人均收入比 Poorland 应当高多少？

d. Richland 的人均收入实际上是 Poorland 人均收入的 16 倍。你能通过改变参数 α 的值来解释这一事实吗？它必须等于什么？你可以想象出任何方式来解释该参数这一取值的适当性吗？你可能用什么其他办法来解释 Richland 与 Poorland 之间巨大的收入差距？

解：a. 人均产量函数 $f(k)=F(K, L)/L=\dfrac{AK^{\alpha}L^{1-\alpha}}{L}=Ak^{\alpha}$。

b. 稳态时，$sf(k)=(n+\delta+g)k$。将人均产量函数代入上式，解得：

$$sf(k)=sAk^{\alpha}=(n+\delta+g)k \Rightarrow k^{1-\alpha}=\frac{sA}{n+\delta+g} \Rightarrow k^{*}=\left(\frac{sA}{n+\delta+g}\right)^{\frac{1}{1-\alpha}}$$

将上式代入人均产量函数可得：

$$y^{*}=A^{\frac{1}{1-\alpha}}\left(\frac{s}{n+\delta+g}\right)^{\frac{\alpha}{1-\alpha}}$$

Richland 与 Poorland 之间的稳定状态人均收入比率为：

$$\frac{y_R^{*}}{y_P^{*}}=\left(\frac{s_R}{n_R+\delta_R+g_R} \Big/ \frac{s_P}{n_P+\delta_P+g_P}\right)^{\frac{\alpha}{1-\alpha}}$$

又已知，两国技术进步率均为 2%，折旧率均为 5%，而 Richland 的储蓄率为 32%，人口增长率为 1%，Poorland 的储蓄率为 10%，人口增长率为 3%，代入上式，得到 Richland

与 Poorland 稳定状态人均收入比率为：$\frac{y_R^*}{y_P^*}=4^{\frac{\alpha}{1-\alpha}}$。

c. 当 $\alpha=1/3$ 时，代入 b 小问的结果，得到$\frac{y_R^*}{y_P^*}=4^{\frac{\alpha}{1-\alpha}}=4^{\frac{1}{2}}=2$，即 Richland 的人均收入是 Poorland 人均收入的 2 倍。

d. 当 Richland 的人均收入是 Poorland 的 16 倍时，即$\frac{y_R^*}{y_P^*}=4^{\frac{\alpha}{1-\alpha}}=16$，可得 $\alpha=2/3$，即由于 α 由 1/3 增加到 2/3，增大了生产函数中资本的权重，最终使得 Richland 的人均收入是 Poorland 的 16 倍。一种合理的解释是，将资本考虑为更广泛的人力资本，它随着投资的增加不断积累并且比物质资本积累得更快。当然，两国要素禀赋、制度环境等的差异也是导致两国收入差距悬殊的重要原因。

9. 这个问题要求你更详细地分析正文中介绍的两部门内生增长模型。

a. 用有效工人的人均产出和有效工人的人均资本重新写出制造业的生产函数。

b. 在这个经济中，收支相抵的投资（保持有效工人人均资本量不变所需要的投资量）是多少？

c. 写出 k 变动的方程，该方程把 Δk 表示成储蓄减去收支相抵的投资。用这个方程画出表示稳态 k 如何决定的图形。（提示：这幅图看起来很像我们用来分析索洛模型的图。）

d. 在这个经济中，人均产出 Y/L 的稳态增长率是多少？储蓄率 s 和在大学中的劳动力比例 u 如何影响这一稳态增长率？

e. 用你的图表示出 u 提高的影响。（提示：这一变动对两条曲线都会产生影响。）描述即刻效应和稳态效应。

f. 根据你的分析，u 的提高对经济肯定是一件好事吗？请解释。

答： a. 两部门内生增长模型的生产函数为：

$$Y=F[K,\ (1-u)EL]$$

假设该函数为规模收益不变，即函数对任意正数 z 满足 $zY=F[zK,\ z(1-u)EL]$。令 $z=1/(EL)$，则可以得到：

$$\frac{Y}{EL}=F\left[\frac{K}{EL},\ (1-u)\right]$$

因此：

$$y=F[k,\ (1-u)]$$

b. 收支相抵的投资现在包括三个方面：折旧的补偿（δk），为新增工人配置资本（nk），为劳动效率的提高配置资本$[g(u)k]$，其中 $g(u)$是劳动效率型技术进步率。所以，现在收支相抵的投资为$[\delta+n+g(u)]k$。

c. k 的变动等于储蓄减去收支相抵的投资：

$$\Delta k=sF[k,\ (1-u)]-[\delta+n+g(u)]k$$

在稳定状态下有 $\Delta k=0$，则：

$$sF[k,\ (1-u)]=[\delta+n+g(u)]k$$

如图 9-11 所示，对于任意一个给定的 u，可以根据索洛模型得到一个交点，这就是稳定状态。

d. 由 c 小问可知，达到稳态时，单位效率工人的资本存量为一常数 k，而且此时 u 也必定为一常数(否则就不能达到稳态)，即用于研发的时间为一确定值。因此，此时单位效率工人的产出为一常数 y，实际的人均产出为 yE，而 E 的增长率为 $g(u)$。所以，稳态下人均产出的增长率与储蓄率无关，但与 u 正相关。u 越大，用于研发的时间越多，稳态的技术进步率越高，因而稳态的人均产出增长率越高。

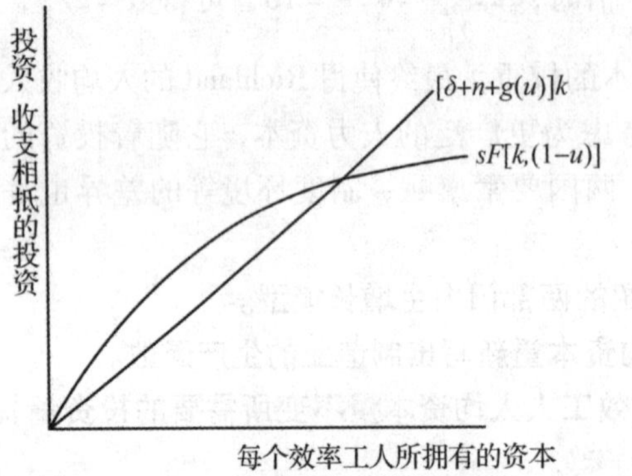

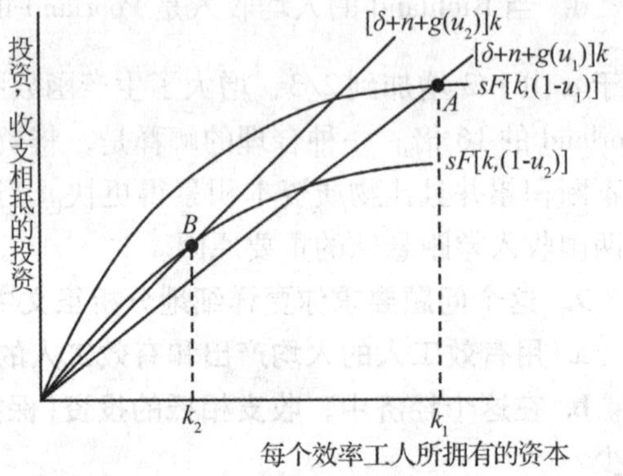

图 9－11　两部门内生增长模型　　　　图 9－12　u 上升的影响

e. u 增加会使图中两条线都移动，如图 9－12 所示。工人们将更少的时间用于生产制造商品，则在任何给定的单位效率工人资本水平下，效率工人的人均产出都会下降，而资本存量 K 与工人的效率 E 都不变。既然效率工人人均产出下降，那么每个效率工人的储蓄曲线就随之下移了。

同时，用于研究开发的时间增加会导致劳动生产率 $g(u)$ 增长，因此在任何给定的 k 水平下，收支平衡的投资增加了，所以表示收支平衡的曲线上移。

在新的稳态下，单位效率工人的资本存量下降了，单位效率工人的产出也下降了，但是人均产出的增长率提高了。

f. 在短期内，u 增加会减少消费。e 小问表明，u 增加的直接后果就是短期内减少产出，因为工人们用在生产上的时间更少了，而把更多的时间花在了研究开发上。在一个给定的储蓄率水平，产出下降就意味着消费减少。在长期内，稳态的影响则更微妙。在 e 小问指出稳态下效率工人的平均产出下降，但福利取决于工人的人均产出与消费，而不是效率工人。用于研究的时间增加意味着 E 更快的增长。工人的平均产出等于 yE，虽然稳态下的 y 下降了，但长期内 E 的增长必然会很显著，所以长期内消费也会增加。

然而，因为开始时消费会下降，所以 u 的增加并非是好事，更关注当前一代人福利水平的政策制定者可能不会执行增加 u 的政策。

第 10 章　增长实证和政策

10.1　复习笔记

【知识框架(庖丁解牛)】

- 增长实证和政策
  - 从增长理论到增长实证
    - 平衡的增长
    - 趋同
    - 要素积累与生产效率正相关关系的解释
  - 经济增长源泉的核算
  - 促进增长的政策
    - 改变储蓄率
    - 配置投资
    - 建立适当制度
    - 支持促进增长的文化
    - 鼓励技术进步

【考点难点归纳(厚积薄发)】

考点一：从增长理论到增长实证　★

1. 平衡的增长

平衡的增长是指由技术进步所引起的许多变量在稳态数值的共同上升。根据索洛模型，在稳态，人均产出 Y/L 和人均资本存量 K/L 均以技术进步的速率 g 增长。

技术进步对要素价格也有影响。在稳态，实际工资以技术进步的速率增长。而资本的实际租赁价格随着时间的推移是不变的。

2. 趋同

趋同是指世界上贫穷的国家或地区赶上世界上富裕的国家或地区的现象。根据索洛模型，两个经济体是否趋同取决于它们最初存在差异的原因。一方面，若两个经济体在历史上由于偶然因素具有不同的初始资本存量，但是由储蓄率、人口增长率和劳动效率所决定的稳态是相同的。在这种情况下，两个经济体将会趋同。另一方面，如果两个经济体具有不同的稳态，那么它们将各自达到各自的稳态，并不会趋同。世界上的不同经济体表现出的是有条件的趋同。

3. 要素积累与生产效率正相关关系的解释

(1)一个有效率的经济可能鼓励资本积累。

(2)资本积累可能导致经济具有更高的效率。如果资本积累对实物和人力资本具有正的外部性，那么一个拥有更多储蓄和投资的国家会有更好的生产函数。

(3)要素积累与生产效率都受共同的第三个变量(如一国制度的质量)驱动。

考点二：经济增长源泉的核算 ★★★★

产出的增长来源于资本的增长、劳动的增长和技术的进步。存在技术进步的生产函数为：$Y = AF(K, L)$，其中 A 表示全要素生产率。

增长核算公式为：$\Delta Y/Y = \alpha(\Delta K/K) + (1-\alpha)\cdot(\Delta L/L) + \Delta A/A$。在核算公式中，全要素生产率的增长反映了不能用资本或劳动变动解释的产出变动。其计算公式为：$\Delta A/A = \Delta Y/Y - \alpha(\Delta K/K) - (1-\alpha)\cdot(\Delta L/L)$。

由于产出的增长、资本量的变动以及劳动量的变动都可测，因此可以得到全要素生产率的增长。全要素生产率增长最常见的原因是技术进步，其他原因如制度的改进也会提高全要素生产率。

考点三：促进增长的政策(见表10－1) ★★★

表10－1 促进增长的政策

要点	具体内容
改变储蓄率	比较$(MPK-\delta)$和$(n+g)$的大小，就可以评价储蓄率的高低。如果 $MPK-\delta > n+g$，则应该增加 s。如果 $MPK-\delta < n+g$，则应该减少 s。提高储蓄率的政策包括： ①减少政府预算赤字，或增加预算盈余。 ②通过降低税率、税基和实行税收优惠刺激私人储蓄
配置投资	对于资本的配置存在两种观点： ①任何行业的任何种类的资本给予相同的税收待遇，让市场来配置资本，让投资自发地流向边际产出最高的资本类型。 ②政府实施产业政策鼓励某种类型的资本，因为这样的投资可能产生技术外部效应。但是产业政策也存在问题，即难以做到对不同部门的外部性都进行衡量
建立适当制度	通过建立适当的制度有利于实现资源的最优配置。国家之间的制度差别表现在法律制度、政府的质量和政府官员的正直。实证研究显示一国腐败的程度会对经济增长有决定性影响
支持促进增长的文化	一国的文化是指该国社会价值系统的总和。许多社会科学研究者认为文化也是影响经济增长的因素之一。由于文化的形成因素比较复杂，因此不能轻易被政策制定者控制。但是，随着时间的变化，政策也能够对文化的形成起到支持作用
鼓励技术进步	包括：①通过允许暂时独占新发现成果来鼓励创新；②对R&D的税收激励；③支持大学基础研究；④鼓励发展那些能够促进技术进步的关键行业

10.2 课后习题详解

一、概念题

增长核算

答：增长核算是估计不同要素对经济增长的贡献程度的分析技术。增长核算的目的是把观察到的产出增长分解为资本的增长、劳动的增长以及技术的进步。它提供了一种衡量技术进步速度的方法。增长核算公式为：$\Delta Y/Y = \alpha(\Delta K/K) + (1-\alpha)\cdot(\Delta L/L) + \Delta A/A$，即产出增长＝资本的贡献＋劳动的贡献＋全要素生产率的增长。

二、复习题

1. 在索洛模型的稳态，人均产出以什么速率增长？人均资本以什么速率增长？美国的经验是什么情况？

答：在索洛模型的稳态，单位效率工人的资本存量(k^*)不变，单位效率工人的产出(y^*)也不变。但是人均资本等于k^*E，人均产出等于y^*E。所以，在稳态时，人均资本和人均产出的增长率都等于劳动效率(E)的增长率也就是技术进步率g。

关于美国的经验的情况，读者可以结合美国的相关数据进行分析。

2. 为了确定一个经济的资本大于还是小于黄金律稳态，你需要什么数据？

答：需要的数据有人口增长率、技术进步率、折旧率、资本的边际产量。

根据黄金律稳定状态条件：$MPK - \delta = n + g$，又因为MPK是关于资本存量递减的，因此：

当$(MPK-\delta) > (n+g)$，经济的资本水平小于黄金律水平；

当$(MPK-\delta) < (n+g)$，经济的资本水平大于黄金律水平。

等式右边实际上是总产出增长率，这个数据很容易获得。而左边的资本净边际产量的数据不能直接获取，但可以根据一些易获取的数据来计算：

资本净边际产出 = 资本贡献在产出中的比例/(资本存量/GDP) - 折旧率

3. 政策制定者可以怎样影响一国的储蓄率？

答：政策制定者可以通过两种途径来影响储蓄：直接改变政府收支状况以影响公共储蓄；调整税收等政策以改变对储蓄的激励，从而影响私人储蓄。

公共储蓄是政府税收收入与政府支出之间的差额。若政府支出超过政府收入则存在预算赤字，即负的公共储蓄。政府可以控制这个差额，从而控制公共储蓄。减少预算赤字的政策(减少政府购买或增税)增加公共储蓄，反之，增加预算赤字的政策减少公共储蓄。

私人储蓄取决于人们所面临的储蓄回报的激励，储蓄的回报越高，它对人们的吸引力就越大，而这种激励会受到政府公共政策的影响。比如退休后的个人所得税免除，公司税收抵免等可以提高投资的回报率，从而增加储蓄。

4. 全要素生产率的增长衡量什么？

答：由于全要素生产率无法直接观察到，所以要间接地衡量。根据产出、资本和劳动增长的数据以及资本在产出中所占份额的数据和增长核算方程$\Delta Y/Y = \alpha(\Delta K/K) + (1-\alpha)\cdot(\Delta L/L) + \Delta A/A$，可以计算得到全要素生产率的增长：$\Delta A/A = \Delta Y/Y - \alpha(\Delta K/K) - (1-\alpha)\cdot(\Delta L/L)$。它是作为一个余量计算出来的，也被称为索洛余量。它是考虑了可以直接衡量的增长决定因素后剩余的产出增长量，它体现了改变所衡量的投入与所衡量的产出之间关系的任何因素。

5. 举一个可能解释两国人均收入差别的制度差别例子。

答：以朝鲜和韩国为例。在历史上，这两个国家曾经是统一的，有着共同的政府、传统、文化和经济。但是，二战后，美国和苏联达成的协定将朝鲜半岛分成了两个国家。在北纬38度线以北，朝鲜政府建立了以苏联的共产主义模式为基础的制度。在38度线以南，韩国政府建立了以美国的资本主义模式为基础的制度。时至今日，38度线南北两边经济发展的差别形成了鲜明对比：朝鲜的人均收入远远低于韩国。

三、问题与应用

1. 各国之间一个典型个人所获得的教育量差别很大。假定你要比较一个劳动力受教育较多的国家和一个劳动力受教育较少的国家。假设教育只影响劳动效率的水平。再假设这两个国家在其他方面是相同的：它们有相同的储蓄率、相同的折旧率、相同的人口增长率和相同的技术进步率。这两个国家都可以用索洛模型来描述，都处于各自的稳态。你预测这两个国家的以下变量会有什么差别？

a. 总收入增长率。

b. 人均收入水平。

c. 资本的实际租赁价格。

d. 实际工资。

答：教育会影响索洛模型中的劳动效率(E)，假设两个国家，国家1的劳动力拥有较高的受教育程度(E_1)，国家2的劳动力拥有较低的受教育程度(E_2)。

a. 在索洛模型中，总收入增长率为$n+g$，与劳动力受教育程度无关。因为这两个国家有着同样的人口增长速度和同样的技术进步率，所以这两个国家的总收入增长率相同，都是$(n+g)$。

b. 因为这两个国家具有相同的储蓄率、人口增长率和技术进步率，而且，开始时两个国家都处于稳定状态，因此，在这两个国家中，单位效率工人产出水平$y^*=f(k^*)$在稳定状态下是一样的。

但是，人均产出为$Y/L=y^*E$，y^*在两个国家是一样的，而$E_1>E_2$，因此，$y^*E_1>y^*E_2$，即教育程度E高的国家，人均收入水平将更高。

c. 已知资本的实际租赁价格R等于资本的边际产出MPK，而MPK取决于单位效率工人的资本存量。在稳定状态下，因为两国有着同样的储蓄率、人口增长率和技术进步率，所以$k_1^*=k_2^*=k^*$。从a和b小问得知，在这样的条件下，两国的MPK是相等的，因此$R_1=R_2$，两国的资本实际租赁价格相等。

d. 总产出由资本和劳动分割。因此，效率工人的工资可以表示为：$\omega=f(k)-MPK\times k$。

由于两个国家有着同样的稳定状态资本存量k和资本边际生产率MPK。因此，两国的效率工人的工资相等。

但是，工人关心的是每单位劳动力的工资，而不是单位效率工人的工资。单位劳动力的工资$L=\omega E$，所以受教育程度高的国家工人的实际工资更高。

2. 在Solovia这个经济中，资本所有者得到了$\frac{2}{3}$的国民收入，而工人得到了$\frac{1}{3}$。

a. Solovia的男人留在家里从事家务劳动，而妇女在工厂工作。如果一些男人开始走出家门工作，以至劳动力增加了5%，该经济衡量出来的产出会发生什么变动？劳动生产率——定义为工人的人均产出——是提高了、下降了，还是保持不变？全要素增长率是提高了、下降了，还是保持不变？

b. 在第1年中，资本存量为6，劳动投入为3，产出为12。在第2年中，资本存量为7，劳动投入为4，产出为14。在这两年间，全要素生产率发生了什么变动？

解：a. 由公式$\Delta Y/Y=\alpha\Delta K/K+(1-\alpha)\Delta L/L+\Delta A/A$可知：总产出的增长取决于劳动

L、资本 K 以及全要素生产率 A 的增长。α 是产出中资本所得的比重。

当劳动力以 5% 的速度增长，而 $\Delta K/K=\Delta A/A=0$ 时，产出的增长率为：

$$\Delta Y/Y=(1-\alpha)\Delta L/L=(1/3)\times 5\%=1.67\%$$

所以劳动力增长 5% 可使产出增加 1.67%。

劳动生产率是 Y/L，它的变动率可以表示为：

$$\frac{\Delta(Y/L)}{Y/L}=\frac{\Delta Y}{Y}-\frac{\Delta L}{L}$$

将数值代入上式，可得：

$$\frac{\Delta(Y/L)}{Y/L}=1.67\%-5\%=-3.33\%$$

所以劳动生产率下降了 3.33%。

全要素生产率可表达为：

$$\Delta A/A=\Delta Y/Y-\alpha\Delta K/K-(1-\alpha)\Delta L/L$$

将数值代入上式，可得：

$$\Delta A/A=1.67\%-0-(1/3)\times 5\%=0$$

全要素生产率是指扣除可以计量的那些因素之后的产量的增长。在本题中，因为没有技术进步，所有的产出增长都归因于投入的增长，所以全要素生产率为零。

b. 从第一年到第二年，资本存量增长率为$\frac{1}{6}$，劳动投入增长率为$\frac{1}{3}$，总产出增加率为$\frac{1}{6}$。所以全要素生产率的增长率为：

$$\Delta A/A=1/6-(2/3)\times(1/6)-(1/3)\times(1/3)\approx-0.056$$

即全要素生产率约下降了 5.6%。

3. 把劳动生产率定义为 Y/L，即产出量除以劳动投入量。从本章得到的增长核算方程开始，证明：劳动生产率的增长取决于全要素生产率的增长和资本与劳动之比的增长。特别地，证明：

$$\frac{\Delta(Y/L)}{Y/L}=\frac{\Delta A}{A}+\alpha\frac{\Delta(K/L)}{K/L}$$

（提示：你会发现下面的数学技巧是有所帮助的。如果 $z=wx$，那么，z 的增长率近似等于 w 的增长率加上 x 的增长率。也就是说，$\Delta z/z\approx\Delta w/w+\Delta x/x$。）

答：根据定义，产出 Y 等于劳动生产率 Y/L 与劳动力 L 的乘积：$Y=(Y/L)L$。根据提示中的数学技巧，可以得到：

$$\frac{\Delta Y}{Y}=\frac{\Delta(Y/L)}{Y/L}+\frac{\Delta L}{L}$$

代入 $\Delta Y/Y=\alpha\Delta K/K+(1-\alpha)\Delta L/L+\Delta A/A$，得：

$$\frac{\Delta(Y/L)}{Y/L}=\frac{\Delta A}{A}+\frac{\alpha\Delta K}{K}+(1-\alpha)\frac{\Delta L}{L}-\frac{\Delta L}{L}$$

$$=\frac{\Delta A}{A}+\frac{\alpha\Delta K}{K}-\frac{\alpha\Delta L}{L}$$

$$=\frac{\Delta A}{A}+\alpha\left(\frac{\Delta K}{K}-\frac{\Delta L}{L}\right)$$

再利用 $\Delta K/K-\Delta L/L=\Delta(K/L)/(K/L)$，得：

$$\frac{\Delta(Y/L)}{Y/L}=\frac{\Delta A}{A}+\frac{\alpha\Delta(K/L)}{K/L}$$

即劳动生产率的增长取决于全要素生产率的增长和资本与劳动之比的增长。

4. 假定索洛模型所描述的一个经济处于稳态。人口增长率 n 为每年 1.8%、技术进步率 g 为每年 1.8%、总产出和总资本的增长率为每年 3.6%。再假定产出中资本的份额为 1/3。如果你用增长核算方程把产出的增长分为三个源泉——资本、劳动以及全要素生产率，那么，你认为每一个源泉所贡献的产出增长是多少？比较你的结果和(教材)表 10－1 中美国的数字。

解：教材表 10－1 如下所示：

年份	增长的源泉			
	产出的增长 $\Delta Y/Y=$	资本 $\alpha\Delta K/K+$	劳动 $(1-\alpha)\Delta L/L+$	全要素生产率 $\Delta A/A$
	(年均增长百分比,%)			
1948—2019	3.4	1.3	1.0	1.1
1948—1973	4.2	1.3	1.0	1.9
1973—2019	3.1	1.3	1.1	0.7

资料来源：U. S. Department of Labor，数据为非农业部门的数据。

已知：$\Delta Y/Y=n+g=3.6\%$，$\Delta K/K=n+g=3.6\%$，$\Delta L/L=n=1.8\%$，资本份额 $\alpha=1/3$，劳动力份额就是 $1-\alpha=2/3$。

由下面的增长核算式很容易得到各要素对增长的贡献：

产出增长＝资本的贡献＋劳动的贡献＋全要素生产率

$$\frac{\Delta Y}{Y}=\frac{\alpha\Delta K}{K}+\frac{(1-\alpha)\Delta L}{L}+\frac{\Delta A}{A}$$

$$3.6\%=1/3\times3.6\%+2/3\times1.8\%+\frac{\Delta A}{A}$$

解出 $\frac{\Delta A}{A}=1.2\%$。

$$3.6\%=1.2\%+1.2\%+1.2\%$$

在 3.6% 的总产出增长中，其中有 1.2% 是资本的贡献，有 1.2% 是劳动的贡献，有 1.2% 是因为全要素生产率的提高。

计算得出的结果和(教材)表 10－1 中美国在 1948～2019 年间的总体情况是比较相近的，但由于美国各个阶段的增长动力有所不同，因而计算结果与美国各个分阶段的数据都存在一定的区别。

5. 选择你感兴趣的两个国家——一个富国和一个穷国。每个国家的人均收入是多少？找一些可能有助于解释收入差距的国家特征的数据：投资率、人口增长率、受教育程度等

等。（提示：世界银行的网站 www. worldbank. org 是找到这类数据的一个地方。）你将如何弄清楚这些因素中的哪一个对观察到的收入差距最为重要？在你的判断中，索洛模型作为一个分析工具对你理解你选择的两个国家之间的收入差距有多大用处？

答：在世界银行的网站上，有大量的数据指标可以比较不同国家的人均收入状况，比如：投资率、人口增长率、受教育程度等等。从索洛模型中可以知道，储蓄率与人均收入成正比，人口增长率与人均收入成反比，越高的人均资本将会导致越高的人均收入，同样技术进步也会使人均收入增长。从世界银行上选取的数据指标可以很好地解释不同国家人均收入出现差距的原因。索洛模型解释了不同国家人均收入出现差距的原因，但它仅仅是一个简单的模型，并不能解释人均收入出现差距的所有原因。

第四篇　经济周期理论：短期中的经济

第11章　经济波动导论

11.1　复习笔记

【知识框架(庖丁解牛)】

经济波动导论
- 经济周期
  - 经济周期的含义
  - 失业与奥肯定律
- 宏观经济学的时间范围
- 总需求
  - 总需求的数量方程
  - 总需求曲线的移动
- 总供给
  - 长期总供给曲线
  - 短期总供给曲线
- 稳定化政策
  - 总需求冲击
  - 总供给冲击

【考点难点归纳(厚积薄发)】

考点一：经济周期　★★★

1. 经济周期的含义

经济周期又称商业周期，是指经济运行中周期性出现的经济扩张与经济紧缩交替更迭、循环往复的一种现象，表现为国民收入或总体经济活动扩张与紧缩的交替或周期性波动变化。过去把它分为繁荣、衰退、萧条和复苏四个阶段，现在一般称之为衰退、谷底、扩张和顶峰四个阶段。

根据发生的时间长短不同，经济周期分为短周期(基钦周期)、中周期(朱格拉周期)、中长周期(库兹涅茨周期)和长周期(康德拉基耶夫周期)。

2. 失业与奥肯定律

奥肯定律是反映失业率与实际国民收入增长率之间负相关关系的经验统计规律，美国年度数据说明失业率每高于自然失业率一个百分点，实际GDP低于潜在GDP两个百分点。

奥肯定律反映了短期经济周期与长期经济增长的支配力量不同，短期GDP的变动与劳动力投入相关，而长期GDP的变动与技术进步有关。

考点二：宏观经济学的时间范围(见表 11－1)　★★

表 11－1　宏观经济学的时间范围

时间范围	价格行为	政策冲击的反应
短期	价格具有黏性，不能迅速对货币政策做出反应，名义变量影响实际变量	货币政策与财政政策可以在价格为黏性的时间范围内影响经济的产出
长期	价格具有弹性，能够迅速调整使得总供给和总需求相等，名义变量不能影响实际变量	货币政策和财政政策不会影响产出水平，只会影响价格

考点三：总需求　★★★★★

总需求是指整个经济社会在任何一个给定的价格水平下对产品和服务的需求总量。

1. 总需求的数量方程

货币数量方程为 $MV=PY$，式中，M 表示货币供给，V 表示货币流通速度，P 表示价格水平，Y 表示实际产出。货币数量方程表明货币的供给对产出的名义价值有决定作用。

当实际货币余额的供求相等时，将数量方程式重新写为：$M/P=(M/P)^d=kY$，$k=1/V$。

假定货币供给和货币流通速度固定，则由数量方程可得价格水平 P 和产出 Y 之间存在负相关关系，可以用一条向右下方倾斜的总需求曲线表示，如图 11－1 所示。

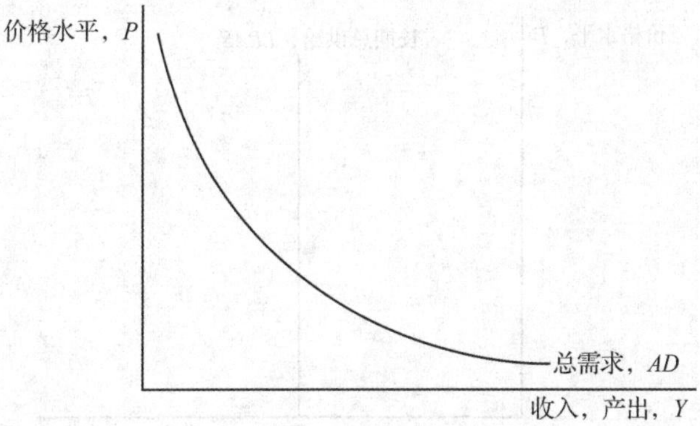

图 11－1　总需求曲线

2. 总需求曲线的移动

总需求曲线是在固定的货币供给和货币流通速度下得出的，因此货币供给和货币流通速度的变动都会使总需求曲线移动。货币供给增加或货币流通速度加快，都会使总需求曲线右移；货币供给减少或货币流通速度减缓，都会使总需求曲线左移，如图 11－2 所示。

考点四：总供给　★★★★★

总供给即经济社会的总产量(或者总产出)，是指整个经济社会在任何一个给定的价格水平下所生产的产品和服务的总量。由于在短期和长期中的价格行为不同，因此短期总供给曲线和长期总供给曲线的形状不同。

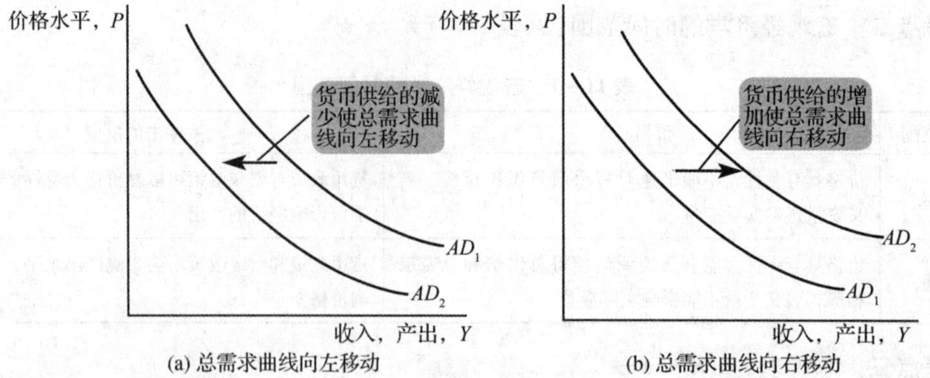

(a) 总需求曲线向左移动　(b) 总需求曲线向右移动

图 11－2　总需求曲线的移动

1. 长期总供给曲线

在长期中，经济处于古典模型所预测的自然率水平，产出水平是由固定的资本量、劳动量以及可获得的技术决定的，不取决于价格水平，即 $Y = F(\bar{K}, \bar{L}) = \bar{Y}$。因此，长期总供给曲线 *LRAS* 是一条垂线，如图 11－3 所示。

垂直的总供给曲线满足古典二分法，总需求的变动只能影响价格水平，不影响产出水平。长期产出水平 $\bar{Y}$ 被称为充分就业下的产出水平或自然水平，即经济资源得到充分利用，或失业为其自然率时的产出水平。

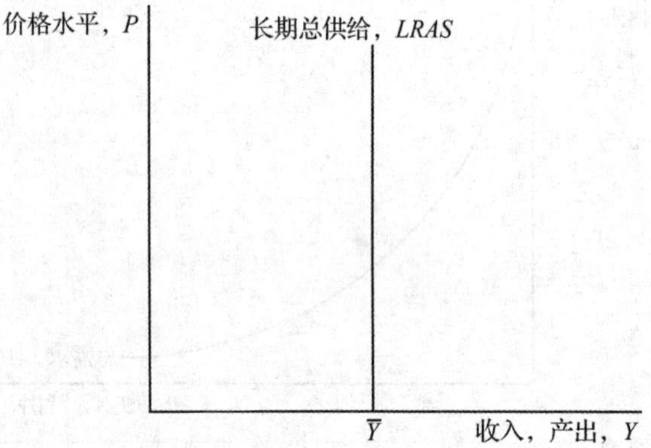

图 11－3　长期总供给曲线

2. 短期总供给曲线

(1) 价格完全固定：

在短期中，价格具有黏性，不能迅速进行调整，假设所有价格都是固定的，则短期总供给曲线 *SRAS* 是水平的，如图 11－4 所示。

(2) 价格未完全固定：

当价格并不是完全固定的，即价格不能立即进行调整，短期总供给曲线一般是向右上方倾斜的。

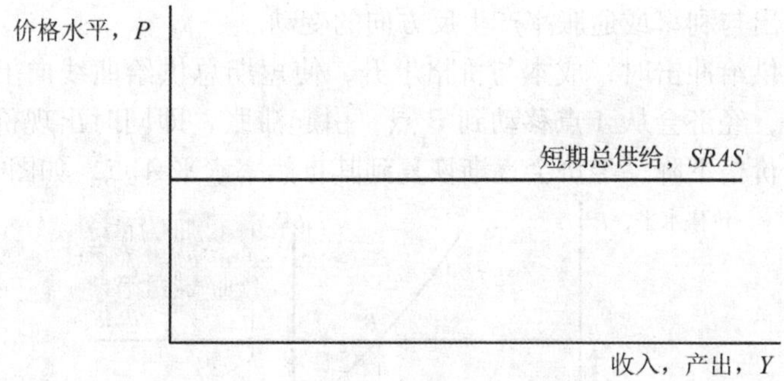

图 11－4　短期总供给曲线

考点五：稳定化政策　★★★★

经济经常受到来自总供给或总需求的冲击，使得经济背离产出和就业的自然率水平，导致短期波动。决策者为降低短期波动对经济的不利影响，运用稳定化政策干预经济，促使产出和就业尽可能接近其自然率水平。

1. 总需求冲击

需求冲击是指使总需求曲线移动的外生事件，分为正的需求冲击和负的需求冲击。减税、货币供应量的增加、政府支出的增加属于正的需求冲击，国际金融危机导致的总需求下降属于负的需求冲击。

假设经济的初始长期均衡点为 A 点，由于货币流通速度的提高引起总需求增加，在短期，存在价格黏性，经济会沿着短期总供给曲线从 A 点移动到 B 点，均衡产出增加。但随着时间推移，总需求的高水平拉动工资和价格上涨，导致需求减少，产出逐渐回到充分就业的产出水平，即从 B 点移动到 C 点，如图 11－5 所示。

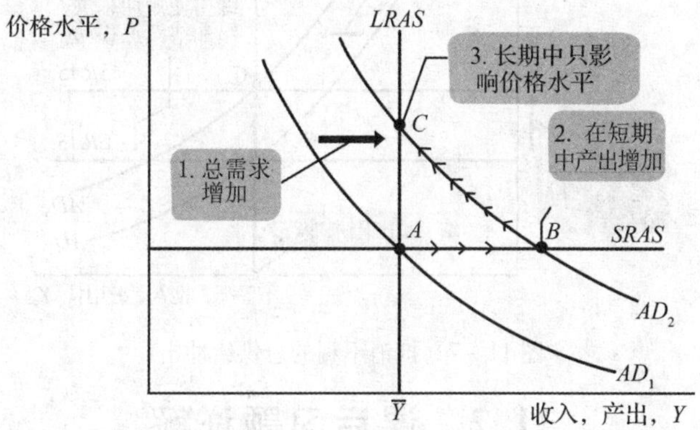

图 11－5　总需求增加的冲击

中央银行为了减缓总需求冲击导致的短期波动，可以采取扩张性或紧缩性的货币政策。在经济高涨时，采取紧缩性的货币政策，减少货币供给，抑制总需求的增加；在经济衰退时，采取扩张性的货币政策，增加货币供给，刺激总需求的增加。

2. 总供给冲击

供给冲击是指可能引起生产能力和成本变化进而导致总供给曲线发生变化的事件，供给冲击通常使总产出与利率或通胀率产生反方向的变动。

当存在不利的供给冲击时，成本与价格上升，使短期总供给曲线向上移动，在总需求保持不变的条件下，经济会从 A 点移动到 B 点，引起滞胀，即同时出现价格上升与产出减少。在长期，随着价格下降，经济会逐渐恢复到其自然率水平 A 点，如图 11－6 所示。

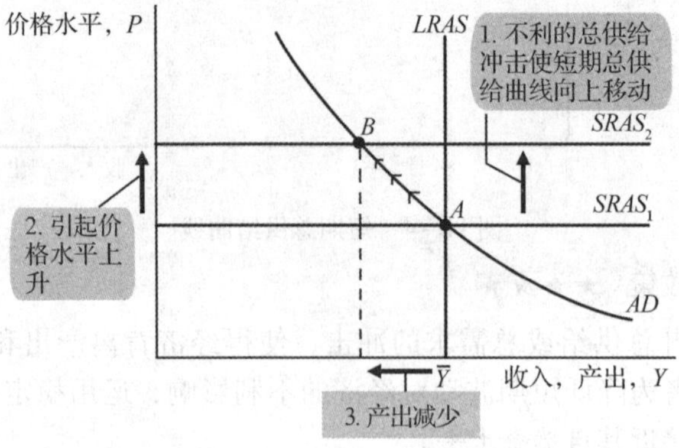

图 11－6　不利的总供给冲击

中央银行面对不利的总供给冲击，处于两难处境。如图 11－6 所示，假设政府面临不利的供给冲击时保持总需求不变，产出和就业低于自然率水平，价格下降到原来的水平时恢复到充分就业，但价格下降的过程伴随着经济的衰退。如图 11－7 所示，假设政府面临不利的供给冲击时扩大总需求，使总需求曲线右移，经济更快地达到自然率水平，同时伴随着持久的、较高的价格水平。

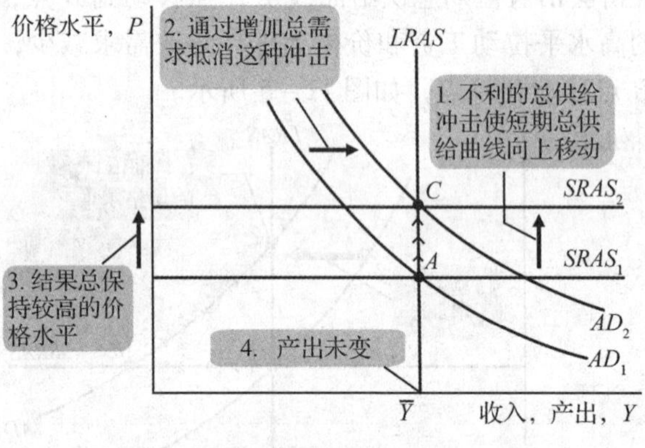

图 11－7　抵消不利的总供给冲击

11.2　课后习题详解

一、概念题

1. 奥肯定律

答：奥肯定律是表示失业率与实际国民收入增长率之间关系的经验统计规律，由美国经济学家奥肯在 20 世纪 60 年代初提出。其主要内容是：失业率每高于自然失业率 1 个百分点，实际 GDP 将低于潜在 GDP 2 个百分点。

奥肯定律的一个重要结论是：实际 GDP 必须保持与潜在 GDP 同样快的增长，以防止失业率的上升。如果政府想让失业率下降，那么，该经济社会的实际 GDP 的增长必须快于潜在 GDP 的增长。

根据奥肯的研究，在美国，失业率每下降 1%，实际国民收入增长 2%。但应该指出的是：①奥肯定律表明了失业率与实际国民收入增长率之间是反方向变动的关系；②两者的数量关系 1:2 是一个平均数。在不同的时期，这一比率并不完全相同；③这一规律适用于经济没有实现充分就业时的情况。在经济实现了充分就业时，这一规律所表示的自然失业率与实际国民收入增长率之间的关系要弱得多，一般估算是 1:0.76。

2. 领先指标

答：领先指标是指一般先于整体经济变动的变量，可以帮助经济学家预测短期经济波动。由于经济学家对领先指标可靠性意见的不一致，导致经济学家给出不同的预测，其中就包括短期经济波动情况的预测。领先指标的大幅度下降预示经济很可能会衰退，大幅度上升预示经济很可能会繁荣。

3. 总需求

答：总需求是指整个经济社会在任何一个给定的价格水平下对产品和服务的需求总量。它由消费需求、投资需求、政府购买和国外需求构成。在其他条件不变的情况下，当价格水平上升时，总需求水平就下降；当价格水平下降时，总需求水平就上升。

由产品市场均衡条件：$Y=C(Y-T)+I(r)+G$ 和货币市场均衡条件：$\frac{M}{P}=L(r,\ Y)$ 可以求得总需求函数。如果 AD 表示总需求，P 表示价格水平，总需求函数可写成 $AD=AD(P)$。描述这一函数的曲线称为总需求曲线。总需求曲线表示产品市场和货币市场同时达到均衡时物价水平 P 与产品和服务的需求量 Y 之间的关系。由于价格和国民收入呈反向关系，所以总需求曲线是向右下方倾斜的。

4. 总供给

答：总供给即经济社会的总产量（或者总产出），是指整个经济社会在任何一个给定的价格水平下所生产的产品和服务的总量。总供给一般而言是由劳动力、生产性资本存量和技术决定的。宏观经济学中一般用宏观生产函数来表示产出与劳动和资本等之间的关系。

宏观生产函数可以表示为：

$$Y=f(N,\ K)$$

其中，Y 为总产出；N 为整个社会的就业水平或者就业量；K 为整个社会的资本存量。

在宏观经济波动分析中，一般把资本存量作为外生变量处理。即：

$$Y=f(N,\ \overline{K})$$

同时，宏观经济学假定宏观生产函数有两条重要性质：①总产出随着总就业量的增加而增加；②由于“边际报酬递减规律”的作用，随着总就业量的增加，总产出按递减的比率增加，如图 11-8 所示。

5. 冲击

答：冲击是指引起总供给曲线或总需求曲线外生变动的因素，包括需求冲击和供给冲击。冲击会使产出与就业偏离自然率水平，从而可能破坏经济福利。政府为了避免冲击造成短期波动，对经济产生不利影响，会运用稳定化政策干预经济，促使产出和就业尽可能

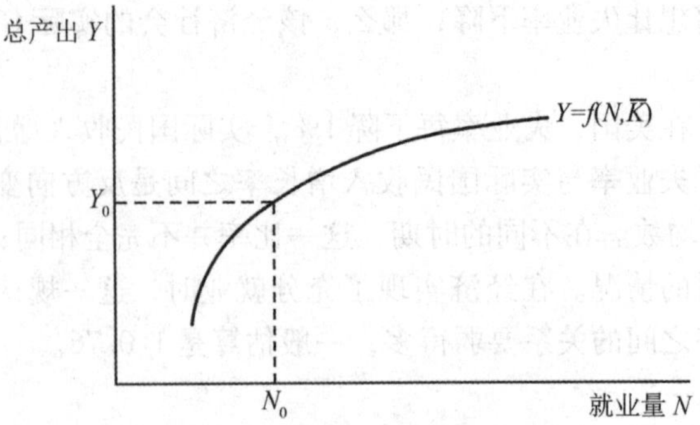

图 11－8 总就业量的边际报酬递减

接近其自然率水平。

6. 需求冲击

答：需求冲击是指使总需求曲线移动的外生事件，分为正的需求冲击和负的需求冲击。减税、货币供应量的增加、政府支出的增加属于正的需求冲击，国际金融危机导致的总需求下降属于负的需求冲击。需求冲击的存在，使总产出与利率和通胀率产生同向变动。

7. 供给冲击

答：供给冲击是指可能引起生产能力和成本变化进而导致总供给曲线发生变化的事件，包括有利的供给冲击和不利的供给冲击。供给冲击通常使总产出与利率或通胀率产生反方向的变动。

当存在不利的供给冲击时，成本与价格上升，使短期总供给曲线向上移动，如果总需求保持不变，引起价格上升与产出减少，导致滞胀的出现。

8. 稳定化政策

答：稳定化政策是指旨在降低短期经济波动破坏性的政策行为。稳定化政策一般包括财政政策和货币政策。由于产出和就业围绕其长期自然率水平波动，稳定化政策通过使产出与就业尽量接近其自然率水平而减轻经济冲击，从而降低冲击对经济的不利影响。例如面对总需求增加的冲击，减少货币供给以抵消货币流通速度的提高，从而稳定总需求；面对不利的供给冲击，或者以衰退为代价保持总需求不变，或者以持久的较高的价格水平为代价扩大总需求。

二、复习题

1. 当在衰退期间实际 GDP 下降时，消费、投资和失业率通常会怎样变动？

答：当在衰退期间实际 GDP 下降时，消费下降，通常下降较小的数量，因为消费比较稳定；由于企业对未来经济不确定性的担忧，投资下降，通常下降较大的数量；根据奥肯定律，失业率上升。

2. 举出一个在短期具有黏性和在长期具有弹性的价格的例子。

答：工资水平是一个短期有黏性而长期有弹性的例子。在短期，工资是黏性的，难以随着市场供求情况进行调整。但是，从长期来看，工资有弹性。因为，从长期来看，工人的实际工资必须与工人劳动的边际产出相等，所以工资在长期必然会随着供求情况进行调整。

3. 为什么总需求曲线向右下方倾斜?

答: 总需求曲线是描述价格水平与国民收入之间关系的曲线。总需求曲线向右下方倾斜的原因可以从以下分析中得出:

(1)从总需求曲线的获得方法来看。

已知给定一个货币供给,价格水平上升会使 *LM* 曲线向左移动。因为在任何一个既定的货币供给 *M* 时,较高的价格水平 *P* 减少了实际货币余额供给 *M/P*,而较低的实际货币余额供给使 *LM* 曲线向左移动。现在考虑在 *IS*–*LM* 模型中当价格水平从 P_1 上升到 P_2,则 *LM* 曲线向左移动,这就使均衡利率上升和均衡收入下降(从 Y_1 下降到 Y_2),如图 11–9(A)所示。总需求曲线总结了国民收入和价格水平之间的这种负相关关系,因此总需求曲线向右下方倾斜,如图 11–9(B)所示。

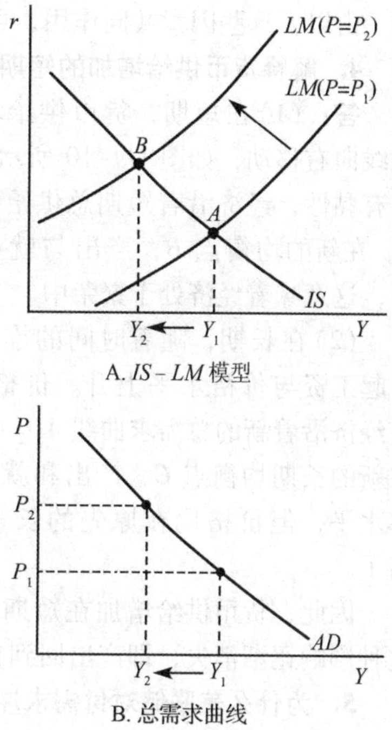

图 11–9　总需求曲线的推导

按照同样的程序,随着 *P* 的变化,*LM* 曲线和 *IS* 曲线可以有许多交点,每一个交点都标志着一组特定的 *Y* 和 *r*,于是就有许多对 *P* 和 *Y* 的组合,从而构成图 11–9(B)中的一系列点。把这些点连在一起,便得到总需求曲线。

从以上关于总需求曲线的推导中看到,总需求曲线表示社会的需求总量和价格水平之间的相反方向的关系,即总需求曲线是向右下方倾斜的。

(2)从总需求曲线的产生效应来看。

总需求曲线向右下方倾斜主要取决于实际余额效应、时际替代效应和国际替代效应三个因素。

①实际余额效应。当价格水平上升时,人们手中名义资产的数量不会改变,但以货币实际购买力衡量的实际资产的数量会减少,因此,人们在收入不变的情况下就会减少对商品的需求量而增加名义资产数量,以维持实际资产数额不变,这就是实际余额效应。实际余额效应的结果使价格水平上升时,人们所愿意购买的商品总量减少;价格水平下降时,人们所愿意购买的商品总量增加。因此,总需求曲线向右下方倾斜。

②时际替代效应。一般来讲,价格上升时会提高利率水平。利率水平的提高也就意味着当前消费的机会成本增加,而未来消费的预期收益提高。因此,人们会减少当前消费量,增加未来消费量。所以,随着总价格水平的提高,人们会用未来消费替代当前消费,从而减少对商品的需求总量;而随着总价格水平的下降,人们则会用当前消费替代未来消费,从而增加对商品的总需求量,这就是时际替代效应。时际替代效应也会导致总需求曲线向右下方倾斜。

③国际替代效应。当一国价格水平上升时,其他国家生产的产品就会变得相对便宜,本国居民就会用外国产品来替代本国产品,增加对进口品的需求;而外国居民则会用本国产品替代外国产品,减少对出口品的需求,因此,净出口需求量减少,从而商品需求总量

也会减少。因此，总价格水平上升，人们会用进口替代出口，从而减少对国内商品的需求量；而总价格水平下降，人们则会用出口替代进口，从而增加对国内商品的需求量，这就是国际替代效应。当一个经济对外开放时，国际替代效应就构成了总需求曲线向右下方倾斜的另一个原因。

由以上这些因素共同作用，可以得出总需求曲线是向右下方倾斜的。

4. 解释货币供给增加的短期和长期影响。

答：(1)在短期，货币供给增加，使总需求曲线向右移动，如图11－10所示。由于在短期价格有黏性，经济沿着短期总供给曲线从A移动到B。在新的均衡点B，产出与就业高于其自然水平，这意味着经济处于繁荣中。

(2)在长期，随着时间的推移，高需求逐渐引起工资与价格水平上升。价格水平逐渐上升，使经济沿着新的总需求曲线AD_2向上移动到C点。在新的长期均衡点C，产出和就业又回到其自然率水平，但价格比在原先的长期均衡(A点)时高了。

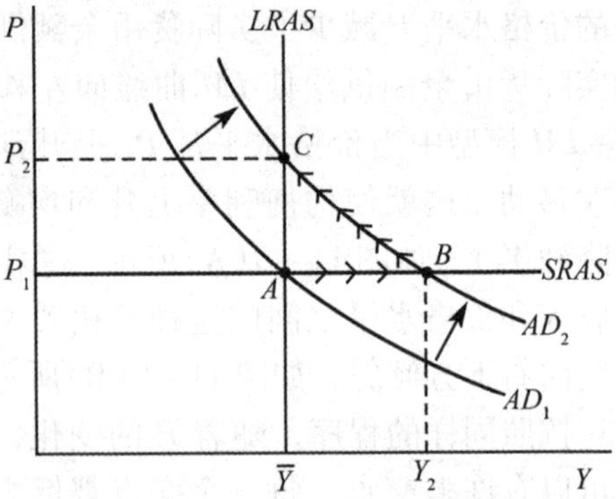

图11－10　$AD-AS$模型中的货币供给增加

因此，货币供给增加在短期内影响产出，但随着时间的推移，由于企业调整其价格，这种影响逐渐消失，即产出回到自然率水平，而此时价格上升到一个更高的水平。

5. 为什么美联储对付需求冲击比对付供给冲击容易？

答：美联储对付需求冲击比对付供给冲击容易，原因分析如下：

(1)当发生需求冲击时，总需求曲线将右移，如图11－11所示。在短期，产出将会增加到Y_2水平。在长期，随着时间的推移，高需求逐渐引起工资与价格水平上升。随着价格上涨，产出的需求减少，使经济从B点沿着新的总需求曲线AD_2向上移动到C点。在新的长期均衡点C，产出又回到其自然率水平，但价格比在原先的长期均衡(A点)时高了。此时，美联储可以通过减少货币供给量来使价格水平下降。而控制货币供给量对于美联储来说是非常容易做到的。因此，美联储应对需求冲击比较容易。

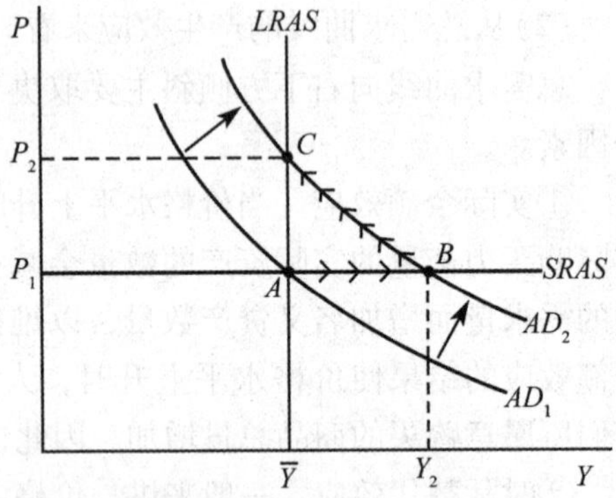

图11－11　总需求的冲击

(2)当发生供给冲击时，首先假设总需求曲线保持不变，则短期总供给曲线将向上移动，经济从A点移动到B点，如图11－12所示。此时，均衡产出将下降，而且均衡价格水平将上升，即此时将出现“滞胀”现象。此时，美联储面对不利的总供给冲击，将处于两难处境。在图11－12中暗含的第一种选择是保持总需求不变。在这种情况下，产出将低于其自然率水平。最终，价格下降到原来的水平时，将会恢复到充分就业状态。但这个过程的代价是经济的衰退。图11－13说明的第二种选择是扩大总需求，使总需求曲线右移，经济更快地回到其产出的自然率状态。但这种政策的代价是持久的、较高的价格水平。因此，美联储在应对供给冲击时，难以找到一个两全其美的办法，既能保持充分就业，又不引起价格上涨。

从以上分析来看，美联储对付需求冲击比对付供给冲击容易。

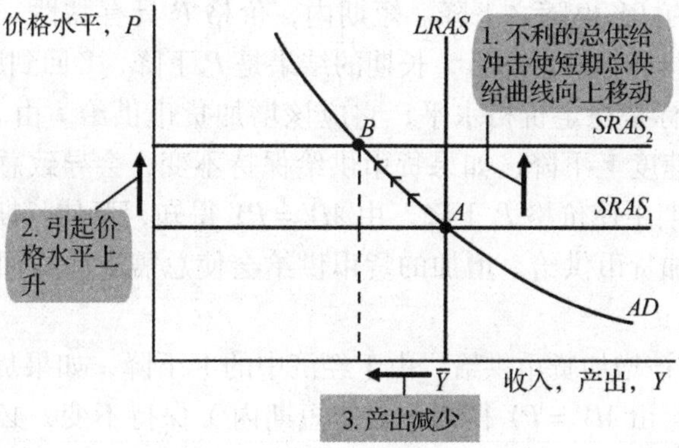

图 11－12　不利的总供给冲击

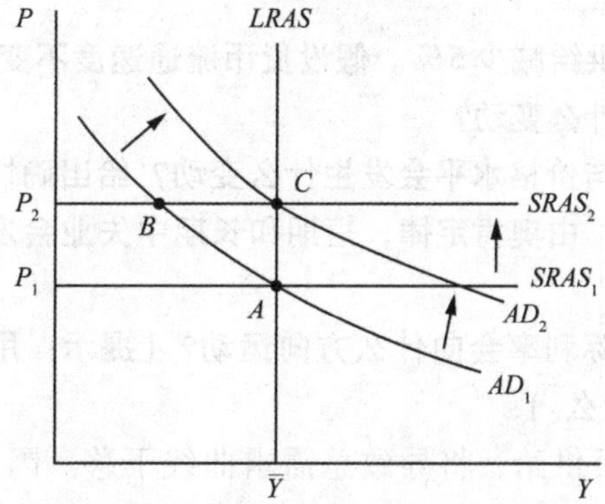

图 11－13　对不利冲击的调节

三、问题与应用

1. 一个经济开始时处于长期均衡，然后，政府监管的某个变化允许银行开始为支票账户支付利息。回忆货币存量是通货和包括支票账户在内的活期存款之和，因此，这个监管变化会使持有货币更有吸引力。

a. 这种变动如何影响货币需求？

b. 货币流通速度会发生什么变动？

c. 如果美联储使货币供给保持不变，短期和长期中产出与价格水平将发生什么变动？

d. 如果美联储的目标是稳定价格水平，美联储应该使货币供给保持不变以应对这一监管变化吗？如果不是，它应该做些什么？为什么？

e. 如果美联储的目标是稳定产出，你对 d 小问的回答会如何改变？

答：a. 政府监管的改变会使持有货币更有吸引力，因此，人们对货币的持有量将增加，货币需求将增加。

b. 货币流通速度将下降。货币需求 $\left(\frac{M}{P}\right)^{d}=kY$ 增加，意味着在每单位收入中，人们以货币形式持有的数量 k 增加，而货币流通速度 $V=1/k$，因此，货币流通速度将下降。

c. 如果美联储保持货币供给不变，而货币流通速度下降，则意味着 MV 将下降。要保持 $MV=PY$ 成立，只有 PY 也随之下降。短期内，价格 P 具有黏性，那么，结果将是 Y 下降。长期内，价格 P 具有弹性，那么，长期的结果是 P 下降，Y 回到原来的均衡位置。

d. 若美联储的目标是稳定价格水平，它应该增加货币供给。由 a、b、c 三小问得知，政府管制使货币流通速度 V 下降，如果货币供给保持不变，会导致总需求下降，在短期内使产出 Y 下降，在长期中使价格 P 下降。由 $MV=PY$ 得知，要使长期内 P 保持不变，在 V 下降的条件下必须增加货币供给。增加的货币供给会使总需求曲线回到原来的均衡点，使经济避免不利的冲击。

e. 美联储同样应该增加货币供给。由于经济中的 V 下降，如果货币供给保持不变，在短期内会使产出下降。由 $MV=PY$ 得知，要使短期内 Y 保持不变，必须增加货币供给。对比 d、e 两小问可以得出结论：增加货币供给可以抵消不利的总需求冲击，使价格水平和产出都保持稳定。

2. 假定美联储把货币供给减少 5%。假设货币流通速度不变。

a. 总需求曲线会发生什么变动？

b. 短期和长期中产出与价格水平会发生什么变动？给出确切的数字答案。

c. 根据 b 小问的答案，由奥肯定律，短期和长期中失业会发生什么变动？给出确切的数字答案。

d. 在短期和长期，实际利率会向什么方向运动？（提示：用第 3 章的实际利率模型来看看当产出变动时会发生什么。）

答： a. 美联储减少货币供给，将导致总需求曲线下移。因为根据数量方程 $MV=PY$，假设货币流通速度 V 固定，货币供给 M 的减少导致产出的名义价值 PY 同比例减少。对于任何给定的价格水平 P，产出水平 Y 更低；对于任何给定的产出水平 Y，价格水平 P 也更低。因此，总需求曲线向下移动。

b. 在短期，价格水平不变，产出减少 5%；在长期，产出水平不变，价格水平降低 5%。具体分析如下：

(1) 把数量方程写为百分比变动的形式：M 变动百分比 + V 变动百分比 = P 变动百分比 + Y 变动百分比。假设货币流通速度固定，那么，货币流通速度变动百分比是零。因此，M 变动百分比 = P 变动百分比 + Y 变动百分比。在短期内价格是黏性的，意味着 P 变动百分比是零。最终，M 变动百分比 = Y 变动百分比。由这个等式可知，在短期内，货币供给减少 5%，导致产出也减少 5%。

(2) 在长期内，价格是有弹性的，经济回到其自然产出率水平。这意味着在长期内，Y 变动百分比是零。因此，M 变动百分比 = P 变动百分比。由这个等式可知，在长期，货币供给减少 5%，导致价格水平降低 5%。

c. 奥肯定律描述了失业率与产出水平之间的负相关关系。根据奥肯定律，失业率上升，产出将下降，反之亦然。因此，在短期内，价格不变，而产出下降 5%，则意味着失业率将上升 2.5%。而在长期，产出恢复到自然产出水平，即长期的产出水平基本不变，则意味着由短期到长期，失业率将下降 2.5%。

d. 由实际利率模型可以知道，货币市场的均衡条件是 $S = I(r)$，而 $S = Y - C - G$。在其他条件都不变的情况下，在短期，Y 减少了，意味着 S 减少，此时，经济达到一个新的均衡，这个均衡点的 I 比原来的 I 下降，实际利率 r 上升。但在长期，Y 回到初始均衡水平，实际利率也回到初始水平。

3. 让我们来考察美联储的目标如何影响它对冲击的反应。假定在情景 A 中美联储只关心维持价格水平的稳定，而在情景 B 中美联储只关心把产出与就业维持在其自然水平。解释在每种情景中美联储将如何对下列情况做出反应。

a. 货币流通速度的外生下降。

b. 石油价格的外生提高。

答：a. 当货币流通速度外生减少时，经济应该表现为：短期价格不变，而均衡产出减少；长期价格下降，均衡产出回升到原来水平。

在情境 A 中，美联储想维持价格水平稳定，那么，短期内由于价格不变，它将不作为；而长期内，它必须避免价格水平下降。因此，此时美联储应该增加货币供给，使总需求曲线上移，导致价格水平逐渐上升，从而使经济恢复到其初始均衡水平。

在情境 B 中，美联储想把产出与就业维持在自然率水平，那么短期内由于产出下降，它应该增加货币供给，使总需求曲线上移，使经济恢复到其初始均衡水平，从而使价格水平和产出都保持不变。

综上所述，在情境 A 和情境 B 中美联储应选择同样的政策对这一需求冲击做出反应。

b. 石油价格外生提高时，经济应该表现为：短期价格上升，均衡产出减少。

在情境 A 中，由于美联储关心价格稳定，则它倾向于采取减少货币供给的方法来应对短期价格上涨，但是，这将进一步降低总需求，从而使经济进一步衰退。

在情境 B 中，由于美联储关心的是把产出与就业维持在自然率水平，那么它倾向于采取增加货币供给的方法来应对。增加货币供给，从而增加了总需求，推动均衡点回到自然产出水平。但是，价格水平将大大超过原来的水平。

综上所述，在情境 A 和情境 B 中美联储应选择不同的政策对这一供给冲击做出反应。

4. 衰退何时开始和何时结束的官方裁决者是国家经济研究局，一个非营利性经济研究组织。访问 NBER 的网站(www.nber.org)，找到最新的经济周期转折点。它是什么时候发生的？是从扩张到紧缩，还是反过来？列出在你有生以来所发生的所有衰退(紧缩)以及它们开始和结束的时间。

答：从 NBER 的网站上(www.nber.org)，找到经济周期的链接(http://www.nber.org/cycles)。从中可以找到，最新的经济周期转折点是 2020 年 4 月，经济由紧缩转向扩张。

前几次衰退(紧缩)分别是从 1973 年 11 月到 1975 年 3 月，从 1980 年 1 月到 1980 年 7 月，从 1981 年 7 月到 1982 年 11 月，从 1990 年 7 月到 1991 年 3 月，从 2001 年 3 月到 2001 年 11 月，从 2007 年 12 月到 2009 年 6 月，从 2020 年 2 月到 2020 年 4 月。

第12章 总需求Ⅰ：建立 *IS*－*LM* 模型

12.1 复习笔记

【知识框架(庖丁解牛)】

- 建立 IS–LM 模型
  - 产品市场和 IS 曲线
    - 凯恩斯交叉
      - 假设
      - 推导
      - 财政政策与乘数
    - 利率、投资和 IS 曲线
    - 财政政策导致 IS 曲线移动
  - 货币市场和 LM 曲线
    - 流动性偏好理论
      - 假设
      - 推导
      - 货币政策
    - 收入、货币需求和 LM 曲线
    - 货币政策导致 LM 曲线移动
  - 短期均衡
    - IS－LM 模型
    - 短期波动理论

【考点难点归纳(厚积薄发)】

考点一：产品市场和 IS 曲线 ★★★★★

1. 凯恩斯交叉

凯恩斯交叉是基本的收入决定模型。该模型将财政政策和计划投资作为外生给定，并证明存在一种国民收入水平使得实际支出等于计划支出，还认为财政政策的变动对收入有乘数效应。

(1)假设：

①经济是封闭的。

②计划投资外生给定。

③财政政策(政府购买和税收水平)固定。

④经济在实际支出等于计划支出时实现均衡。

(2)推导：

计划支出等于消费、计划投资和政府购买之和，即 $PE=C+I+G$。因为消费 $C=C(Y-T)$，固定的投资为 $I=\bar{I}$，固定的财政政策导致 $G=\bar{G}$ 与 $T=\bar{T}$，因此 $PE=C(Y-\bar{T})+\bar{I}+\bar{G}$。

当经济均衡时，实际支出＝计划支出，即 $Y=PE$。凯恩斯交叉如图 12－1 所示，计划支出函数与 45°线交于均衡点 A。

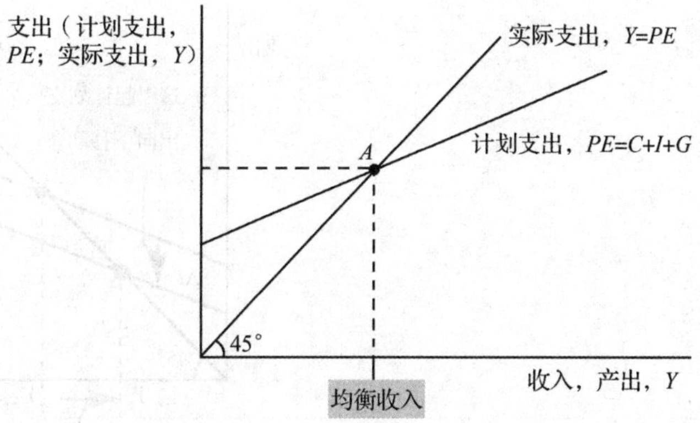

图 12－1 凯恩斯交叉

（3）财政政策与乘数：

表 12－1 财政政策与乘数

要点	具体内容
政府购买乘数	指收入变动与引起这种变动的政府购买支出变动的比率，用 $\Delta Y/\Delta G$ 表示。$\Delta Y/\Delta G=1/(1-MPC)$，可见边际消费倾向 MPC 越大，政府购买乘数越大
税收乘数	指收入变动与引起这种变动的税收变动的比率，用 $\Delta Y/\Delta T$ 表示。$\Delta Y/\Delta T=-MPC/(1-MPC)$

2. 利率、投资和 *IS* 曲线

凯恩斯交叉假设计划投资 I 固定不变；但是计划投资是取决于利率 r 的。因此在下面把计划投资水平写为 $I=I(r)$。当利率上升时投资会下降，而计划投资的减少又会使计划支出函数向下移动，导致收入的减少，如图 12－2(b)所示。因此，利率的上升减少了收入。

IS 曲线是指将满足产品市场均衡条件的收入和利率的各种组合的点连接起来而形成的曲线。将投资函数和凯恩斯交叉结合起来就可以推出 *IS* 曲线。如图 12－2 所示，图(a)表示投资函数，图(b)表示凯恩斯交叉，图(c)的 *IS* 曲线总结了利率和收入之间的负相关关系。实质上，*IS* 曲线上的每一点都代表产品市场的均衡，该曲线显示了均衡收入如何依赖于利率。

3. 财政政策导致 *IS* 曲线移动

从凯恩斯交叉中可知，均衡收入水平还取决于政府支出 G 和税收 T。*IS* 曲线是根据既定的财政政策绘制的，即假定 G 和 T 固定不变。扩张性的财政政策会使计划支出曲线上移，这样在任何既定的利率水平下收入都会增加，因此 *IS* 曲线会向右移动。类似地，紧缩性的财政政策会使 *IS* 曲线左移。

考点二：货币市场和 *LM* 曲线 ★★★★★

1. 流动性偏好理论

流动性偏好理论是基本的利率决定模型。该理论将货币供给和价格水平视为外生给定，并假设利率调整从而使实际货币余额供求均衡，当货币供给增加时利率会下降。

（1）假设：

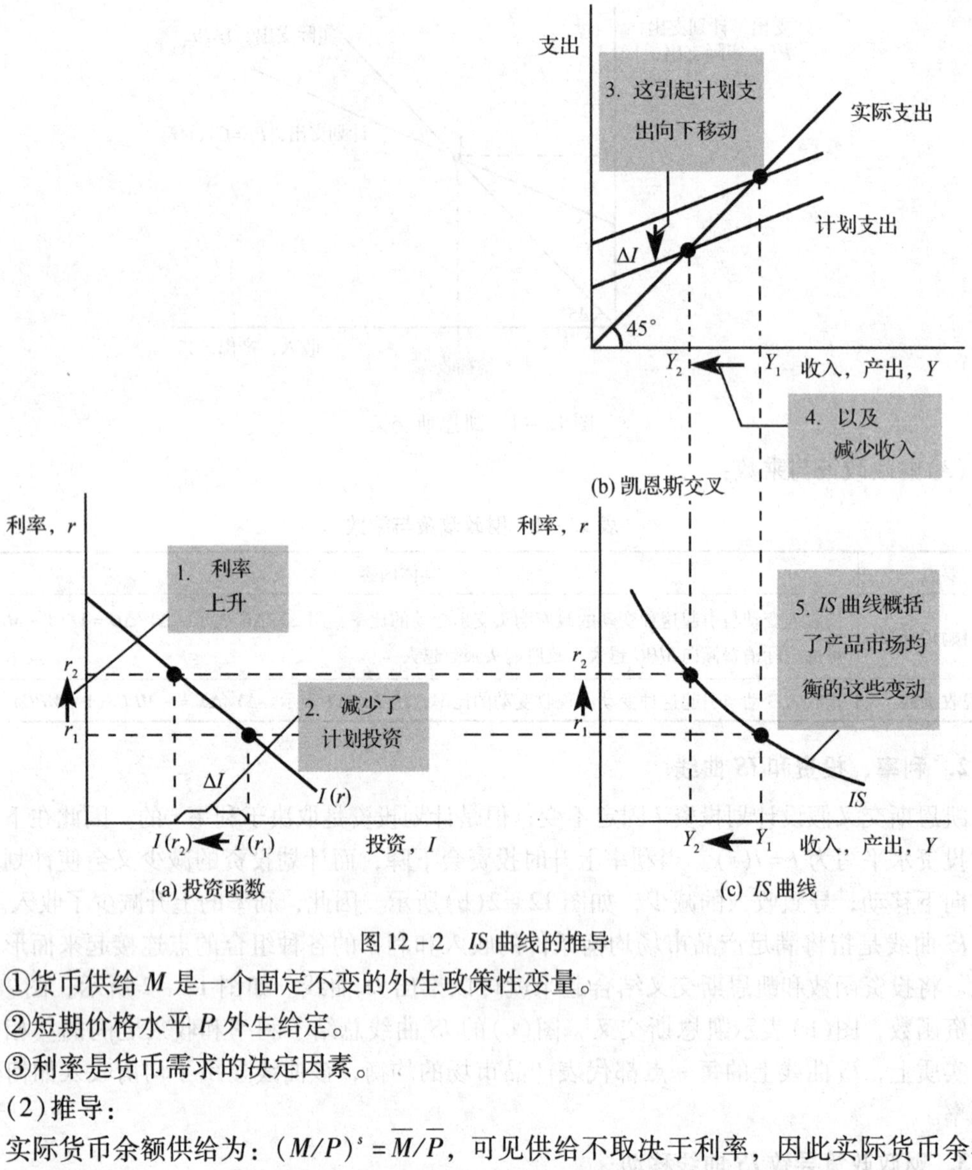

图 12－2　*IS* 曲线的推导

①货币供给 *M* 是一个固定不变的外生政策性变量。

②短期价格水平 *P* 外生给定。

③利率是货币需求的决定因素。

(2)推导：

实际货币余额供给为：$(M/P)^s=\overline{M}/\overline{P}$，可见供给不取决于利率，因此实际货币余额供给曲线是垂直的。实际货币余额需求为：$(M/P)^d=L(r)$。利率是人们持有货币的机会成本，当利率上升时，持有成本增加，导致实际货币余额需求减少，因而需求曲线向右下方倾斜。如图 12－3 所示，实际货币余额的供求决定了利率水平，即利率的调整使货币市场均衡。

(3)货币政策：

当货币供给或价格发生变化时，会使实际货币余额供给变动，从而导致实际货币余额供给曲线移动，最终均衡利率改变。如图 12－4 所示，假定价格水平固定，货币供给从 M_1 减少到 M_2，均衡利率就会从 r_1 上升到 r_2。

2. 收入、货币需求和 *LM* 曲线

实际货币余额需求还与收入有关，因此货币需求函数可改写为：$(M/P)^d=L(r, Y)$。

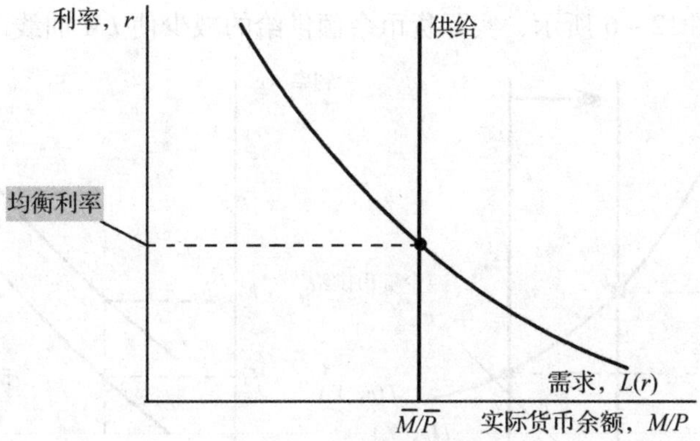

图 12－3　流动性偏好理论

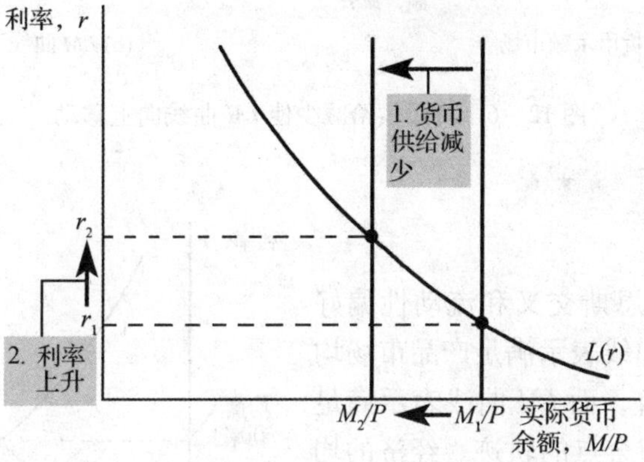

图 12－4　流动性偏好理论中的货币供给的减少

其中，实际货币余额需求与利率负相关，与收入正相关。*LM* 曲线是指将满足货币市场均衡条件的收入和利率的各种组合点连接起来而形成的曲线。

如图 12－5(a)所示，收入从 Y_1 增加到 Y_2，货币需求提高，从而使利率从 r_1 上升到 r_2；图(b)的 *LM* 曲线概括了利率与收入之间的这种关系，即收入水平越高，利率越高。

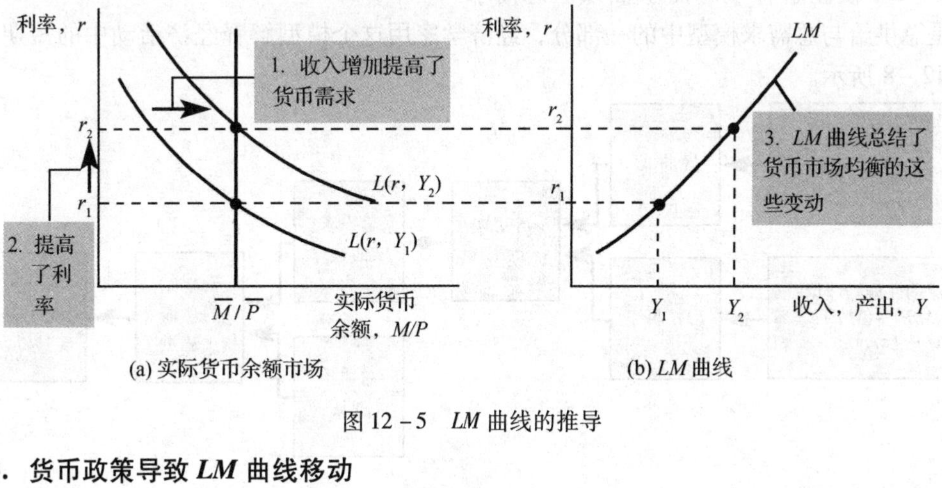

图 12－5　*LM* 曲线的推导

3. 货币政策导致 *LM* 曲线移动

LM 曲线是根据给定的实际货币余额的供给绘制的。如果实际货币余额发生变动，*LM*

曲线就会移动。如图 12－6 所示，实际货币余额供给的减少使 *LM* 曲线向上移动。

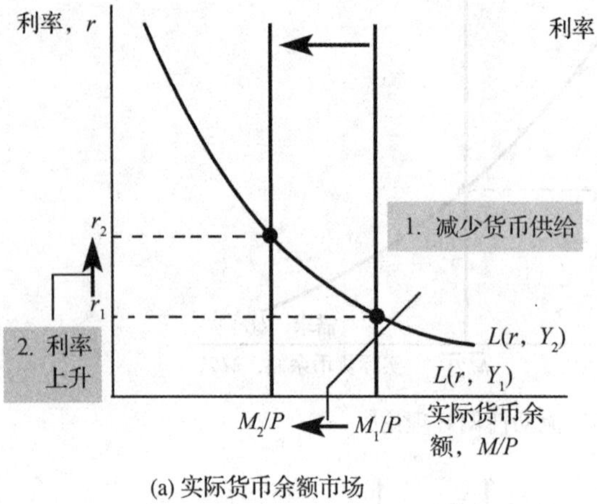

图 12－6　货币供给减少使 *LM* 曲线向上移动

考点三：短期均衡 ★★★

1. *IS*－*LM* 模型

IS－*LM* 模型将凯恩斯交叉和流动性偏好理论结合了起来。*IS* 曲线表示满足产品市场均衡的各个组合点的轨迹，而 *LM* 曲线表示满足货币市场均衡的各个组合点的轨迹。经济的均衡是 *IS* 曲线与 *LM* 曲线的交点，在这个交点，实际支出等于计划支出，实际货币余额的需求等于供给，如图 12－7 所示。

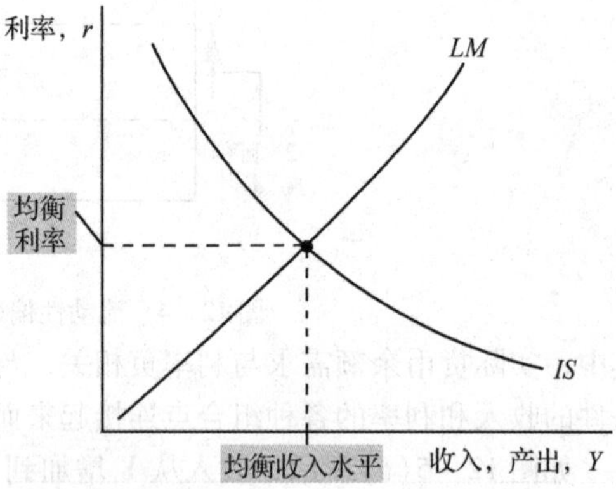

图 12－7　*IS*－*LM* 模型中的均衡

2. 短期波动理论

IS－*LM* 模型解释了总需求曲线。总需求曲线是总供给与总需求模型中的一部分，经济学家用这个模型解释经济活动中的短期波动，如图 12－8 所示。

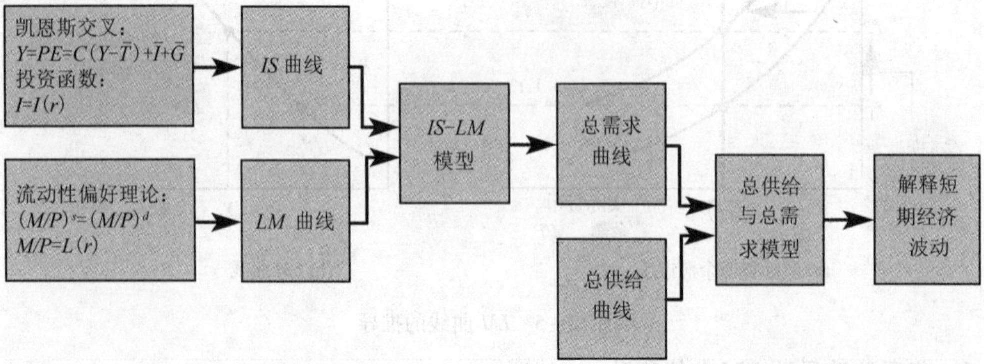

图 12－8　短期波动理论

12.2　课后习题详解

一、概念题

1. *IS－LM* 模型

答： *IS－LM* 模型是描述产品市场和货币市场之间相互联系的理论结构。在产品市场上，国民收入取决于消费、投资、政府购买和净出口加起来的总支出或者说总需求水平，而总需求尤其是投资需求要受到利率影响，利率则由货币市场供求情况决定，就是说，货币市场要影响产品市场；另一方面，产品市场上所决定的国民收入又会影响货币需求，从而影响利率，产品市场又对货币市场有影响。可见，产品市场和货币市场是相互联系、相互作用的，而收入和利率也只有在这种相互联系、相互作用中才能决定。

IS 曲线是描述产品市场达到均衡时，国民收入与利率之间存在着反向变动关系的曲线。*LM* 曲线是描述货币市场达到均衡时，国民收入和利率之间存在着同向变动关系的曲线。把 *IS* 曲线和 *LM* 曲线放在同一个图上，就可以得出说明两个市场同时均衡时，国民收入与利率决定的 *IS－LM* 模型。

2. *IS* 曲线

答： *IS* 曲线是指将满足产品市场均衡条件的收入和利率的各种组合点连接起来而形成的曲线。它反映产品市场均衡状态，表示的是在任何一个给定的利率水平上都有与之对应的国民收入水平。由于利率上升引起计划投资减少，计划投资减少又引起收入减少，所以 *IS* 曲线一般是一条向右下方倾斜的曲线。

一般来说，在产品市场上，位于 *IS* 曲线右边的收入和利率的组合，都是投资小于储蓄的非均衡组合，即产品市场上存在着过剩的供给；位于 *IS* 曲线左边的收入和利率的组合，都是投资大于储蓄的非均衡组合，即产品市场上存在着过度的需求。只有位于 *IS* 曲线上的收入和利率的组合，才是投资等于储蓄的均衡组合。

3. *LM* 曲线

答： *LM* 曲线是指将满足货币市场均衡条件的收入和利率的各种组合点连接起来而形成的曲线。它反映货币市场均衡状态，表示的是在任何一个给定的利率水平上都有与之对应的国民收入水平，在这样的水平上，货币需求恰好等于货币供给。由于收入水平越高，实际货币余额需求就越高，均衡利率也越高，所以，*LM* 曲线一般是一条向右上方倾斜的曲线。

一般来说，在货币市场上，位于 *LM* 曲线右边的收入和利率的组合，都是货币需求大于货币供给的非均衡组合，即货币市场上存在着过度需求；位于 *LM* 曲线左边的收入和利率的组合，都是货币需求小于货币供给的非均衡组合，即货币市场上存在着过剩供给。只有位于 *LM* 曲线上的收入和利率的组合，才是货币需求等于货币供给的均衡组合。

4. 凯恩斯交叉

答： 凯恩斯交叉是一个基本的收入决定模型。它把财政政策和计划投资作为外生的，然后说明存在一个使实际支出等于计划支出的国民收入水平。它说明财政政策的变动对收入有乘数效应。凯恩斯交叉图是由表示计划支出的曲线和表示实际支出的曲线构成的图形。其中计划支出（PE）是内生变量收入（Y）和外生变量计划投资水平（I）及财政政策变量（G 和 T）的函数，用式子表示为：$PE=C(Y-\overline{T})+\overline{I}+\overline{G}$。用实际支出等于计划支出的曲线代表经济所有的均衡点。如图 12－9 所示，图中两条曲线的交点表示当前经济的均衡。凯恩斯交叉的均衡在 A 点，这时实际支出等于计划支出，决定了均衡收入。

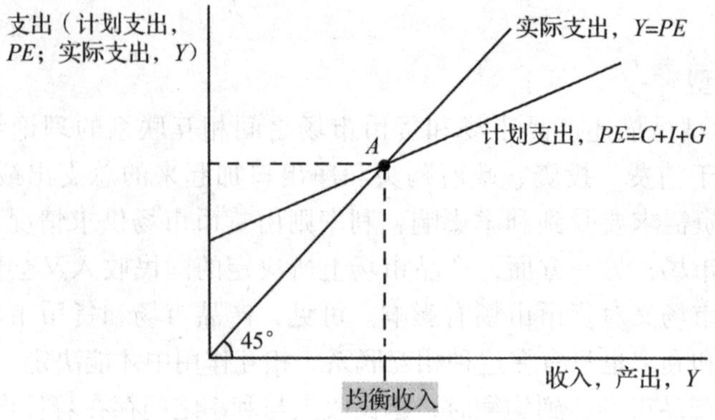

图 12－9　凯恩斯交叉

凯恩斯交叉图说明了在计划投资水平 I 和财政政策 G 与 T 为既定时，收入 Y 是如何决定的，以及当这些外生变量中的一种变量改变时，收入 Y 将如何变动。通过凯恩斯交叉图和投资函数可以推导出 IS 曲线。

5．政府购买乘数

答：政府购买乘数是指收入变动（用 ΔY 表示）对引起这种变动的政府购买支出变动（用 ΔG 表示）的比率。政府购买乘数用 $\Delta Y/\Delta G$ 表示，$\Delta Y/\Delta G=1/(1-MPC)$，其中 MPC 是边际消费倾向，而且边际消费倾向 MPC 越大，政府购买乘数越大。

政府购买乘数说明，财政政策对收入有乘数效应。原因是根据消费函数 $C=C(Y-T)$，高收入引起高消费。当政府购买增加时，提高了收入，同时也提高了消费，消费又进一步增加了收入，收入又进一步提高了消费，如此循环，以至政府购买的增加引起了收入更大的增加。

6．税收乘数

答：税收乘数是指收入变动（用 ΔY 表示）对引起这种变动的税收变动（用 ΔT 表示）的比率，此时指的是税收总量的变化而不是税率的变化。税收乘数用 $\Delta Y/\Delta T$ 表示，$\Delta Y/\Delta T=-MPC/(1-MPC)$，其中 MPC 是边际消费倾向。

税收乘数说明，税收减少 1 美元会引起收入增加 $MPC/(1-MPC)$，收入的增加 ΔY 大于税收的减少 ΔT。原因是，税收减少，使人们的可支配收入增加，消费增加，消费又进一步增加了收入，收入又进一步提高了消费，如此循环，以至税收减少引起了收入更大的增加。

7．流动性偏好理论

答：流动性偏好理论解释了实际货币余额的供给与需求如何决定利率。它是由英国著名经济学家约翰·梅纳德·凯恩斯（J·M·Keynes）于 1936 年在《就业、利息和货币通论》中提出。

该理论假设中央银行选择了一个固定的货币供给，在此模型中，价格水平 P 也是固定的，所以实际货币余额供给固定。实际货币余额需求取决于利率——持有货币的机会成本。当利率很高时，因为机会成本太高，人们只会持有较少的货币。反之，当利率很低时，因为机会成本也低，人们会持有较多的货币。图 12－10 描绘了实际货币余额的供给与需求，根据流动性偏好理论，利率会调整到使实际货币余额供给与需求相等的水平。

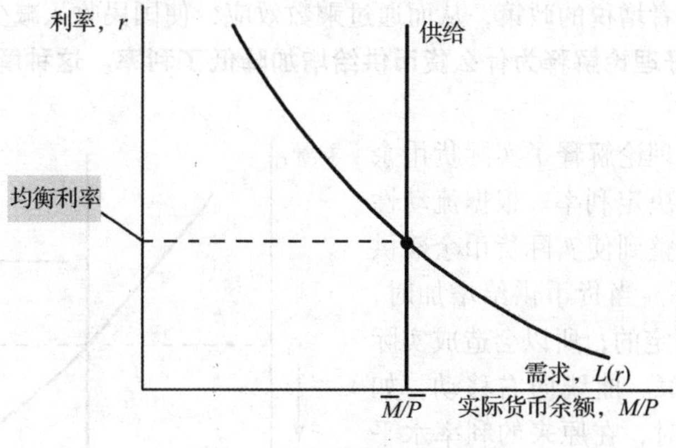

图 12－10　流动性偏好理论

二、复习题

1．用凯恩斯交叉解释为什么财政政策对国民收入有乘数效应。

答：财政政策是指政府通过变动税收和支出以便影响总需求，进而影响就业和国民收入的政策。财政政策对国民收入的乘数效应，是指财政支出增加一单位或税收减少一单位，会引起更多的国民收入的增加，这可以用凯恩斯交叉来解释。

政府购买乘数是指收入变动(ΔY)对引起这种变动的政府购买支出变动(ΔG)的比率，用 $\Delta Y/\Delta G$ 表示。如图 12－11 所示，ΔY 大于 ΔG，即政府购买乘数大于 1。原因是，政府购买增加时，提高了收入，同时根据消费函数 $C=C(Y-T)$，高收入引起高消费，消费又进一步增加了收入，收入又进一步提高了消费，如此循环，以至政府购买的增加引起了收入更大的增加。

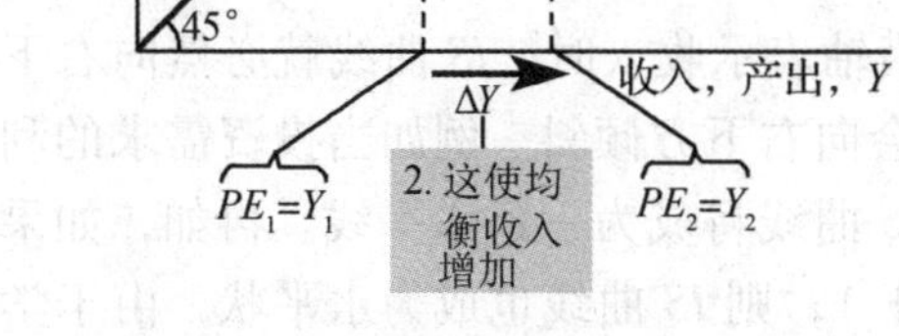

图 12－11　凯恩斯交叉中政府购买的增加

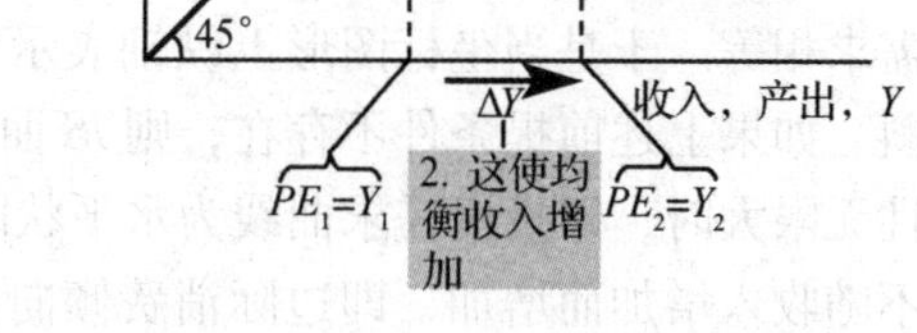

图 12－12　凯恩斯交叉中的减税

税收乘数是指收入变动(ΔY)对引起这种变动的税收变动(ΔT)的比率，用 $\Delta Y/\Delta T$ 表示。如图 12－12 所示，ΔY 大于 ΔT，即税收乘数大于 1。原因是，税收减少时，人们的可支配收入增加，根据消费函数 $C=C(Y-T)$，消费增加，收入增加，收入又进一步提高了消费，如此循环，以至税收减少引起了收入更大的增加。

由以上分析可以得出，当政府需要刺激经济时，可以采取增加政府支出或者减税的政策，通过乘数效应，使国民收入增加更大；当政府需要降低通货膨胀，冷却经济时，可以采取减少政府支出或者增税的政策，从而通过乘数效应，使国民收入减少更大。

2. 用流动性偏好理论解释为什么货币供给增加降低了利率。这种解释对价格水平做出了什么假设？

答：流动性偏好理论解释了实际货币余额的供给与需求如何决定利率。根据流动性偏好理论，利率会调整到使实际货币余额供给与需求相等的水平。当货币供给增加时，因为价格水平 P 是固定的，所以会造成实际货币余额供给 $(M/P)^s$。曲线向右移动，如图 12－13 所示。这时，在原来的利率水平 r_1，货币供给超过货币需求，人们手中持有了过多的货币，从而想把一部分转换成可以获取利息收入的银行存款或债券。那些偏好于支付较低利率的银行和债券发行者，面对过量货币供给的反应就是降低利率，利率一直要下降到使货币供给等于货币需求的均衡利率 r_2。

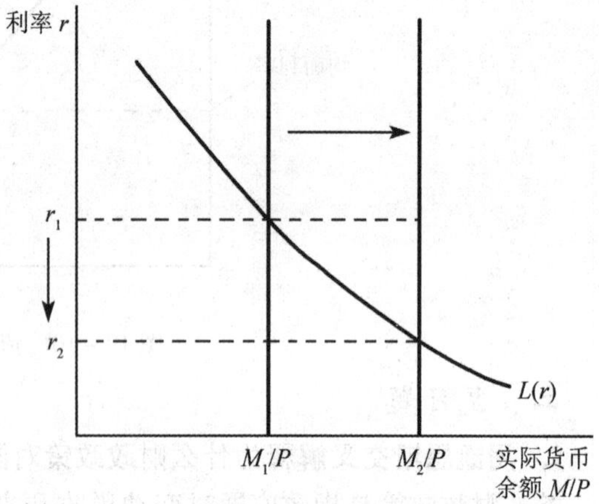

图 12－13　货币供给增加使实际货币余额供给曲线右移

以上用流动性偏好理论解释了货币供给增加时，利率降低。在这种解释中，假定价格水平是固定的。

3. 为什么 *IS* 曲线向右下方倾斜？

答：*IS* 曲线是指将满足产品市场均衡条件的收入和利率的各种组合点连接起来而形成的曲线。它表示的是在任何一个给定的利率水平上都有与之对应的国民收入水平。

IS 曲线向右下方倾斜的假定条件是投资需求是利率的减函数以及储蓄是收入的增函数。利率上升时投资要减少，利率下降时投资要增加；以及收入增加时，储蓄要随之增加，收入减少时，储蓄要随之减少。如果这些条件成立，那么，当利率下降时，投资必然增加，为了达到产品市场的均衡，或者说储蓄和投资相等，则储蓄必须增加，而储蓄又只有在收入增加时才能增加。这样，较低的利率必须和较高的收入配合，才能保证产品市场上供给和需求相等。于是当坐标图形上纵轴表示利率，横轴表示收入时，*IS* 曲线就必然向右下方倾斜。如果上述前提条件不存在，则 *IS* 曲线就不会向右下方倾斜。例如当投资需求的利率弹性无限大时，即投资需求曲线为水平状时，则 *IS* 曲线将成为一条水平线。再如，如果储蓄不随收入增加而增加，即边际消费倾向如果等于 1，则 *IS* 曲线也成为水平状。由于学者一般认为投资随利率下降而增加，储蓄随收入下降而减少，因此一般 *IS* 曲线是向右下方倾斜的。

4. 为什么 *LM* 曲线向右上方倾斜？

答：*LM* 曲线是指将满足货币市场均衡条件的收入和利率的各种组合点连接起来而形成的曲线。它表示的是在任何一个给定的利率水平上都有与之对应的国民收入水平，在这样的水平上，货币需求恰好等于货币供给。

LM 曲线向右上方倾斜的假定条件是货币需求随利率上升而减少，随收入上升而增加。如果这些条件成立，则当货币供给既定时，若利率上升，货币投机需求量减少（即人们认为债券价格下降时，从投机角度看，购买债券风险变小，因而愿买进债券而减少持币），为保持货币市场上供求平衡，货币交易需求量必须相应增加，而货币交易需求又只有在收入增加时才会增加，于是，较高的利率必须和较高的收入相结合，才能使货币市场均衡。如果这些条件不成立，则 LM 曲线不可能向右上方倾斜。例如，古典学派认为，人们需要货币，只是为了交易，并不存在投机需求，即货币投机需求为零，在这种情况下，LM 曲线就是一条垂直线。相反，凯恩斯认为，当利率下降到足够低的水平时，人们的货币投机需求将是无限大（即认为这时债券价格太高，只会下降，不会再升，因而不愿买进债券，进入流动性陷阱），使 LM 曲线呈水平状。由于学者认为，人们对货币的投机需求一般既不可能是零，也不可能是无限大，是介于零和无限大之间，因此，LM 曲线一般是向右上方倾斜的。

三、问题与应用

1. 用凯恩斯交叉预测以下事件对均衡 GDP 的影响。对于每种情况，指出变动的方向，并用公式表示影响的大小。

a. 政府购买增加。

b. 税收增加。

c. 政府购买与税收等量增加。

答： a. 政府购买增加 ΔG，计划支出相应增加 ΔG，计划支出曲线上移 ΔG，均衡收入增加 $\Delta G/(1-MPC)$，其中 MPC 为边际消费倾向。如图 12 – 14 所示，均衡点由 A 变为 B。

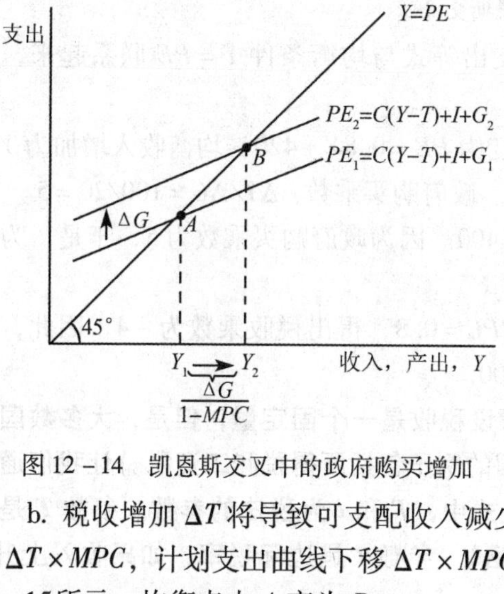

图 12 – 14　凯恩斯交叉中的政府购买增加

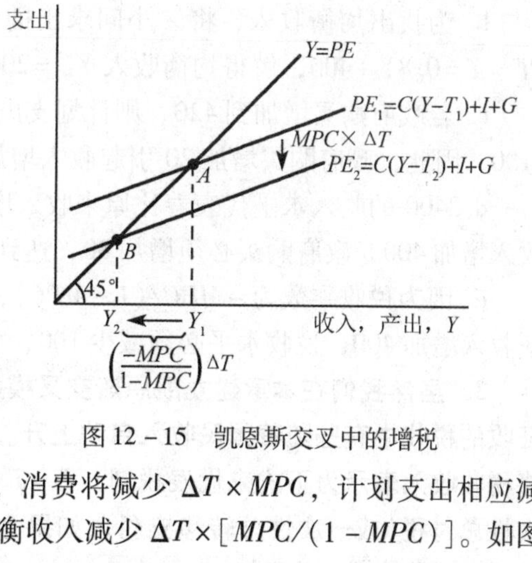

图 12 – 15　凯恩斯交叉中的增税

b. 税收增加 ΔT 将导致可支配收入减少 ΔT，消费将减少 $\Delta T\times MPC$，计划支出相应减少 $\Delta T\times MPC$，计划支出曲线下移 $\Delta T\times MPC$，均衡收入减少 $\Delta T\times[MPC/(1-MPC)]$。如图 12 – 15所示，均衡点由 A 变为 B。

c. 政府购买和税收等量增加 Δm 时，一个是增加国民收入，一个是减少国民收入。总的结果是：$\Delta Y=[\Delta m/(1-MPC)]-[\Delta m\times MPC/(1-MPC)]=\Delta m$。说明政府购买和税收增加同样多时，国民收入的增加量就等于政府购买的增加量，也等于税收的增加量，即平衡预算乘数等于 1。

2. 在凯恩斯交叉模型中，假设消费函数为

$$C = 120 + 0.8(Y - T)$$

计划投资是 200；政府购买和税收都是 400。

a. 绘出作为收入函数的计划支出。

b. 均衡收入是多少？

c. 如果政府购买增加到 420，新的均衡收入是多少？政府购买乘数是多少？

d. 假设税收仍为 400，为了达到 2400 的收入，需要的政府购买水平是多少？

e. 假设政府购买仍为 400，为了达到 2400 的收入，需要的税收水平是多少？

解： a. 计划支出 $PE = C(Y-T) + I + G$。将消费函数与投资 I，政府购买 G 和税收 T 的值代入，解得 $PE = 120 + 0.8(Y-400) + 200 + 400 = 0.8Y + 400$。这个等式可用图 12－16 中的 PE 线表示。

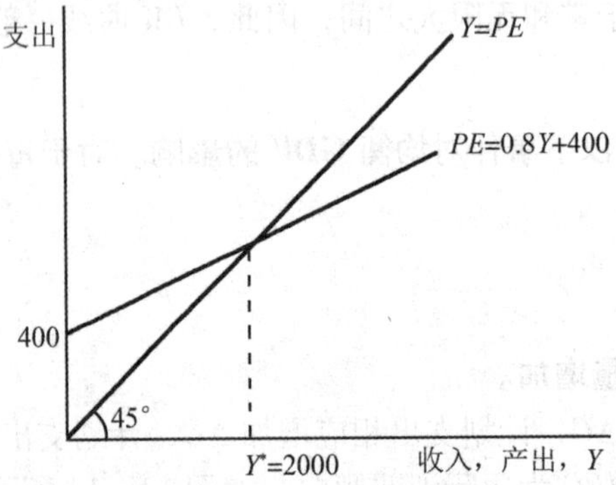

图 12－16　凯恩斯交叉

b. 为找出均衡收入，将 a 小问求出的计划支出等式与均衡条件 $Y = PE$ 联系起来，即 $PE = Y = 0.8Y + 400$，解得均衡收入 $Y^* = 2000$。

c. 若政府购买增加到 420，则计划支出等式变为 $PE = 0.8Y + 420$，均衡收入增加为 $Y = 2100$，因此，政府购买增加 20 引起收入增加 100。政府购买乘数：$\Delta Y/\Delta G = 100/20 = 5$。

d. 2400 的收入水平代表着比原来收入增加了 400。因为政府购买乘数为 5，于是，为使收入增加 400，政府购买必须增加 80，达到 480。

e. 因为税收乘数为 $-MPC/(1-MPC)$，而 $MPC = 0.8$，得出税收乘数为 -4。因此，为使收入增加 400，税收水平必须减少 100，变为 300。

3. 虽然我们在本章建立凯恩斯交叉模型时假设税收是一个固定量，但是，大多数国家征收的税收中有些随着国民收入自动上升。（美国的例子包括所得税和工资税。）让我们通过将税收收入表示为下式来代表税制：$T = \overline{T} + tY$。式中，$\overline{T}$ 和 t 为税法的参数。参数 $\overline{T}$ 是一次性总付税（或一次性总转移支付，如果为负的话）。参数 t 是边际税率：如果收入上升 1 美元，税收上升 t 美元。

a. 这种税制如何改变消费对 GDP 变动做出反应的方式？

b. 在凯恩斯交叉中，这种税制如何改变政府购买乘数？

c. 在 $IS-LM$ 模型中，这种税制如何改变 IS 曲线的斜率？

答： a. 当税收不取决于收入时，收入增加 1 美元的同时可支配收入也增加 1 美元，消费按照边际消费倾向增加 MPC 美元。当税收取决于收入时，则收入增加 1 美元的同时可支配收入只增加 $(1-t)$ 美元。消费按照边际消费倾向及可支配收入的变动只增加 $(1-t)MPC$ 美元，这要比 MPC 少。关键是可支配收入的变动比总收入少，所以对于消费的影响更小。

b. 当税收固定，政府购买乘数为 $\Delta Y/\Delta G = 1/(1-MPC)$。考虑政府购买增加 ΔG，这个变化最初的效果就是增加收入 ΔG，收入的变化又会使消费按照边际倾向增加 $MPC\times\Delta G$。消费增加又会使支出与收入进一步增加，这个过程持续下去，就可以得出上面所说的乘数。

当税收取决于收入时，则政府支出增加 ΔG 会使收入同样增加相当于 ΔG 的量，但可支配收入却只增加 $(1-t)\Delta G$，消费只增加 $(1-t)MPC\times\Delta G$。支出和收入也是增加这么多，然后再引起收入和消费增加，如此循环下去，总产出的变化就是：

$$\begin{aligned}\Delta Y &= \{1+(1-t)MPC+[(1-t)MPC]^2+[(1-t)MPC]^3+\cdots\}\Delta G\\ &= \{1/[1-(1-t)MPC]\}\Delta G\end{aligned}$$

因此，政府支出乘数变成 $1/[1-(1-t)MPC]$ 而不再是 $1/(1-MPC)$，即乘数变得较小。

c. 为了解税收如何改变 IS 曲线的斜率，可以推导税收取决于收入时的 IS 曲线。国民收入核算恒等式 $Y=C+I+G$，消费函数 $C=a+b(Y-\overline{T}-tY)$，投资函数 $I=c-dr$，将消费和投资函数代入国民收入核算恒等式，得 $Y=a+b(Y-\overline{T}-tY)+c-dr+G\Rightarrow Y=\dfrac{a+c+G+(-b)\overline{T}+(-d)r}{1-b(1-t)}$。由于 t 是小于 1 的税率，因此可以得出结论：与税收固定时相比，这种税制下 IS 曲线更加陡峭。

4. 考虑凯恩斯交叉模型中节俭程度提高的影响。假定消费函数是：$C=\overline{C}+c(Y-T)$。式中，$\overline{C}$ 为一个被称为自主消费（autonomous consumption）的参数，它代表对消费的外生影响；c 为边际消费倾向。

a. 当社会变得更加节俭——表现为 $\overline{C}$ 的下降——时，均衡收入会发生什么变动？

b. 均衡储蓄会发生什么变动？

c. 你认为为什么这一结果被称为节俭悖论（paradox of thrift）？

d. 这种悖论在第 3 章的古典模型中会产生吗？为什么？

答： a. 当社会变得更加节俭时即自主消费减少，计划支出曲线下移，消费减少，均衡收入从 Y_1 减少到 Y_2，如图 12－17 所示。

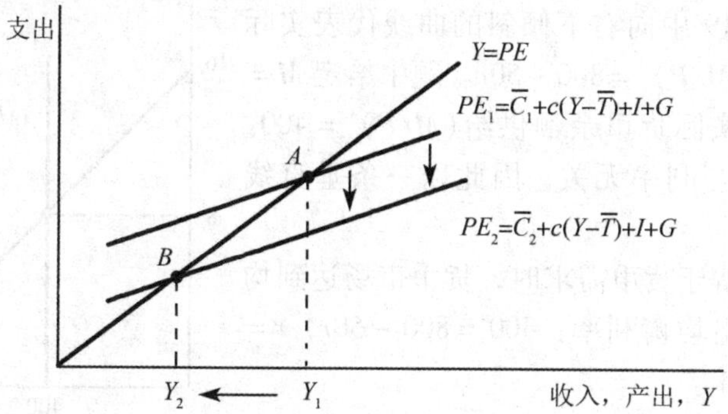

图 12－17　凯恩斯交叉中的自主消费减少

b. 均衡储蓄不变。在凯恩斯交叉模型中，假定计划投资是不变的，这个假定意味着投资在新旧均衡时是一样的。由国民收入核算恒等式可知，储蓄等于投资，$S=I$。因此可以得出结论，储蓄在两个均衡点也是完全一样的。

c. 人们一般认为，如果更节俭，就意味着拥有的财富更多，人们感觉更加富有。但是，从以上分析可以看到，如果全社会都更加节俭，那么，均衡储蓄不发生任何变化，整个国民收入反而降低，而整个国民收入降低表示全社会财富减少，将损害每一个人的福利水平和财富情况。因此，这一结果被称为"节俭悖论"。对个人来说，人们通常认为节俭是一种美德，而从凯恩斯交叉的角度看却是一种"罪恶"。

d. 在第3章的古典模型中，节俭悖论并没有产生。古典模型中，产出只由生产要素与技术水平决定，因此保持不变。而投资取决于利率，利率调整使储蓄和投资平衡。在任何给定的产出水平下，节俭使消费减少，从而储蓄增加，因此储蓄曲线右移，利率降低使储蓄和投资均衡，在新的均衡点投资和储蓄都更高，如图12－18所示。因此，在古典模型中，节俭悖论不成立。

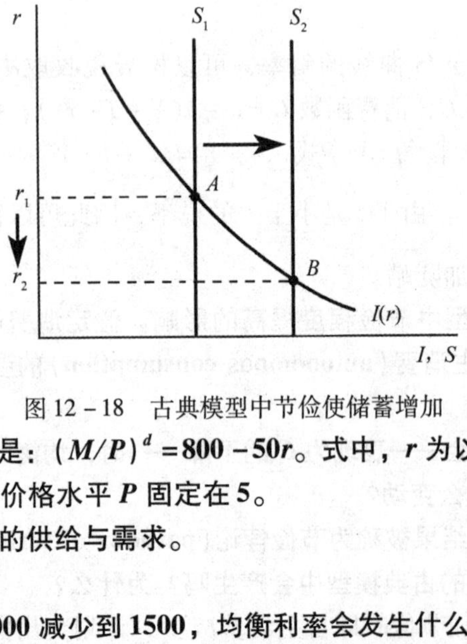

图12－18 古典模型中节俭使储蓄增加

5. 假定货币需求函数是：$(M/P)^d=800-50r$。式中，r 为以百分之一为单位表示的利率。货币供给 M 是2000，价格水平 P 固定在5。

a. 画出实际货币余额的供给与需求。

b. 均衡利率是多少？

c. 如果货币供给从2000减少到1500，均衡利率会发生什么变动？

d. 如果中央银行希望利率为4%，它应该将货币供给设定为多少？

答： a. 图12－19中向右下倾斜的曲线代表实际货币余额需求函数 $(M/P)^d=800-50r$。题中给定 $M=2000$，$P=5$，所以实际货币余额供给 $(M/P)^s=400$。实际货币余额供给与利率无关，因此以一条垂直线表示。

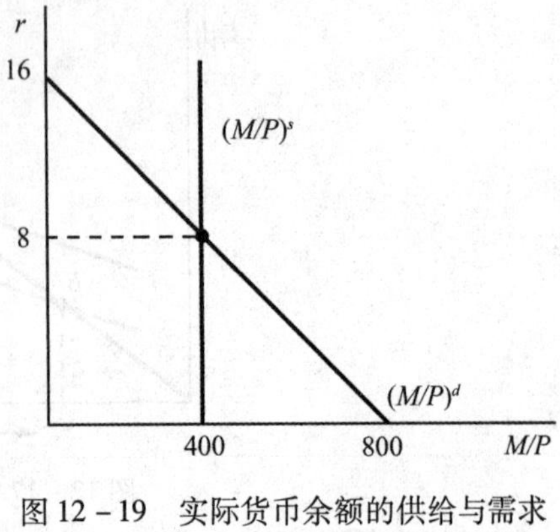

图12－19 实际货币余额的供给与需求

b. 当货币供给等于货币需求时，货币市场达到均衡。因此，可以求出均衡利率：$400=800-50r$，$r=8$，即均衡利率为8%。

c. 如果价格水平依然是5，而货币供给从2000变为1500，则新的实际货币余额供给 $(M/P)^s=300$。此时均衡利率：$300 = 800 - 50r$，$r = 10$。因此，货币供给从2000减少到1500，均衡利率从8%增加到10%。

d. 为确定中央银行在利率为4%时应提供的货币量，可令$(M/P)^s = (M/P)^d$。$(M/P)^d = 800 - 50r$，将$P = 5$，$r = 4$代进去，得$M/5 = 800 - 50 \times 4$，$M = 3000$。所以，如果中央想将利率从8%降到4%，则应该将名义货币供给从2000提高到3000。

6. 某经济体由如下方程描述：

$$Y = C + I + G,\ C = 50 + 0.75(Y - T)$$
$$I = 150 - 10r,\ (M/P)^d = Y - 50r$$
$$G = 250,\ T = 200,\ M = 3000,\ P = 4$$

a. 指出每个变量并简单解释其含义。

b. 利用以上方程中相关的方程推导出 *IS* 曲线。绘图表示 *IS* 曲线。

c. 利用以上方程中相关的方程推导出 *LM* 曲线。在b部分绘出的图中画出 *LM* 曲线。

d. 均衡收入水平和均衡利率是多少？

解： a. 国民收入Y由消费C、投资I、政府购买G组成，消费受可支配收入$(Y - T)$的影响，其中T为税收，投资是关于利率r的函数，实际货币需求$(M/P)^d$中，M是名义货币供给，P是价格水平。

b. 由$Y = 50 + 0.75(Y - 200) + 150 - 10r + 250$得 *IS* 曲线：$Y = 1200 - 40r$，见图12－20。

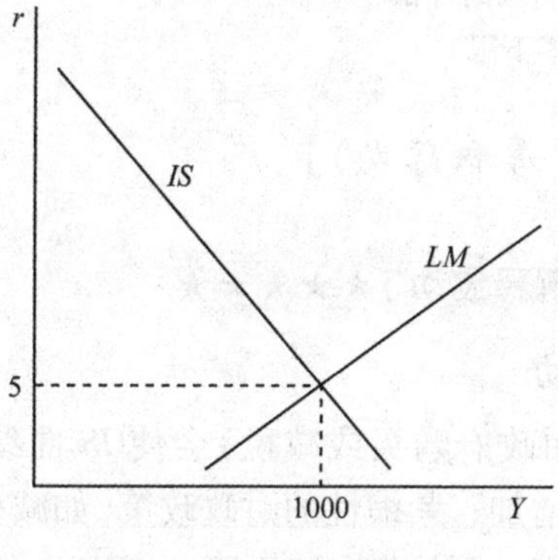

图12－20 *IS－LM* 模型

c. 由$3000/4 = Y - 50r$得 *LM* 曲线：$Y = 750 + 50r$，见图12－20。

d. 联立方程$\begin{cases} IS: Y = 1200 - 40r \\ LM: Y = 750 + 50r \end{cases}$得均衡收入水平$Y = 1000$，均衡利率$r = 5$。

第13章　总需求Ⅱ：应用*IS*－*LM*模型

13.1　复习笔记

【知识框架(庖丁解牛)】

- 应用*IS-LM*模型
  - 用*IS*－*LM*模型解释波动
    - 财政政策使*IS*曲线移动
    - 货币政策使*LM*曲线移动
    - 货币政策与财政政策的相互作用
    - *IS*－*LM*模型中的冲击
    - 中央银行的短期政策工具选择
  - 作为总需求理论的*IS*－*LM*模型
    - 从*IS*－*LM*模型到总需求曲线
    - 短期和长期的*IS*－*LM*模型
  - 大萧条
    - 支出假说：对*IS*曲线的冲击
    - 货币假说：对*LM*曲线的冲击
    - 流动性陷阱(也称零下限)

【考点难点归纳(厚积薄发)】

考点一：用*IS*－*LM*模型解释波动　★★★★★

1. 财政政策使*IS*曲线移动

扩张性的财政政策(如增加政府购买或减税)会使*IS*曲线右移，当货币供给固定不变时，均衡利率就会上升，产出增加；紧缩性的财政政策(如减少政府购买或增税)会使*IS*曲线左移，假定货币供给固定不变，则均衡利率下降，产出减少。但*IS*－*LM*模型中均衡收入的变化小于凯恩斯交叉中均衡收入的变化，原因是在凯恩斯交叉中假定利率不变，而在*IS*－*LM*模型中利率会发生变化。如政府购买增加，在产品市场上，会导致计划支出增加，收入增加；而在货币市场上，收入的增加会增加实际货币余额需求，导致实际利率上升；实际利率的上升又会抑制产品市场上的投资需求，使投资减少，抵消了由部分政府购买增加所带来的计划支出和收入的增加。

2. 货币政策使*LM*曲线移动

扩张性的货币政策增加货币供给，因为短期价格水平P是固定的，所以实际货币余额供给增加，*LM*曲线右移，假定财政政策不变，则均衡利率下降，产出增加；紧缩性的货币政策减少货币供给，使实际货币余额减少，*LM*曲线左移，假定财政政策不变，则均衡利率上升，产出减少。

货币政策也是通过影响产品市场和货币市场，最终实现两个市场同时均衡。如增加货币供给，在货币市场上，人们实际持有的货币量大于意愿持有量，因此会减少实际货币余额持有量，使得利率下降，货币市场重新恢复均衡；利率下降刺激产品市场上计划投资增加，使得投资和产出增加。这一过程也被称为货币传导机制，即货币政策如何影响产出和就业。

3. 货币政策与财政政策的相互作用

在现实中，一种政策对经济的影响要受到其他政策的制约，货币政策和财政政策共同对经济发挥作用。因此，当分析一种政策变动时，必须做出它对其他政策影响的假设。比如，要考虑紧缩性的财政政策(增加税收)对经济的影响，就要看中央银行对此政策做出何种反应。中央银行对税收增加有以下三种可能的反应：

(1)中央银行保持货币供给不变。

如图 13－1(a)所示，税收增加，使 *IS* 曲线向左移动，均衡利率下降，收入减少，经济陷入衰退。

(2)中央银行保持利率不变。

如图 13－1(b)所示，税收增加，使 *IS* 曲线向左移动，中央银行为了维持利率稳定，必须减少货币供给，使 *LM* 曲线向左移动。均衡利率不变，收入减少，但此时收入的减少要大于中央银行保持货币供给不变时的情况。因为，在图 13－1(a)中，较低的利率通过刺激投资需求部分抵消了增税所产生的紧缩效应，而在图 13－1(b)中，中央银行以加剧衰退的代价维持了利率的稳定。

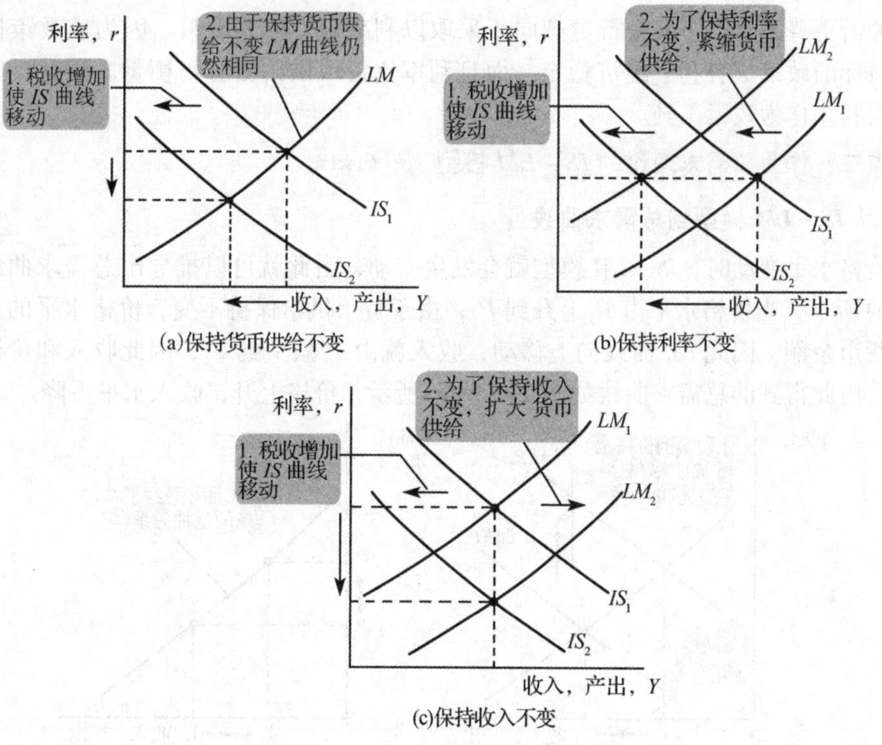

(a)保持货币供给不变　(b)保持利率不变　(c)保持收入不变

图 13－1　经济对增加税收的反应

(3) 中央银行保持收入不变。

如图 13－1(c) 所示，税收增加，使 *IS* 曲线向左移动，中央银行为了维持收入稳定，必须增加货币供给，使 *LM* 曲线向右移动到足以抵消 *IS* 曲线的左移引起的收入减少。在这种情况下，增税并没有引起衰退，但它使利率大幅度下降。虽然收入水平不变，但税收增加与货币扩张的结合改变了经济中的资源配置。较高的税收抑制了消费，而较低的利率刺激了投资。收入不受影响是因为这两种效应正好平衡。

4. *IS*－*LM* 模型中的冲击（见表 13－1）

表 13－1 *IS*－*LM* 模型中的冲击

要点	具体内容
对 *IS* 曲线的冲击	①产品与服务需求的外生变动。这种需求变动可能产生于投资者的动物精神，即外生的、也许是自我实现的乐观和悲观的情绪波动。例如，企业对未来经济的悲观态度会减少投资，导致投资函数的紧缩性移动，这样计划支出减少，*IS* 曲线会向左移动，从而降低了收入和就业。 ②消费品需求的变动。当消费者消费增加时，消费函数会向上移动，这样计划支出就会增加，使 *IS* 曲线向右移动，提高了均衡收入
对 *LM* 曲线的冲击	冲击产生于货币需求的外生变动。根据流动性偏好理论，当货币需求增加时，提高了货币市场均衡所必需的利率。因此，货币需求的增加使 *LM* 曲线向左移动，这倾向于提高利率和降低收入

5. 中央银行的短期政策工具选择

一般来说，中央银行的短期政策工具有货币供给或利率。当对 *LM* 曲线的冲击比对 *IS* 曲线的冲击更普遍时，中央银行更倾向于采取以利率为目标的政策。因为该政策比以货币供给为目标的政策更有利于经济稳定，而且利率比货币供给更容易衡量。因此，中央银行一般使用利率作为政策工具。

考点二：作为总需求理论的 *IS*－*LM* 模型 ★★★★

1. 从 *IS*－*LM* 模型到总需求曲线

当价格水平变动时，*IS*－*LM* 模型就会发生变动，由此就可以推导出总需求曲线。如图 13－2(a) 所示，当价格水平由 P_1 上升到 P_2，由于货币供给保持不变，价格水平的上升降低了实际货币余额，因此 *LM* 曲线向上移动，收入就由 Y_1 减少到 Y_2，因此收入和价格水平反向变动。由此得到的总需求曲线如图 13－2(b) 所示，价格上升，收入水平下降。

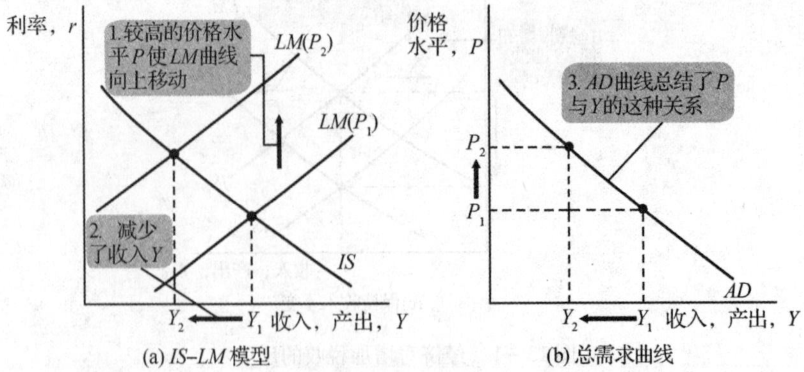

图 13－2 由 *IS*－*LM* 模型推导出总需求曲线

价格水平变动的影响表现为价格与收入的组合点沿着总需求曲线的运动。当价格水平固定时，*IS* – *LM* 模型中收入变动会导致总需求曲线发生移动。如图 13 – 3(a)所示，在给定的价格水平上，货币供给的增加使 *IS* – *LM* 模型中的收入增加，导致总需求曲线向右移动。类似的，如图 13 – 3(b)所示，在给定的价格水平上，增加政府购买或减税都增加了 *IS* – *LM* 模型中的收入，总需求曲线也会向右移动。

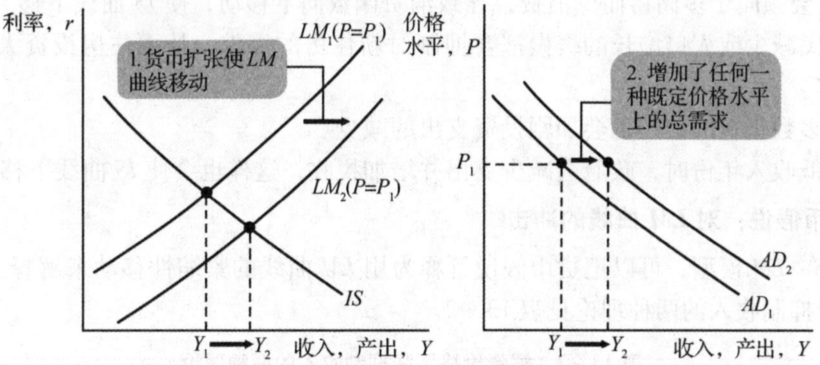

图 13 – 3(a)　扩张性的货币政策如何使总需求曲线移动

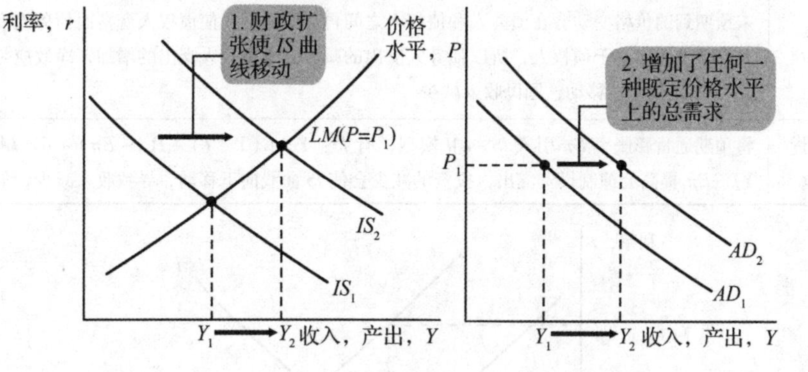

图 13 – 3(b)　扩张性的财政政策如何使总需求曲线移动

2. 短期和长期的 *IS* – *LM* 模型

(1)国民收入决定的凯恩斯主义方法与古典方法之间的差别：

假设经济由三个方程描述。前两个方程是 *IS* 方程：$Y = C(Y - T) + I(r) + G$ 以及 *LM* 方程：$M/P = L(r, Y)$。

对于该系统中的第三个方程，凯恩斯主义的假设是价格具有黏性(即 $P = \overline{P}$)，在短期，产出可能背离自然率水平。因此，为了同时满足 *IS* 和 *LM* 方程，必须要调整 r 与 Y。

而古典主义假设价格具有完全弹性，而产出总是在自然率水平(即 $Y = \overline{Y}$)。因此，为了同时满足 *IS* 和 *LM* 方程，r 与 P 必须要调整。

(2)在短期，价格是具有黏性的，因此凯恩斯主义假设更好地描述了短期；而在长期，价格是具有弹性的，因此古典主义假设更好地描述了长期。

考点三：大萧条 ★★★

1. 支出假说：对 *IS* 曲线的冲击

支出减少的几种可能的原因有：

(1)经济不景气导致财富减少，并且消费者增加了对经济未来前景不确定性的预期，这样消费者就会倾向于多储蓄而少消费，导致消费函数向下移动，使 *IS* 曲线下移。

(2)移民减少或人口增长的缓慢都会抑制对新住房的需求，从而住房投资大幅度下降，*IS* 曲线下移。

(3)大多数银行的破产也会加剧投资支出的减少。

(4)在低收入年份时，政府会减少支出并增加税收，这样也会使 *IS* 曲线下移。

2. 货币假说：对 *LM* 曲线的冲击

利用 *IS*－*LM* 模型，可以把货币假说解释为用 *LM* 曲线的紧缩性移动来解释大萧条。解释价格下降抑制收入的两种理论见表 13－2。

表 13－2 解释价格下降抑制收入的两种理论

要点	具体内容
债务－通货紧缩理论	未预期到的价格变动会在债务人和债权人之间再分配财富，使债权人变富而债务人变穷。由于债务人的支出倾向高于债权人，所以债务人支出的减少大于债权人支出的增加，净效应是支出减少，因此 *IS* 曲线紧缩性移动，国民收入减少
可预期的通货紧缩的影响	将预期通货膨胀率 $E\pi$ 引入 *IS*－*LM* 模型，有 *IS*：$Y=C(Y-T)+I(i-E\pi)+G$，*LM*：$M/P=L(i, Y)$。$E\pi$ 提高会抑制投资支出，投资的减少会使 *IS* 曲线向下移动，导致收入减少，如图 13－4 所示

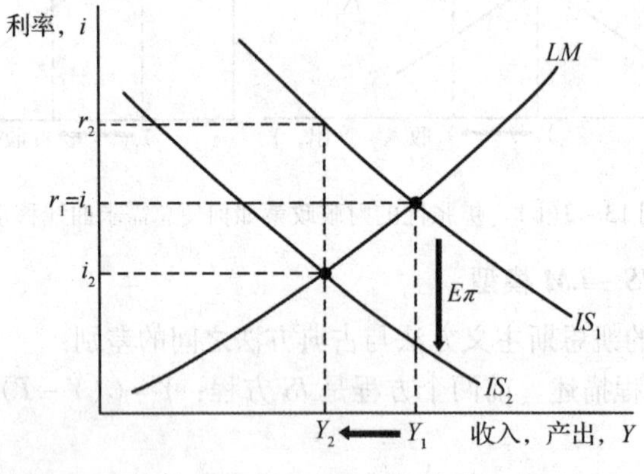

图 13－4 *IS*－*LM* 模型中可预期的通货紧缩的影响

3. 流动性陷阱(也称零下限)

流动性陷阱是指名义利率已经下降到零下限从而货币政策进一步刺激经济的功效存疑的一种局面。

在 *IS*－*LM* 模型中，如果利率已经下降到零下限，就会没有下降空间(因为名义利率不能为负)，所以货币政策的有效性就存疑。因为，尽管扩张性货币政策可以通过增加货币供给，使公众所持有的资产组合具有更大的流动性，但是利率不再有下降的空间，所增加的流动性无法发挥其效应。总需求、生产和就业可能也会因此而被限制在较低水平。

当然，另外一些经济学家认为通过在更长期的时间范围内降低利率（前瞻指引）或量化宽松政策，中央银行仍可以在流动性陷阱下扩张经济。

13.2　课后习题详解

一、概念题

1. 货币传导机制

答： 货币传导机制也称货币传递机制，是指各种货币工具的运用引起中间目标的变动和社会经济生活的某些变化，从而实现中央银行货币政策的最终目标的一个过程。它实际上包含两个方面内容：①内部传递机制，即从货币工具选定、操作到金融体系货币供给收缩或扩张的内部作用过程；②由中间指标发挥外部影响，即对总支出起作用的过程。

在西方，关于货币传导机制的分析，一般分为凯恩斯学派的传导机制理论和货币学派的传导机制理论。前者的理论思想可归结为：通过货币供给 M 的增减影响利率 r，利率的变化则通过资本边际效率的影响使投资 I 以乘数形式增减，而投资的增减就会进而影响总支出 E 和总收入 Y。这一过程可用符号表示为：$M \to r \to I \to E \to Y$。在这个过程中，利率是最主要的环节，货币供应量的调整必须首先影响利率的升降，然后才能使投资乃至总支出发生变化。与凯恩斯学派不同，货币学派认为利率在货币传导机制中不起重要作用，而更强调货币供应量在整个传导机制上的直接效果。货币的传导机制主要不是通过利率间接影响支出和收入，而是通过实际货币余额的变动直接影响支出和收入，这一过程可用符号表示为：$M \to E \to I \to Y$。

2. 庇古效应

答： 庇古效应又称实际余额效应，是指价格水平变化引起实际货币余额变化，而实际货币余额是家庭财富的一部分，从而直接影响消费、总需求和产出。庇古效应是 20 世纪 30 年代著名的古典经济学家阿瑟·庇古提出的，他指出实际货币余额是家庭财富的一部分，随着价格下降和实际货币余额增加，消费者应当感到更加富有，并将更多地消费。消费者支出的增加会引起总需求曲线的扩张性移动，并导致更高的收入。该理论是对凯恩斯模型的一种补充，解决了凯恩斯效应在流动性陷阱和投资缺乏利率弹性两种情况下不起作用的难题，从而论证了在价格和工资可以自由升降的情况下，经济能够自动恢复到均衡状态，并将凯恩斯学派模式中低于充分就业的非均衡归因于价格黏性。考虑到庇古效应，经济的自我调节能力会大大增强。

3. 债务 – 通货紧缩理论

答： 债务 – 通货紧缩理论是用于解释未预期到的物价下降对收入的抑制作用的理论。该理论指出未预期到的物价下降在债务人与债权人之间再分配财富，使债权人变得更加富有而使债务人变得更加贫穷。如果债务人和债权人有相同的支出倾向，则物价下降不会对国民收入产生影响。但实际上债务人和债权人的支出倾向是不同的，该理论假设债务人的支出倾向高于债权人，那么债务人减少的支出比债权人增加的支出多。因此，物价下降的净效应是支出的减少、IS 曲线的紧缩性移动以及国民收入的减少。

4. 流动性陷阱

答：流动性陷阱又称"零下限问题"，是指名义利率已经下降到零下限从而货币政策进一步刺激经济的功效存疑的这样一种局面。在 *IS* – *LM* 模型中，扩张性货币政策通过降低利率和刺激投资支出来发生作用。但是，如果利率已经下降到几乎为零，那么也许货币政策就不再有效了。名义利率不可能下降到零以下：一个人与其以负的名义利率放贷，还不如就持有现金。在这种环境下，扩张性货币政策增加了货币供给，使公众的资产组合更具流动性，但是由于利率不能进一步下降，增加的流动性可能没有任何效应。总需求、生产和就业可能被限制于低水平，此时，再宽松的货币政策也无法改变市场利率，使得货币政策失效。

二、复习题

1. 解释总需求曲线向右下方倾斜的原因。

答：参见第 11 章"课后习题详解"复习题第 3 题。

2. 税收增加对利率、收入、消费和投资的影响是什么？

答：税收增加使利率下降，收入和消费减少，投资增加。原因分析如下：

在凯恩斯交叉中，对于任何一个既定利率，税收增加会对国民收入起到一个收缩作用，收入的减少量为 $\Delta T \times [MPC/(1-MPC)]$。在 *IS* – *LM* 模型中，税收的增加使 *IS* 曲线向左移动，移动量等于 $\Delta T \times [MPC/(1-MPC)]$，经济的均衡点从 *A* 变为 *B*，如图 13 – 5 所示。利率从 r_1 下降到 r_2，并且收入由 Y_1 减少到 Y_2。收入减少和税收增加使居民的可支配收入减少，最终消费减少。

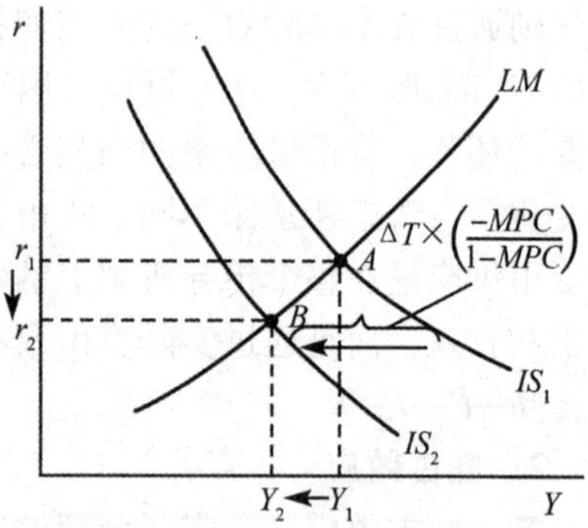

图 13 – 5 *IS* – *LM* 模型中税收的增加

但 *IS* – *LM* 模型中收入的减少量小于凯恩斯交叉中收入的减少量 $\Delta T \times [MPC/(1-MPC)]$，因为在 *IS* – *LM* 模型中把利率纳入考虑因素。在本题中，利率下降使投资增加，部分地抵消了消费减少造成的收入减少。

3. 货币供给减少对利率、收入、消费和投资的影响是什么？

答：货币供给的减少使利率上升、收入和消费减少、投资减少。原因分析如下：

在给定价格水平的条件下，货币供给减少会导致实际货币余额减少，使 *LM* 曲线向左移动，当 *IS* 曲线不变时，经济的均衡点从 *A* 点变成 *B* 点，如图 13 – 6 所示。在新的均衡点 *B*，收入减少、利率上升。而国民收入水平下降使可支配收入下降，从而导致消费水平下降；同时，由于利率上升，投资水平下降。

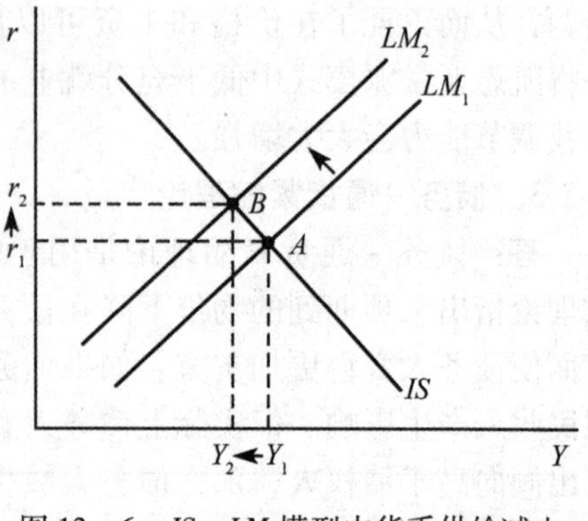

图 13 – 6 *IS* – *LM* 模型中货币供给减少

4. 描述价格的下降对均衡收入可能的效应。

答：价格下降既可能使收入增加也可能使收入减少。

(1)有两种可能的途径使收入增加。第一种途径，实际货币余额增加使 *LM* 曲线向下移动，从而增加收入。第二种途径，庇古效应使 *IS* 曲线向右移动，因为实际货币余额是家庭财富的一部分，所以实际货币余额增加使消费者感觉更富有而购买更多商品，总需求增加使 *IS* 曲线右移并增加收入。

(2)价格下降使收入减少的途径也有两种。第一种途径是根据债务－通货紧缩理论，一个没有预期到的价格水平下降会使财富在债权人和债务人之间进行再分配。如果债务人比债权人的消费倾向更大，则收入再分配会让债务人减少的消费比债权人增加的消费更多。结果，总消费下降使 *IS* 曲线左移并减少收入。第二种途径是通过预期通货紧缩效应，已知实际利率 r 等于名义利率 i 减去预期通货膨胀率 $E\pi$。如果每一个人都预期到未来价格水平会下降($E\pi$ 为负数)，则对于任何一个给定的名义利率，实际利率都会更高。一个更高的实际利率就会抑制投资，并使 *IS* 曲线向左移动，从而减少收入。

三、问题与应用

1. 根据 *IS－LM* 模型，在下列情况下，利率、收入、消费和投资在短期会发生什么变动？你的答案应该包括一幅合适的图形。

a. 中央银行增加货币供给。

b. 政府增加政府购买。

c. 政府增加税收。

d. 政府等量地增加政府购买和税收。

答：a. 中央银行增加货币供给使利率下降，收入和消费增加，投资增加。原因如下：中央银行增加货币供给使 *LM* 曲线向下移动，在 *IS－LM* 模型中，当 *IS* 曲线不变时，经济的均衡点从 A 变为 B，如图 13－7 所示。利率从 r_1 下降到 r_2，并且收入由 Y_1 增加到 Y_2。而利率降低将导致投资增加，收入的增加将导致居民的可支配收入增加，最终导致消费增加。

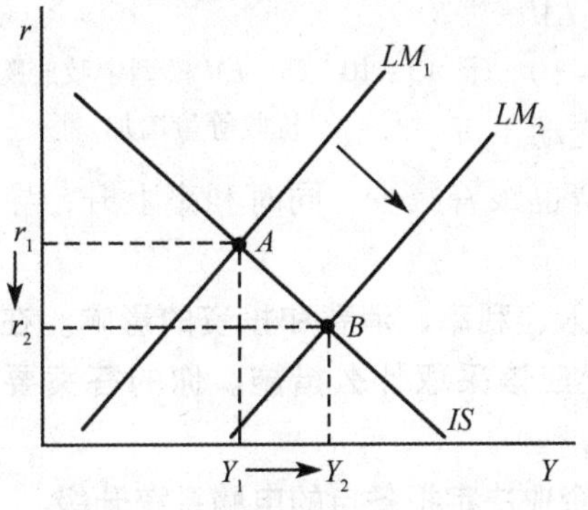

图 13－7 *IS－LM* 模型中货币供给增加

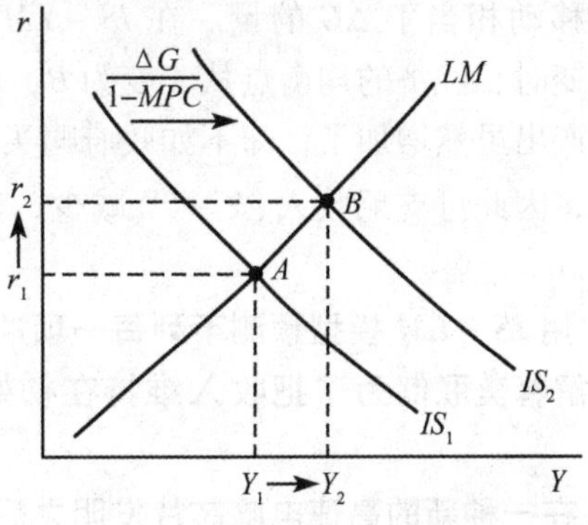

图 13－8 *IS－LM* 模型中政府购买增加

b. 政府购买增加使利率上升，收入和消费增加，投资减少。原因如下：根据乘数理论，政府购买增加使 *IS* 曲线向右移动相当于$[1/(1-MPC)]\Delta G$ 的量。在 *IS－LM* 模型中，政府购买增加，使 *IS* 曲线向右移动，在 *LM* 曲线不变时，经济的均衡点从 A 变为 B，如图 13－8 所示。利率从 r_1 上升到 r_2，并且收入由 Y_1 增加到 Y_2。利率上升将导致投资减少，收入的增加将导致居民的可支配收入增加，最终导致消费增加。

但 $IS-LM$ 模型中收入的增加小于凯恩斯交叉中收入的增加量 $\Delta Y=[1/(1-MPC)]\Delta G$，因为在 $IS-LM$ 模型中把利率纳入考虑。在本题中，利率上升使投资减少，部分地抵消了消费增加造成的收入增加。

c. 税收增加使利率下降，收入和消费减少，投资增加。原因如下：根据乘数理论，税收的增加相当于使 IS 曲线向左移动 $\Delta T\times[MPC/(1-MPC)]$ 的量。在 $IS-LM$ 模型中，税收的增加使 IS 曲线向左移动，LM 曲线不变时经济的均衡点从 A 变为 B，如图 13－9 所示。利率从 r_1 下降到 r_2，并且收入由 Y_1 减少到 Y_2。而利率降低将导致投资增加，收入的减少将导致居民的可支配收入减少，最终导致消费减少。

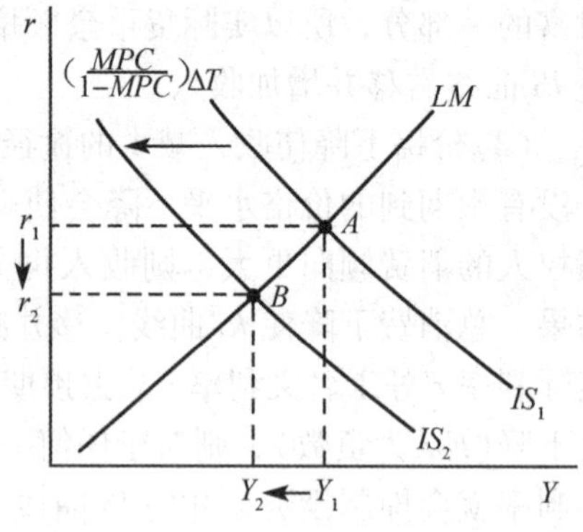

图 13－9　$IS-LM$ 模型中税收增加

但 $IS-LM$ 模型中收入的减少小于凯恩斯交叉中收入的减少量 $\Delta Y=\Delta T\times[MPC/(1-MPC)]$，因为在 $IS-LM$ 模型中把利率纳入考虑。在本题中，利率下降使投资增加，部分地抵消了消费减少造成的收入减少。

d. 政府等量地增加政府购买和税收时，收入增加，利率上升，消费减少，投资减少。原因如下：当政府购买和税收同时增加时 IS 曲线将会移动相当于 $\Delta Y=[1/(1-MPC)]\Delta G-[MPC/(1-MPC)]\Delta T$ 的量。因为政府购买和税收增加同样的数量，即 $\Delta G=\Delta T$，所以，可以将前面的式子重写为 $\Delta Y=[1/(1-MPC)-MPC/(1-MPC)]\Delta G\Rightarrow\Delta Y=\Delta G$。这个表达式说明政府购买和税收增加同样的数量时，$IS$ 曲线会向右移动相当于 ΔG 的量。在 $IS-LM$ 模型中 LM 曲线不变时，经济的均衡点从 A 变为 B，如图 13－10 所示。产出虽然增加了，却不如政府购买或税收变动那么大，因此可支配收入（$Y-T$）减少，从而消费也跟着减少。同时利率上升，导致投资减少。

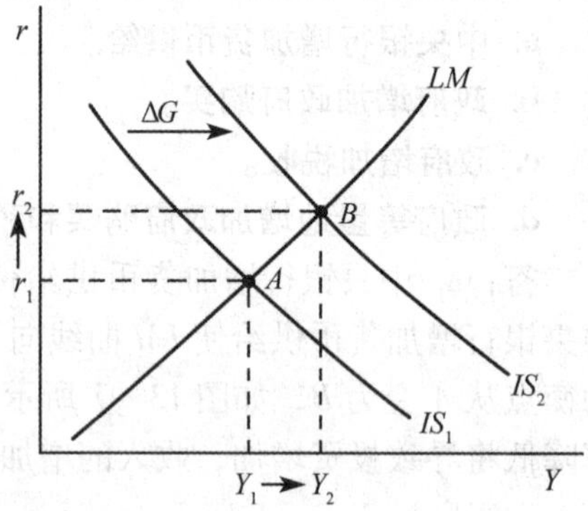

图 13－10　$IS-LM$ 模型中政府购买和税收等量增加

2. 用 $IS-LM$ 模型预测下列每一项冲击对收入、利率、消费和投资的影响。在每种情况下，解释美联储为了把收入维持在初始水平上应该采取什么措施。你的答案要求使用图形。

a. 在一种新的高速电脑芯片发明之后，许多企业决定把各自的电脑系统升级。

b. 信用卡诈骗浪潮提高了人们用现金进行交易的频率。

c. 一本名为《做一个富裕的退休人》（Retire Rich）的畅销书说服公众增加收入中用于储蓄的百分比。

d. 新任命的美联储主席是一个鸽派人士，这项任命增加了预期的通货膨胀。

答： a.（1）企业改善自己的电脑系统会使利率上升，收入和消费增加，投资增加。原因如下：在每个利率水平上，企业投资增加使 *IS* 曲线向右移动，在 *IS*－*LM* 模型中 *LM* 曲线不变时，经济的均衡点从 *A* 变为 *B*，如图 13－11 所示。利率从 r_1 上升到 r_2，并且收入由 Y_1 增加到 Y_2。收入的增加将导致居民的可支配收入增加，最终导致消费增加。利率上升将部分地减少投资，但最终投资仍然是增加的。

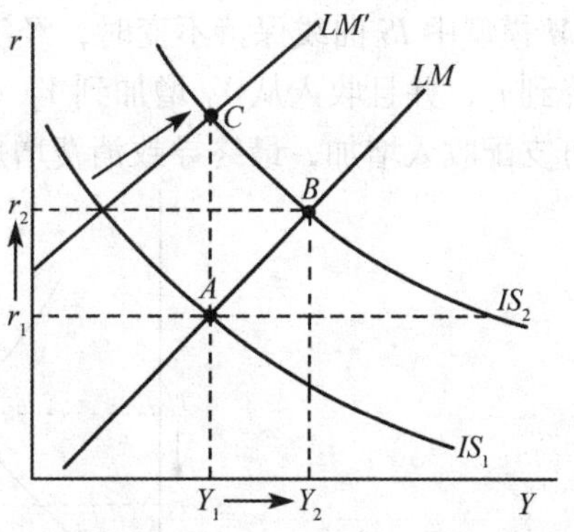

图 13－11　*IS*－*LM* 模型中 *IS* 曲线右移

（2）为了把收入维持在其最初水平上，美联储应该采取紧缩性的货币政策，即减少货币供给，并使 *LM* 曲线向上移动到足以抵消 *IS* 曲线的移动，从而保持收入不变。

b.（1）现金需求增加使利率上升，收入和消费减少，投资减少。原因如下：现金需求增加，*LM* 曲线上移。在 *IS*－*LM* 模型中 *IS* 曲线不变时，经济的均衡点从 *A* 变为 *B*，如图 13－12 所示。利率从 r_1 上升到 r_2，并且收入由 Y_1 减少到 Y_2。而利率上升将导致投资减少，收入的减少将导致居民的可支配收入减少，最终导致消费减少。

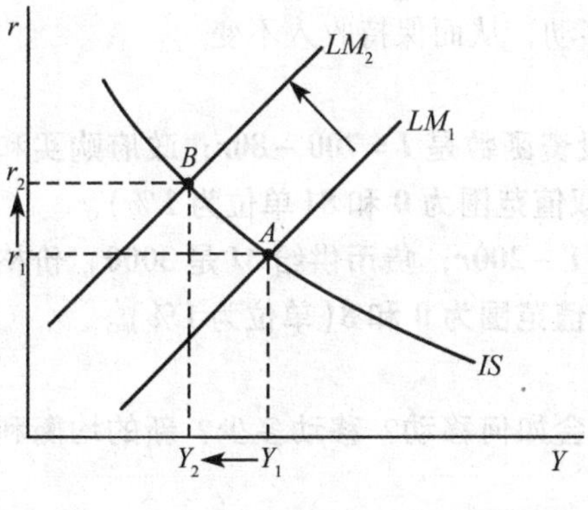

图 13－12　*IS*－*LM* 模型中 *LM* 曲线左移

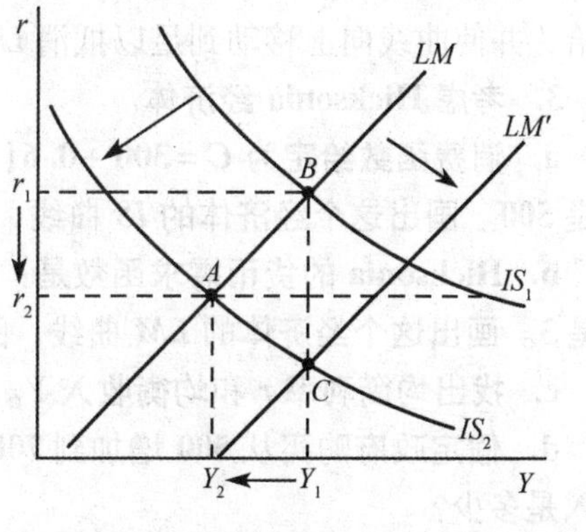

图 13－13　*IS*－*LM* 模型中 *IS* 曲线左移

（2）为了把收入维持在其最初水平上，美联储应该采取扩张性的货币政策，即增加货币供给，并使 *LM* 曲线向下移动到足以抵消 *LM* 曲线向上的移动，从而保持收入不变。

c.（1）储蓄的增加使利率下降，收入和消费减少，投资增加。原因如下：在任何一个给定的收入水平下，消费者当期都想储蓄更多而消费更少，因而 *IS* 曲线左移。在 *IS*－*LM* 模型中 *LM* 曲线不变时，经济的均衡点从 *B* 变为 *A*，如图 13－13 所示。利率从 r_1 下降到 r_2，并且收入由 Y_1 减少到 Y_2。而利率下降将导致投资增加，消费下降既是由于消费函数的下降也是因为收入下降导致居民的可支配收入的减少。

（2）为了把收入维持在其最初水平上，美联储应该采取扩张性的货币政策，即增加货币供给，并使 *LM* 曲线向下移动到足以抵消 *IS* 曲线的移动，从而保持收入不变。

d.（1）预期通货膨胀的增加会使利率下降，收入和消费增加，投资增加。原因如下：预期通货膨胀增加将会减少人们对货币的需求，根据流动性偏好理论，当货币需求减少时，使得货币市场维持均衡时所必需的利率更低了（对于任何给定的收入水平和货币供给而言），因此，货币需求的减少会使 *LM* 曲线向右下方移动，这倾向于降低利率和增加收入。在 *IS*－

LM 模型中 *IS* 曲线保持不变时，经济的均衡点从 *A* 变为 *B*，如图 13－14 所示，利率从 r_1 下降到 r_2，并且收入从 Y_1 增加到 Y_2。而利率下降将导致投资增加，收入的增加将导致居民的可支配收入增加，最终导致消费增加。

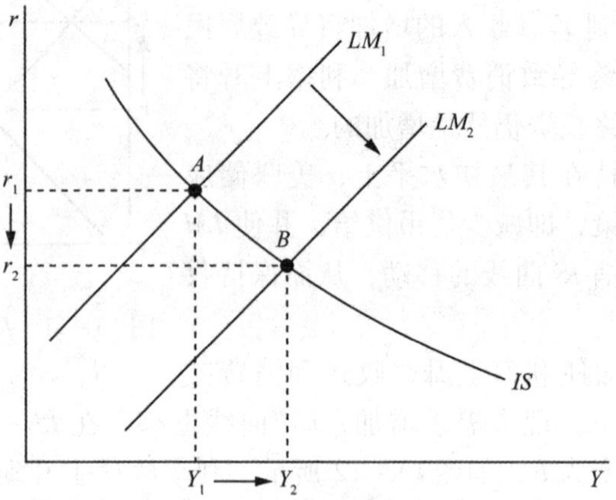

图 13－14　*IS*－*LM* 模型中 *LM* 曲线向下移动

（2）为了把收入维持在其最初水平上，美联储应该采取紧缩性的货币政策，即减少货币供给，并使曲线向上移动到足以抵消 *LM* 曲线的移动，从而保持收入不变。

3．考虑 Hicksonia 经济体。

a．消费函数给定为 $C=300+0.6(Y-T)$；投资函数是 $I=700-80r$；政府购买和税收都是 500。画出这个经济体的 *IS* 曲线，图中 *r* 的取值范围为 0 和 8（单位为 1%）。

b．Hicksonia 的货币需求函数是：$(M/P)^d=Y-200r$；货币供给 *M* 是 3000，价格水平 *P* 是 3。画出这个经济体的 *LM* 曲线，图中 *r* 的取值范围为 0 和 8（单位为 1%）。

c．找出均衡利率 *r* 和均衡收入 *Y*。

d．假定政府购买从 500 增加到 700，*IS* 曲线会如何移动？移动多少？新的均衡利率和收入是多少？

e．假定货币供给从 3000 增加到 4500（政府购买仍为 500），*LM* 曲线会如何移动？移动多少？新的均衡利率和收入是多少？

f．使用货币政策和财政政策的初始值，假设价格水平从 3 上升到 5。会发生什么变化？新的均衡利率和收入是多少？

g．使用货币政策和财政政策的初始值，推导总需求曲线的方程并绘出其图形。如果财政政策或货币政策像 d 小问和 e 小问那样变动，这条总需求曲线会发生什么变动？

解：a. *IS* 曲线由 $Y=C(Y-T)+I(r)+G$ 给定。将题目中给出的消费函数、投资函数、*G*、*T* 的值代入，求出经济中的 *IS* 曲线：$Y=300+0.6(Y-500)+700-80r+500$，即 $Y=3000-200r$。

分别将 *r* 在 0～8 范围的取值代入上面的式子，就可以得到图 13－15 中的 *IS* 曲线。

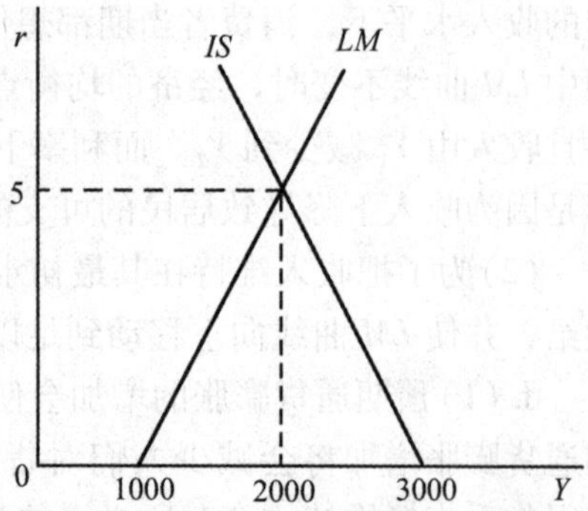

图 13－15　*IS* 曲线和 *LM* 曲线

b. LM 曲线由实际货币余额的供求决定。实际货币余额供给为 3000/3 = 1000，令货币供求相等，可得：$Y = 1000 + 200r$。

分别将 r 在 0 ~ 8 范围的取值代入计算，就可以得到图 13－15 中的 LM 曲线。

c. 联立 a 小问和 b 小问中的式子：

$$IS：Y = 3000 - 200r$$
$$LM：Y = 1000 + 200r$$

求得均衡时 $r = 5$。

将 $r = 5$ 代入 IS 或 LM 方程就可以解出 $Y = 2000$。

因此，均衡利率是 5，均衡收入是 2000。

d. 如果政府购买支出从 500 增加到 700，IS 曲线向右移动量为：

$$\Delta Y = [1/(1 - MPC)]\Delta G = 200/(1 - 0.6) = 500$$

IS 曲线将变成：

$$Y = 300 + 0.6(Y - 500) + 700 - 80r + 700$$

化简得：

$$IS：Y = 3500 - 200r$$
$$LM：Y = 1000 + 200r$$

联立二式，可得 $r = 6.25$，$Y = 2250$。

因此，IS 曲线向右移动 500，新的均衡利率是 6.25，均衡产出是 2250，如图 13－16 所示。

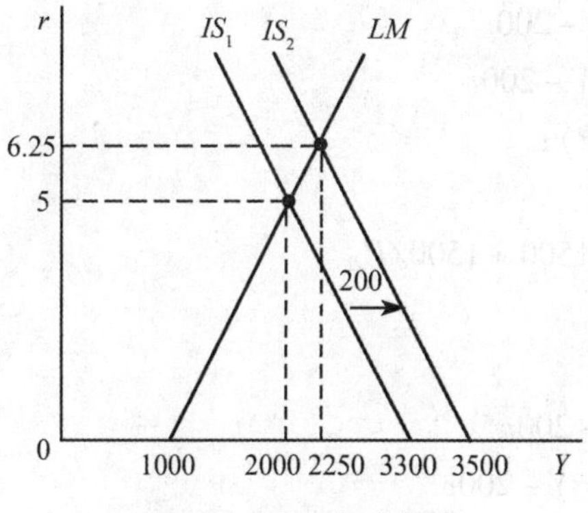

图 13－16　IS 曲线右移

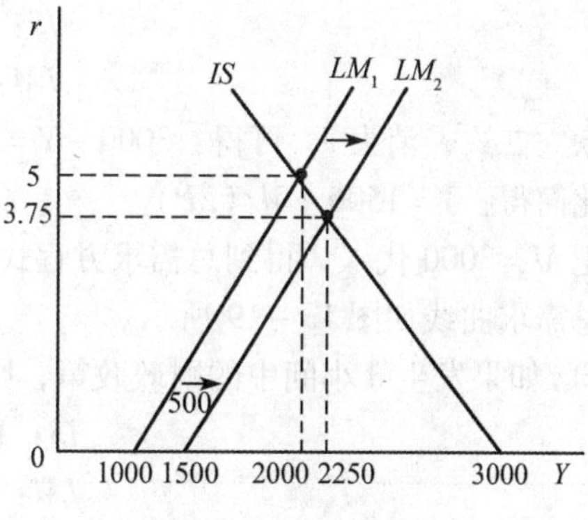

图 13－17　LM 曲线右移

e. 如果货币供给从 3000 增加到 4500，则实际货币余额从 1000 增加到 1500，LM 曲线向右移动 500。LM 曲线将变为：

$$Y - 200r = 1500$$

化简得：

$$IS：Y = 3000 - 200r$$
$$LM：Y = 1500 + 200r$$

联立二式，可得 $r = 3.75$，$Y = 2250$。

因此，LM 曲线向右移动 500，新的均衡利率是 3.75，均衡产出是 2250，如图 13－17 所示。

f. 价格水平从 3 上升到 5，则实际货币余额从 1000 减少为 600，LM 曲线向左移动 400。LM 曲线将变为：

$$Y-200r=600$$

化简得：

$$IS：Y=3000-200r$$
$$LM：Y=600+200r$$

联立二式，可得 $r=6$，$Y=1800$。

因此，LM 曲线向左移 400，新的均衡利率是 6，均衡产出是 1800，如图 13-18 所示。

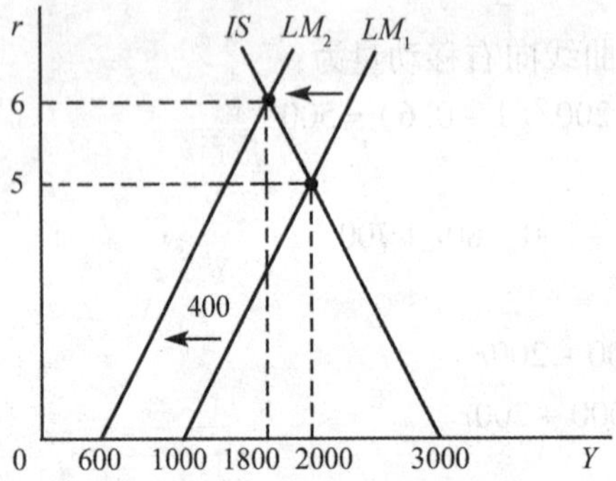

图 13-18　LM 曲线左移

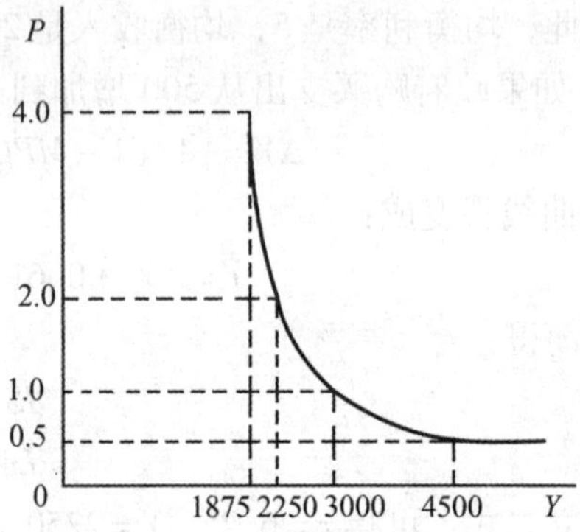

图 13-19　总需求曲线

g. 可以由 IS、LM 曲线共同推导总需求曲线：

$$IS：Y=3000-200r$$
$$LM：M/P=Y-200r$$

联立二式，消去 r，可得：$3000-Y=Y-(M/P)$；

化简得：$Y=1500+M/(2P)$。

把 $M=3000$ 代入，得到总需求方程式为：$Y=1500+1500/P$。

总需求曲线如图 13-19 所示。

(1) 如果发生 d 小问中的财政政策，则：

$$IS：Y=3500-200r$$
$$LM：3000/P=Y-200r$$

因此，可得总需求方程式为：

$$Y=1750+1500/P$$

将这个新的总需求方程式与前面求得的相比较，政府购买增加 200，使总需求曲线向右移动 250。

(2) 如果发生 e 小问中的货币政策，因为总需求方程式为：$Y=1500+M/(2P)$，而货币供给从 3000 变为 4500，则总需求方程式变成：$Y=1500+2250/P$。

将这个新的总需求曲线与原始求出的总需求曲线相比较，可得货币供给增加，使总需求曲线向右移动。

4. 某经济体的初始状态由如下方程描述：

$$\boldsymbol{C=500+0.75(Y-T)，I=1000-50r}$$

$$M/P = Y - 200r,\ G = 1000$$
$$T = 1000,\ M = 6000,\ P = 2$$

a. 推导并绘图表示 *IS* 曲线和 *LM* 曲线。计算均衡利率和收入。把该均衡标记为 *A* 点。

b. 假定新当选的总统减税 20%。假设货币供给保持不变，新的均衡利率和收入是多少？税收乘数是多少？

c. 现在假设中央银行调整货币供给以保持利率不变。新的均衡收入是多少？新的货币供给必须是多少？税收乘数是多少？

d. 现在假设中央银行调整货币供给以保持收入不变。新的均衡利率是多少？新的货币供给必须是多少？税收乘数是多少？

e. 在你在 a 小问绘制的图形中表示出你计算出的 b、c 和 d 小问的均衡，把这些均衡标记为 *B*、*C* 和 *D* 点。

解： a. *IS* 曲线由 $Y = C(Y-T) + I(r) + G$ 给定。将题目中给出的消费函数 $C = 500 + 0.75(Y-T)$、投资函数 $I = 1000 - 50r$、$G = 1000$、$T = 1000$ 代入，求出经济中的 *IS* 曲线：$Y = 500 + 0.75(Y-1000) + 1000 - 50r + 1000$，化简得：$Y = 7000 - 200r$。

LM 曲线由实际货币余额的供求决定。实际货币余额供给为 $\frac{M}{P} = \frac{6000}{2} = 3000$，令货币实际余额供求相等，可得：$Y = 3000 + 200r$。

联立 *IS* 曲线和 *LM* 曲线方程：

$$IS:\ Y = 7000 - 200r$$
$$LM:\ Y = 3000 + 200r$$

求得均衡利率 $r = 10$，将 $r = 10$ 代入 *IS* 或 *LM* 方程可以解出 $Y = 5000$。因此，均衡利率是 10，均衡产出是 5000。*IS* 曲线和 *LM* 曲线如图 13－20 所示。

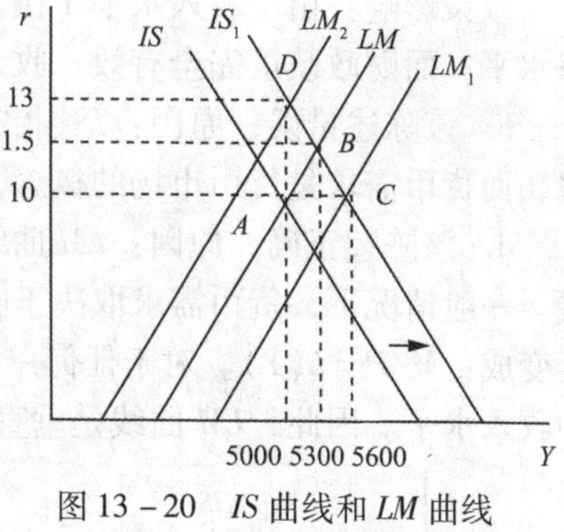

图 13－20　*IS* 曲线和 *LM* 曲线

b. 当新当选的总统减税 20% 时，税收由 1000 减少为 800。

IS 方程将变为：$Y = 7600 - 200r$，记为 IS_1。

联立 *IS* 曲线和 *LM* 曲线方程：

$$IS_1:\ Y = 7600 - 200r$$
$$LM:\ Y = 3000 + 200r$$

可得：$r = 11.5$，$Y = 5300$。因此，新的均衡利率是 11.5，新的均衡收入为 5300。

税收乘数 $= \frac{\Delta Y}{\Delta T} = \frac{300}{-200} = -1.5$。因此，税收乘数为 -1.5。

c. 将 $r = 10$，代入 IS_1 方程 $Y = 7600 - 200r$，得 $Y = 5600$，因此，新的均衡收入为 5600。

将 $P = 2$，$r = 10$，$Y = 5600$，代入 $\frac{M}{P} = Y - 200r$，得 $M = 7200$，新的 *LM* 曲线为 $Y = 3600 + 200r$，记为 LM_1。因此，新的货币供给 *B* 必须为 7200。

税收乘数 $= \frac{\Delta Y}{\Delta T} = \frac{600}{-200} = -3$。因此，税收乘数为 -3。

d. $Y = 5000$，代入 IS_1 方程 $Y = 7600 - 200r$，得 $r = 13$，因此，新的均衡利率为 13。

将 $P=2$，$r=13$，$Y=5000$，代入$\frac{M}{P}=Y-200r$，得 $M=4800$，新的 LM 曲线为 $Y=2400+200r$，记为 LM_2。因此，新的货币供给必须为4800。

税收乘数 $=\frac{\Delta Y}{\Delta T}=\frac{0}{-200}=0$。因此，税收乘数为0。

e. 如图 13－20 所示。

5. 判断以下每句陈述的对错并解释原因。对于正确的陈述，讨论货币政策与财政政策在该特例下的影响是否有不寻常之处。

a. 如果投资并不取决于利率，那么 *LM* 曲线是水平的。

b. 如果投资并不取决于利率，那么 *IS* 曲线是垂直的。

c. 如果货币需求并不取决于利率，那么 *IS* 曲线是水平的。

d. 如果货币需求并不取决于利率，那么 *LM* 曲线是垂直的。

e. 如果货币需求并不取决于收入，那么 *LM* 曲线是水平的。

f. 如果货币需求对利率极其敏感，那么 *LM* 曲线是水平的。

答：a. 该陈述错误，原因：*LM* 曲线是描述在货币市场均衡时，利率与收入之间关系的曲线，而投资是产品市场的概念，因此，投资是否取决利率与 *LM* 曲线无关。

b. 该陈述正确，原因：*IS* 曲线是描述在产品市场均衡时，利率与收入之间关系的曲线，即它描述了满足下列等式的利率和收入水平之间的关系：$Y=C(Y-T)+I(r)+G$。如果投资并不取决于利率，收入水平也不取决于利率，收入必须调整到使产品市场供求相等。因此，*IS* 曲线是垂直的，如图 13－21 所示。

政策影响：由于收入水平 Y 由 *IS* 曲线决定，因此货币政策对收入没有影响，只影响利率水平；而财政政策完全有效，收入的增加量等于 *IS* 曲线的全部移动量。

c. 该陈述错误，原因：*IS* 曲线是描述在产品市场均衡时，利率与收入之间关系的曲线，而货币需求是货币市场的概念，货币需求是否取决于利率与 *IS* 曲线无关。

d. 该陈述正确，原因：*LM* 曲线是描述在货币市场均衡时，利率与收入之间关系的曲线。一般情况下，货币需求取决于收入和利率，如果货币需求并不取决于利率，*LM* 曲线就会变成：$M/P=L(Y)$。对于任何一个给定的实际货币余额 M/P，货币市场均衡时，仅有一种收入水平。因此，*LM* 曲线是垂直的，如图 13－22 所示。

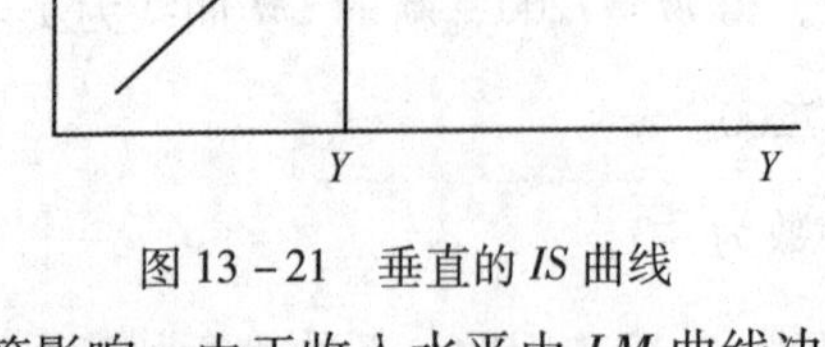

图 13－21 垂直的 *IS* 曲线

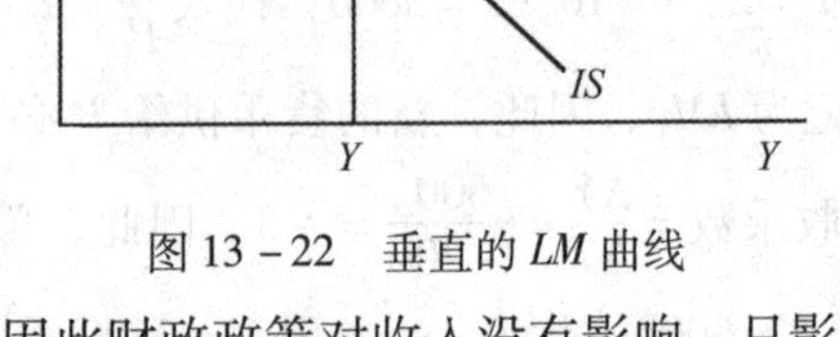

图 13－22 垂直的 *LM* 曲线

政策影响：由于收入水平由 *LM* 曲线决定，因此财政政策对收入没有影响，只影响利率水平；货币政策完全有效，收入的增加量等于 *LM* 曲线的全部移动量。

e. 该陈述正确，原因：如果货币需求不取决于收入，则可以把描述 *LM* 曲线等式写为 $M/P=L(r)$。对于任意的实际货币余额 M/P，都只存在一个利率可以使货币市场均衡。因此，*LM* 曲线是水平的，如图 13－23 所示。

政策影响：财政政策十分有效，收入的增加量完全等于 *IS* 曲线的变动量；货币政策也很有效，货币供给增加，*LM* 曲线向下移动，导致利率减小，投资增加，从而增加收入，如图 13－23 所示。

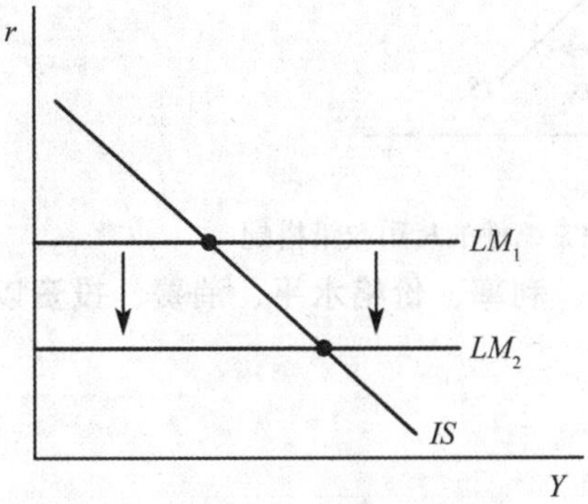

图 13－23 水平的 *LM* 曲线的移动

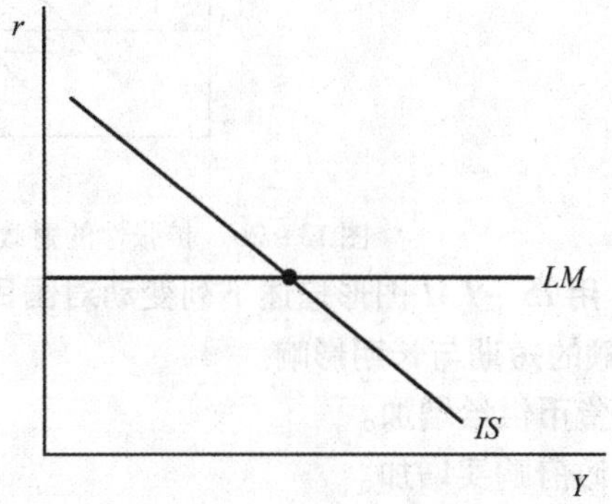

图 13－24 水平的 *LM* 曲线

f. 该陈述正确，原因：*LM* 曲线总结了货币市场均衡时的收入水平和利率之间的关系。描述 *LM* 曲线的等式的一般形式是 $M/P=L(r, Y)$。如果货币需求对于利率极其敏感，当货币供给减少时，利率只产生很小的变动，因此，*LM* 曲线几乎是水平的，如图 13－24 所示。

政策影响：若货币需求对利率十分敏感，则财政政策是非常有效的，收入的增加完全等于 *IS* 曲线的移动。但货币政策完全无效，因为货币供给增加不会使 *LM* 曲线变化。

6. 货币政策和财政政策常常同时变动。

a. 假设政府想提高投资但保持产出不变。在 *IS*－*LM* 模型中，什么样的货币政策与财政政策组合能实现这一目标？

b. 在 20 世纪 80 年代初，美国政府减税并实施预算赤字，而美联储实施紧缩性货币政策。这种政策组合应该有什么影响？

答：a. 若政府要增加投资但保持产出不变，政府应该采取扩张性的货币政策和紧缩性的财政政策相结合。分析如下：扩张性的货币政策使利率下降，投资和产出增加，而紧缩性的财政政策（比如说，削减政府购买或增税）则抵消了投资增加所引起的产出增加，最终使产出保持不变。在新的均衡点 *B* 处，利率更低，所以投资增加，但产出保持不变，如图 13－25所示。

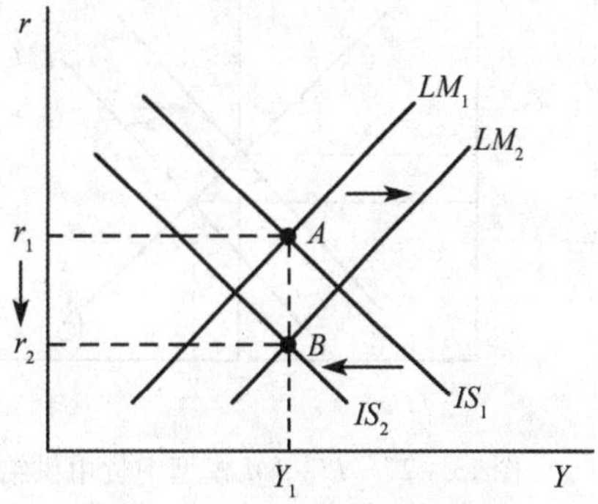

图 13－25 扩张性的货币政策和紧缩性的财政政策搭配

b. 20 世纪 80 年代美国经济出现了通货膨胀，为了治理通货膨胀，美国政府采取了提高利率以降低通货膨胀的政策。具体采取了扩张性的财政政策和紧缩性的货币政策相结合。这样的政策结合使 IS 曲线右移而使 LM 曲线上移，利率上升而投资下降，但产出仍然能够保持不变，如图 13－26 所示。

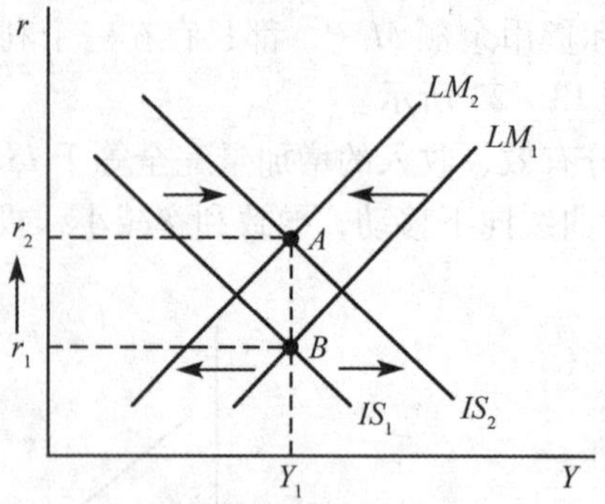

图 13－26　扩张性的财政政策和紧缩性的货币政策搭配

7. 用 $IS-LM$ 图形描述下列变动对国民收入、利率、价格水平、消费、投资以及实际货币余额的短期与长期影响。

a. 货币供给增加。

b. 政府购买增加。

c. 税收增加。

答： a.（1）在短期内，由于价格水平不变，货币供给的增加使实际货币余额增加，从而导致 LM 曲线下移，经济的均衡点从 A 点移到 B 点，如图 13－27 所示。此时，国民收入从 $\overline{Y}$ 增加到 Y_2，利率从 r_1 降低到 r_2。利率下降刺激了投资的增加，国民收入增加，使居民可支配收入增加，从而引起消费增加。

（2）在长期，由于短期均衡的产出水平超过了长期均衡的产出水平，最终产品和劳务的高需求拉动价格水平上升，从而导致实际货币余额减少，LM 曲线上移，如图 13－27 所示。利率水平上升，投资减少。价格继续上涨直到经济恢复到初始的位置 A。此时，利率回到 r_1，国民收入回到 $\overline{Y}$，投资和消费也回到原来的水平。因此，从长期来看，货币供给增加对经济中的实际变量没有影响，即货币中性。

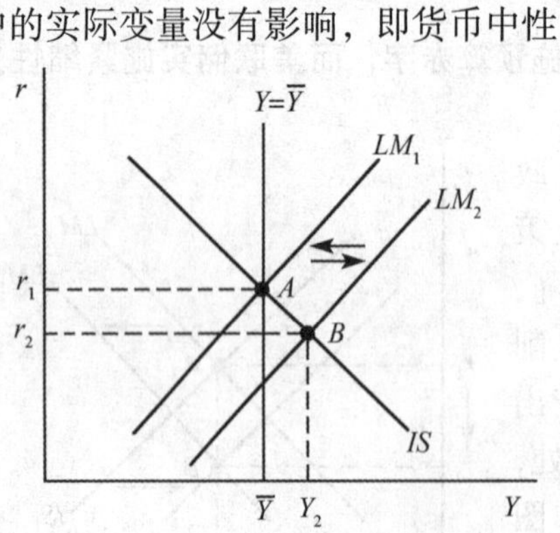

图 13－27　$IS-LM$ 模型中货币供给增加

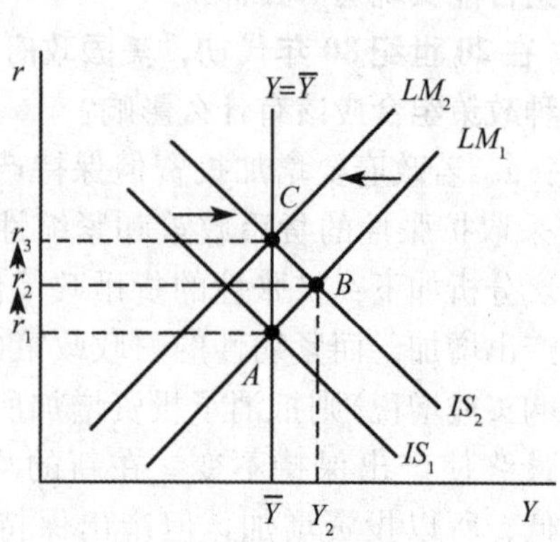

图 13－28　$IS-LM$ 模型中政府购买增加

b.（1）在短期内，政府购买增加，导致 IS 曲线右移，经济的均衡点从 A 点移到 B 点，从而均衡收入从 $\overline{Y}$ 增加到 Y_2，均衡利率从 r_1 上升到 r_2。同时，消费增加，投资减少，但价格水平及实际货币余额保持不变，如图 13－28 所示。

(2)在长期内，由于短期均衡的产出水平超过了长期均衡的产出水平，对最终产品和服务的高需求拉动价格水平上升，从而导致实际货币余额减少，LM 曲线上移。这一过程要持续到经济重新回到长期均衡的产出水平。在新的均衡点 C，利率上升到 r_3，比短期时更大，均衡收入不变。新均衡与之前相比，利率上升引起投资减少，政府购买增加，由 $\overline{Y}=C+I+G$ 可知，消费有可能增加也有可能减少，如图 13－28 所示。

c. (1)在短期内，税收的增加，导致 IS 曲线左移，经济的均衡点从 A 点移到 B 点，从而均衡收入从 $\overline{Y}$ 减少到 Y_2，均衡利率从 r_1 下降到 r_2。利率的下降使投资增加，由于短期均衡收入减少，消费也将减少。短期价格水平及实际货币余额保持不变，如图 13－29 所示。

(2)在长期内，由于短期均衡的产出水平低于长期均衡的产出水平，对最终产品和服务的低需求使价格水平下降，从而导致实际货币余额增加，LM 曲线右移。如图 13－29 所示，这一过程要持续到经济重新回到长期均衡的产出水平。在新的均衡点 C，利率下降到 r_3，比短期下降得更多，均衡收入不变。投资继续增加，而消费相应的等量减少。

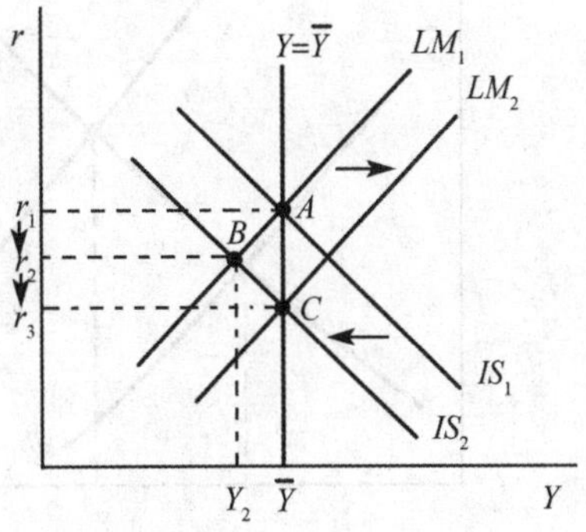

图 13－29　IS－LM 模型中税收增加

8. 美联储正在考虑两种可供选择的货币政策：

·保持货币供给不变和调整利率；

·调整货币供给以保持利率不变。

在 IS－LM 模型中，哪一种政策能在以下条件下更好地稳定产出？请解释。

a. 所有对经济的冲击都来自产品与服务需求的外生变动。

b. 所有对经济的冲击都来自货币需求的外生变动。

答：图 13－30(a)表示美联储保持货币供给不变和调整利率时 IS－LM 模型的形状，由于 $M/P=L(r, Y)$，实际货币余额供给不变时，利率上升则产出必须增加，所以 LM 曲线向右上方倾斜。图 13－30(b)表示了美联储维持利率不变而调整货币供给时 IS－LM 模型的形状，由于任何产出水平下利率保持不变，所以 LM 曲线呈水平状态。

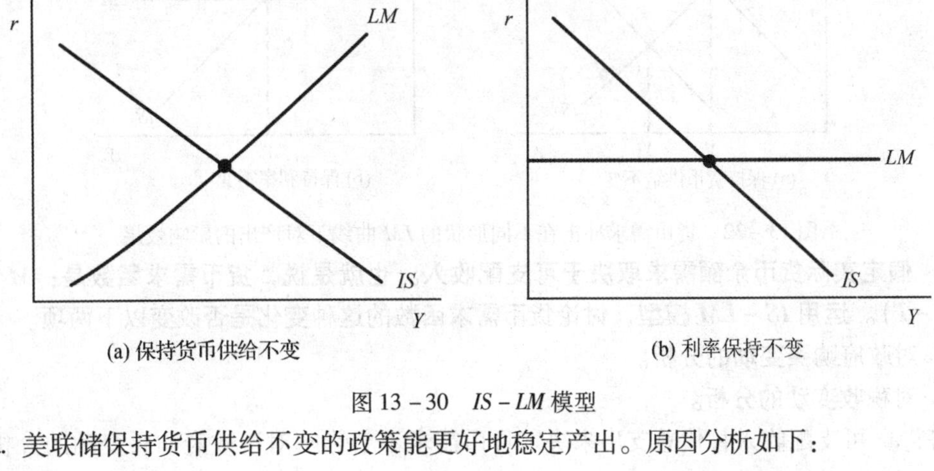

图 13－30　IS－LM 模型

a. 美联储保持货币供给不变的政策能更好地稳定产出。原因分析如下：

若所有的经济冲击都来自于产品和服务需求的外生变动，这就表示所有冲击都只会使 IS 曲线移动。假设一个冲击使 IS 曲线从 IS_1 移动到 IS_2，图 13－31(a)、13－31(b)显示了在两种政策下的影响。很明显，如果美联储保持货币供给稳定则产出波动更小。

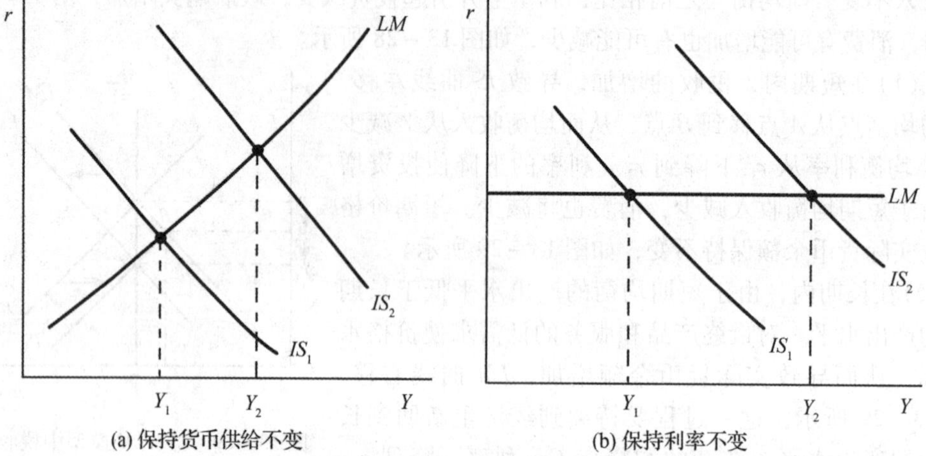

图 13－31　产品需求冲击在不同形状的 LM 曲线下对产出的影响效果

b. 美联储保持利率不变的政策能更好地稳定产出。原因分析如下：

若所有经济的冲击都来自货币需求的外生变动，这就表示所有冲击都只会使 LM 曲线移动。保持货币供给不变和调整利率的政策，在货币需求的外生变动的冲击下，意味着 LM 曲线移动，如图 13－32(a)所示；而在调整货币供给以保持利率不变的政策下，意味着 LM 曲线不动，如图 13－32(b)所示，因为美联储迅速地调整货币供给保证货币市场均衡。图 13－32(a)、13－32(b)显示了两种政策对产出的影响，很明显，第二种政策能更好地稳定产出。

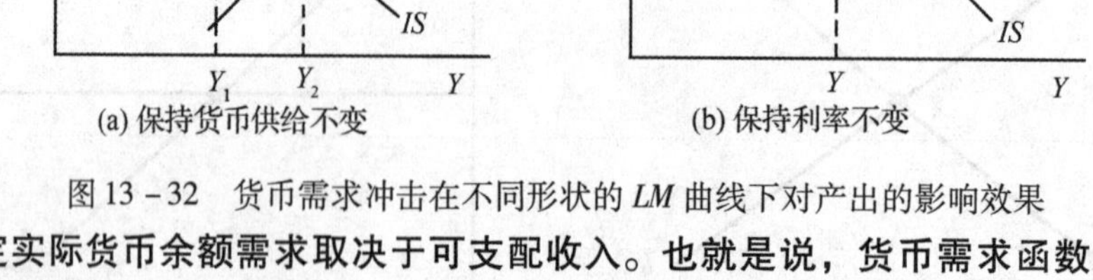

图 13－32　货币需求冲击在不同形状的 LM 曲线下对产出的影响效果

9. 假定实际货币余额需求取决于可支配收入。也就是说，货币需求函数是：$M/P = L(r, Y-T)$。运用 $IS-LM$ 模型，讨论货币需求函数的这种变化是否改变以下两项。

a. 对政府购买变动的分析。

b. 对税收变动的分析。

答：a. 可支配收入替代总支出来决定货币需求不会影响对于政府购买变动的分析。政府购买增加使 IS 曲线右移而对 LM 曲线没有影响。因此，这种变化不会改变对政府购买变动的分析，如图 13－33 所示。

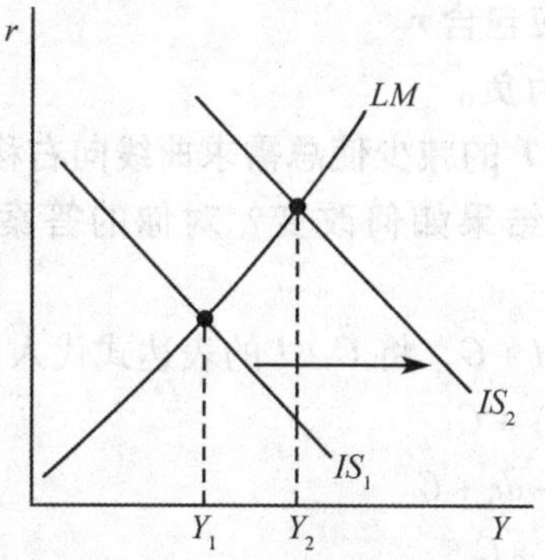

图 13－33　IS－LM 模型中政府购买增加

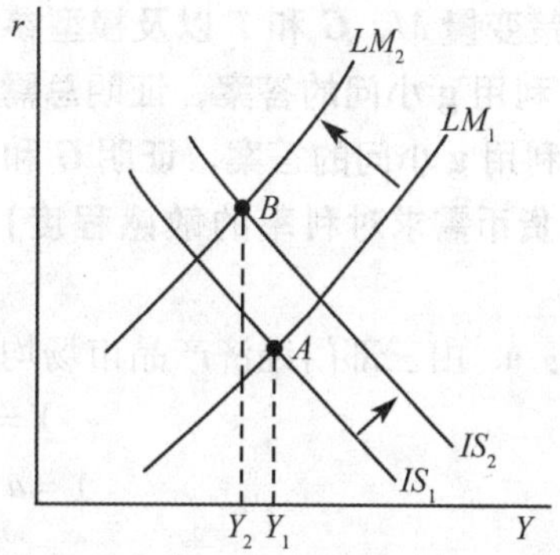

图 13－34　IS－LM 模型中的减税

b. 可支配收入替代总支出来决定货币需求会影响对于税收变动的分析。在每一个收入水平上，减税会使可支配收入增加，现在实际货币余额需求取决于可支配收入，从而会使 LM 曲线上移。同时，在每一个收入水平上的消费也会增加，所以 IS 曲线向右移动。因此，货币需求取决于可支配收入，这会使对税收变动的分析发生很大的变化。如图 13－34 所示，减税有可能使产出减少。

10. 本题要求你对 IS－LM 模型进行代数分析。假定消费是可支配收入的线性函数：

$$C(Y-T)=a+b(Y-T)$$

式中，$a>0$，$0<b<1$。参数 b 是边际消费倾向，参数 a 是有时被称为自主消费的常数。还假定投资是利率的线性函数：

$$I(r)=c-dr$$

式中，$c>0$，$d>0$。参数 d 衡量投资对利率的敏感程度，参数 c 是有时被称为自主投资的常数。

a. 求出 Y，将其表示成 r、外生变量 G 和 T 以及模型参数 a、b、c 和 d 的函数。

b. IS 曲线的斜率如何取决于参数 d，即投资的利率敏感程度？参考 a 小问的答案，给出直观解释。

c. 100 美元的减税和 100 美元的政府购买增加，哪一个引起的 IS 曲线水平移动更大？参考 a 小问的答案，给出直观解释。

现在假定实际货币余额需求是收入和利率的线性函数：

$$L(r,\ Y)=eY-fr$$

式中，$e>0$，$f>0$。参数 e 衡量货币需求对收入的敏感程度，参数 f 衡量货币需求对利率的敏感程度。

d. 求出 r，将其表示成 Y、M 和 P 以及参数 e 和 f 的函数。

e. 利用 d 小问的答案，确定 LM 曲线是在 f 值大的时候还是小的时候更陡，并给出直观解释。

f. M 增加 100 美元引起的 LM 曲线移动的程度如何取决于

(i) 参数 e（货币需求对收入的敏感程度）的值？

(ii) 参数 f(货币需求对利率的敏感程度)的值?

g. 利用 a 和 d 小问的答案，推导总需求曲线的表达式。你的表达式应该将 Y 表示成 P、外生政策变量 M、G 和 T 以及模型参数的函数，不应包含 r。

h. 利用 g 小问的答案，证明总需求曲线的斜率为负。

i. 利用 g 小问的答案，证明 G 和 M 的增加以及 T 的减少使总需求曲线向右移动。如果参数 f(货币需求对利率的敏感程度)等于零，这一结果如何改变？对你的答案提供直观解释。

答： a. 由三部门经济产品市场均衡条件 $Y=C+I+G$，将 C、I 的表达式代入可得：

$$Y=C(Y-T)+I(r)+G$$

$$Y=a+b(Y-T)+c-dr+G$$

$$Y=\frac{a-bT+c-dr+G}{1-b}$$

b. IS 曲线的斜率为 $\mathrm{d}r/\mathrm{d}Y=\frac{1}{\mathrm{d}Y/\mathrm{d}r}=-\frac{1-b}{d}$。

从数学上来看，d 越大，IS 曲线斜率的绝对值就越小，IS 曲线也就越平坦。从直观上来看，d 越大，那么投资对利率 r 的敏感程度就越高，利率的很小变动会引起投资的较大变动，继而引起产出 Y 的较大变动，这就表现为 IS 曲线越平坦。

c. 100 美元的政府购买增加会引起 IS 曲线更大的水平移动。由 a 小问的答案可知，1 美元的减税能够使产出增加 $b/(1-b)$，而 1 美元的政府购买增加能够使产出增加 $1/(1-b)$。由于 $0<b<1$，所以相同数额的政府购买对产出的影响更大，即能够引起 IS 曲线更大的移动。

d. 货币市场的出清条件为实际货币余额需求 = 实际货币余额供给，现在实际货币余额供给是给定的，等于 M/P，那么市场出清条件可以表示为：

$$M/P=eY-fr$$

$$r=\frac{eY}{f}-\frac{M}{fP}$$

e. 由 d 小问的答案可知，LM 曲线的斜率为 $\mathrm{d}r/\mathrm{d}Y=e/f$。从数学上可知，$f$ 值越小，LM 曲线越陡峭。从直观上来看，由于实际货币余额需求等于实际货币余额供给，是一个固定的值，所以 f 值越小，产出 Y 对 r 的敏感程度就越低，利率 r 很大的变动只会引起产出 Y 较小的变动。因此，LM 曲线越陡。

f. 货币市场出清条件为 $M/P=eY-fr$。

(i) M 增加 100 美元，等式右边也要相应的增大。等式右边变动过程中，参数 e 的值越大，Y 所增加的值就越小，相应地引起的 LM 曲线的移动就越小。LM 曲线移动的规模与 e 值负相关。

(ii) 同(i)一样，等式右边变动过程中，参数 f 的值越大，Y 所增加的值就越大，相应地引起的 LM 曲线的移动就越大。LM 曲线移动的程度与 f 值正相关。

g. 结合 a 和 d 小问可以求出产出 Y 的表达式：

$$Y=\frac{f(a-bT+c+G)}{f(1-b)+de}+\frac{dM}{[f(1-b)+de]P}$$

h. 由 g 小问的答案可知，当价格 P 变大时，g 小问中等式右边的第二项会变小，导致产出 Y 的减小。这反映出了 Y 与 P 之间的负相关关系，所以说总需求曲线的斜率为负。

i. 由 g 小问中产出的表达式可知，G、M 的增加以及 T 的减少都会使等式右边的数值增加，结果就是产出的增加。反映在总需求曲线上就是任意价格水平下的产出增加，即总需求曲线向右移动。如果参数 f 等于零，那么 T 的减少和 G 的增加都不会对最后的产出产生影响。此时，只有货币供应量 M 的变化可以使总需求曲线移动。进一步来看，如果 f 等于零，那么总需求曲线就可以表示为 $Y=\frac{M}{eP}$。

第 14 章　重访开放经济：蒙代尔－弗莱明模型与汇率制度

14.1　复习笔记

【知识框架(庖丁解牛)】

- 蒙代尔－弗莱明模型与汇率制度
  - 蒙代尔－弗莱明模型
    - 模型假设
    - 模型推导
    - 最终模型
  - 不同汇率制度下的政策影响
    - 浮动汇率下的小型开放经济
      - 财政政策
      - 货币政策
      - 贸易政策
    - 固定汇率下的小型开放经济
      - 财政政策
      - 货币政策
      - 贸易政策
    - 政策效应的总结
  - 蒙代尔－弗莱明模型中的利率差别(国际利差)
  - 不可能三角形
  - 小型开放经济中的总需求曲线
  - 大型开放经济的短期模型及宏观经济政策的影响
    - 大型开放经济的 IS－LM 短期模型
    - 财政政策
    - 货币政策

【考点难点归纳(厚积薄发)】

考点一：蒙代尔－弗莱明模型　★★★★

1. 模型假设

(1)小型开放经济，有 $r=r^*$。

(2)资本完全流动。

(3)财政政策、货币政策和国内外价格水平都外生给定，即 G、T、M、P、P^* 都固定，因此根据 $\varepsilon=eP/P^*$(间接标价法)，ε 与 e 同比例变动。

2. 模型推导

(1)产品市场与 IS^* 曲线：

根据净出口曲线和凯恩斯交叉图可以推导出 IS^* 曲线。在图 14－1 中，(a)、(b)分别

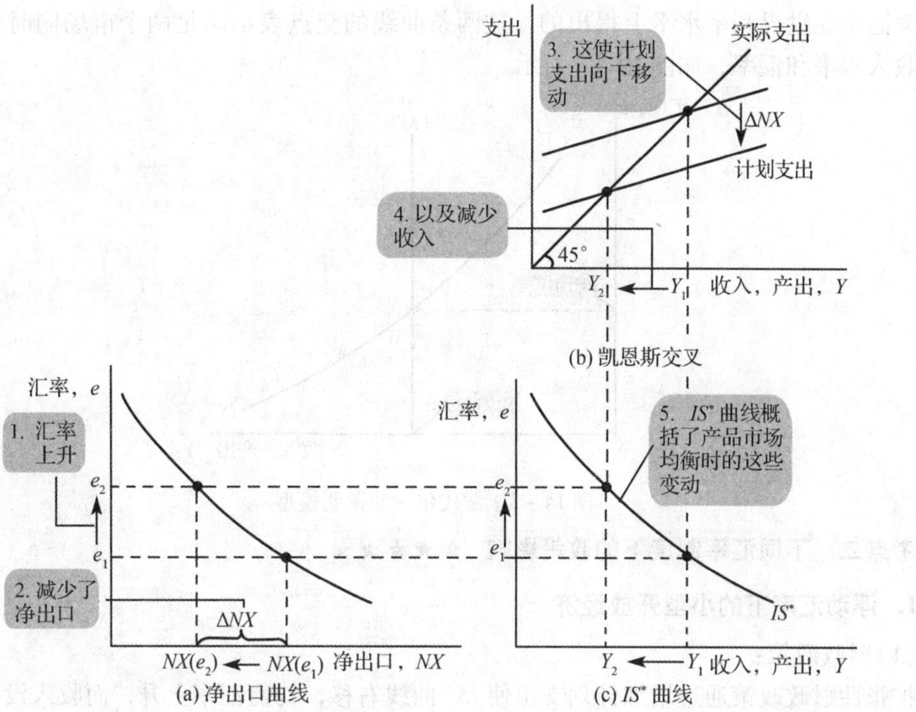

图 14－1 IS^* 曲线的推导

表示净出口曲线、凯恩斯交叉图，当汇率从 e_1 上升为 e_2，净出口从 $NX(e_1)$ 减少为 $NX(e_2)$ 时，计划支出曲线向下移动，收入从 Y_1 减少为 Y_2。图(c)即为表示汇率与收入之间这种变动关系的 IS^* 曲线：汇率越高，收入水平越低。IS^* 曲线方程式为：$Y=C(Y-T)+I(r^*)+G+NX(e)$。

(2)货币市场与 LM^* 曲线：

蒙代尔－弗莱明模型代表货币市场的方程为：$M/P=L(r,\ Y)$。再加上国内利率等于世界利率的假设，即 $r=r^*$，就得到 LM^* 曲线方程式：$M/P=L(r^*,\ Y)$。由于 LM^* 方程式中不涉及汇率，所以 LM^* 方程式决定了收入水平，并且 LM^* 曲线垂直于横轴，如图 14－2 所示。

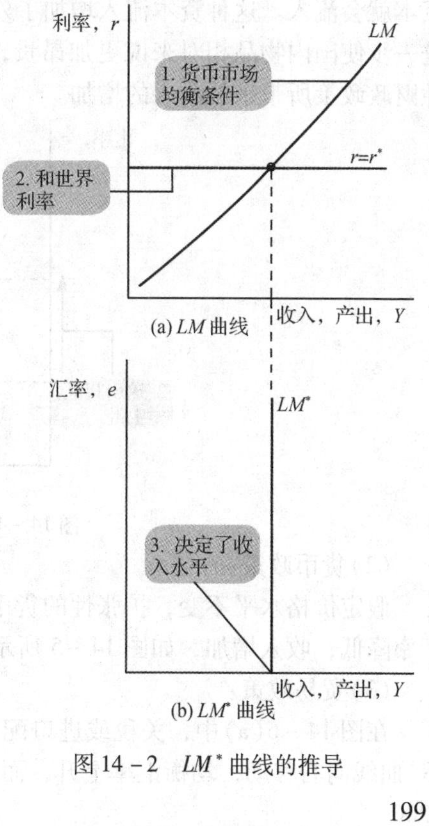

图 14－2 LM^* 曲线的推导

3. 最终模型

根据蒙代尔－弗莱明模型，资本完全流动的小型开放经济可以用两个方程来描述，即 IS^*：$Y=C(Y-T)+I(r^*)+G+NX(e)$ 与 LM^*：$M/P=L(r^*,\ Y)$。

蒙代尔－弗莱明模型是通过产品市场均衡条件下的 IS^* 曲线与货币市场均衡条件下的 LM^* 曲线，

将利率固定在世界利率水平上得出的。这两条曲线的交点表示满足两个市场同时达到均衡时的收入水平和汇率，如图 14－3 所示。

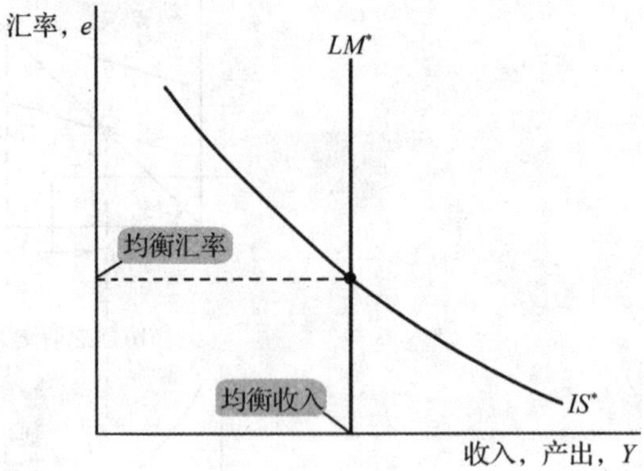

图 14－3 蒙代尔－弗莱明模型

考点二：不同汇率制度下的政策影响 ★★★★★

1. 浮动汇率下的小型开放经济

(1)财政政策：

扩张性财政政策通过增加计划支出使 IS^* 曲线右移，均衡汇率上升，而收入没有发生变动，如图 14－4 所示。收入不变的原因如下：

在一个开放经济中，政府增加开支或减税引起利率上升，当利率高于世界利率水平时，资本就会流入。这种资本流入增加了外汇市场上对本国货币的需求，从而使国内货币升值，进一步使国内物品相对来说更加昂贵，这就减少了净出口，净出口的减少正好抵消了扩张性财政政策所带来的收入的增加。

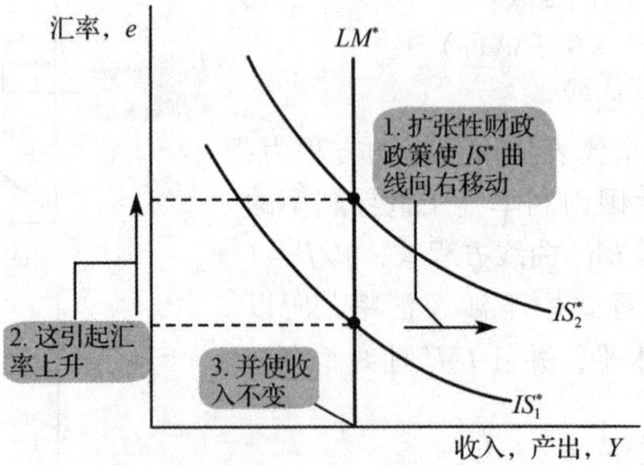

图 14－4 浮动汇率下的财政扩张

(2)货币政策：

假定价格水平不变，扩张性的货币政策增加了实际货币余额，使 LM^* 曲线右移，均衡汇率降低，收入增加，如图 14－5 所示。

(3)贸易政策：

在图 14－6(a)中，关税或进口配额使净出口曲线向右移动。这导致图 14－6(b)中的 IS^* 曲线向右移动，均衡汇率上升，而收入保持不变。

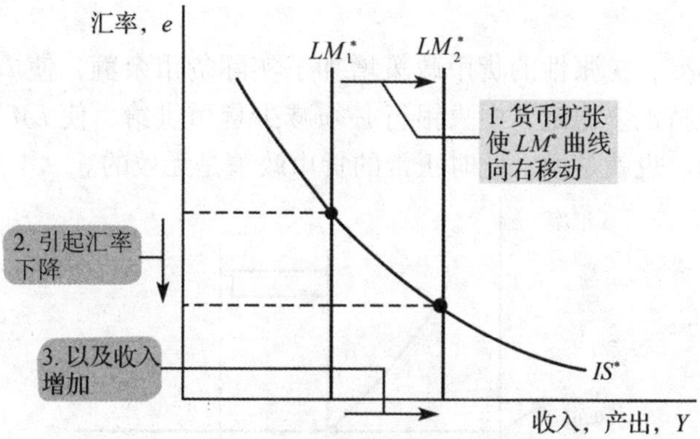

图 14－5　浮动汇率下的货币扩张

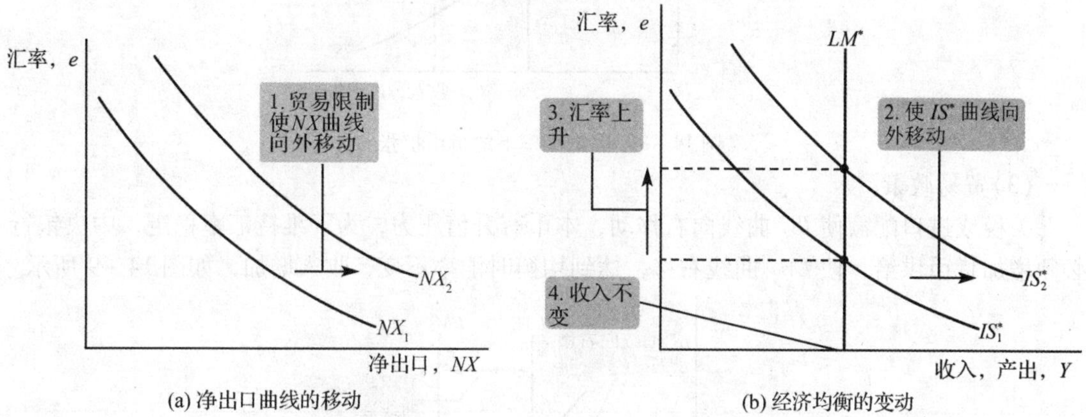

图 14－6　浮动汇率下的贸易限制

2. 固定汇率下的小型开放经济

(1)财政政策：

扩张性财政政策增加了计划支出，使 IS^* 曲线右移，本币有升值压力，为了保持固定汇率，中央银行必须增加货币供给，从而使 LM^* 曲线向右移动。与浮动汇率下的情形正好相反，此时扩张性的财政政策使得均衡汇率不变，收入增加，如图 14－7 所示。

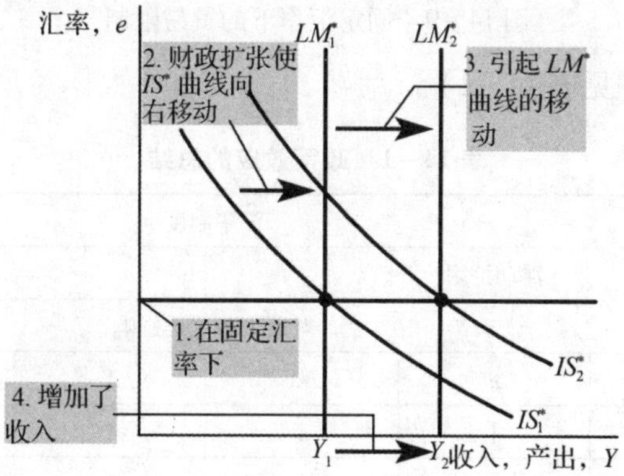

图 14－7　固定汇率下的财政扩张

(2)货币政策：

假定价格水平不变，扩张性的货币政策增加了实际货币余额，使 LM^* 曲线右移，本币有贬值压力，为了维持汇率稳定，中央银行必须减少货币供给，使 LM^* 曲线移回到初始位置，如图 14－8 所示。也就是说，此时正常的货币政策是无效的。

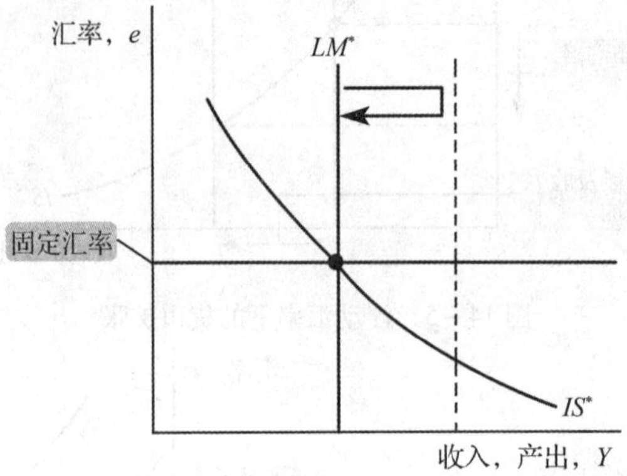

图 14－8　固定汇率下的货币扩张

(3)贸易政策：

关税或进口配额使 IS^* 曲线向右移动，本币有升值压力，为了维持汇率稳定，中央银行必须增加货币供给，使 LM^* 曲线右移，达到均衡时汇率不变，收入增加，如图 14－9 所示。

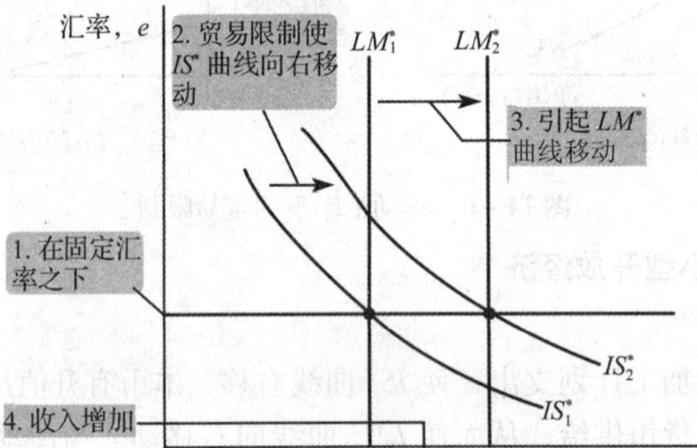

图 14－9　固定汇率下的贸易限制

3. 政策效应的总结(见表 14－1)

表 14－1　政策效应的总结

政策	汇率制度					
	浮动汇率			固定汇率		
	对以下各项的影响					
	Y	*e*	*NX*	*Y*	*e*	*NX*
财政扩张	0	↑	↓	↑	0	0
货币扩张	↑	↓	↑	0	0	0
进口限制	0	↑	0	↑	0	↑

考点三：蒙代尔 - 弗莱明模型中的利率差别（国际利差）★★

国家风险和预期汇率变动是导致利率差别的两个主要原因。在通常情况下，欠发达国家支付的利率较高；预期通货会贬值，其利率会更高。一般用 θ 表示这种利率差，又称为风险贴水。加入 θ 后，一国利率 $r = r^* + \theta$。显然利率较无风险贴水时高，在理论上会引起投资和货币需求减少，使 IS^* 左移、LM^* 右移，从而使收入增加和通货贬值。

但由于：①央行为避免通货贬值而减少货币供给；②国内通货贬值会突然提高进口产品价格，导致物价上升；③当风险贴水增加时，本国居民可能会增加货币需求，因为通货是最安全的资产。这就使得收入增加在实际中并不会出现，因此风险增加并不是合意的。在短期，它会使通货贬值，并通过以上三个渠道使收入减少；在长期，较高利率减少了投资及资本积累，降低了经济增长率。如果投资者对持有一个国家的资产比较谨慎，该国的利率就会比世界利率高出某个风险贴水。根据蒙代尔 - 弗莱明模型，风险贴水的提高引起利率的上升和该国通货的贬值。

考点四：不可能三角形 ★★★

不可能三角形又称三元悖论，是由美国经济学家保罗·克鲁格曼提出的，他在蒙代尔 - 弗莱明模型的基础上考虑了开放经济学的政策选择问题。

不可能三角形是指本国货币政策的独立性、汇率的稳定性、资本的完全流动性不能同时实现，最多只能同时满足两个目标，如图 14 - 10 所示，一国必须选择这个三角形的一边，放弃对角。其中，本国货币政策的独立性主要是指一国是否具有利用货币政策影响其产出和就业的能力；汇率的稳定性是指保护本国汇率免受投机性冲击、货币危机的冲击等；资本的完全流动性是指不限制短期内资本的自由流动。不可能三角形的三种可能选择见表 14 - 2。

表 14 - 2　不可能三角形的三种可能选择

要点	选择	放弃
选项 1	资本的完全流动性和货币政策的独立性	汇率的稳定性。这意味着允许汇率浮动来平衡外汇市场
选项 2	资本的完全流动性和汇率的稳定性	货币政策的独立性。货币政策必须以保持固定汇率为目标进行调整，如果该国汇率与另一国汇率挂钩，那就是在采用另一国的货币政策
选项 3	货币政策的独立性和汇率的稳定性	资本的完全流动性

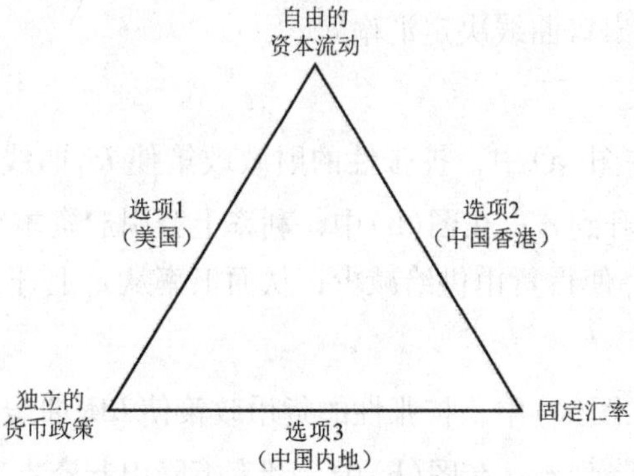

图 14 - 10　三元悖论

考点五：小型开放经济中的总需求曲线 ★★

若蒙代尔－弗莱明模型中价格可变，那么可推导出小型开放经济中的总需求曲线。在图14－11(a)中，当价格水平下降时，LM^*曲线向右移动，均衡收入水平提高。图14－11(b)即为总需求曲线，它反映了P和Y的负相关关系。

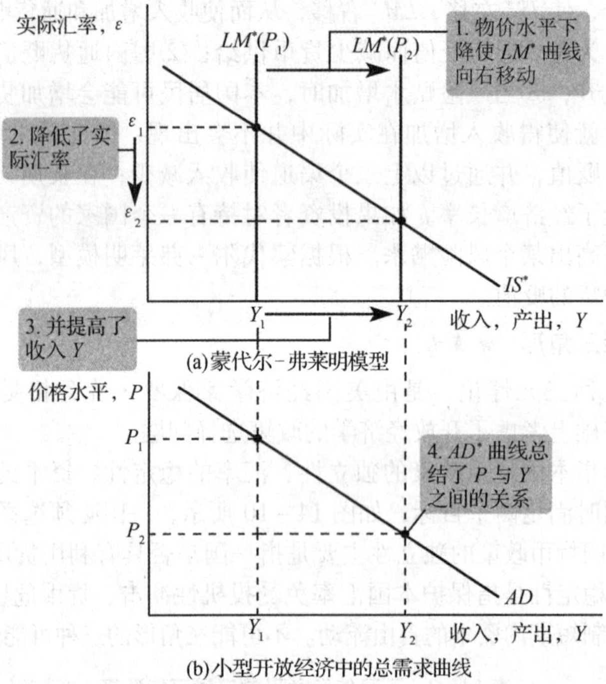

图14－11　作为一种总需求理论的蒙代尔－弗莱明模型

考点六：大型开放经济的短期模型及宏观经济政策的影响 ★★★

1. 大型开放经济的 IS－LM 短期模型

该模型的三个方程式为：$Y=C(Y-T)+I(r)+G+NX(e)$、$M/P=L(r, Y)$以及$NX(e)=CF(r)$。贸易余额NX等于资本净流出CF，而资本净流出取决于国内利率。其相互关系可用图14－12来表示。图(a)表示IS和LM曲线决定了r_1和Y_1；图(b)表示r_1决定资本净流出CF_1；图(c)表示CF_1和净出口曲线决定汇率e_1。

2. 财政政策

如图14－12所示，在图(a)中，扩张性的财政政策使IS_1曲线向右移动到IS_2，收入从Y_1增加到Y_2，利率从r_1上升到r_2；在图(b)中，利率上升引起资本净流出从CF_1减少为CF_2；图(c)表示资本净流出下降使得货币供给减少，从而汇率从e_1上升为e_2。

3. 货币政策

如图14－12所示，在图(a)中，扩张性的货币政策使LM_1曲线向右移动到LM_2，收入从Y_1增加到Y_3，利率从r_1下降到r_3；在图(b)中，利率下降引起资本净流出从CF_1增加为CF_3；图(c)表示资本净流出上升使得货币供给增加，从而汇率从e_1下降为e_3。

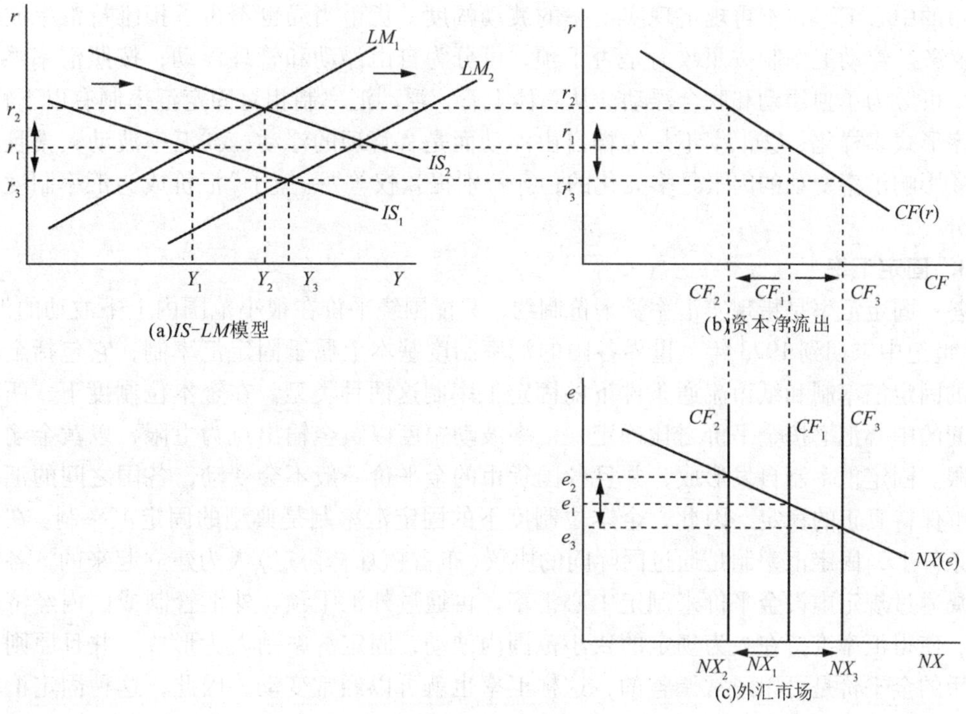

图 14 – 12　大型开放经济的短期模型及财政、货币扩张

14.2　课后习题详解

一、概念题

1. 蒙代尔 – 弗莱明模型

答：蒙代尔 – 弗莱明模型将封闭经济的宏观分析工具 *IS – LM* 模型扩展到开放经济之中，对固定汇率制与浮动汇率制下财政政策和货币政策的作用机制、政策效力进行了分析研究，是从货币金融角度为主对开放经济进行宏观分析的基本分析框架。在西方文献中，蒙代尔 – 弗莱明模型被称为开放经济下进行宏观分析的工作母机，对国际金融学的发展有很大影响。

蒙代尔 – 弗莱明模型的分析对象是一个小型开放经济国家。分析的前提是：总供给曲线是水平的；即使在长期里，购买力平价也不存在，汇率完全依据国际收支状况进行调整；不存在汇率将发生变动的预期，投资者风险中立。

在以上前提下，蒙代尔 – 弗莱明模型得出的结论是：固定汇率制下财政政策相对有效，货币政策相对无效，但货币政策可以改变基础货币的构成；浮动汇率制下货币政策相对有效，财政政策相对无效，但财政政策可以改变总支出的构成。

2. 浮动汇率

答：浮动汇率是指现实汇率不受平价的限制，随外汇市场供求状况变动而波动的一种汇率，它是与固定汇率相对而言的。1973 年 2 月，布雷顿森林体系崩溃后，西方各主要工业国先后都实现了浮动汇率制。在浮动汇率制下，一国货币不再规定金平价，不再规定对外货币的中心汇率，不再规定现实汇率的波动幅度，货币当局也不再承担维持汇率波动界限的义务。浮动汇率制按照政府是否干预，可分为自由浮动和管理浮动；按照汇率浮动的形式，可分为单独浮动和联合浮动。从总体上看，浮动汇率制相对固定汇率制有以下特点：①汇率形式多样化；②汇率不是纯粹自由浮动而是有管理的浮动；③汇率波动频繁且幅度大；④影响汇率变动的因素是多元化的；⑤特别提款权等“一篮子”汇价成为汇率制度的组成部分。

3．固定汇率

答：固定汇率是指现实汇率受平价制约，只能围绕平价在很小范围内上下波动的汇率。从19世纪中末期到1973年，世界各国的汇率制度基本上属于固定汇率制，它包括金本位制下的固定汇率制和纸币流通条件下的固定汇率制这两种类型。在金本位制度下，两国货币之间的中心汇率按金平价之比确定，汇率波动幅度以黄金输出点为上限，以黄金输入点为下限。固定汇率制自发形成，并且各国货币的金平价一般不会变动，各国之间的汇率也就能够保持真正的稳定，因此，金本位制度下的固定汇率制是典型的固定汇率制。在纸币流通条件下，固定汇率制是通过国际间的协议（布雷顿森林协定）人为建立起来的，各国货币当局通过规定虚设金平价来制定中心汇率，再通过外汇干预、外汇管制或国内经济政策措施，使得汇率维持在人为规定的狭小范围内波动，固定汇率制人为形成，并且原则上各国货币的金平价是可以经常调整的，这样汇率也就可以经常变动，因此，这种固定汇率制严格说来只能称为“可调整的钉住汇率制”。

4．法定贬值

答：法定贬值是指政府主动降低本国货币的含金量，以降低本币对外币的汇率。一国政府之所以宣布货币法定贬值，主要原因有：该国出口困难造成持续性贸易逆差，国内出现严重失业而导致国际收支危机，本国货币在国际间不能保持原有的支付能力等等。法定贬值是该国经济在迫不得已的情况下所采取的一种紧急性经济措施。同时，货币法定贬值也是西方各国经济动荡不安的重要表现之一。货币贬值通过降低本国商品的相对价格，使国外人们增加对本国产品的需求，本国居民减少对外国产品的需求，从而有利于改善贸易逆差。但同时，也会引发通货膨胀和国内资本外流。

5．法定升值

答：法定升值是指一国政府正式宣布提高本国货币的含金量，以提高本币对外币的汇率。一国政府采取货币法定升值的措施，是有深刻的国内外原因的。

从国内原因看，国际收支若出现持续的巨额顺差，本国货币日趋坚挺，其需求压力势必剧增。为此，该国政府必须增发本国货币、收购外国货币，但这无疑会加剧本国的通货膨胀，大大削弱本国商品的出口竞争能力。因此，该国只能通过货币升值来缓解国际游资的冲击，减轻国内通胀压力。从国外原因看，持续性国际收支逆差会引致国际收支危机，因此，为维护本国利益，逆差国会施压于顺差国，迫使顺差国实行货币升值的措施。同时，顺差国为照顾与本国经贸关系密切国家的利益也需要采取货币升值的措施。可见，迫于国内外的压力，长期处于国际收支顺差的国家只有做出货币升值的抉择。

6. 不可能三角形

答：不可能三角形又称“国际金融三难困境”，是指一国（或地区）不可能同时拥有自由的资本流动、固定汇率和独立的货币政策。一国（或地区）必须选择这个三角形的一边，放弃对角。

二、复习题

1. 在浮动汇率下的蒙代尔 – 弗莱明模型中，解释当税收增加时，收入、汇率和贸易余额会发生什么变动？如果汇率是固定的而不是浮动的呢？

答：(1)在浮动汇率下的蒙代尔 – 弗莱明模型中，当税收增加时，IS^* 曲线向左移动，LM^* 曲线没有改变，如图 14 – 13 所示。因此，收入没有改变，但均衡汇率水平下降，导致出口增加，贸易余额变大。

(2)若汇率是固定的，当税收增加时，IS^* 曲线左移，为了维持汇率不变，LM^* 曲线也必须左移，如图 14 – 14 所示。因此，当汇率不变时，收入降低。净出口只受汇率影响，所以出口没有变化，贸易余额不变。

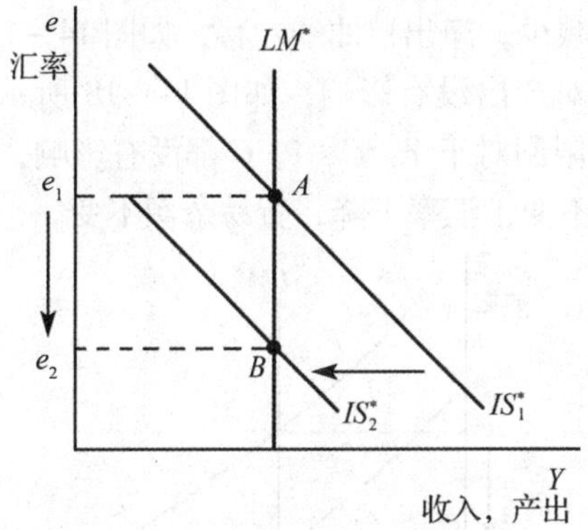

图 14 – 13　浮动汇率下税收增加

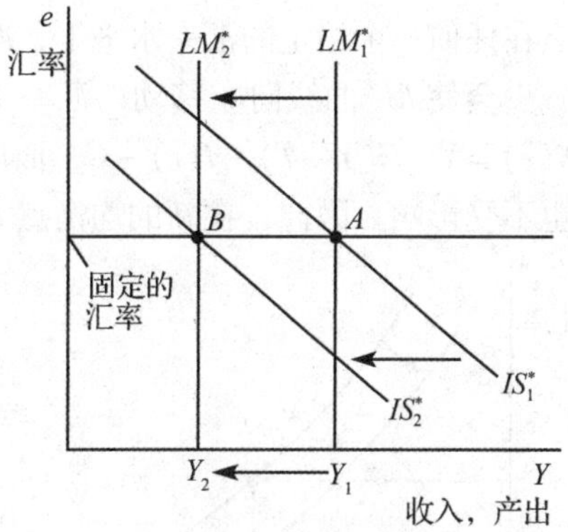

图 14 – 14　固定汇率下税收增加

因此，可以得出结论：财政政策在固定汇率制下对产出有影响，在浮动汇率制下对产出没有影响。

2. 在浮动汇率下的蒙代尔 – 弗莱明模型中，解释当货币供给减少时，收入、汇率和贸易余额会发生什么变动？如果汇率是固定的而不是浮动的呢？

答：(1)在浮动汇率下的蒙代尔 – 弗莱明模型中，货币供给 M 减少，则实际货币余额 M/P 减少，导致 LM^* 曲线左移，如图 14 – 15 所示。在新的均衡点 B，收入减少，汇率上升，贸易余额减少。

(2)在固定汇率下，如果减少货币供给 M，那么本币就有升值压力，为了缓解这个压力，中央银行将出售本国货币，购买外汇，那么，就增加了货币供给 M，使 LM^* 曲线向右回移，直到重新回到 LM_1^* 维持汇率不变为止，如图 14 – 16 所示。所以，此时货币政策没有什么效果，收入、汇率和贸易余额都不改变。

因此，可以得出结论：货币政策在浮动汇率制下对产出有影响，但在固定汇率制下对产出没有影响。

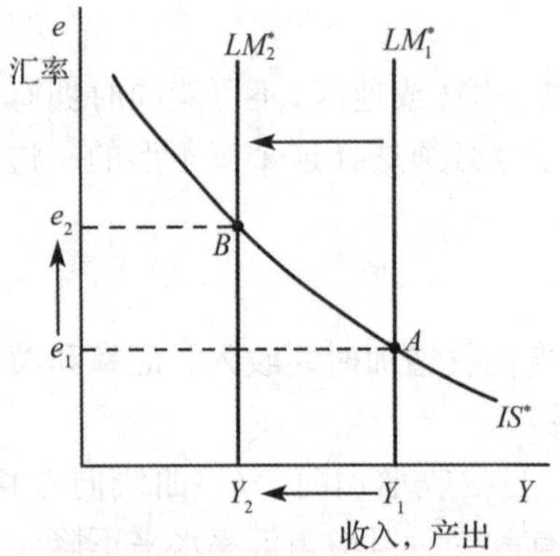

图 14－15　浮动汇率下货币供给减少

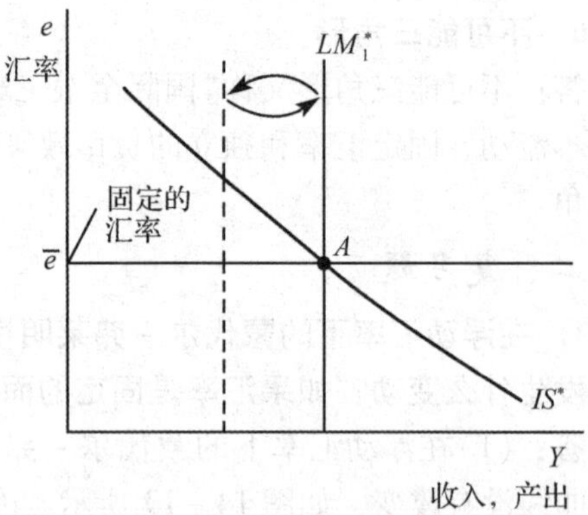

图 14－16　固定汇率下货币供给减少

3. 在浮动汇率下的蒙代尔－弗莱明模型中，解释当进口汽车的配额被取消时，收入、汇率和贸易余额会发生什么变动？如果汇率是固定的而不是浮动的呢？

答：(1)在浮动汇率下的蒙代尔－弗莱明模型中，取消对进口汽车的配额，可能会增加进口，那么在任何一个给定的汇率水平下，净出口将减少，净出口曲线左移，如图 14－17 所示。净出口减少会使 IS^* 曲线向左移动，汇率下降，但对产出没有影响，如图 14－18 所示。同时因为 $NX(e)=Y-C(Y-T)-I(r)-G$，而取消进口限制对于 Y、C、I、G 都没有影响，所以贸易余额也不受影响。因此，在新的均衡点 B，收入不变，汇率下降，贸易余额不变。

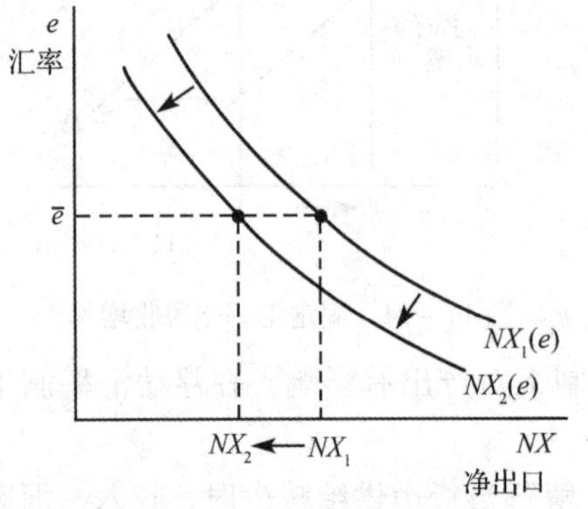

图 14－17　净出口曲线左移

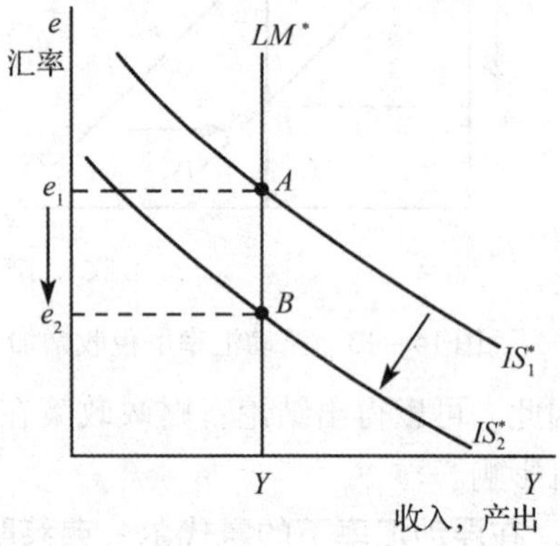

图 14－18　浮动汇率下 IS^* 曲线左移

(2)在固定汇率下，取消对进口汽车的配额，首先净出口将减少，IS^* 曲线也将左移。但是，为了维持固定汇率，LM^* 曲线会向左移动，使 IS^* 和 LM^* 交点对应的汇率在原来的水平上，如图 14－19 所示。因此，在新的均衡点 B 处，收入下降，汇率不变，贸易余额减少。

因此，可以得出结论：贸易政策在浮动汇率制下对产出和贸易余额都无影响，但在固定汇率制下对产出和贸易余额有影响。

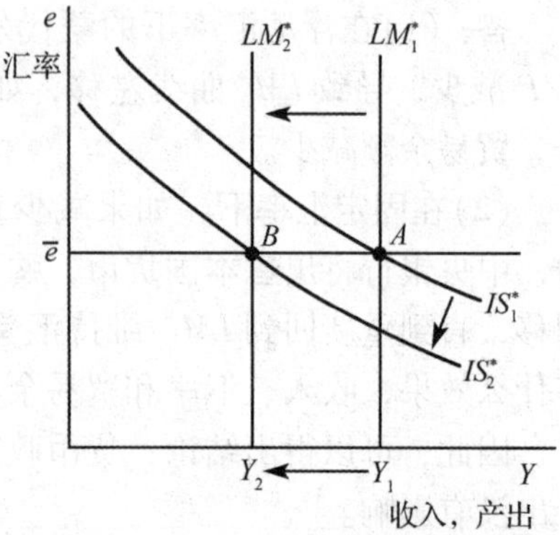

图 14－19　固定汇率下 IS^* 曲线左移

4. 浮动汇率与固定汇率各有什么优缺点？

答： 浮动汇率制与固定汇率制是汇率制度的两大基本类型。浮动汇率制是指现实汇率随外汇市场供求状况变动而波动的一种汇率制度。固定汇率制是指现实汇率受平价制约，只能围绕平价在很小范围内上下波动的汇率制度。浮动汇率制度和固定汇率制度各有利弊。

(1)浮动汇率的优点和缺点：

浮动汇率的优点：①浮动汇率制有助于发挥汇率对国际收支的自动调节作用。在浮动汇率制下，只要一国的国际收支出现失衡，货币就会自动贬值或升值，从而对国际收支与整个经济进行自发调节，不需要任何专门的政策或者强制措施。②浮动汇率制可以防止国际游资的冲击，减少国际储备需求。在浮动汇率制下，政府不承诺维持某一汇率水平，因此投机性资金不易找到汇率明显高估或低估的机会，政府也不需要为了保持固定汇率而保存大量的国际储备。③浮动汇率制使得一国内外均衡易于协调。在浮动汇率制下，汇率自发调节实现外部均衡，货币政策和财政政策专注于内部均衡，从而可以独立制定本国经济稳定和发展的政策。

浮动汇率的缺点：①不利于国际贸易和国际投资，使进出口贸易不易准确核算成本或使成本增加，因此影响长期贸易合同的签订。不仅削弱了商品在国际市场上的竞争力，还容易引起借故拖延付款和要求降价、取消合同订货等，给进出口业务带来不利影响。②可能导致竞争性货币贬值。各国采取以邻为壑的政策，在损害别国利益前提下改善本国国际收支逆差状况。③助长了国际金融市场上的投机活动，使国际金融局势更加动荡。

(2)固定汇率的优点和缺点：

固定汇率的优点：①固定汇率制更有利于国际贸易和投资的发展。固定汇率制下不存在汇率波动的风险，从而有利于国际贸易和投资的发展。②固定汇率制使各国不易进行汇率的竞相贬值。和浮动汇率制相反，由于国家间汇率固定，不会造成竞争性贬值行为。③政府不能为了维持固定汇率就以可能引发通货膨胀的速度增加货币供应量。固定汇率制总是对货币政策的使用存在着一定的制约。例如，扩张性货币政策会引起储备外流，最终对固定汇率的维持构成威胁，而恢复经济的均衡还得通过紧缩性的货币政策。

固定汇率的缺点：①容易导致本币币值被高估，削弱本地出口商品竞争力，引起难以维系的长期经常项目收支失衡。②在固定汇率条件下，要维持汇率不变，必须处理好内外平衡问题，即保持国际收支平衡以及控制总需求以达到充分就业状态。实行真正的固定汇率制度需要各国付出很大的调整代价。③在固定汇率制度下，一国必须要么牺牲本国货币政策的独立性，要么限制资本的自由流动，否则易引发货币和金融危机。

5. 描述不可能三角形。

答： 不可能三角形(impossible trinity)是指一国不可能同时拥有资本自由流动、固定汇率和独立的货币政策，如图 14-20 所示，一国必须选择这个三角形的一边，放弃对角的制度。

第一个政策选项是选择资本的完全流动性和货币政策的独立性，放弃汇率的稳定性。这意味着要允许汇率的浮动以保持外汇市场的平衡，这就是近年来美国的做法。

第二个政策选项是选择资本的完全流动性和汇率的稳定性，放弃货币政策的独立性。这意味着货币政策的调整必须以稳定汇率为目标，并且如果该国(或地区)的汇率与另一国

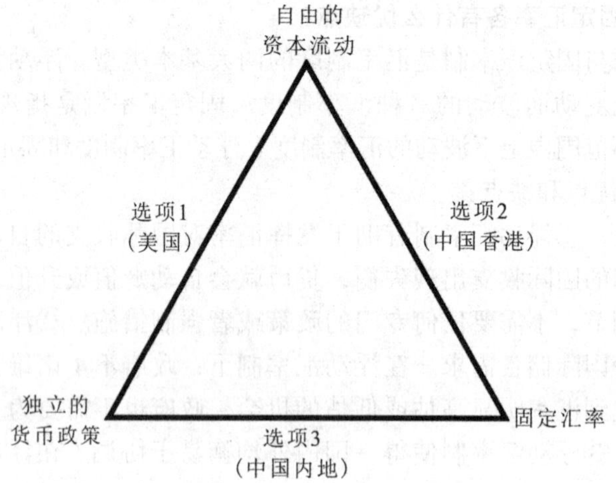

图 14-20　不可能三角形

(或地区)挂钩，则该国(或地区)相当于在采取他国(或地区)的货币政策，这就是近年来中国香港的做法。

第三个政策选项是选择货币政策的独立性和汇率的稳定性，放弃资本的完全流动性。此时，汇率由国内力量决定，与封闭经济的情形类似，这就是近年来中国内地的做法。

历史已经说明各国可以而且确实选择了三角形的不同边。每一个国家必须在三个不同的选项之间做出选择：即汇率波动(选项1)、为国内稳定而放弃货币政策(选项2)、限制其国民参与世界金融市场(选项3)。不可能三角形表明没有一国能避免选择三者之一。

三、问题与应用

1. 用蒙代尔－弗莱明模型预测在浮动和固定汇率下，作为对下面每一种冲击的反应，收入、汇率和贸易余额会发生什么变动？答案需包括一幅合适的图形。

a. 消费者对未来的信心下降导致消费者减少支出和增加储蓄。

b. 丰田新推出一款时尚车型使一部分消费者偏好外国汽车而不是本国汽车。

c. 自动取款机的采用减少了货币需求。

答：下面三个式子描述了蒙代尔－弗莱明模型：

$$Y = C(Y - T) + I(r) + G + NX(e)$$

$$M/P = L(r,\ Y)$$

$$r = r^*$$

另外，假定短期内国内外价格水平都不变，这意味着名义汇率 e 与实际汇率 ε 成比例。

a. (1)在浮动汇率下，如果消费减少，储蓄增加，那么 IS^* 曲线将向左移动，如图 14-21所示。货币供给没有调整，LM^* 曲线不改变，那么均衡汇率下降，货币贬值，贸易余额增加并等于消费的减少，因此收入不变。所以，在新的均衡点 B，收入不变，汇率下降，贸易余额增加。

(2)在固定汇率下，IS^* 曲线向左移动，为了维持汇率不变，LM^* 曲线也将向左移动，如图 14-22 所示，导致收入下降，汇率不变，贸易余额不变。从深层次来说，消费的减少给利率造成下降的压力，因此，汇率也会有下降的压力。因为是固定汇率制，中央银行会用外币买进那些投资者希望兑换的货币，结果汇率不变，贸易余额不变。因为没有什么因素可以抵消消费的下降，所以收入也下降了。

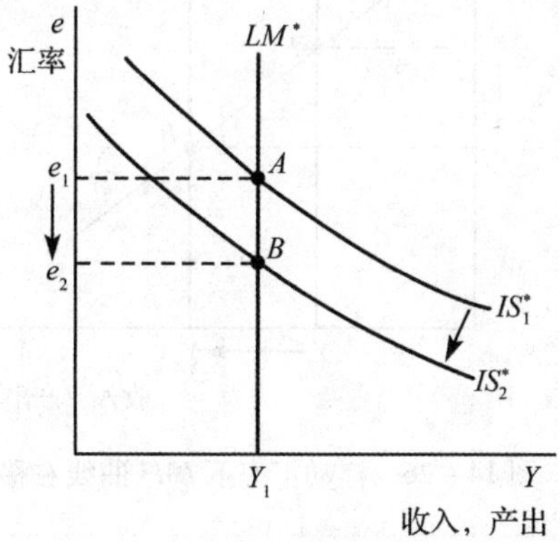

图 14 – 21　浮动汇率下 IS* 曲线左移

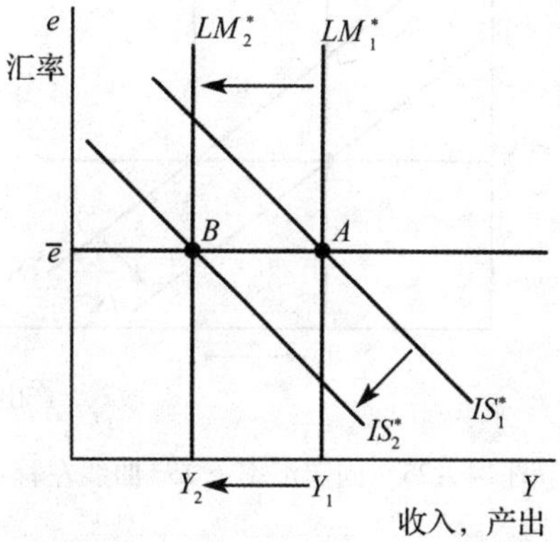

图 14 – 22　固定汇率下 IS* 曲线左移

b. 如果一部分消费者更偏好外国汽车而不是本国汽车，那么外国进口数量增加，净出口曲线向左移动，如图 14 – 23 所示。这会导致任一给定汇率水平下，净出口下降。

(1)净出口减少，使 IS* 曲线向左移动，如图 14 – 24 所示。在浮动汇率下，LM* 曲线不会改变，因此，收入不变，而均衡汇率下降。因为，$NX = S - I$，而 S 和 I 都没有改变，所以贸易余额也没有改变。

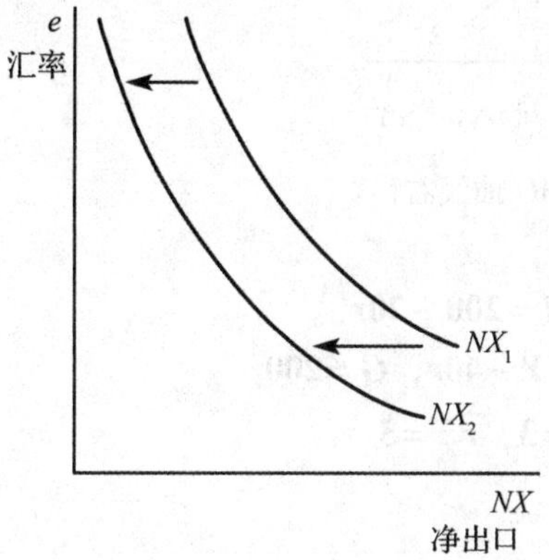

图 14 – 23　净出口曲线左移

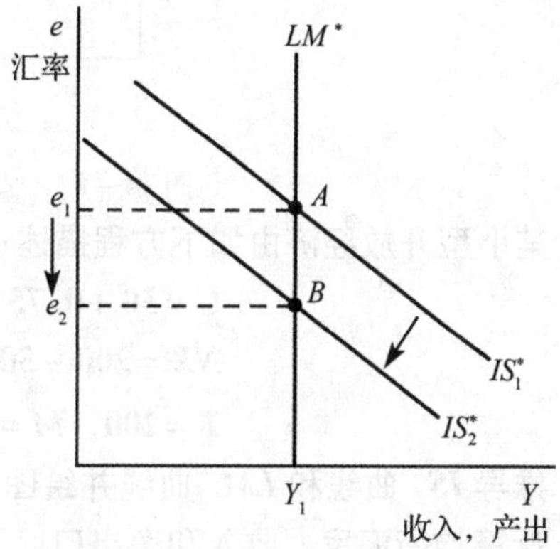

图 14 – 24　浮动汇率下 IS* 曲线左移

(2)如图 14 – 25 所示，在固定汇率下，IS* 曲线左移给汇率造成下降的压力。为维持汇率不变，中央银行将出售外币买进本币，LM* 曲线将左移，那么收入将减少，均衡汇率不变，贸易余额下降。

c. 引进 ATM 机，减少了对货币的需求，相当于增加了货币供给，LM* 曲线将向右移动。

(1)在浮动汇率下，总收入增加，均衡汇率水平下降，贸易余额增加，如图 14 – 26 所示。

(2)在固定汇率下，LM* 曲线右移，将导致国内利率下降从而货币贬值。中央银行为了维持汇率固定，必定用外国货币买进本国货币，这就减少了货币供给，使 LM* 曲线回到原来位置。此时，收入、汇率和贸易余额都没有变化，如图 14 – 27 所示。

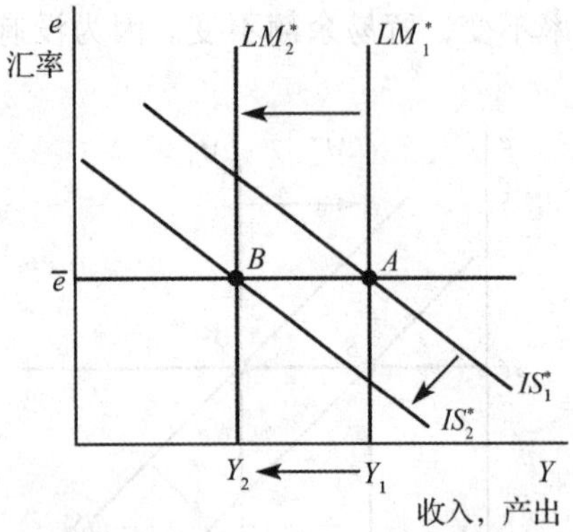

图 14－25　固定汇率下 IS^* 曲线左移

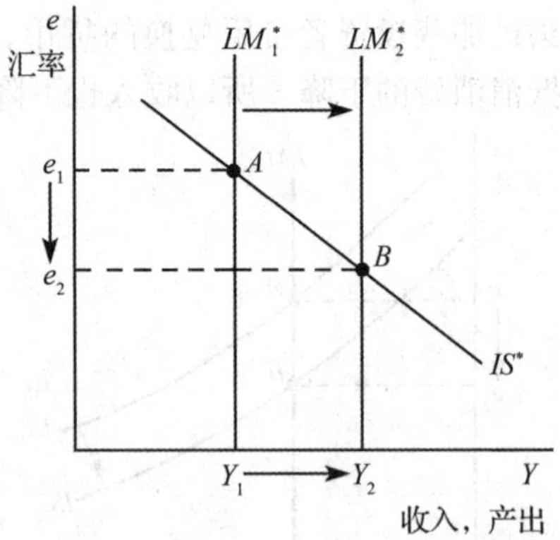

图 14－26　浮动汇率下 LM^* 曲线右移

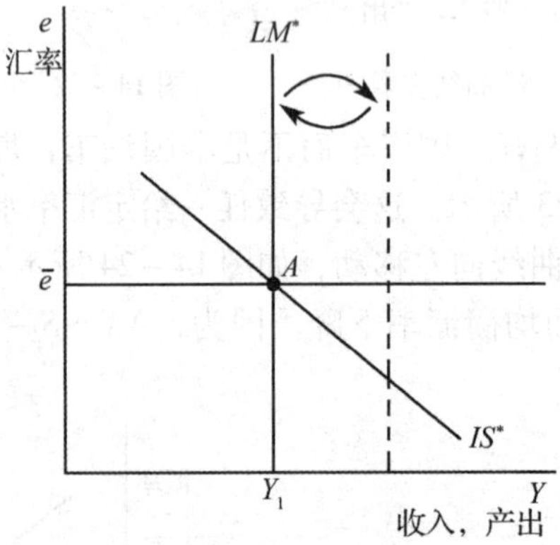

图 14－27　固定汇率下 LM^* 曲线右移

2. 某小型开放经济由如下方程描述：

$$C=50+0.75(Y-T),\ I=200-20r$$

$$NX=200-50\varepsilon,\ M/P=Y-40r,\ G=200$$

$$T=200,\ M=3000,\ P=3,\ r^*=5$$

a. 推导 IS^* 曲线和 LM^* 曲线并绘图。

b. 计算均衡汇率、收入和净出口。

c. 假设经济实行浮动汇率。计算如果政府支出增加 50，汇率、收入、净出口和货币供给会发生什么变动。用图形解释你的结果。

d. 现在假设经济实行固定汇率。计算如果政府支出增加 50，汇率、收入、净出口和货币供给会发生什么变动。用图形解释你的结果。

解：a. IS^* 曲线由 $Y=C(Y-T)+I(r^*)+G+NX(\varepsilon)$ 给定。

将题目中给出的已知条件：

$C=50+0.75(Y-T)$、$I=200-20r$、$G=200$、$T=200$、$NX=200-50\varepsilon$ 代入，求出经济中的 IS^* 曲线：$Y=50+0.75(Y-200)+200-20\times5+200+200-50\varepsilon$。

整理得 IS^* 曲线方程为：$Y=1600-200\varepsilon$。

LM^* 曲线由实际货币余额的供求决定。实际货币余额供给为 $\frac{M}{P}=\frac{3000}{3}=1000$，令货币供求相等，可得 LM^* 曲线：$Y=1000+40r^*$。将 $r^*=5$ 代入 LM^* 可得 $Y=1200$，如图 14－28 所示。

b. 联立 IS^* 曲线和 LM^* 曲线方程：

$$IS^*: Y=1600-200\varepsilon$$

$$LM^*: Y=1200$$

求得均衡汇率 $\varepsilon=2$。因此，均衡汇率是 2，收入水平是 1200。

将 $\varepsilon=2$ 代入 $NX=200-50\varepsilon$，得 $NX=100$。因此，净出口为 100。

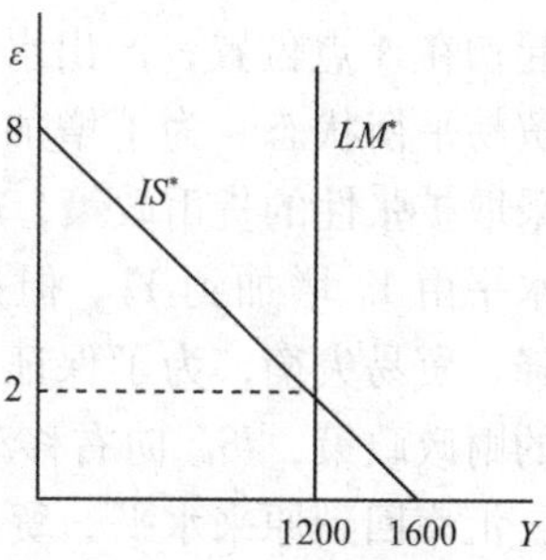

图 14－28　蒙代尔－弗莱明模型

c. 当政府支出增加 50 时，IS^* 曲线变为 $Y=1800-200\varepsilon$。联立 IS^* 曲线和 LM^* 曲线方程：

$$IS^*: Y=1800-200\varepsilon$$

$$LM^*: Y=1200$$

求得均衡汇率 $\varepsilon=3$。因此，均衡汇率是 3，收入水平是 1200。

将 $\varepsilon=3$ 代入 $NX=200-50\varepsilon$，得 $NX=50$。因此，净出口为 50。

当政府支出增加 50 时，IS^* 曲线向右平移，如图 14－29 所示。在浮动汇率下，LM^* 曲线不会改变，因此，货币供给不变，收入不变，而均衡汇率由 2 增加至 3，净出口由 100 减少至 50。

d. 在固定汇率制下，由 IS^* 曲线可得 $Y=1800-200\times2$，得 $Y=1400$。

$$LM^*: Y=200+\frac{M}{3}$$

联立二者，可得 $M=3600$。因此，货币供给为 3600。

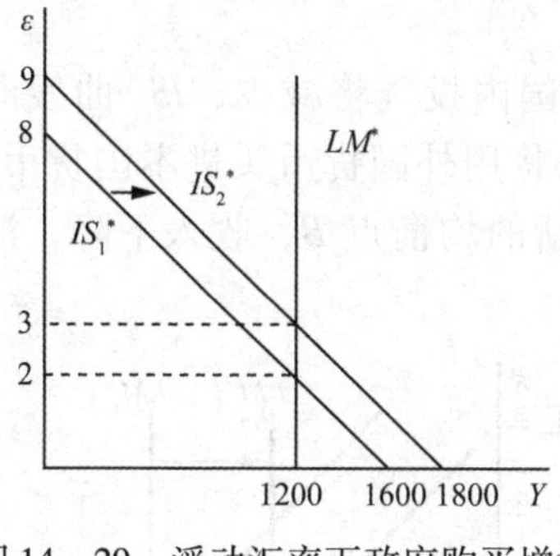

图 14－29　浮动汇率下政府购买增加

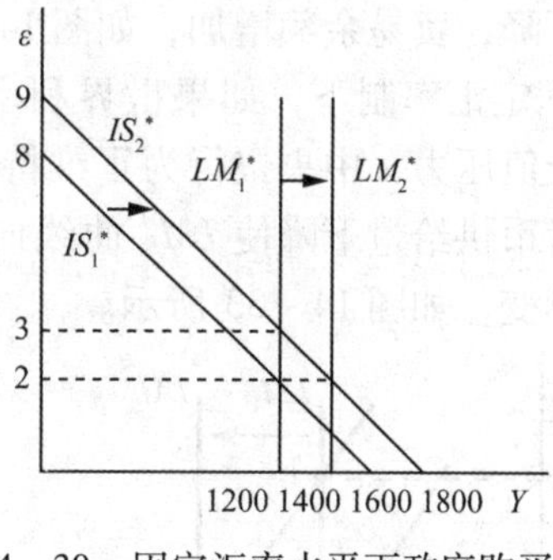

图 14－30　固定汇率水平下政府购买增加

如图 14－30 所示，在固定汇率下，IS^* 曲线右移给汇率造成上升的压力。为维持汇率不变，中央银行将抛出本币买进外币，LM^* 曲线将右移，那么货币供给由 3000 增加至 3600，收入由 1200 将增加至 1400，均衡汇率不变，净出口不变。

3. 一个实行浮动汇率的小型开放经济处于衰退但实现了贸易平衡。如果政策制定者希望达到充分就业同时保持贸易平衡，他们应选择什么样的货币政策和财政政策组合？要求使用图形，并指出每种政策的影响。

答：政府应该采取扩张性的货币政策和扩张性的财政政策。如图 14－31 所示，假设经

济起初在 A 点位置，产出水平为 Y_1，经济衰退并且处于贸易平衡状态。为了增加产出，刺激经济增长，政府采取扩张性的货币政策，LM_1^* 曲线右移至 LM_2^*，产出水平由 Y_1 增加到 Y_2。但是在浮动汇率下造成汇率下降，贸易失衡，为了保证贸易平衡，政府采取扩张性的财政政策，IS_1^* 向右移动至 IS_2^*，经济水平处于 B 点，汇率回到原来水平，贸易再次平衡。

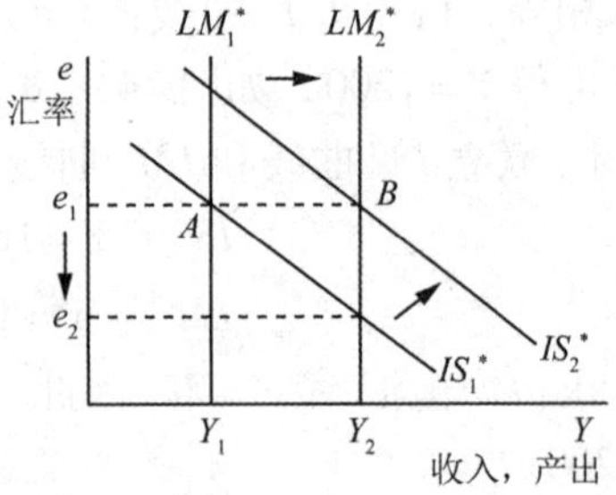

图 14－31 浮动汇率水平下政策的调整

4. 蒙代尔－弗莱明模型把世界利率 r^* 视为外生变量。让我们考虑当这一变量变动时会发生什么。

a. 什么可能引起世界利率上升？（提示：世界是一个封闭经济。）

b. 如果经济实行浮动汇率，当世界利率上升时，收入、汇率和贸易余额会发生什么变动？

c. 如果经济实行固定汇率，当世界利率上升时，收入、汇率和贸易余额会发生什么变动？

答： a. 蒙代尔－弗莱明模型把世界利率 r^* 视为外生变量，即本国不能决定其利率水平。在长期的开放经济中，世界储蓄和世界投资需求决定世界利率。任何减少世界储蓄或增加世界投资需求的因素都会促使世界利率上升。此外，在短期价格水平固定的条件下，任何增加世界范围内的对商品和服务的需求或减少货币供给的因素也都会使世界利率上升。

b. 在浮动汇率下，世界利率 r^* 上升，则国内投资将减少，IS^* 曲线左移。更高的利率减少了货币需求，实际货币余额供给相对增加，LM^* 曲线向右移动。这是由于实际货币余额供给 M/P 固定，更高的利率就导致了超额的实际货币余额供给。为了使货币市场重新达到均衡，收入必须上升，直到货币需求等于货币供给。因此，在新的均衡点 B，收入增加，汇率水平下降，贸易余额增加，如图 14－32 所示。

c. 在固定汇率制下，如果世界利率 r^* 上升，则国内投资将减少，IS^* 曲线向左移动，则本币有贬值压力，中央银行为了维持汇率稳定，必将用外国货币买进本国货币以维持汇率稳定，货币供给量下降使 LM^* 曲线向左移动。在新的均衡点 B，收入下降，汇率不变，贸易余额不变，如图 14－33 所示。

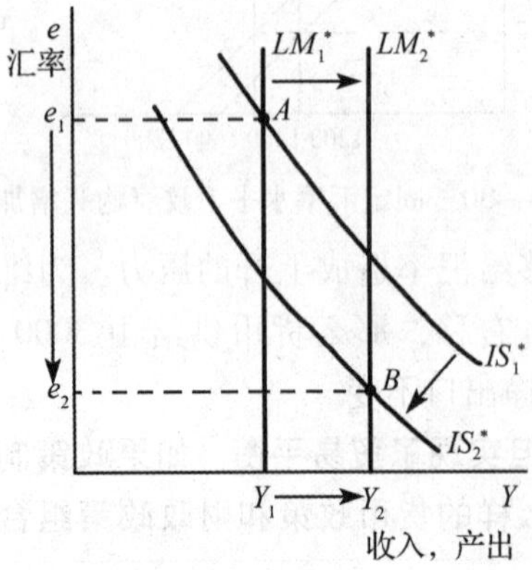

图 14－32 浮动汇率下世界利率 r^* 上升

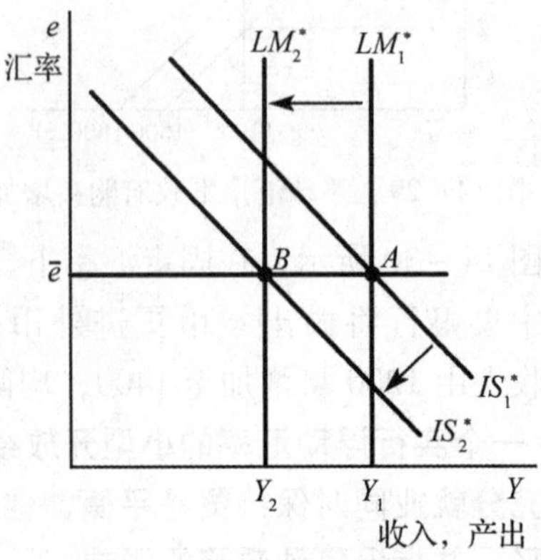

图 14－33 固定汇率下世界利率 r^* 上升

5. 企业高管和政策制定者往往关心美国产业的“竞争力”(美国产业在世界市场上有盈利地销售产品的能力)。

a. 在价格具有黏性的短期，名义汇率的变动如何影响竞争力？

b. 假定你想使国内产业更具竞争力，但不想改变国民收入。根据蒙代尔－弗莱明模型，你应该采用什么样的货币政策与财政政策组合？要求使用图形，并指出每种政策的影响。

答： a. 美元贬值即名义汇率下降可以使美国商品更有竞争力。这是因为贬值意味着相同单位的美元只能换取更少的外币，也就是用外国货币衡量的美国商品更加便宜了，从而出口增加；反之，美元升值即名义汇率上升则会使美国商品竞争力下降，从而出口减少。

b. (1)在浮动汇率下，应该采用紧缩性的财政政策和不变的货币政策相结合。分析如下：在浮动汇率下，LM^* 曲线的位置决定了收入水平。因此，为保持国民收入不变，则应保持货币供给不变。则此时可以用紧缩性财政政策，即减少政府支出或增加税收，使 IS^* 曲线左移而导致汇率下降(美元贬值)，国内产业竞争力增强，如图 14－34 所示。

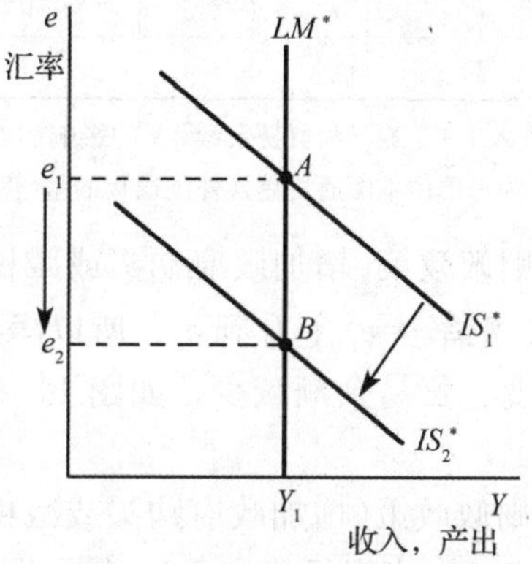

图 14－34　浮动汇率下的政策搭配

(2)在固定汇率下，应该采用紧缩性的财政政策和美元贬值的货币政策相结合。分析如下：在固定汇率下，为增加国内产业的竞争力，就必须使美元贬值，将汇率固定在所希望的较低水平，这会增加净出口并使产出也增加。然后可以采取紧缩性财政政策使 IS^* 曲线左移，抵消贬值对产出的影响，使产出保持不变，如图 14－35 所示。

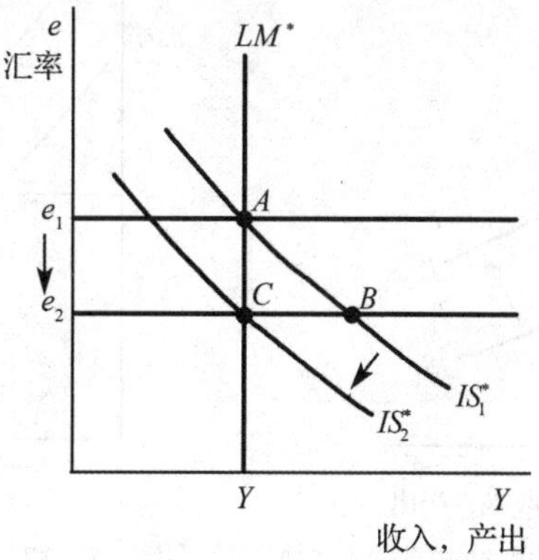

图 14－35　固定汇率下的政策搭配

6. 假定更高的收入意味着更多的进口，从而意味着更低的净出口。也就是说，净出口函数是：$NX = NX(e, Y)$。考察在以下汇率制度下的小型开放经济中财政扩张对收入和贸易余额的影响：

a. 浮动汇率。

b. 固定汇率。

你的答案与（教材）表 14－1 中的结果相比有什么不同？

答：教材表 14－1 如下所示：

政策	汇率制度					
	浮动汇率			固定汇率		
	对以下各项的影响					
	Y	*e*	*NX*	*Y*	*e*	*NX*
财政扩张	0	↑	↓	↑	0	0
货币扩张	↑	↓	↑	0	0	0
进口限制	0	↑	0	↑	0	↑

说明：本表展示了各种经济政策对收入 *Y*、汇率 *e* 和贸易余额 *NX* 的影响的方向。"↑"表示变量增加；"↓"表示变量减少；"0"表示无影响。记住汇率定义为每单位本国通货兑换外国通货的量（例如，每 1 美元兑 100 日元）。

a. 在浮动汇率下，扩张性财政政策（增加政府购买或减税）使 IS_1^* 曲线右移至 IS_2^*，而 LM^* 曲线不变，那么收入不变，汇率从 e_1 上升到 e_2，所以净出口减少，贸易余额减少，因此，在新的均衡点 *B*，收入不变，贸易余额减少，如图 14－36 所示。该结果与（教材）表 14－1 中的结果是一致的。

b. 在固定汇率下，扩张性财政政策（增加政府购买或减税）使 IS_1^* 曲线右移至 IS_2^*，本币有升值压力，为维持汇率稳定，中央银行将会卖出美元而买进外汇，这会增加货币供给使 LM^* 曲线右移，那么收入增加，又因为汇率不变，收入增加使净出口曲线左移，因此贸易余额减少。所以，在新的均衡点 *B*，收入增加，贸易余额减少，如图 14－37 所示。与（教材）表 14－1 中的结果相比，相同之处是此时汇率不变，收入增加，不同之处在于贸易余额将减少而不是不变。

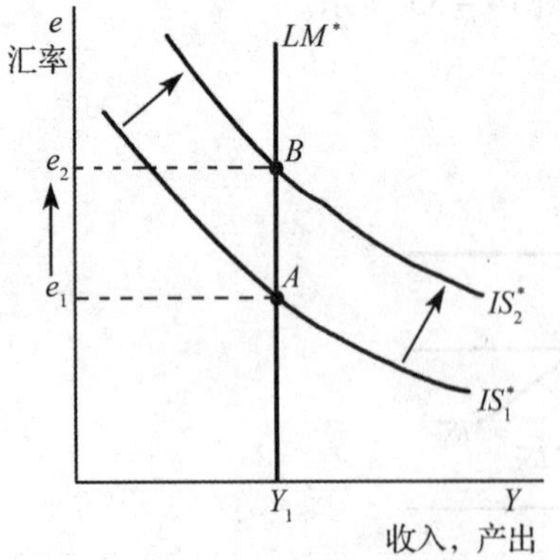

图 14－36　浮动汇率下的财政扩张

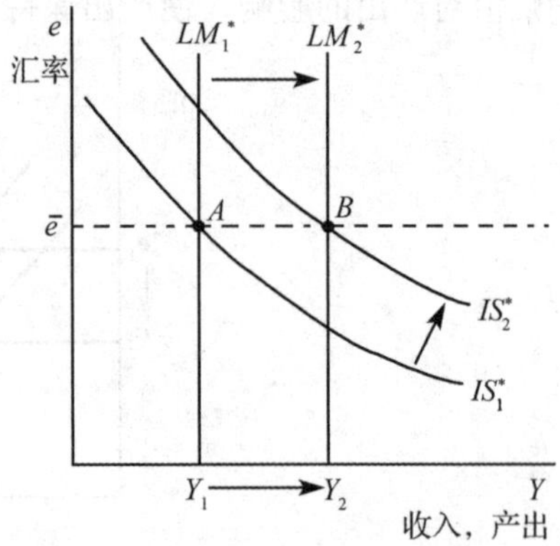

图 14－37　固定汇率下的财政扩张

7. 假定货币需求取决于可支配收入，因此，货币市场方程变为：$M/P=L(r, Y-T)$。分析在浮动汇率和固定汇率两种制度下的小型开放经济中减税对汇率和收入的影响。

答：货币市场方程变为：$M/P=L(r, Y-T)$，此时，减税使 IS^* 和 LM^* 曲线都发生移动。

(1)在浮动汇率制下，减税使 IS^* 曲线右移，从 IS_1^* 移动到 IS_2^*；LM^* 曲线左移，从 LM_1^* 移动到 LM_2^*。在新的均衡点 B 处，汇率上升、收入下降，如图 14－38 所示。

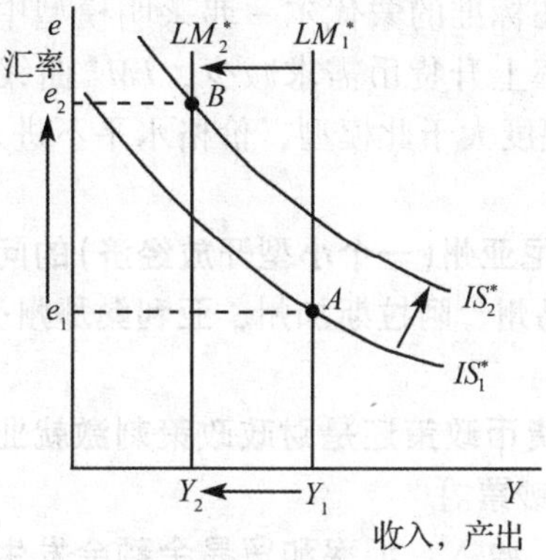

图 14－38　浮动汇率制下的减税

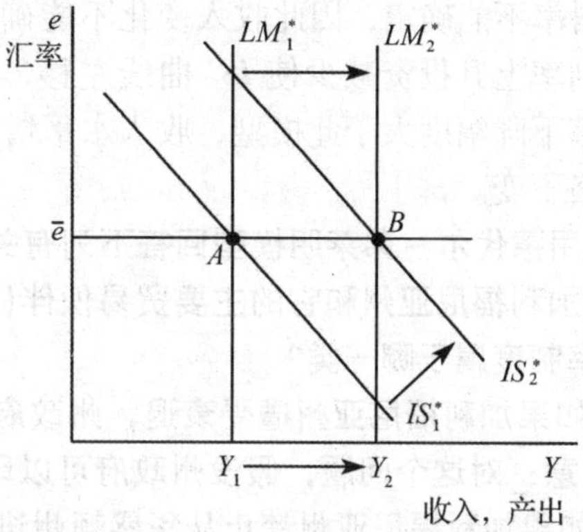

图 14－39　固定汇率制下的减税

(2)在固定汇率制下，IS^* 曲线右移，本币有升值压力，为维持汇率稳定，中央银行卖出美元买进外汇，货币供给增加，LM^* 曲线右移。在新的均衡点 B 处，汇率不变、收入增加，如图 14－39 所示。

8. 假定与货币需求有关的价格水平包括进口产品的价格，并假定进口产品的价格取决于汇率。也就是说，货币市场可以这样描述：$M/P=L(r, Y)$。式中，$P=\lambda P_d+(1-\lambda)P_f/e$。式中，$P_d$ 是国内产品的价格，P_f 是用外国通货表示的外国产品的价格，e 是汇率。因此，P_f/e 是用国内通货表示的外国产品的价格。参数 λ 是国内产品在价格指数 P 中的份额。假设国内产品价格 P_d 和用外国通货表示的外国产品价格 P_f 在短期是有黏性的。

a. 假定我们针对 P_d 与 P_f 的给定值(而不是通常所用的 P)画出 LM^* 曲线。这条 LM^* 曲线还是垂直的吗？请解释。

b. 在这个模型中，在浮动汇率下，扩张性财政政策的影响是什么？请解释。与标准的蒙代尔－弗莱明模型进行比较。

c. 假定政治不稳定提高了该国的风险贴水，从而使利率上升。在这个模型中，对汇率、价格水平和收入的影响是什么？与标准的蒙代尔－弗莱明模型进行对比。

答：a. LM^* 曲线如图 14－40 所示，在这个模型中，LM^* 曲线向右上方倾斜。原因分析如下：由于 $P=\lambda P_d+(1-\lambda)P_f/e$，因此 P 负相关于 e。e 上升的时候，P 下降，实际货币余额增加。所以在 r^* 固定的条件下，为使货币市场均衡，收入水平也必须

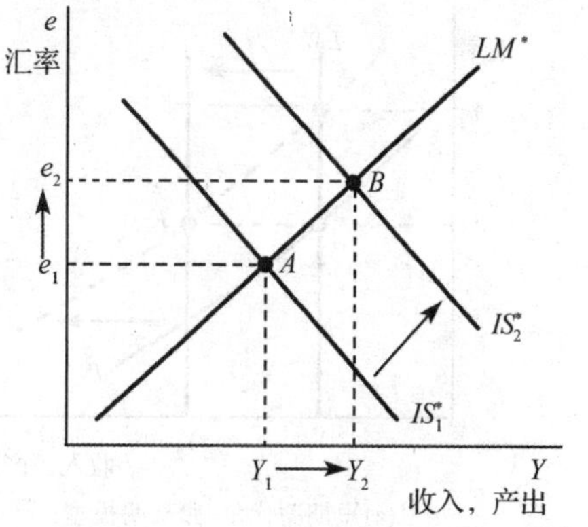

图 14－40　扩张性财政政策

增加，从而推导出 LM^* 向右上方倾斜。

b. 在这个模型中，扩张性财政政策(减税或是增加政府支出)使 IS^* 曲线右移，从而汇率上升，收入增加，如图 14－40 所示。而在标准的蒙代尔－弗莱明模型中，浮动汇率下扩张性财政政策对产出没有影响。

c. 在这个模型中，较高的利率会减少投资，IS^* 曲线左移，同时较高的利率也减少了货币需求，LM^* 曲线右移，从而汇率降低，价格水平上升。但是由于参数 λ 的值不确定，LM^* 的斜率不能确定，因此收入变化不能确定。而在标准的蒙代尔－弗莱明模型中，浮动汇率下利率上升投资减少使 IS^* 曲线左移，同时利率上升货币需求减少，LM^* 曲线向右移动，汇率下降幅度大于此模型，收入水平增加，且幅度大于此模型，价格水平不进入方程，所以价格不变。

9. 用蒙代尔－弗莱明模型回答下列有关加利福尼亚州(一个小型开放经济)的问题。

a. 加利福尼亚州和它的主要贸易伙伴(亚拉巴马州、阿拉斯加州、亚利桑那州……)之间的汇率制度属于哪一类?

b. 如果加利福尼亚州遭受衰退，州政府应该用货币政策还是财政政策刺激就业?请解释。(注意：对这个问题，假设州政府可以印发美元钞票。)

c. 如果加利福尼亚州禁止从华盛顿州进口红酒，收入、汇率和贸易余额会发生什么变动?考虑短期与长期影响。

d. 你认为加利福尼亚州的经济与(比如说)加拿大的经济有什么重要方面的差别可能使蒙代尔－弗莱明模型应用于加利福尼亚州时不如应用于加拿大时有用?

答： a. 加利福尼亚州可看作是一个小型开放经济，它和它的主要贸易伙伴之间的汇率制度为固定汇率制：一单位美元兑换一单位美元。

b. 加州政府为了刺激就业应该采取扩张性财政政策。原因分析如下：加利福尼亚州可看作是一个小型开放经济，而且假设其可以印发美元，但是，它不能改变美元汇率。因此，这个情况类似于一个面对固定汇率的小型开放经济。而在固定汇率下，货币政策无效，所以如果想刺激就业，应该采取扩张性财政政策。

c. (1)在短期，这项政策增加了对加州商品的需求，使 IS^* 曲线右移，加州汇率有上升压力。为了保持汇率稳定，加州政府发行货币，增加货币供给，从而 LM^* 曲线右移。在新的均衡点 K，收入增加，汇率不变，贸易余额增加，如图 14－41(a)所示。

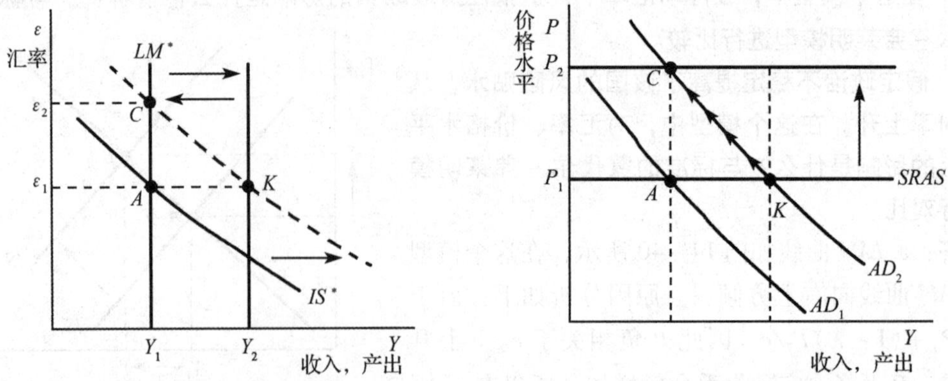

(a)短期蒙代尔-弗莱明模型　　(b)长期AD-AS模型

图 14－41

(2)在长期，对加州商品的需求增加使价格上升，降低了实际货币余额供给，使短期总供给曲线上移，如图 14－41(b)所示；并且 LM^* 曲线左移，因此，最终加州的经济均衡于 C 点，收入和贸易余额都不变，但是相对于华盛顿州而言汇率上升了，如图 14－41(b)所示。

d. 相比于加拿大，加州与其主要贸易伙伴之间所用货币均为美元，所以对于加州而言，不存在实行浮动汇率政策的可能，此时蒙代尔－弗莱明模型中的货币政策是失效的；同时，加州的财政政策和贸易政策也并不是完全独立决定的，而加拿大则拥有独立的货币政策、财政政策和贸易政策，从这个角度上说，蒙代尔－弗莱明模型应用于加拿大会更有用。

四、更多的问题与应用

1. 设想你管理一个实行浮动汇率制度的大型开放经济的中央银行。你的目标是稳定收入，你相应地调整货币供给。在你的政策之下，作为对下列每一种冲击的反应，货币供给、利率、汇率和贸易余额会发生什么变动？

a. 政府提高税收以减少预算赤字。

b. 政府限制对外国汽车的进口。

答： a. 高税收属于紧缩性政策，会使 IS 曲线左移。为保持收入不变，中央银行将增加货币供给，LM 曲线向右移动。在新的均衡点 C，收入不变，利率下降，汇率下降，贸易余额增加，如图 14－42 所示。

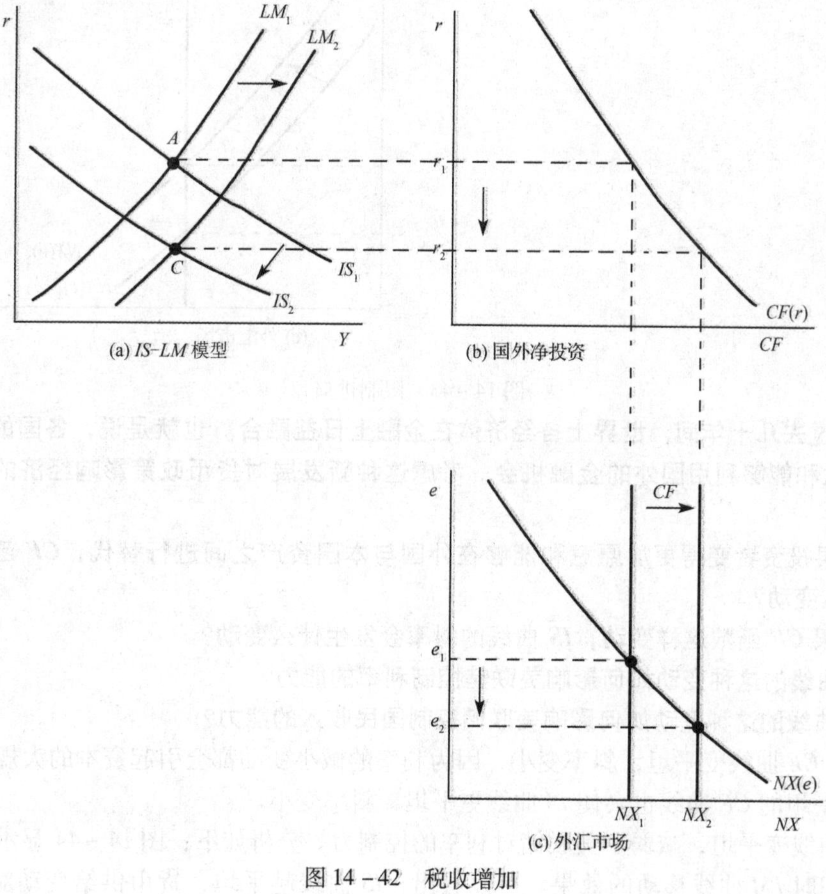

图 14－42　税收增加

b. 实施贸易限制使利率和贸易余额不变，但汇率上升。原因分析如下：限制进口外国汽车使净出口曲线 $NX(e)$ 外移。但是，因为国外净投资曲线不受影响，所以这对 IS、LM 曲线都没有影响。因此，为使收入不变，不需要改变货币政策，利率和贸易余额不变，但汇率上升，如图 14－43 所示。

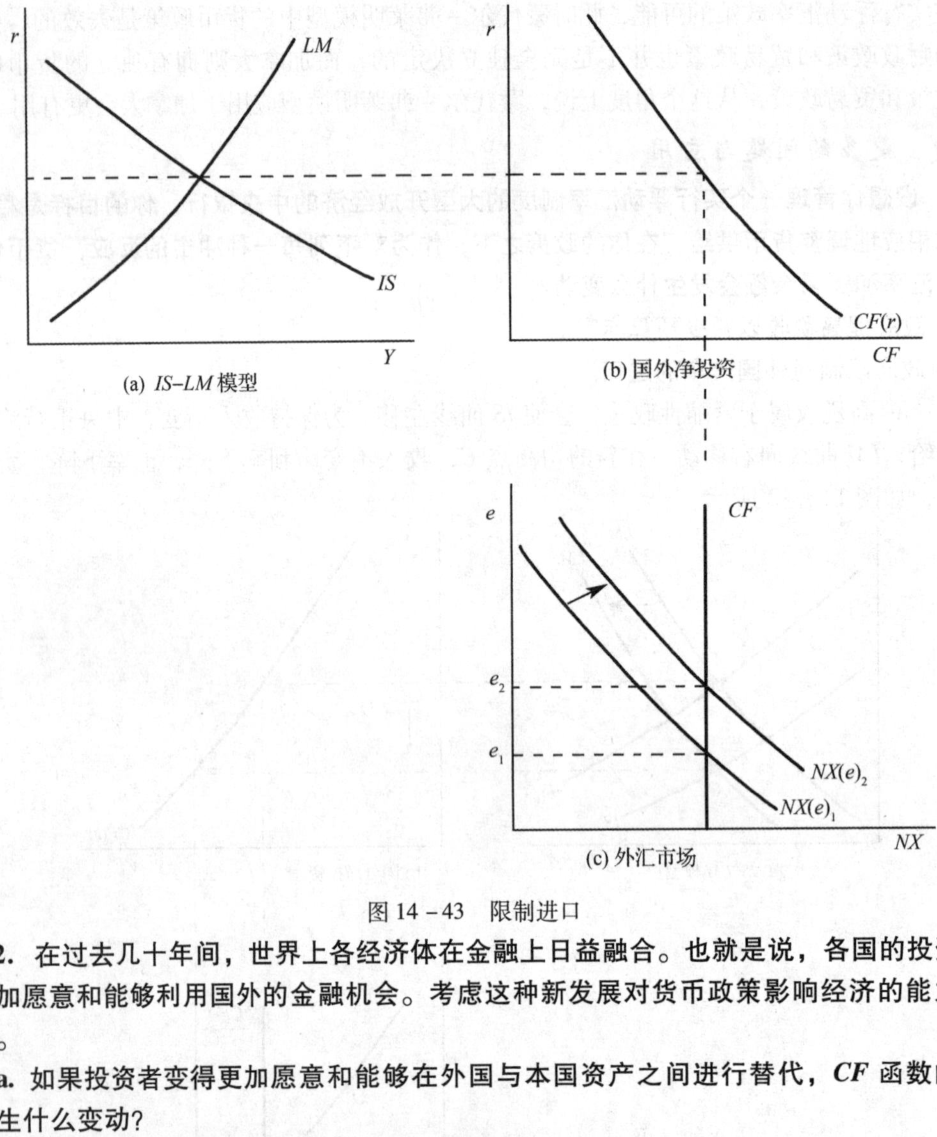

图 14－43　限制进口

2. 在过去几十年间，世界上各经济体在金融上日益融合。也就是说，各国的投资者变得更加愿意和能够利用国外的金融机会。考虑这种新发展对货币政策影响经济的能力有何影响。

a. 如果投资者变得更加愿意和能够在外国与本国资产之间进行替代，*CF* 函数的斜率会发生什么变动？

b. 如果 *CF* 函数这样变动，*IS* 曲线的斜率会发生什么变动？

c. *IS* 曲线的这种变动如何影响美联储控制利率的能力？

d. *IS* 曲线的这种变动如何影响美联储控制国民收入的能力？

答： a. CF 曲线变平坦，斜率变小，因为利率的微小变动都会引起资本的大规模流动。

b. 更平坦的 CF 曲线也会使 IS 曲线更平坦，斜率变小。

c. IS 曲线变平坦，减弱了美联储对利率的控制力。分析如下：图 14－44 显示了 IS 曲线陡峭和平坦时 LM 曲线移动的效果。可以看出，IS 曲线越平坦，货币供给变动对利率的影响就越小，即美联储对利率的控制力就越弱。

d. 从图 14－44 可以看出 *IS* 曲线越平坦，货币供给变动对产出的影响就越大，美联储对国民收入的控制就越强。

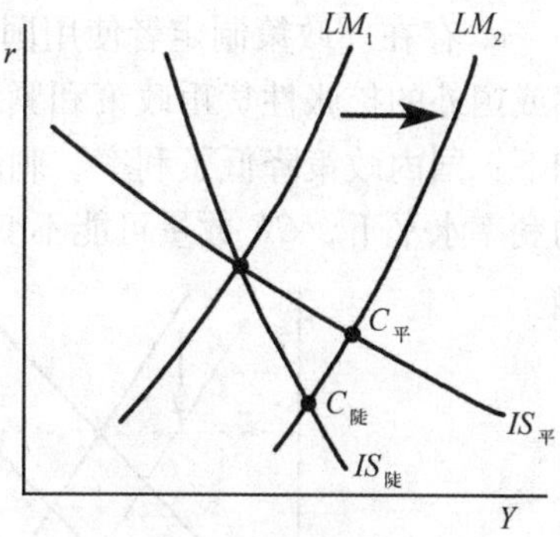

图 14－44　*IS* 曲线陡峭和平坦时的货币政策效果

3. 假定一个大型开放经济的政策制定者想提高投资而不改变总收入或汇率。

a. 存在能达到这一目标的国内货币与财政政策的任何组合吗？

b. 存在能达到这一目标的国内货币、财政与贸易政策的任何组合吗？

c. 存在能达到这一目标的国内外货币与财政政策的任何组合吗？

答：a. 不存在。不可能仅仅采用财政政策和货币政策而在增加投资的时候不影响收入和汇率。因为投资增加只可能通过降低利率来实现，而不管采用什么政策来降低利率（比如，扩张性货币政策和紧缩性财政政策），国外净投资将增加，汇率将降低。

b. 存在。政策制定者使用扩张性货币政策结合紧缩性财政政策，再结合保护性的贸易政策，可以增加投资而不影响收入或汇率。分析如下：扩张性的货币政策和紧缩性的财政政策都可以降低利率促进投资，使用这两种政策相结合可以相互抵消对收入的影响；更低的利率，增加了国外净投资，通常这会给汇率造成下降的压力；但是，保护性的贸易政策，使净出口曲线外移，这会给汇率造成上升的压力，从而抵消了利率下降造成的汇率下降的压力，图 14－45 说明了这一组政策组合的效果。

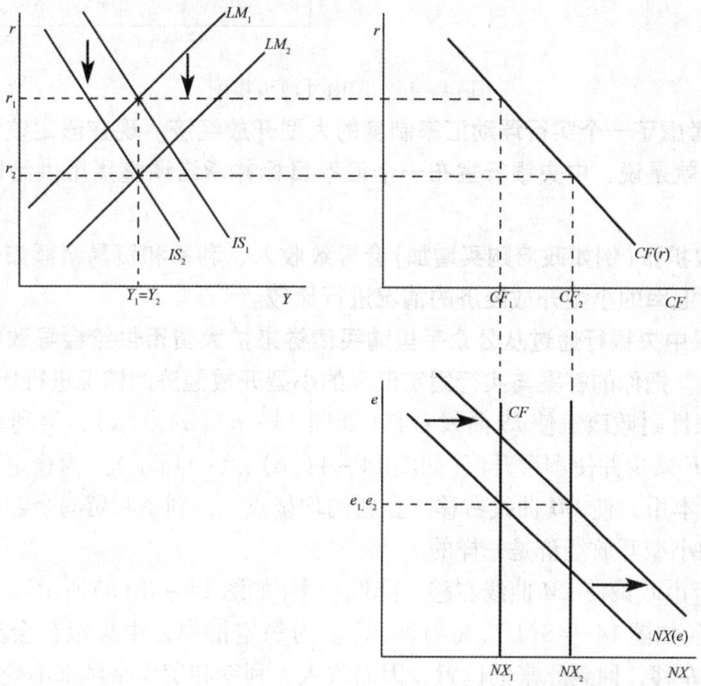

图 14－45　扩张性货币政策、紧缩性财政政策和保护性的贸易政策的搭配

c. 存在。政策制定者使用国内扩张性货币政策和紧缩性财政政策，结合更低的国外利率或国外的扩张性货币政策和紧缩性财政政策，可以增加投资而不影响收入或汇率。分析如下：国内政策降低了利率、刺激投资；国外政策使资本净流出曲线 *CF* 左移；甚至在较低的利率水平下，*CF* 数量可能不变，也不会对汇率造成压力，如图 14－46 所示。

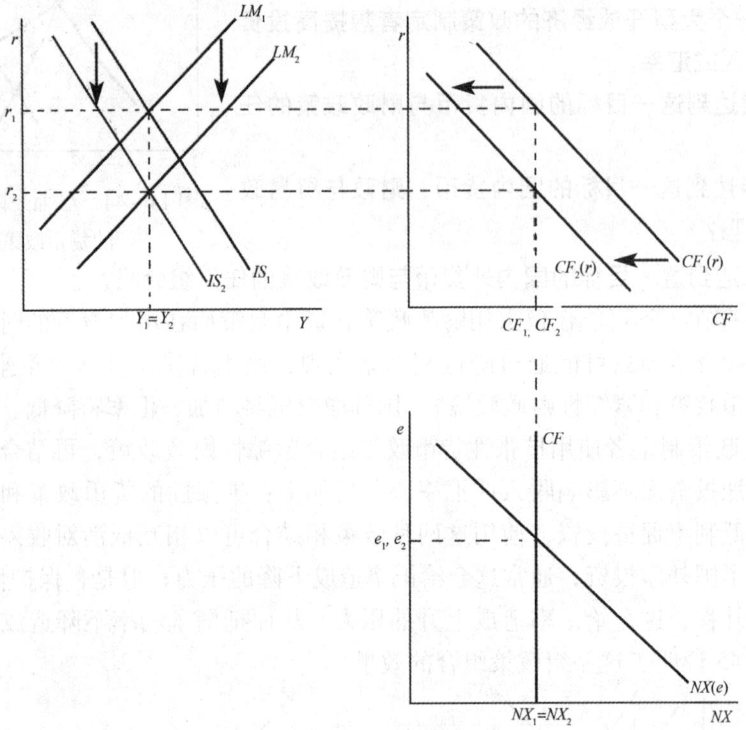

图 14－46　国内外政策搭配

4. 本附录考虑了一个实行浮动汇率制度的大型开放经济。现在假定该大型开放经济实行固定汇率。也就是说，中央银行宣布一个汇率目标并承诺调整货币供给以确保均衡汇率等于其目标。

a. 描述财政扩张(例如政府购买增加)会导致收入、利率和贸易余额如何变动。把你的答案与实行固定汇率的小型开放经济的情况进行比较。

b. 描述如果中央银行通过从公众手里购买债券来扩大货币供给会导致收入、利率和贸易余额如何变动。把你的答案与实行固定汇率的小型开放经济的情况进行比较。

答： a. 扩张性财政政策使 *IS* 曲线右移(如图 14－47(a)所示)，给利率造成上升的压力。这会导致 *CF* 减少并使本币升值(如图 14－47(b)、(c)所示)。为稳定汇率，中央银行会买进外币抛出本币，使 *LM* 曲线右移。在新的均衡点 *C*，利率和贸易余额都不变，收入更高。这个影响和小型开放经济是一样的。

b. 扩张性货币政策使 *LM* 曲线右移，降低利率(如图 14－48(a)所示)。这会导致 *CF* 增加并使本币贬值(如图 14－48(b)、(c)所示)。为稳定汇率，中央银行会买进本币抛出外币，使 *LM* 曲线左移，回到原来的位置，因而收入、利率和贸易余额都不变。与小型开放经济一样，在固定汇率制下，货币政策是无效的。

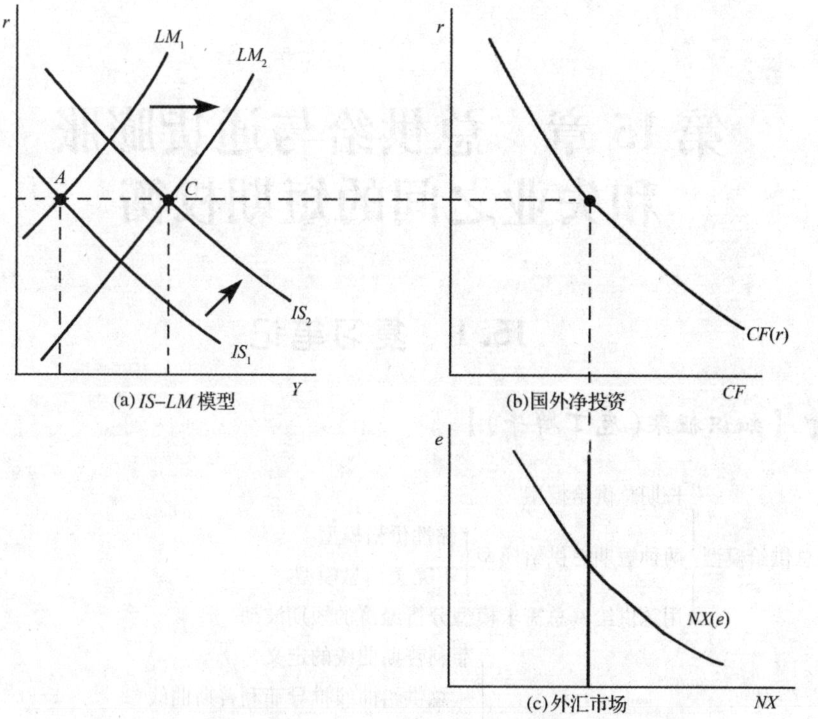

图 14－47　扩张性财政政策对固定汇率的大型开放经济的影响

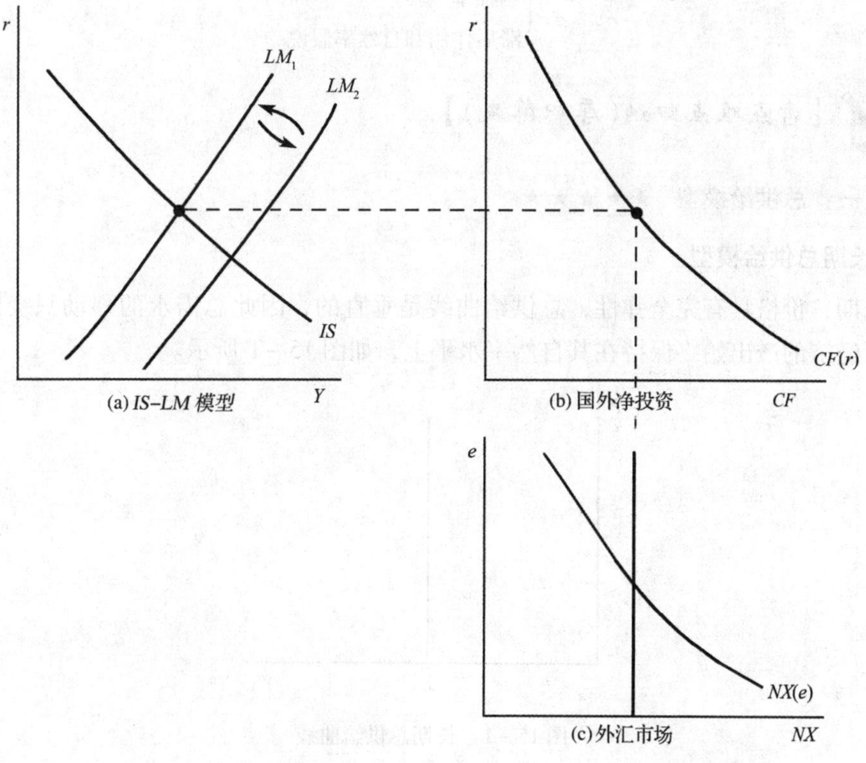

图 14－48　扩张性货币政策对固定汇率的大型开放经济的影响

第 15 章　总供给与通货膨胀和失业之间的短期权衡

15.1　复习笔记

【知识框架(庖丁解牛)】

- 总供给与通货膨胀和失业之间的短期权衡
  - 总供给模型
    - 长期总供给模型
    - 两种短期总供给模型
      - 黏性价格模型
      - 不完美信息模型
    - 用总供给－总需求模型分析经济的短期波动
  - 通货膨胀、失业和菲利普斯曲线
    - 菲利普斯曲线的定义
    - 从总供给曲线推导菲利普斯曲线
    - 适应性预期和理性预期
    - 牺牲率
    - 滞后作用和自然率假说

【考点难点归纳(厚积薄发)】

考点一：总供给模型　★★★★★

1. 长期总供给模型

在长期，价格具有完全弹性，总供给曲线是垂直的，因此总需求的移动只会影响价格水平，而经济的产出始终保持在其自然率水平上，如图 15－1 所示。

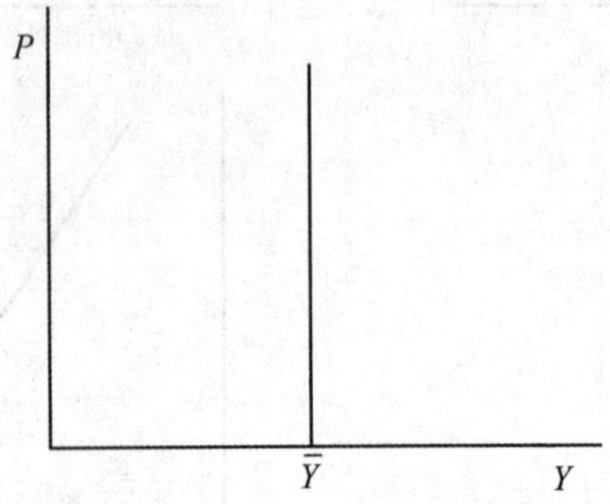

图 15－1　长期总供给曲线

2. 两种短期总供给模型（见表 15－1）

表 15－1　两种短期总供给模型

要点		具体内容
黏性价格模型	模型假设	①所有企业的合意价格为 $p=P+a(Y-\overline{Y})$。 ②存在两种类型的企业：弹性价格企业和黏性价格企业。弹性价格企业根据合意价格确定其价格，黏性价格根据对经济的预期事先宣布其价格。其中弹性价格企业占企业百分比为 $1-s$，黏性价格企业占企业百分比为 s。 ③具有黏性价格的企业希望产出以自然率增长，即 $EY-E\overline{Y}=0$，则确定的价格：$p=EP$
	推导过程	总价格水平为：$P=sEP+(1-s)[P+a(Y-\overline{Y})]$，整理得：$P=EP+a(1-s)(Y-\overline{Y})/s$。令 $\alpha=s/[(1-s)a]$，得到总供给方程为：$Y=\overline{Y}+\alpha(P-EP)$，$\alpha>0$
不完美信息模型	模型假设	①市场出清。所有工资和价格具有完全弹性，可以自由调整使得供求均衡。 ②经济中每个供给者生产一种产品并消费多种产品。由于产品数量繁多，供给者无法观察到所有价格，因此只密切注视自己所生产的产品的价格，但对其消费的所有产品的价格并不关心。 ③信息不完全，厂商有时无法分辨价格的变动与相对价格的变动。这影响了供给多少的决策，并导致价格水平与产出之间在短期存在正相关关系
	推导过程	当价格上升时，由于信息不完全，生产者都误以为产品的相对价格上升，从而增加产出。不完美信息模型说明，当价格水平背离预期水平时，产出背离自然率水平，即总供给曲线为：$Y=\overline{Y}+\alpha(P-EP)$，$\alpha>0$
两模型的相同点		两个模型中短期总供给曲线都向右上方倾斜，表达式为：$Y=\overline{Y}+\alpha(P-EP)$。其中，$\alpha>0$，$1/\alpha$ 是总供给曲线的斜率

3. 用总供给－总需求模型分析经济的短期波动

假设经济初始长期均衡点为点 A。当总需求增加时，价格水平从 P_1 上升到 P_2。此时价格高于预期水平 EP_2，短期总供给由点 A 增加到点 B，产出短期内增加到高于自然率的水平。随着时间的推移，预期价格水平上升到 EP_3，导致短期总供给曲线向上移动，经济达到新的长期均衡点 C，这时产出恢复到其自然率水平，如图 15－2 所示。

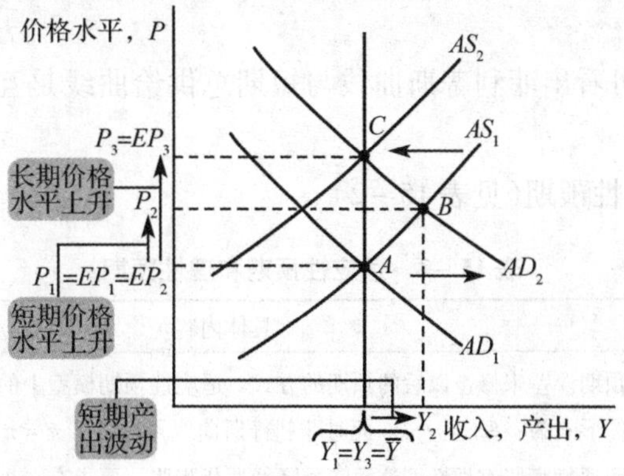

图 15－2　需求的移动是如何导致短期波动的

考点二：通货膨胀、失业和菲利普斯曲线 ★★★★

1. 菲利普斯曲线的定义

菲利普斯曲线认为货币工资变动率与失业率之间有一种稳定的此消彼长关系。即失业率高表明经济处于萧条阶段，这时工资与价格水平都较低，从而通货膨胀率也就低；反之失业率低，表明经济处于繁荣阶段，这时工资与价格水平都较高，从而通货膨胀率也就高。

现代菲利普斯方程为：$\pi = E\pi - \beta(u - u^n) + v$。其中，$\pi$ 为通货膨胀率；$E\pi$ 为预期通货膨胀率；$u - u^n$表示周期性失业；v 为供给冲击；β 为衡量通货膨胀对周期性失业的反应程度的参数。假设 $E\pi$ 和 v 固定，则可以得到菲利普斯曲线，如图 15－3 所示。

但菲利普斯曲线所显示的通货膨胀与失业之间的取舍关系只在短期成立，这是因为在长期人们会调整自己的预期。在长期，古典二分法有效，失业回到其自然率水平，通货膨胀和失业之间不存在取舍关系。

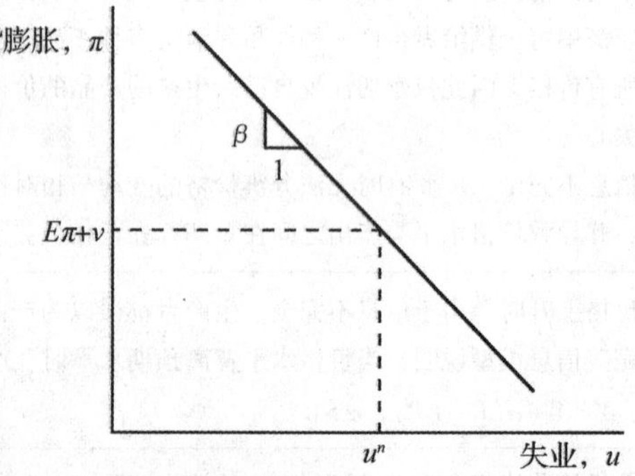

图 15－3　通货膨胀与失业之间的短期取舍关系

2. 从总供给曲线推导菲利普斯曲线

将总供给曲线 $Y = \overline{Y} + \alpha(P - EP)$ 变形为 $P = EP + (Y - \overline{Y})/\alpha$，接着进行以下步骤：

(1)“一加”。等式右边加上供给冲击 v，则：$P = EP + (Y - \overline{Y})/\alpha + v$。

(2)“一减”。等式两边减去上一年的价格水平 P_{-1}，则：$P - P_{-1} = (EP - P_{-1}) + (Y - \overline{Y})/\alpha + v$，即 $\pi = E\pi + (Y - \overline{Y})/\alpha + v$。

(3)“一代入”。将奥肯定律 $(Y - \overline{Y})/\alpha = -\beta(u - u^n)$ 代入上式，则得到菲利普斯曲线：$\pi = E\pi - \beta(u - u^n) + v$。

通过该推导过程，可看出菲利普斯曲线与短期总供给曲线是互通的，即同一枚硬币的两面。

3. 适应性预期和理性预期（见表 15－2）

表 15－2　适应性预期和理性预期

要点	具体内容
适应性预期	指根据以前的预期误差来修正以后的预期的方式。适应性预期模型中的预期变量依赖于该变量的历史信息，最简单的形式为：$E\pi = \pi_{-1}$。此时菲利普斯曲线可写为：$\pi = \pi_{-1} - \beta(u - u^n) + v$。方程右边第一项 π_{-1} 表明通货膨胀有惯性。这意味着降低通货膨胀，要求有一个有利的供给冲击或者高失业和低产出的时期，也即降低通货膨胀是有成本的

续表

要点	具体内容
理性预期	指人们可以充分利用所有可以获得的信息，包括关于现在政府政策的信息来形成自己的预期。根据理性预期理论，货币政策和财政政策的变动将改变预期。在理性预期下，通货膨胀的惯性就很小。如果决策者可信地承诺降低通货膨胀，理性的人们就会相信这种承诺，并很快地降低通货膨胀预期，这样就可以降低通货膨胀而不引起衰退

4. 牺牲率

牺牲率是指通货膨胀率每降低一个百分点所必须放弃的一年实际 GDP 的百分点。适应性预期理论认为降低通货膨胀的成本也即牺牲率是巨大的。而理性预期学派则认为牺牲率是可以为零的。

5. 滞后作用和自然率假说(见表 15 - 3)

表 15 - 3　滞后作用和自然率假说

要点	具体内容
滞后作用	描述了历史对自然率的长期影响，指经济中存在若干机制，这些机制衰退可能通过改变自然失业率而给经济留下长期伤害。如一次经济衰退可能会使工人失去工作技能从而增加摩擦性失业，这种机制都会改变自然失业率从而留下长期伤害
自然率假说	这是货币主义和理性预期学派的基本观点。该假说认为总需求的波动仅仅在短期影响产出与就业，而在长期中，经济回到古典模型所描述的产出、就业和失业水平。自然率假说体现古典二分法的基本思想，使宏观经济学家可以分别研究经济的短期和长期发展

15.2　课后习题详解

一、概念题

1. 黏性价格模型

答：黏性价格模型即阐述黏性价格对总供给影响的模型。黏性价格是指不能迅速地反映产品市场供求的变动，只能缓慢地根据产品市场状况改变而调整的价格。

黏性价格模型假设市场是非完全竞争的，即非完全竞争企业对它们收取的价格具有某种程度的垄断势力。该模型用公式表示为：$Y=\overline{Y}+\alpha(P-EP)$，说明了产出与自然率水平的背离和价格水平与预期价格水平的背离是正相关的。

2. 不完美信息模型

答：不完美信息模型是阐述经济主体在做出经济决策时，并不能掌握所有相关信息从而影响总供给的模型。

不完美信息模型假设市场出清，即所有工资和价格具有完全弹性，可以自由调整使供求平衡，短期和长期总供给曲线的不同是因为对价格暂时的错觉。此外，该模型还假设，经济中的每个供给者生产一种单一产品并消费许多产品。由于产品数量如此之多，供给者无法在所有时间中观察到所有价格。他们密切注视他们所生产的产品的价格，但对他们消费的所有产品的价格关注较不密切。由于信息不完全，他们有时混淆了价格的变动与相对价格的变动。这种混淆影响了供给多少的决策，并导致价格水平与产出之间在短期的正相关关系。当价格水平发生了未预期到的上升时，经济中所有供给者都观察到了自己所生产的产品价格的上升。他们都错误地推断，他们生产的产品的相对价格上升了。他们更努力地工作，并生产得更多。

总之，不完美信息模型说明，当实际价格超过预期价格时，供给者增加其产出。由 $Y=\bar{Y}+\alpha(P-EP)$ 可知，当实际价格水平背离预期价格水平时，产出背离自然率水平。

3. 菲利普斯曲线

答：菲利普斯曲线是表示货币工资变动率与失业率之间交替关系的曲线。它是由英国经济学家菲利普斯根据1861～1957年英国的失业率和货币工资变动率的经验统计资料提出来的，故称之为菲利普斯曲线。这条曲线表示，当失业率高时，货币工资增长率低；反之，当失业率低时，货币工资增长率高。因此，如图15－4所示，横轴代表失业率（U），纵轴代表货币工资增长率（W），菲利普斯曲线（PC）是一条向右下方倾斜的曲线。根据成本推动型通货膨胀的理论，货币工资增长率决定了价格增长率，所以菲利普斯曲线也可以表示通货膨胀率和失业率之间的交替关系，即当失业率高时，通货膨胀率低；反之，当失业率低时，通货膨胀率高。

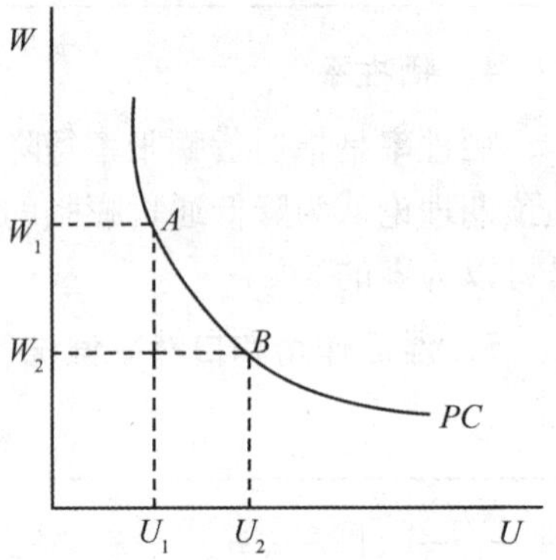

图15－4 菲利普斯曲线

新古典综合派经济学家把菲利普斯曲线作为调节经济的依据，即当失业率高时，实行扩张性财政政策与货币政策，以承受一定通货膨胀率为代价换取较低的失业率；当通货膨胀率高时，实行紧缩性的财政政策与货币政策，借助提高失业率以降低通货膨胀率。

货币主义者对菲利普斯曲线所表示的通货膨胀率与失业率之间的交替关系提出了质疑，并进一步论述了短期菲利普斯曲线、长期菲利普斯曲线和附加预期的菲利普斯曲线，以进一步解释在不同条件下，通货膨胀率与失业率之间的关系。

理性预期学派进一步以理性预期为依据解释了菲利普斯曲线。他们既反对凯恩斯主义的观点，也不同意货币主义的说法。他们认为，由于人们的预期是理性的，预期的通货膨胀率与以后实际发生的通货膨胀率总是一致的，不会出现短期内实际通货膨胀率大于预期通货膨胀率的情况。所以，无论在短期或长期中，菲利普斯曲线所表示的失业与通货膨胀之间都不存在稳定的交替关系，菲利普斯曲线只能是一条垂直线。

4. 适应性预期

答：适应性预期是根据以前的预期误差修正以后的预期的方式。“适应性预期”这一术语由菲利普·卡甘于20世纪50年代在一篇讨论恶性通货膨胀的文章中提出。由于它比较适用于当时的经济形势，因而很快在宏观经济学中得到了应用。适应性预期模型中的预期变量依赖于该变量的历史信息。例如，某个时点的适应性预期价格 P 等于上一个时期的预期价格加上常数 C 乘以上期价格的误差。

适应性预期在物价较为稳定的时期能较好地反映经济现实，西方国家的经济在20世纪50～60年代正好如此，因此，适应性预期非常广泛地流行起来了。适应性预期后来受到新古典宏观经济学的批判，认为它缺乏微观经济学基础。适应性预期的权数分布是既定的几何级数，没有利用与被测变量相关的其他变量，对经济预期方程的确定基本上是随意的，没有合理的经济解释。因此，新古典宏观经济学派的“理性预期”逐渐取代了“适应性预期”。

5. 需求拉动型通货膨胀

答：需求拉动型通货膨胀，又称为超额需求通货膨胀，是指总需求超过总供给所引起的一般价格水平的持续显著上涨，可解释为“过多货币追求过少的商品”。

需求拉动型通货膨胀的原因是：在总产量达到一定水平后，当需求增加时，供给会增加一部分，但供给的增加会遇到生产过程中的瓶颈现象，即由于劳动、原料、生产设备的不足使成本提高，从而引起价格上升；或者在产量达到最大时，即为充分就业的产量时，当需求增加，供给也不会增加，总需求增加只会引起价格的上涨。消费需求、投资需求或来自政府的需求、国外需求都会导致需求拉动型通货膨胀，需求方面的原因或冲击主要包括财政政策、货币政策、消费习惯的改变和国际市场的需求变动等。

引起需求扩大的因素有两大类：一类是实际因素，即消费需求、投资需求的扩大，政府支出的增加、减税、净出口增加等(通过 *IS* 曲线右移)，它们都会导致总需求的增加，需求曲线右移；另一类是货币因素，即货币供给量的增加或实际货币需求量的减少即实际货币余额增加(通过 *LM* 曲线下移)，导致总需求增加。

6. 成本推动型通货膨胀

答：成本推动型通货膨胀，又称为成本通货膨胀或供给通货膨胀，是指在没有超额需求的情况下，由于供给方面成本的提高所引起的一般价格水平持续和显著地上涨。成本推动型通货膨胀又可以分为工资推动通货膨胀和利润推动通货膨胀(这里的利润通常为垄断利润)。

工资推动通货膨胀是指不完全竞争的劳动市场造成的过高工资所导致的一般价格水平的上涨。据经济学者解释，在完全竞争的劳动市场上，工资率完全取决于劳动的供求，工资的提高不会导致通货膨胀；而在不完全竞争的劳动力市场上，由于强大的工会组织的存在，工资不再是竞争的工资，而是工会和雇主集体议价的工资，并且由于工资的增长率超过生产率增长速度，工资的提高就导致成本提高，从而导致一般价格水平上涨。经济学者进而认为，工资提高和价格水平上涨之间存在因果关系：工资提高引起价格上涨，价格上涨又引起工资提高。这样，工资提高和价格上涨形成了螺旋式的上升运动，即工资 - 价格螺旋。

利润推动通货膨胀是指垄断企业和寡头企业利用市场势力牟取过高利润所导致的一般价格水平的上涨。经济学者认为，不完全竞争的产品市场是利润推动通货膨胀的前提。在完全竞争的产品市场上，价格完全决定于商品的供求，任何企业都不能通过控制产量来改变市场价格；而在不完全竞争的产品市场上，垄断企业和寡头企业为了追求更大的利润，可以操纵价格，把产品价格定得很高，致使价格上涨的速度超过成本增长的速度。

7. 牺牲率

答：牺牲率是指通货膨胀率每降低一个百分点所必须放弃的实际 GDP 的百分比。

由菲利普斯曲线得知，在短期，通货膨胀率和失业率之间有取舍关系，低通货膨胀率意味着高失业率；又由奥肯定律得知，失业增加，产出减少，也即降低通货膨胀是有成本的。牺牲率就是用来衡量降低通货膨胀的成本的。

适应性预期理论认为通货膨胀引发通货膨胀预期，而通货膨胀预期又引发更高的通货膨胀率，因此，降低通货膨胀的成本是巨大的。而理性预期学派则认为，如果政府能够以可信的承诺降低通货膨胀，公众理解这种承诺，并相应降低通货膨胀预期的话，那么降低通货膨胀不必经历一个高失业、低产出的时期，牺牲率是可以为零的。

尽管牺牲率的估算差别很大，但典型的估算基本在5%左右：通货膨胀每下降一个百分点，一年的GDP必须牺牲5%。

8. 理性预期

答：理性预期又称合理预期，是现代经济学中的预期概念之一，是指人们可以最好地利用所有可以获得的信息，包括关于现在政府政策的信息来形成自己的预期。由约翰·穆思在其《合理预期和价格变动理论》(1961年)一文中首先提出。它的含义有三个：①做出经济决策的经济主体是有理性的；②为正确决策，经济主体会在做出预期时力图获得一切有关的信息；③经济主体在预期时不会犯系统错误，即使犯错误，他也会及时有效地进行修正，使得预期就长期而言保持正确。理性预期是新古典宏观经济理论的重要假设(其余三个为个体利益最大、市场出清和自然率)，是新古典宏观经济理论攻击凯恩斯主义的重要武器。

9. 自然率假说

答：自然率假说是卢卡斯在“自然失业率”的基础上，提出的一种关于就业、产出、物价等经济变量存在着一种由政府政策支配的实际因素(如生产、技术等)决定的自然水平的理论观点。自然率主要指自然失业率。自然率假说认为，自由竞争可以使整个经济处于充分就业状态，并且认为这种趋势是完全竞争的市场经济本身固有的属性，而经济出现非充分就业的原因不在于市场制度本身，而在于外界的干扰或者人们对经济变量所作预期的误差。根据自然率假说，任何一个社会都存在一个自然失业率，其大小取决于社会的技术水平、资源数量和文化传统。长期而言，经济总是趋向于自然失业率水平。尽管短期内，经济政策能够使实际失业率不同于自然失业率。它是货币主义的重要理论基础，也是新古典主义的重要基本假设。“自然率”的存在使货币政策的作用只有在造成非预期的通货膨胀时才能奏效。“自然率假说”从理论上论述了政策作用的有限性，为理性预期学说确立了重要的理论前提。

10. 滞后作用

答：滞后作用是用来描述历史对自然率的长期影响的术语。滞后作用是一些经济学家向自然率提出挑战的一种机制。自然率假说认为，总需求的波动仅仅在短期中影响产出与就业，而在长期中，经济回到古典模型所描述的产出、就业和失业水平。但一些经济学家通过提出总需求甚至在长期中也能影响产出和就业而向自然率假说提出了挑战，他们指出存在若干机制，通过这些机制衰退可能通过改变自然失业率而给经济留下长期伤害。

二、复习题

1. 解释两种总供给理论。每一种理论依赖于什么样的市场不完美性？两种理论有什么共同之处？

答：(1)两种总供给模型都试图解释在短期产出会偏离其长期的“自然率”水平的原因。

①不完美信息模型。不完美信息模型假设由于不完美信息，生产者有时混淆了价格水

平的变动和相对价格水平的变动。如果一个生产者将产品的名义价格变动混淆为相对价格变动，那么这种混淆就会影响其供给量的决策，从而导致了价格水平与产出之间在短期的这种正相关关系。

②黏性价格模型。黏性价格模型假设市场价格具有黏性，不能迅速地根据需求变动调整价格，因此，市场不能迅速出清。当需求减少时，企业首先考虑的是减少产量，而不是降低价格。

(2)这两种总供给模型用来解释短期总供给曲线向右上方倾斜的原因都是市场不完美性。第一个模型假设有关价格的信息是不完美的；第二个模型假设价格是黏性的。虽然假设不同，但这些模型并不是互相排斥的，因为世界可以包含所有这两种市场不完美性，而且，所有这些市场不完美性都可能有助于短期总供给行为的形成。

(3)这两种理论的共同之处在于：①都得出同一个总供给函数，即 $Y=\overline{Y}+\alpha(P-EP)$。②都得出一个结论，即产出与自然率的背离是和价格水平与预期价格水平的背离相关的。如果价格水平高于预期的价格水平，产出大于其自然率水平；如果价格水平低于预期的价格水平，产出小于其自然率水平。

2. 菲利普斯曲线与总供给是怎样相关的?

答：(1)菲利普斯曲线是说明失业率和通货膨胀率之间交替变动关系的一条曲线。总供给曲线是描述价格水平和产出之间关系的一条曲线。

(2)菲利普斯曲线与总供给曲线是同一枚硬币的两面。它们的联系分析如下：

①在短期，产出的供给取决于产出的自然率和预期的价格水平以及实际的价格水平之间的差异。这种关系可以用总供给函数来表示：$Y=\overline{Y}+\alpha(P-EP)$。

菲利普斯曲线是另外一种表达总供给的方法。它提供了一个表示短期总供给曲线所隐含的通货膨胀率和失业率之间的替代关系。它说明了通货膨胀率取决于三种力量：预期的通货膨胀率 $E\pi$、失业率与自然率的背离(周期性失业) $u-u^n$ 和供给冲击 ε。用公式表示为 $\pi=E\pi-\beta(u-u^n)+\varepsilon$。

两个等式用不同的方法都说明了同一个问题：实际经济活动和未预期到的价格水平变化之间的关系。

②从总供给曲线的表达式可以推导出菲利普斯曲线的表达式。

总供给曲线：$Y=\overline{Y}+\alpha(P-EP)$，进一步可写成：$P=EP+(1/\alpha)(Y-\overline{Y})+\varepsilon$；

两边减去上一年的价格水平 P_{-1}，得到：$P-P_{-1}=(EP-P_{-1})+(1/\alpha)(Y-\overline{Y})+\varepsilon$；

即 $\pi=E\pi+(1/\alpha)(Y-\overline{Y})+\varepsilon$。

根据奥肯定律有：$(1/\alpha)(Y-\overline{Y})=-\beta(u-u^n)$；

得到菲利普斯曲线：$\pi=E\pi-\beta(u-u^n)+\varepsilon$。

因此，总供给曲线与菲利普斯曲线是相关的，它们只不过是同一枚硬币的两面。

3. 为什么通货膨胀会有惯性?

答：通货膨胀有惯性是因为人们总是根据目前所观测到的通货膨胀来修订他们对将来通货膨胀的预期。若价格水平正在快速上升，人们会预期价格将继续急速上涨，而通货膨胀预期又影响了人们在签订将来的合同时对价格的设定。也就是说，如果现在的通货膨胀高，那么人们有理由相信将来通货膨胀仍将继续保持较高水平，因此，在各种合同中都把价格相应提高。这样，表现出来的是价格水平惯性地持续上升。

4. 解释需求拉动型通货膨胀与成本推动型通货膨胀之间的差别。

答：需求拉动型通货膨胀是指总需求超过总供给所引起的一般价格水平的持续显著上涨。成本推动型通货膨胀是指在没有超额需求的情况下，由于供给方面成本的提高所引起的一般价格水平持续和显著地上涨，它又可以分为工资推动通货膨胀及利润推动通货膨胀。需求拉动型通货膨胀与成本推动型通货膨胀的区别主要表现在以下两个方面：

(1)造成通货膨胀的原因不同。需求拉动型通货膨胀产生的原因在于：在总产量达到一定水平后，当需求增加时，供给会增加一部分，但供给的增加会遇到生产过程中的瓶颈现象，即由于劳动、原料、生产设备的不足使成本提高，从而引起价格上升；或者在产量达到最大，即为充分就业时的产量时，当需求增加时，供给也不会增加，总需求增加只会引起价格的上涨；消费需求、投资需求或来自政府的需求、国外需求都会导致需求拉动型通货膨胀。成本推动型通货膨胀产生的原因在于：不完全竞争的劳动市场造成的过高工资所导致的一般价格水平的上涨，或者垄断企业和寡头企业利用市场势力谋取过高利润所导致的一般价格水平的上涨。前者因为工会的力量导致非市场化的工资，后者因为垄断导致非市场化的产品定价。

(2)对经济的影响效果不同。需求拉动型通货膨胀是由于需求的膨胀产生的，在总供给-总需求分析中，表现为总需求曲线向右移动，因此新的均衡点具有更高的价格水平和更高的产出水平。成本推动型通货膨胀是由于成本增加造成，在总供给-总需求分析中，表现为总供给曲线左移，在新的均衡点具有更高的价格水平和更低的产出水平，即出现滞胀。

5. 在什么情况下降低通货膨胀而不引起衰退是可能的?

答：假如可以不花成本地降低通货膨胀预期，则降低通货膨胀而不引起衰退也是可能的。具体分析如下：

菲利普斯曲线是将预期的通货膨胀率 $E\pi$、失业与自然率的背离(周期性失业)$(u-u^n)$和供给冲击 v 三者联系起来的一条曲线，其表达式为 $\pi=E\pi-\beta(u-u^n)+v$。可以看出，降低通货膨胀的一个办法就是制造经济衰退，将失业率提高到自然失业率以上；另一个办法就是降低通货膨胀预期。

根据理性预期的观点，人们最好地使用他们可以得到的信息来形成自己的预期。所以，要降低通货膨胀预期，首先要在人们形成预期之前声称要降低通货膨胀(比如，在人们形成工资协议和价格合同之前)，其次是那些订立工资或价格协议的人要相信这个声明将会被执行。如果两个要求都得到满足，则预期通货膨胀就会不花成本地马上下降，这反过来又降低了实际的通货膨胀率。

6. 解释衰退可能提高自然失业率的两种方式。

答：衰退提高自然失业率的两种方式是：

(1)衰退通过影响找工作的过程，增加摩擦性失业来提高自然失业率。比如，衰退使一部分失业工人丧失了有价值的工作技能，这会降低他们找工作的能力。在长期失业之后，有些人可能会丧失工作意愿，因此找工作就更难。

(2)衰退可以影响工资设定的过程，增加等待性失业，提高自然失业率。衰退使在工资谈判中，工会组织中那些有工作的“内部人”声音更大，占据更有利的谈判地位。那些失业者就成为“外部人”。如果内部人团体更关注较高的实际工资而非较高的就业的话，工资具有黏性，则衰退可能推动实际工资高于均衡水平并且增加等待性失业工人的数量。

三、问题与应用

1. 利用黏性价格模型描述下列特殊情况下的总供给曲线。与在第 11 章中的短期总供给曲线相比，这些特例有何不同？

a. 没有一家企业有弹性价格($s=1$)。

b. 合意价格不取决于国民收入($a=0$)。

答：在黏性价格模型中，所有企业都有一个取决于整体价格水平 P 以及总需求水平 $(Y-\bar{Y})$ 的合意价格 p，将之写为 $p=P+a(Y-\bar{Y})$。此外假设有两种类型的企业，一类企业(所占企业百分比为 $1-s$)的价格是弹性的，它们总是根据上式来确定其价格；另一类企业(所占企业百分比为 s)的价格是黏性的，它们根据自己预期的经济状况事先宣布自己的价格，假设这些黏性价格企业希望产出以自然率增长，即 $EY-E\bar{Y}=0$，那么它们根据预期来确定价格，即 $p=EP$。这样，总价格水平就是：$P=sEP+(1-s)[P+a(Y-\bar{Y})]$，整理得：$P=EP+[a(1-s)/s](Y-\bar{Y})$。

a. 如果没有一家企业有弹性价格，即 $s=1$，则价格水平将变成：$P=EP$，此时，总供给曲线为一条水平线，这与第 11 章讨论的短期总供给曲线是一样的。

b. 如果合意价格不取决于国民收入，即 $a=0$，则价格水平也将变成：$P=EP$，此时，总供给曲线为一条水平线，这与第 11 章讨论的短期总供给曲线也是一样的。

2. 假定一个经济的菲利普斯曲线如下：$\pi=\pi_{-1}-0.5(u-5)$。

a. 自然失业率是多少？

b. 作图表示通货膨胀与失业之间的短期关系与长期关系。

c. 为了使通货膨胀率减少 4 个百分点，必须有多少周期性失业？用奥肯定律计算牺牲率。

d. 现在的通货膨胀率为 6%，中央银行想把它降到 2%。给出两种能实现该目标的方案。

解：a. 自然失业率是通货膨胀率没有偏离预期通货膨胀率时的失业率。根据菲利普斯曲线可得 $u=5$，因此，自然失业率就是 5%。

b. (1)在短期，预期通货膨胀率固定为上一期的实际通货膨胀率，$\pi^e=\pi_{-1}$。因此，在短期内，通货膨胀和失业率之间遵循菲利普斯曲线，它的斜率为 -0.5，通过 $\pi^e=\pi_{-1}$ 且 $u=5$ 这一点，通货膨胀和失业率之间存在短期替代关系，如图 15－5 所示。

(2)在长期，预期通货膨胀率等于实际通货膨胀率，$\pi=\pi^e=\pi_{-1}$，所以产出和失业率都等于自然率水平。因此长期菲利普斯曲线是一条失业率为 5% 的垂直线，如图 15－5 所示。

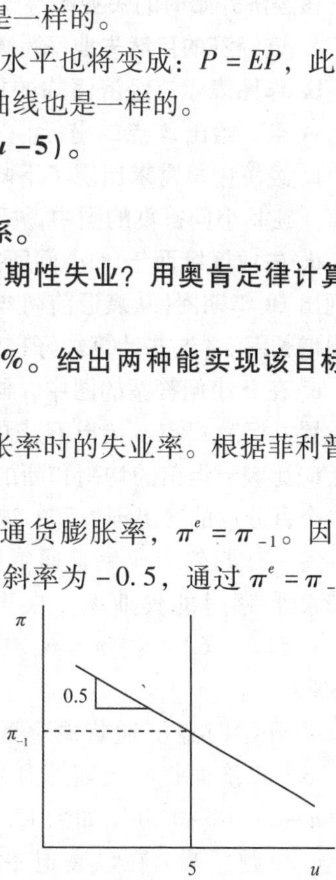

图 15－5　菲利普斯曲线

c. 为了使通货膨胀减少 4 个百分点，必须有 8 个百分点的周期性失业率，牺牲率为 4%。计算如下：

菲利普斯曲线为：$\pi=\pi_{-1}-0.5(u-5)$。现在为了使通货膨胀减少4个百分点，即$\pi-\pi_{-1}=-4$，把它代入菲利普斯曲线，得$-4=-0.5(u-5)$，即$u=13$，因此，需要高于自然失业率8个百分点的周期性失业率。

奥肯定律说明，如果失业率上升1%，那么实际GDP损失2%。因此，当失业率从自然失业率上升了8个百分点时，GDP将损失16个百分点。而牺牲率是通货膨胀每降低一个百分比所必须承受的每年实际GDP减少的百分比，所以牺牲率$=16\%/4\%=4$。

d. 要实现这个目标，至少有两个方案。一种是通货膨胀的激进式解决方案。比如，在一年中使产出降低16%，失业率上升8%。另一种是采用温和渐进的反通货膨胀方案。比如，在4年中每年使产出降低4%，失业率增加2%。这两个方案都能把通货膨胀率从6%降到2%，但是速度不同。

3. 一个经济的菲利普斯曲线如下：

$$\pi=E\pi-0.5(u-6)$$

人们形成通货膨胀预期的方式是取前两年通货膨胀的加权平均值：

$$E\pi=0.7\pi_{-1}+0.3\pi_{-2}$$

该经济的奥肯定律为：

$$(Y-Y_{-1})/Y_{-1}=3.0-2.0(u-u_{-1})$$

该经济开始时的失业率等于自然失业率，通货膨胀率稳定在5%。

a. 该经济的自然失业率是多少？

b. 作图表示该经济面临的通货膨胀与失业之间的短期权衡。标出该经济的初始位置，标为*A*点。给出*A*点的坐标。

c. 经济中总需求出现了下降，这导致了衰退，使失业率上升到高出自然失业率4个百分点。在b小问答案的图中，标出那一年该经济所处的位置，标为*B*点。给出*B*点的坐标。

d. 失业连续两年(c小问所描述的初始年份和下一年)处于这么高的水平。制作一张表格列出10年期间(从衰退前两年开始算起)每年的失业率、通货膨胀率、预期通货膨胀率和产出增长率。(这些计算最好在电子表格中进行。)

e. 在b小问答案的图中，画出这10年结束时该经济面临的短期权衡。标出该经济所处的位置，标为*C*点。给出*C*点的坐标。

f. 比较衰退前的均衡和新的长期(时期10)均衡。通货膨胀变动了多少？在过渡期间有多少个百分点的产出损失了？该经济的牺牲率是多少？

解：a. 自然失业率是通货膨胀率没有偏离预期通货膨胀率时的失业率。根据菲利普斯曲线$\pi=E\pi-0.5(u-6)$可得$u=6$，因此，自然失业率就是6%。

b. 开始时经济通货膨胀率稳定在5%，因此，$E\pi=5$，经济面临的短期菲利普斯曲线为：$\pi=5-0.5(u-6)=8-0.5u$，如图15－6所示。

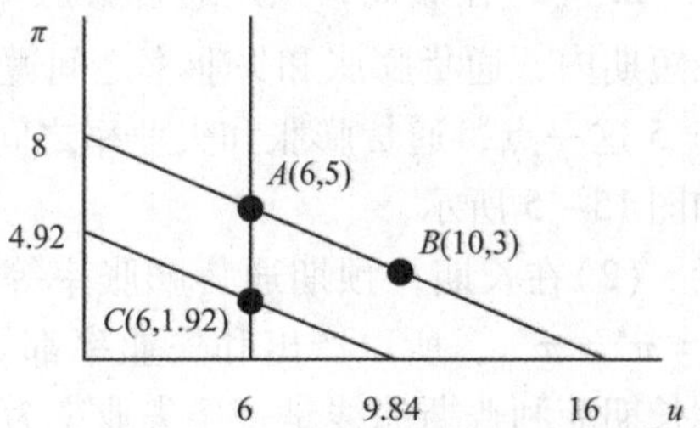

图15－6　经济面临的短期权衡

c. 由题意知，在该衰退中失业率上升为10%，由于预期通货膨胀率此时仍为5%，计算可得其通货膨胀率为3%。因此，经济面临的短期权衡关系不变，该经济沿着菲利普斯曲线移动至 B 点，如图 15－6 所示。

d. 失业率连续两年处于 10% 的水平，之后又恢复为自然失业率 6%，从衰退前两年开始算起，该经济每年的相关情况如表 15－4 所示。

表 15－4　各年份失业和通货膨胀的相关数据

年份	失业率	通货膨胀率	预期通货膨胀率	产出增长率
1	6	5.00	5.00	3
2	6	5.00	5.00	3
3	10	3.00	5.00	-5
4	10	1.60	3.60	3
5	6	2.02	2.02	11
6	6	1.89	1.89	3
7	6	1.93	1.93	3
8	6	1.92	1.92	3
9	6	1.92	1.92	3
10	6	1.92	1.92	3

e. 10 年结束时，经济的预期通货膨胀率变为 1.92%，经济所面临的菲利普斯曲线发生移动，变为 $\pi=1.92-0.5(u-6)=4.92-0.5u$，新的均衡为 C 点，如图 15－6 所示。

f. 相比于衰退前的均衡，在新的长期均衡中通货膨胀率下降了 3.08 个百分点；在过渡期间，产出损失了 5 个百分点，该经济的牺牲率为：5/3.08＝1.62。

4. 根据理性预期方法，如果每个人都相信政策制定者致力于降低通货膨胀，那么，降低通货膨胀的代价——牺牲率——将低于如果公众怀疑政策制定者的意图的情形。为什么可能是这样？可信性如何获得？

答：(1)这种情况可能是正确的，原因分析如下：

菲利普斯曲线：$\pi=E\pi-\beta(u-u^n)+v$，说明如果政府能够将预期通货膨胀 $E\pi$ 降低到合意的水平，则不必使失业率上升到自然失业率以上，降低通货膨胀的成本将很小。

根据理性预期理论，人们会利用有可能获得的所有信息来形成自己对通货膨胀的预期，这包括当前有效的政策。因此，如果人们相信了政策制定者将致力于降低通货膨胀，从而降低通货膨胀预期的话，通货膨胀率就会立即下降，降低通货膨胀就不必经历一个高失业、低产出的时期，牺牲率就低。反之，如果人们怀疑政策制定者的意图，则预期通货膨胀率 $E\pi$ 依然保持很高的水平，这样通货膨胀也不会下降，降低通货膨胀的代价就高，即牺牲率很高。

(2)根据理性预期的观点，降低通货膨胀的成本取决于政府的可靠程度以及其执行政策的决心。政府为了使降低通货膨胀的许诺更加可信，可以通过可能的途径去增强人们的信心。比如，政府委任一位很有声望的反通货膨胀专家，或者国会通过一项法令要求中央银行降低通货膨胀，还有一种方法是通过一项限制货币增长的宪法修正案。

5. 假定经济初始处于长期均衡位置。然后，美联储增加了货币供给。

a. 假设产生的任何通货膨胀都没有被预期到，描述这一货币扩张引起的 GDP、失业和通货膨胀的任何变化。用三幅图——*IS*－*LM* 模型、*AD*－*AS* 模型和菲利普斯曲线各一

幅——来解释你的结论。

b. 假设产生的任何通货膨胀都被预期到了，描述这一货币扩张引起的 GDP、失业和通货膨胀的任何变化。再次地，用三幅图——*IS－LM* 模型、*AD－AS* 模型和菲利普斯曲线各一幅——来解释你的结论。

答： a. 首先从 *IS－LM* 模型出发，如图 15－7(a)所示，美联储采取扩张性的货币政策，增加了货币供给，这将使 *LM* 曲线下移，引起了利率的降低和产出的增加(图中 *B* 点)。在长期中，价格会进行调整而上升，实际货币余额下降，*LM* 曲线回到原来的位置，产出和利率都不发生变化(如图中 *C* 点)。

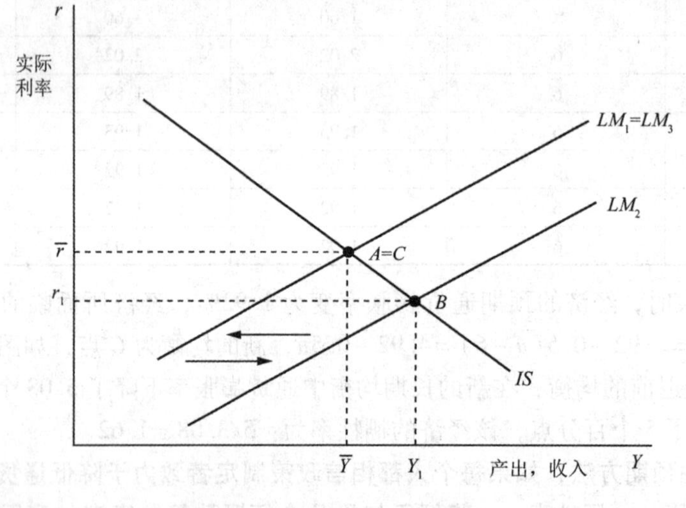

图 15－7(a)　*IS－LM* 模型

接下来是 *AD－AS* 模型，如图 15－7(b)所示。货币供给的增加会使 *AD* 曲线右移，导致价格和产出都增加(如图中 *B* 点)。在长期中，通货膨胀预期会上升，使短期总供给曲线 *SRAS* 上移，结果是产出回到自然水平和更高的价格(如图中 *C* 点)。

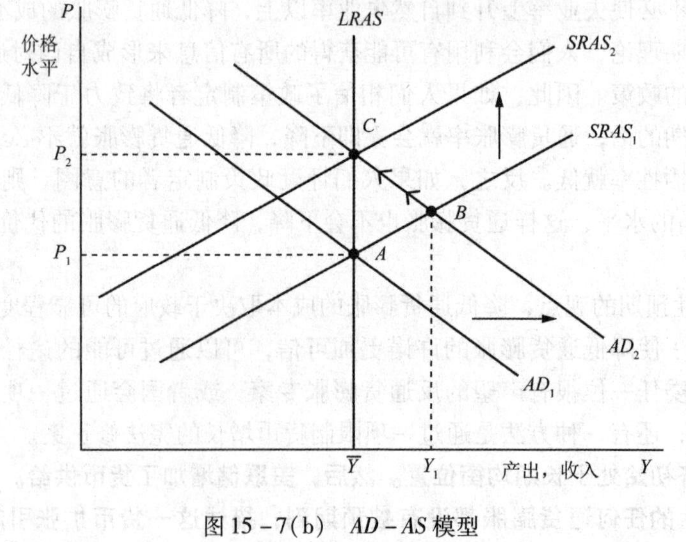

图 15－7(b)　*AD－AS* 模型

再来看菲利普斯曲线，如图 15－7(c)所示。一开始，失业处于自然失业率水平，货币供给的增加使产出高于自然水平，引起了失业率的下降和通货膨胀率的上升，在图中表现为沿着曲线向上移动(如图中 B 点)。在长期中，通货膨胀预期会上升，导致菲利普斯曲线上移，最后失业率回到自然失业率水平，但是通货膨胀率更高了(如图中 C 点)。

因为通货膨胀没有被预期到，扩张性的货币政策会使经济在短期内进入繁荣。但是在长期中人们会调整自己的通货膨胀预期，货币政策不影响实际变量，货币中性成立。

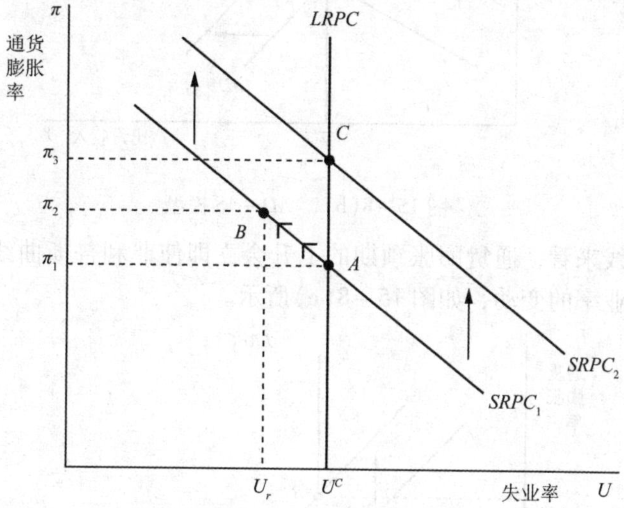

图 15－7(c)　菲利普斯曲线

b. 假设产生的任何通货膨胀都被预期到了，那么美联储增加货币供给会马上引起人们的通货膨胀预期上升，而不会引起任何实际变量的变化。

从 *IS*－*LM* 模型来看，货币供给的增加会引起价格水平的相同幅度的上升，实际货币余额不变，*LM* 曲线不发生变化，如图 15－8(a)所示。

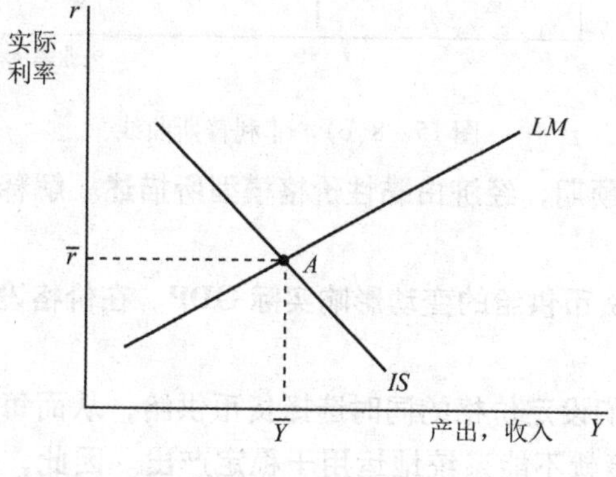

图 15－8(a)　*IS*－*LM* 模型

从 *AD*－*AS* 模型来看，货币供给的增加会使 *AD* 曲线右移，但是与此同时，通货膨胀预期的上升会使 *SRAS* 曲线上移。产出依然维持在自然水平，结果仅仅是价格水平上升，如图 15－8(b)所示。

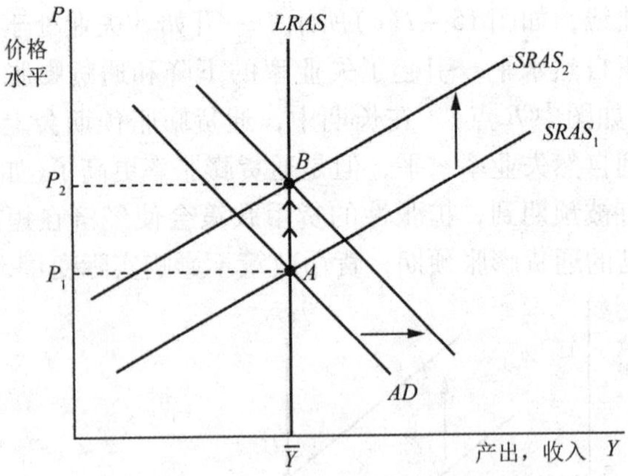

图 15－8(b) *AD－AS* 模型

从菲利普斯曲线来看，通货膨胀预期的上升会立即使菲利普斯曲线上移，通货膨胀率上升但不会引起失业率的变动，如图 15－8(c)所示。

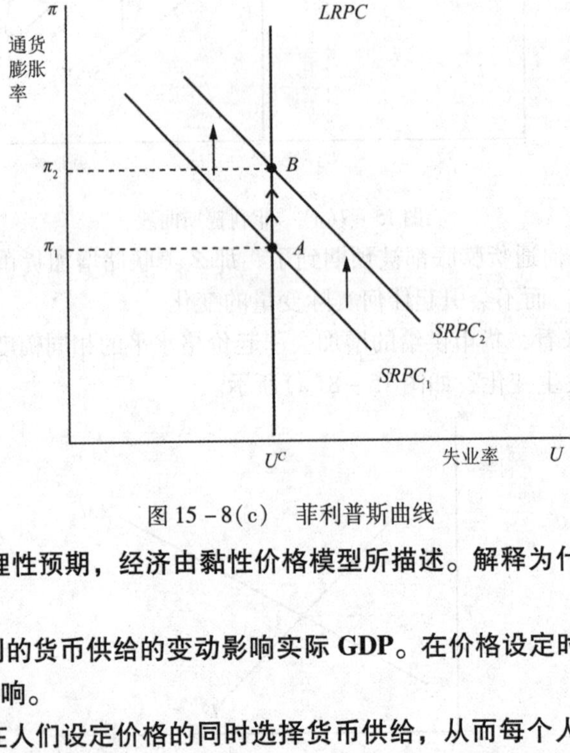

图 15－8(c) 菲利普斯曲线

6. 假设人们有理性预期，经济由黏性价格模型所描述。解释为什么以下每一命题都是正确的：

a. 只有未预期到的货币供给的变动影响实际 GDP。在价格设定时预期到的货币供给的变动没有任何实际影响。

b. 如果美联储在人们设定价格的同时选择货币供给，从而每个人对经济状况都有同样的信息，那么，货币政策就不能系统地运用于稳定产出。因此，保持货币供给不变的政策与根据经济状况调整货币供给的政策有同样的实际影响。［这被称为政策无关论(policy irrelevance proposition)。］

c. 如果美联储在人们已经设定价格之后设定货币供给，从而美联储收集了有关经济状况的更多信息，那么，货币政策就可以被系统地运用于稳定产出。

答：总供给曲线表示为：$Y=\overline{Y}+\alpha(P-EP)$。这一总供给曲线表明，货币政策只可以通过引起未预期到的价格水平变动来改变实际 GDP。

a. 只有未预期到的货币供给变动才可以改变实际 GDP。因为，人们是理性的，在形成预期价格水平 EP 时，会将预期到的货币变化的影响纳入考虑，这样 $P=EP$，也即在价格设定时预期到的货币供给的变动没有任何实际影响。只有未预期到的货币供给才会使 $P\neq EP$，实际 GDP 才会变化，也就是只有未预期到的那部分货币供给的变动才会引起产出变化。

b. 保持货币供给不变的政策与根据经济状况调整货币供给的政策有同样的实际影响。原因分析如下：美联储经常通过货币政策来抵消对产出和失业的影响来稳定经济。比如，在经济衰退时增加货币供给来刺激经济，在经济繁荣时削减货币供给来给经济降温。但美联储只能在人们未预期到的情况下才能做到这些。题中假设人们有理性预期，会预期到美联储将采取这些方法。所以，若经济处于繁荣时期，人们会预期美联储将减少货币供给；在衰退时期，人们会预期美联储将增加货币供给。人们根据预期来形成价格，这就会使 $P=EP$。因此，积极的政策对产出的影响和保持货币供给不变政策是一样的。

c. 如果美联储在人们已经设定价格之后再设定货币供给，则美联储可以系统地运用货币政策来稳定产出。原因分析如下：理性预期假设意味着人们充分使用可获得的信息来形成他们对价格水平的预期，这包括经济状况以及美联储对现状将如何反应的信息。当人们已经设定价格后，人们被他们的预期价格 EP 所黏住了。这样，美联储就可以运用货币政策来影响实际的价格水平 P，进而影响产出。

7. 假定经济的菲利普斯曲线是：$\pi=\pi_{-1}-0.5(u-u^n)$。自然失业率是过去两年失业率的平均数：$u^n=0.5(u_{-1}+u_{-2})$。

a. 为什么自然失业率可能取决于最近的失业（如前面方程中所假设的那样）？

b. 假定美联储遵循永久性地降低通货膨胀 1 个百分点的政策。随着时间的推移，该政策对失业率有什么影响？

c. 这个经济中的牺牲率是多少？请解释。

d. 这些方程对通货膨胀与失业之间的短期和长期权衡意味着什么？

答：在这个模型中，自然失业率是过去两年失业率的平均数。因此，如果某些年份经济衰退使失业率增加，则自然失业率也会增加。这意味着模型体现了滞后作用：短期的周期性失业影响了长期的自然失业率。

a. 滞后理论认为，自然失业率取决于近期的失业率至少有两个原因：①近期的失业率会增加摩擦性失业，提高自然失业率，失业工人失去了工作技能并且难以找到工作。同时，失业工人可能会失去工作意愿从而不努力找工作；②近期的失业率会增加等待性失业，提高自然失业率。

b. 美联储遵循永久性地降低通货膨胀 1 个百分点的政策会使一段时期的失业率上升。由菲利普斯曲线知，在第一期，$\pi_1-\pi_0=-1=-0.5(u_1-u_1^n)$或$(u_1-u_1^n)=2$。这意味着失业率要在自然失业率的基础之上上升 2%。下一期自然失业率将会作为周期性失业的结果上升。新的自然失业率 $u_2^n=0.5(u_1+u_0)=0.5[(u_1^n+2)+u_1^n]=u_1^n+1$，因此自然失业率上升 1%。如果美联储想将通货膨胀率保持在新的水平，那么第二期的失业率必须等于新的自然

失业率 u_2^n，即 $u_2 = u_1^n + 1$。在接下来的每一期，失业率还是要等于自然失业率，自然失业率再也不会回到原始水平：$\begin{cases} u_3 = (1/2)u_2 + (1/2)u_1 = u_1^n + 1\dfrac{1}{2} \\ u_4 = (1/2)u_3 + (1/2)u_2 = u_1^n + 1\dfrac{1}{4} \\ u_5 = (1/2)u_4 + (1/2)u_3 = u_1^n + 1\dfrac{3}{8} \end{cases}$。因此，如果美联储永久性地降低通货膨胀 1 个百分点，则第一年失业率要在自然失业率的基础之上上升 2%，以后的每年失业率等于自然失业率，而自然失业率在第一期自然失业率上升 1% 或更高。

c. 这个经济的牺牲率是 4。分析如下：如果失业率要在自然失业率的基础之上上升 2%，则根据奥肯定律，GDP 要损失 4%，则牺牲率 =4%/1% =4。

d. 如果没有滞后作用，则通货膨胀与失业之间只存在短期的而非长期的取舍关系。若有滞后作用，则通货膨胀与失业之间不仅存在短期取舍关系，还存在长期取舍关系。

8. 一些经济学家相信税收对劳动供给有重要的影响。他们认为，更高的税收使人们工作得更少，更低的税收使人们工作得更多。考虑这种影响如何改变税收变动的宏观经济分析。

a. 如果这种观点正确，减税如何影响自然产出水平？

b. 减税如何影响总需求曲线？如何影响长期总供给曲线？如何影响短期总供给曲线？

c. 减税对产出和价格水平的短期影响是什么？你的回答与税收对劳动供给缺乏影响的情况有什么不同？

d. 减税对产出和价格水平的长期影响是什么？你的回答与税收对劳动供给缺乏影响的情况有什么不同？

答：a. 自然产出水平是由生产函数 $\overline{Y} = F(\overline{K}, \overline{L})$ 决定的。如果减税增加了劳动的供给，那就会使 $\overline{L}$ 增加并令产出的自然水平上升。

b. (1) 减税使可支配收入增加，从而消费增加，导致总需求曲线右移。

(2) 减税使产出的自然水平增加，所以长期总供给曲线右移。

(3) 减税对短期总供给曲线（*SRAS*）的影响取决于使用的模型。在黏性工资模型和黏性价格模型中，劳动是由需求决定的，所以 *SRAS* 曲线不动。相反的，不完美信息模型假定劳动力市场经常处于均衡状态，所以减税增加了劳动的供给，使 *SRAS* 曲线右移。

c. 一般情况下（即减税对劳动供给没有影响），短期中减税会使产出增加，物价上升。如果使用黏性工资模型或黏性价格模型，那么短期影响与没有劳动力供给效应的常规模型一致。若使用不完美信息模型，短期总供给曲线右移，减税比常规模型中产出增加更多，价格上升较少。图 15 – 9 显示了两种模型中的效果。*A* 是原始均衡点，*SW* 点是黏性工资或价格模型中的新均衡点，*II* 点是不完美信息模型中的新均衡点。

d. 如图 15 – 10 所示，长期中，减税会使产出增加，对价格水平的影响不确定。在没有劳动供给效应的情况下，减税使产出增加，价格水平上升。

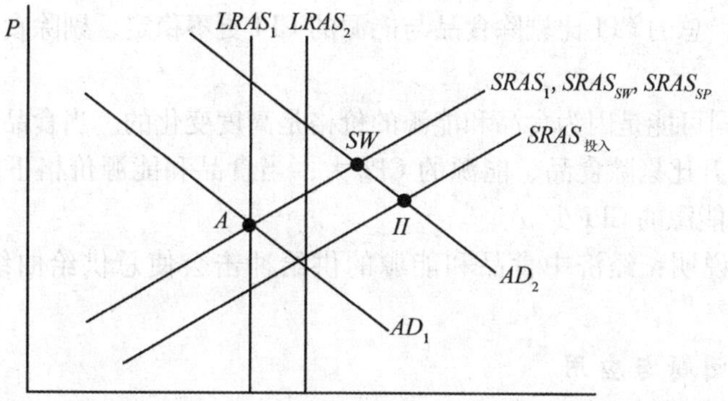

图 15－9　*AS－AD* 模型中减税的短期影响

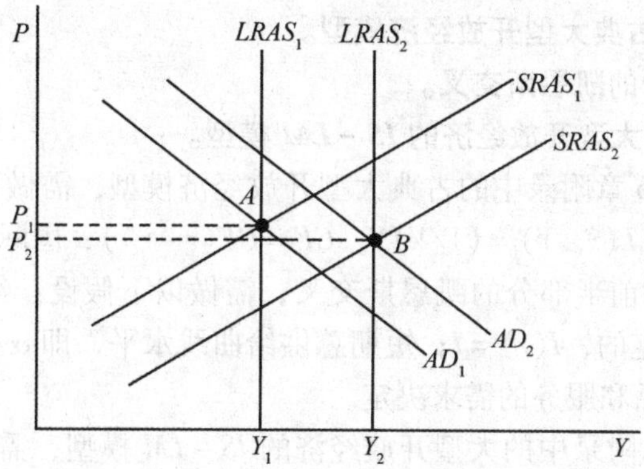

图 15－10　*AS－AD* 模型中减税的长期影响

9. 登录劳工统计局网站（www. bls. gov）。找出过去 5 年的每一年用包括所有产品的消费者价格指数（the consumer price index for all items）衡量的通货膨胀率［有时被称为整体通货膨胀（headline inflation）］与用剔除食品和能源的 CPI（the CPI excluding food and energy）衡量的通货膨胀率［有时被称为核心通货膨胀率（core inflation）］。比较通货膨胀的这两个衡量指标。为什么它们可能不同？关于总供给曲线的移动和短期菲利普斯曲线的移动，这一差别可能告诉你些什么？

答：（1）从劳工统计局网站（www. bls. gov）可以获取相关 CPI 数据。这里用的数据是"Consumer Price Index for All Urban Consumers"，如表 15－5 所示：

表 15－5　2009 年至 2014 年的整体通货膨胀和核心通货膨胀

Year	CPI	CPI inflation rate	CPI excluding food and energy	CPI inflation，excluding food and energy
2009	214. 537		219. 235	
2010	218. 056	1. 64%	221. 337	0. 96%
2011	224. 939	3. 16%	225. 008	1. 66%
2012	229. 594	2. 07%	229. 755	2. 11%
2013	232. 957	1. 46%	233. 806	1. 76%
2014	236. 736	1. 62%	237. 897	1. 75%

(2)可以看出，总的 CPI 比剔除食品与能源的 CPI 更不稳定，剔除食品、能源的 CPI 较稳定。

(3)它们的不同可能是因为食品和能源的价格是高度变化的。当食品和能源的价格上升时，总的 CPI 的上升比剔除食品、能源的 CPI 大；当食品和能源价格下降时，总的 CPI 的上升比剔除食品、能源的 CPI 少。

(4)这些不同说明：经济中食品和能源的供给冲击会使总供给曲线和菲利普斯曲线移动。

四、更多的问题与应用

让我们考虑所有模型之母这一大型模型的更多特例。从这个综合模型开始，你需要做出哪些额外的假设才能得到以下每一个模型？

a. 第 6 章附录中的古典大型开放经济模型。

b. 第 12 章前半部分的凯恩斯交叉。

c. 第 14 章附录中的大型开放经济的 $IS-LM$ 模型。

答：a. 为了得到第 6 章附录中的古典大型开放经济模型，需做以下假设：允许利率与世界利率偏离；$EP=P$，$L(i, Y)=(1/V)Y$，$CF=CF(r-r^*)$；国际资本不完全流动。

b. 为了得到第 12 章前半部分的凯恩斯交叉，需做以下假设：经济是封闭的，$CF(r-r^*)=0$；投资是内生给定的，$I(r)=I$；短期总供给曲线水平，即 α 是无限的。在这种情形下，产出单独地由对商品和服务的需求决定。

c. 为了得到第 14 章附录中的大型开放经济的 $IS-LM$ 模型，需做以下假设：α 是无限的，并且 $CF=CF(r-r^*)$ 是有限弹性的。在这种情形下，短期总供给曲线是水平的，资本流动对于国内外利率差反应不是很强烈。

第五篇　宏观经济理论和政策专题

第16章　一个经济波动的动态模型

16.1　复习笔记

【知识框架(庖丁解牛)】

- 一个经济波动的动态模型
  - 动态 $AD-AS$ 模型
    - 动态 $AD-AS$ 模型要素
    - 动态总供给(DAS)曲线和动态总需求(DAD)曲线
    - 长期均衡与短期均衡
  - 动态 $AD-AS$ 模型的运用
    - 长期增长
    - 总供给冲击
    - 总需求冲击
    - 货币政策的变动
  - 两个应用：对货币政策的启示
    - 产出可变性与通货膨胀可变性的权衡
    - 泰勒原理

【考点难点归纳(厚积薄发)】

考点一：动态 $AD-AS$ 模型　★★★★★

动态总需求－总供给模型是研究随着时间推移，产出和通货膨胀如何对经济环境的外生变化做出反应的模型，强调变量随时间发生变化所带来的影响。

1. 动态 $AD-AS$ 模型要素(见表16－1)

表16－1　动态 $AD-AS$ 模型要素

要素	方程	具体内容
对产品和服务的需求方程	$Y_t=\overline{Y}_t-\alpha(r_t-\rho)+\varepsilon_t$	产品和服务的总产出与实际利率反方向变动，与自然产出水平同方向变动
费雪方程	$r_t=i_t-E_t\pi_{t+1}$	实际利率等于名义利率减去预期通货膨胀率
菲利普斯曲线	$\pi_t=E_{t-1}\pi_t+\varphi(Y_t-\overline{Y}_t)+v_t$	通货膨胀率 π_t 取决于预期的通货膨胀、产出对自然水平的偏离以及外部供给冲击
适应性预期方程	$E_t\pi_{t+1}=\pi_t$	在适应性预期下，人们预测下一期的通货膨胀率和本期相等
货币政策方程	$i_t=\pi_t+\rho+\theta_\pi(\pi_t-\pi_t^*)+\theta_Y(Y_t-\overline{Y}_t)$	当通货膨胀率偏离目标水平或者收入偏离自然水平时，实际利率也偏离自然水平

2. 动态总供给（*DAS*）曲线和动态总需求（*DAD*）曲线

（1）动态总供给曲线的推导：

*DAS*曲线是描述产出与通货膨胀率之间同方向变动关系的曲线。将适应性预期方程 $E_t\pi_{t+1}=\pi_t$ 代入菲利普斯曲线 $\pi_t=E_{t-1}\pi_t+\varphi(Y_t-\overline{Y}_t)+v_t$ 就可得到*DAS*曲线的表达式，即：$\pi_t=\pi_{t-1}+\varphi(Y_t-\overline{Y}_t)+v_t$，如图16－1所示。根据*DAS*曲线方程可知，过去的通货膨胀率 π_{t-1}、供给冲击 v_t 的增加都会使*DAS*曲线左移；自然产出水平 $\overline{Y}_t$ 的增加会使*DAS*曲线右移。

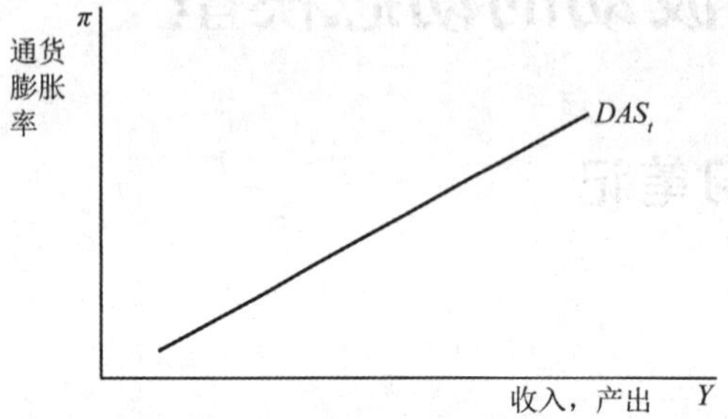

图16－1　动态总供给曲线

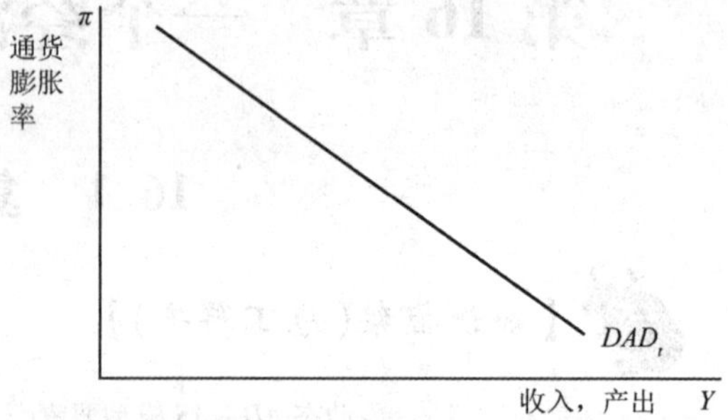

图16－2　动态总需求曲线

（2）动态总需求曲线的推导：

将费雪方程 $r_t=i_t-E_t\pi_{t+1}$ 代入产品和服务的需求方程 $Y_t=\overline{Y}_t-\alpha(r_t-\rho)+\varepsilon_t$ 可得：$Y_t=\overline{Y}_t-\alpha(i_t-E_t\pi_{t+1}-\rho)+\varepsilon_t$。再将适应性预期方程式 $E_t\pi_{t+1}=\pi_t$ 和货币政策方程式 $i_t=\pi_t+\rho+\theta_\pi(\pi_t-\pi_t^*)+\theta_Y(Y_t-\overline{Y}_t)$ 代入上式可得：$Y_t=\overline{Y}_t-\alpha[\theta_\pi(\pi_t-\pi_t^*)+\theta_Y(Y_t-\overline{Y}_t)]+\varepsilon_t$。

求解 Y_t 可得*DAD*曲线的方程为：$Y_t=\overline{Y}_t-\alpha\theta_\pi(\pi_t-\pi_t^*)/(1+\alpha\theta_Y)+\varepsilon_t/(1+\alpha\theta_Y)$。如图16－2所示，*DAD*曲线的斜率向下。产出水平 $\overline{Y}_t$、通货膨胀目标 π_t^* 和需求冲击 ε_t 的改变都会导致*DAD*曲线移动。

3. 长期均衡与短期均衡

（1）经济的长期均衡：

经济的长期均衡是指经济不发生波动时的正常状态，此时没有外生需求冲击和外生供给冲击（$\varepsilon_t=v_t=0$），而且古典二分法和货币中性成立，因此货币政策对实际变量没有影响。长期均衡的解见表16－2。

表16－2　长期均衡的解

变量	均衡解
产出	$Y_t=\overline{Y}_t$，即产出等于自然水平
实际利率	$r_t=\rho$，即实际利率等于自然水平
通货膨胀	$\pi_t=\pi_t^*$，即通货膨胀等于通货膨胀的目标值
预期的通货膨胀	$E_t\pi_{t+1}=\pi_t^*$，即预期的通货膨胀等于通货膨胀的目标值
名义利率	$i_t=\rho+\pi_t^*$，即名义利率等于自然利率加上目标通货膨胀率

（2）经济的短期均衡：

*DAD*和*DAS*方程中的内生变量 π 和 Y 由其他五个外生变量决定，经济的短期均衡由

DAD 曲线和 *DAS* 曲线的交点确定。在短期均衡中，产出水平有可能偏离自然水平，如图 16－3所示。

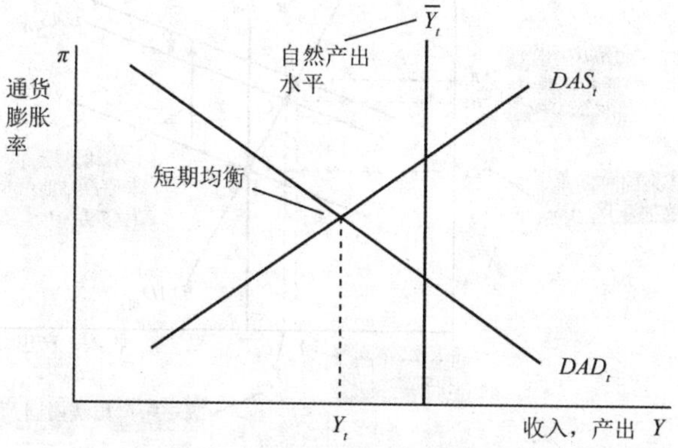

图 16－3　经济中的短期均衡

考点二：动态 *AD*－*AS* 模型的运用　★★★★

1. 长期增长

在其他外生变量不变时，随着时间的推移，经济的自然产出水平 $\overline{Y}_t$ 增加，从而使 *DAS* 和 *DAD* 曲线都向右移动。在均衡时，产出 Y_t 增加的数量正好是 $\overline{Y}_t$ 增加的数量，但通货膨胀率保持不变。如图 16－4 所示。

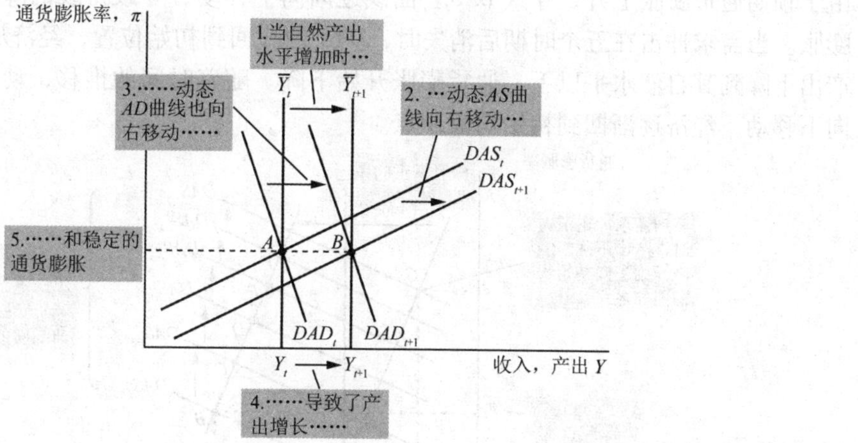

图 16－4　长期增长

2. 总供给冲击

供给冲击表现为 v_t 的波动，从而导致动态总供给曲线的移动。当供给冲击增加了通货膨胀时，中央银行通过遵循其政策规则和提高名义与实际利率做出反应，更高的实际利率降低了产品与服务的需求量，这使得产出降至自然水平以下。

如图 16－5 所示，当发生逆向供给冲击时，DAS_{t-1} 上移到 DAS_t，*DAD* 曲线保持不变，经济从 *A* 点移动到 *B* 点，导致通货膨胀率上升和产出降低。在冲击发生之后，依赖于过去的通货膨胀的预期通货膨胀变高。当冲击变量 v_t 恢复到正常水平的零值，*DAS* 曲线缓慢回到其初始位置，在过渡过程中，产出都在其自然水平以下。

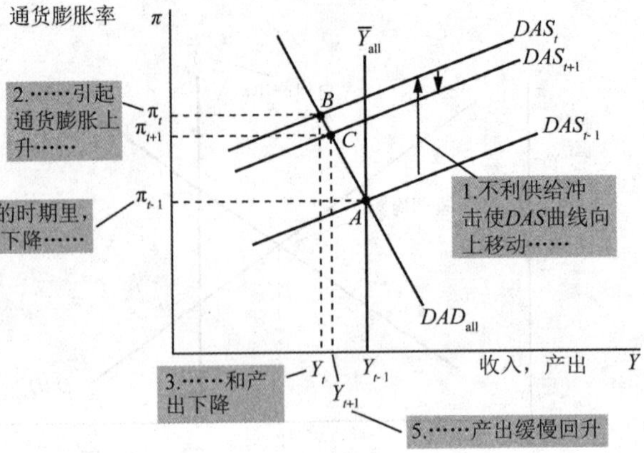

图 16－5　总供给冲击

3. 总需求冲击

需求冲击是指在给定自然产出水平 $\overline{Y}_t$ 和实际利率 r_t 的情况下影响对产品和服务的需求的任何事件。

如图 16－6 所示，当存在正向需求冲击时，DAD_{t-1} 曲线向右移动到 DAD_t，而 DAS_{t-1} 曲线保持不变，此时经济从 A 点移动到 B 点，导致产出和通货膨胀都上升。在冲击发生之后，由于预期通货膨胀上升，导致 DAS_{t-1} 曲线逐渐向上移动，导致持续的降低产出和提高通货膨胀。当需求冲击在五个时期后消失时，DAD 曲线回到初始位置，经济从 F 点移动到 G 点。产出下降到其自然水平以下，通货膨胀开始下降。随着时间的推移，动态总供给曲线开始向下移动，经济逐渐回到初始均衡 A 点。

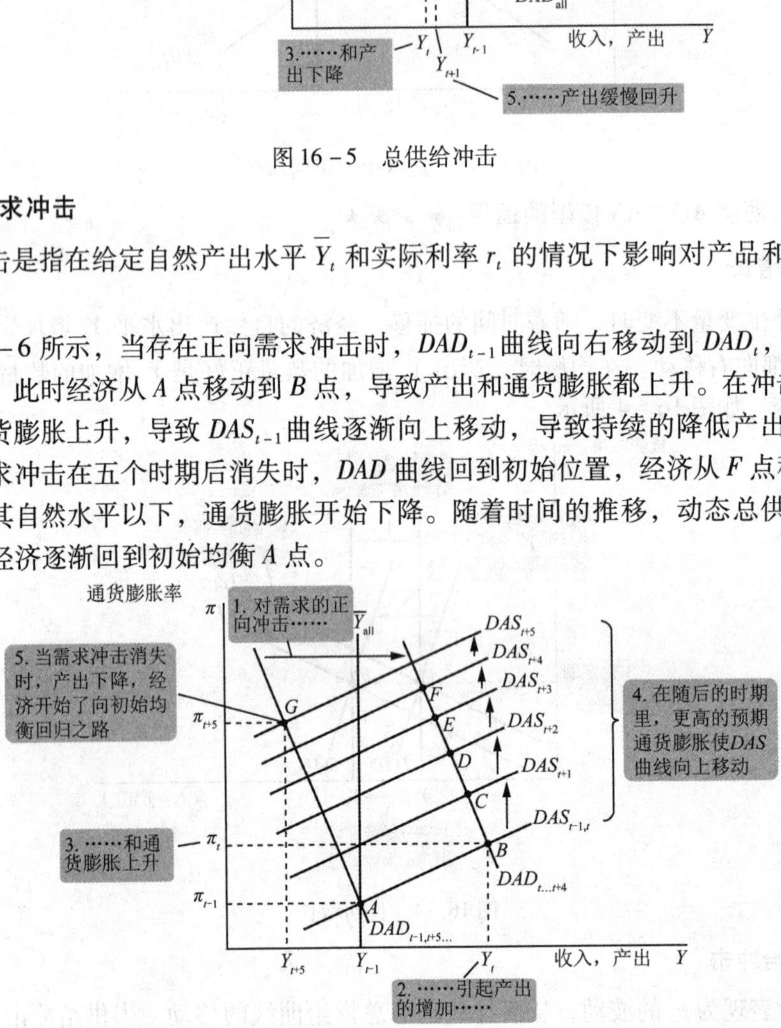

图 16－6　总需求冲击

4. 货币政策的变动

如图 16－7 所示，假定中央银行决定降低通货膨胀目标，即提高名义和实际利率，这一政策会导致需求减少，DAD_{t-1} 曲线向左移动，而 DAS_{t-1} 曲线不变，经济从其初始均衡 A 点移动到 B 点，产出和通货膨胀都下降。在随后的时期里，更低的通货膨胀降低了通货膨胀预期，导致 DAS 曲线逐渐向下移动，通货膨胀不断降低，产量不断增加。当经济达到长期均衡时，产出变为自然水平，通货膨胀率等于新的更低的目标。

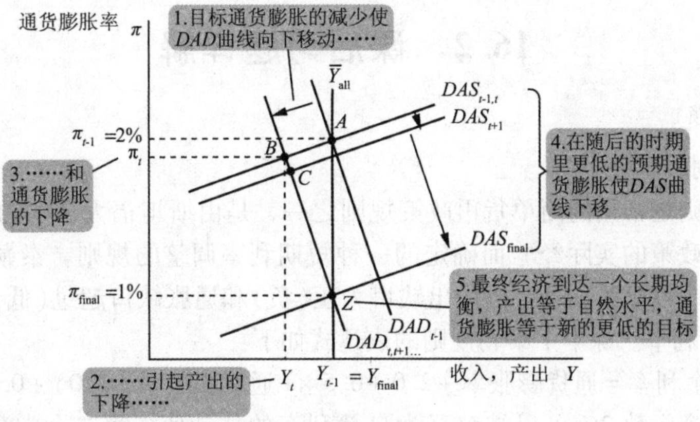

图 16－7　目标通货膨胀降低

考点三：两个应用：对货币政策的启示　★★★

1. 产出可变性与通货膨胀可变性的权衡

DAD 曲线的斜率部分取决于货币政策的参数：θ_π 和 θ_Y。当中央银行选择这些政策参数时，就决定了 DAD 曲线的斜率，从而决定了经济对供给冲击的短期反应。

当 DAD 曲线相对平缓时，供给冲击对通货膨胀影响较小而对产出影响较大；当 DAD 曲线相对陡峭时，同样的供给冲击对通货膨胀影响较大而对产出影响较小。因此，中央银行在选择这些参数时面临着通货膨胀可变性和产出可变性之间的权衡。

2. 泰勒原理

泰勒原理是指为了稳定通货膨胀，中央银行必须通过提高名义利率来应对通货膨胀的上升，强调了货币政策设计中 θ_π 大于零的重要性。

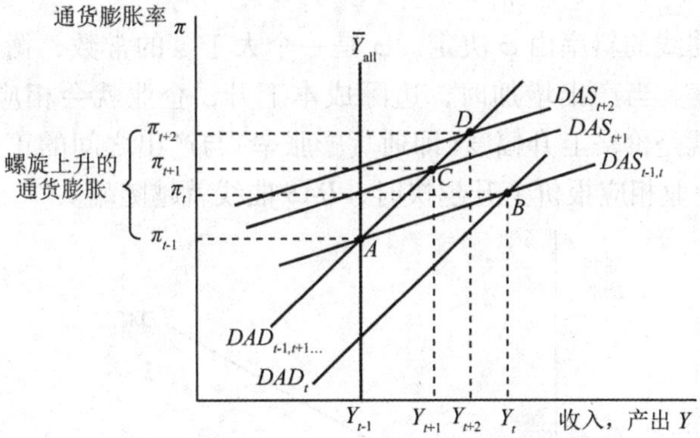

图 16－8　向上倾斜的 DAD 曲线导致失控的通货膨胀

根据动态总需求方程：$Y_t = \overline{Y}_t - \alpha\theta_\pi(\pi_t - \pi_t^*)/(1+\alpha\theta_Y) + \varepsilon_t/(1+\alpha\theta_Y)$，如果 θ_π 为负，则 DAD 曲线向上倾斜。如图 16－8 所示，在 t 时期，假定存在正向需求冲击，DAD_{t-1} 曲线右移，经济从 A 点移动到 B 点，导致产出和通货膨胀上升。在 $t+1$ 时期，冲击消失，DAD

曲线回到原来的位置，但是更高的通货膨胀预期使 DAS_{t-1} 曲线逐渐上移，导致产出和通货膨胀不断增加，因此 θ_π 小于0会导致通货膨胀的失控。

16.2　课后习题详解

一、概念题

1. 泰勒规则

答：泰勒规则是常用的简单货币政策规则之一，是由斯坦福大学的约翰·泰勒于1993年根据美国货币政策的实际经验而确定的一种短期利率调整的规则。泰勒认为，保持实际短期利率稳定和中性政策立场，当产出缺口为正(负)和通胀缺口超过(低于)目标值时，应提高(降低)实际利率。课本中泰勒规则的表达式如下：

名义联邦基金利率 = 通货膨胀率 + 2.0 + 0.5 ×(通货膨胀率 - 2.0) + 0.5 × GDP 缺口

方程中第一个常数2%可以被解释为自然利率的估计值，第二个常数(通货膨胀率 - 2%)可以被解释为通货膨胀目标。

2. 泰勒原理

答：泰勒原理是以经济学家约翰·泰勒的名字命名的关于中央银行执行货币政策的一项准则，其主要结论是：为了稳定通货膨胀，中央银行必须通过上升名义利率来应对通货膨胀的上升。也就是说，方程 $i_t=\pi_t+\rho+\theta_\pi(\pi_t-\pi_t^*)+\theta_Y(Y_t-\bar{Y}_t)$，即中央银行货币政策规则方程中的参数 θ_π 必须大于零。如果中央银行制定货币政策时不遵循这条准则，就有可能导致通货膨胀的失控和无休止的增长。

二、复习题

1. 在一幅仔细标记横轴和纵轴的图上画出动态总供给曲线。解释为什么它的斜率是向右上方倾斜的。

答：动态总供给曲线如图16 - 9所示。写出 DAS 曲线的方程表达式：

$$\pi_t=\pi_{t-1}+\varphi(Y_t-\bar{Y}_t)+v_t$$

从中可知 DAS 曲线的斜率由 φ 决定。φ 是一个大于零的常数，衡量了企业的报价对于产出波动的敏感程度。当产出增加时，边际成本上升，企业就会相应地提高产品的价格。反映在 DAS 曲线中就是价格上升幅度(即通货膨胀率)与产出之间的正相关关系。如果 φ 越大，即边际成本和企业相应报价上升越快时，DAS 曲线就越陡峭。

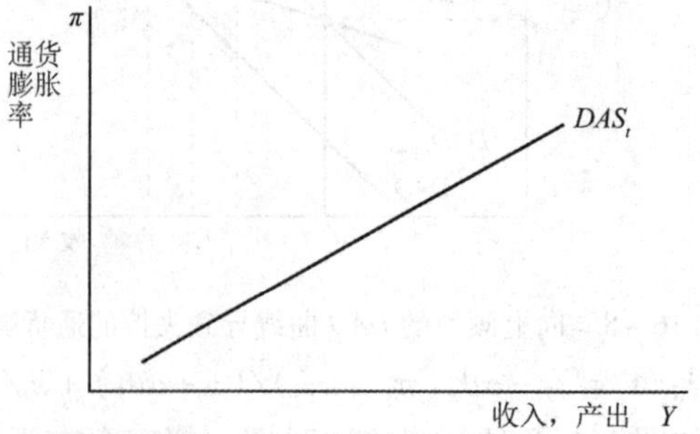

图16 - 9　动态总供给曲线

2. 在一幅仔细标记横轴和纵轴的图上画出动态总需求曲线。解释为什么它的斜率是向右下方倾斜的。

答：动态总需求曲线如图 16－10 所示。*DAD* 曲线的方程表达式为：

$$Y_t = \bar{Y}_t - \frac{\alpha\theta_\pi}{1+\alpha\theta_Y}(\pi_t - \pi_t^*) + \frac{1}{1+\alpha\theta_Y}\varepsilon_t$$

从中可知 *DAD* 曲线的斜率由 α、θ_π 和 θ_Y 决定。其中 α 是一个大于零的常数，一般视为给定的，是一个经济中产出变动与实际利率变动之间的敏感程度的衡量。θ_π、θ_Y 是由中央银行的货币政策所决定的，θ_π 值越大，中央银行对通货膨胀偏离目标值的反应越敏感，*DAD* 曲线也就更平坦；θ_Y 值越大，中央银行对收入偏离自然水平的反应越敏感，*DAD* 曲线也就更陡峭。

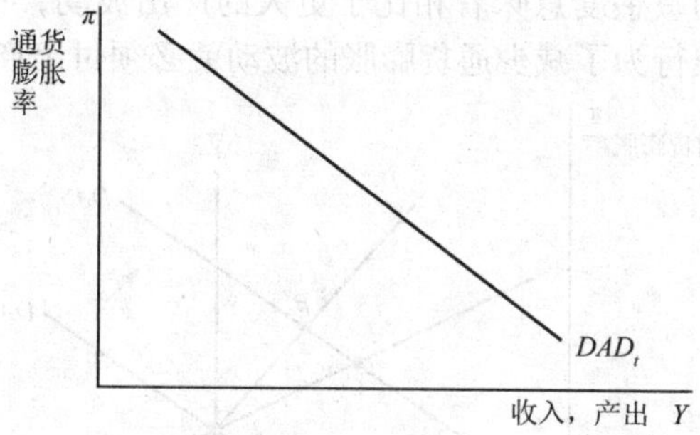

图 16－10　动态总需求曲线

3. 中央银行新行长决定将目标通货膨胀率从 2% 提高到 3%。用一幅动态 *AD－AS* 模型的图形来表示这一变化的影响。这一政策变动刚刚发生时，名义利率会发生什么变化？在长期，名义利率会发生什么变化？请解释。

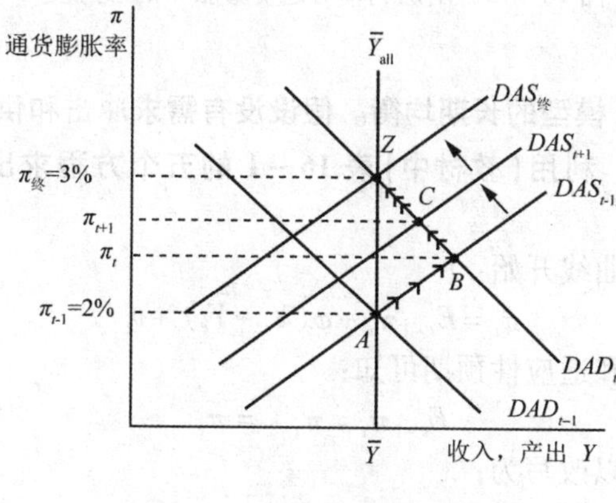

图 16－11　提高目标通货膨胀率

答：如图 16－11 所示，当 t 时期时目标通货膨胀率从 2% 提高到 3% 之后，当期通货膨胀率低于目标通货膨胀率，中央银行将会调低名义利率和实际利率，这将导致 *DAD* 曲线向右移动，经济从 *A* 点移动到 *B* 点，表现为短期内的产出增加和通货膨胀率上升。由于当期较高的通货膨胀率提高了下一期的通货膨胀预期，所以在 $t+1$ 时期 *DAS* 曲线向左移动，进一步提高了通货膨胀率并且使产出略微下降，经济移动到 *C* 点。*DAS* 曲线的移动将反复进行下去，直到最终通货膨胀率等于目标通货膨胀率，产出等于自然水平，经济处于长期均衡的 *Z*

点。因为长期中的实际利率不变，所以长期中名义利率会随着通货膨胀率的增加而增长。

4. 中央银行新行长决定增加利率对通货膨胀率的敏感度。这一政策变动会如何改变经济对供给冲击的反应？通过图形来回答并给出更加直观的经济学解释。

答：由“复习题”第2题可知，*DAD* 曲线的斜率表达式为：

$$-\frac{1+\alpha\theta_Y}{\alpha\theta_\pi}$$

如图16－12所示，当中央银行增加利率对通货膨胀率的敏感度，即增大参数 θ_π 时，*DAD* 曲线变得更加平坦，由 DAD_1 变为 DAD_2。当供给冲击发生时，*DAS* 曲线左移。在旧的政策下，经济从 *A* 点移动到 *B* 点；在新的政策下，经济从 *A* 点移动到 *C* 点。从图形上可以看出，产出的变动比原来更大，而通货膨胀率的变动比原来更小。直观上来说，中央银行增加利率对通货膨胀率的敏感度意味着相比于更大的产出波动，中央银行更不愿接受更大的通货膨胀波动。中央银行为了减少通货膨胀的波动就必须付出产出更大波动的代价。

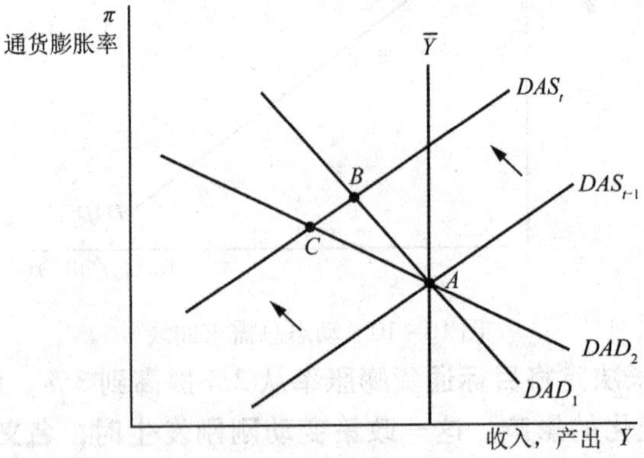

图16－12 增加利率对通货膨胀率的敏感度

三、问题与应用

1. 推导动态 *AD*－*AS* 模型的长期均衡。假设没有需求冲击和供给冲击（$\varepsilon_t=v_t=0$），通货膨胀率稳定（$\pi_t=\pi_{t-1}$），利用（教材中）表16－1的五个方程求出模型中每个变量的值。写出每一步骤。

答：首先从菲利普斯曲线开始：

$$\pi_t=E_{t-1}\pi_t+\varphi(Y_t-\overline{Y}_t)+v_t$$

由于通货膨胀率稳定和适应性预期可知：

$$E_{t-1}\pi_t=\pi_{t-1}=\pi_t$$

于是菲利普斯曲线可以改写为：

$$\pi_t=\pi_t+\varphi(Y_t-\overline{Y}_t)+v_t$$

其中 v_t 等于零，所以长期中产出处于自然水平（$Y_t=\overline{Y}_t$）。

接下来看产品和服务的需求方程：

$$Y_t=\overline{Y}_t-\alpha(r_t-\rho)+\varepsilon_t$$

其中 ε_t 等于零。由于 $Y_t=\overline{Y}_t$，所以长期中实际利率等于自然水平（$r_t=\rho$）。

实际利率 r_t 又可以用费雪方程式表达为：

$$r_t=i_t-E_t\pi_{t+1}$$

由于通货膨胀是稳定的($E_t\pi_{t+1}=\pi_t$)，并且实际利率等于长期中的自然水平 ρ，所以：

$$i_t=\rho+\pi_t$$

最后，列出货币政策方程式：

$$i_t=\pi_t+\rho+\theta_\pi(\pi_t-\pi_t^*)+\theta_Y(Y_t-\overline{Y}_t)$$

在已知 $Y_t=\overline{Y}_t$，$r_t=\rho$ 的条件下，可知长期中的通货膨胀率等于目标通货膨胀率。

综上所述，长期中经济的解为：

$$Y_t=\overline{Y}_t$$

$$r_t=\rho$$

$$\pi_t=\pi_t^*$$

$$E_t\pi_{t+1}=\pi_t^*$$

$$i_t=\rho+\pi_t^*$$

2. 假定某中央银行在其货币政策规则中使用了一个错误的自然利率数值，因此，它采用的规则是：

$$i_t=\pi_t+\rho'+\theta_\pi(\pi_t-\pi_t^*)+\theta_Y(Y_t-\overline{Y}_t)$$

式中，ρ'不等于产品需求方程中的自然利率 ρ。动态 $AD-AS$ 模型的其他部分都和本章的相同。求出这一政策规则下的长期均衡。用文字解释你的答案背后的直觉。

答：如果某中央银行使用了一个错误的自然利率ρ'，按下式定义一个利率偏离量 $\Delta\rho$。则有：

$$\rho'=\rho+\Delta\rho \tag{1}$$

当 $\Delta\rho$ 为零时，中央银行使用的自然利率水平就是正确的。

由“问题与应用”第 1 题可知，在长期均衡中有：

$$i_t=\pi_t+\rho'+\theta_\pi(\pi_t-\pi_t^*)+\theta_Y(Y_t-\overline{Y}_t) \tag{2}$$

$$i_t=\rho+\pi_t \tag{3}$$

注意(2)、(3)中自然利率的区别。(2)式表示的是中央银行的货币政策方程，所以代入的自然利率水平为ρ'。

将(1)代入(2)中，可得

$$i_t=\pi_t+(\rho+\Delta\rho)+\theta_\pi(\pi_t-\pi_t^*)+\theta_Y(Y_t-\overline{Y}_t)$$

$$i_t-\pi_t=(\rho+\Delta\rho)+\theta_\pi(\pi_t-\pi_t^*)+\theta_Y(Y_t-\overline{Y}_t) \tag{4}$$

将(3)代入(4)中，可得：

$$\rho=(\rho+\Delta\rho)+\theta_\pi(\pi_t-\pi_t^*)$$

$$\pi_t=\pi_t^*-\frac{\Delta\rho}{\theta_\pi}$$

结合“问题与应用”第 1 题可得新的长期中经济的解：

$$Y_t=\overline{Y}_t$$

$$r_t=\rho$$

$$\pi_t=\pi_t^*-\frac{\Delta\rho}{\theta_\pi}$$

$$E_t\pi_{t+1}=\pi_t^*-\frac{\Delta\rho}{\theta_\pi}$$

$$i_t = \rho + \pi_t^* - \frac{\Delta\rho}{\theta_\pi}$$

直观上来看，如果中央银行使用了一个错误的较高的自然利率，为了使(2)式仍然成立，那么相应地它就会把名义利率设置成一个较高的数值。因为较高的名义利率减少了产品和服务的需求，所以在短期中，*DAD* 曲线左移，导致通货膨胀率和产出都下降。较低的通货膨胀带来低通货膨胀预期，使 *DAS* 曲线不断右移。在长期中，产出回到自然水平，但是通货膨胀小于目标通货膨胀率，名义利率也小于应有水平，如图 16 – 13 所示。

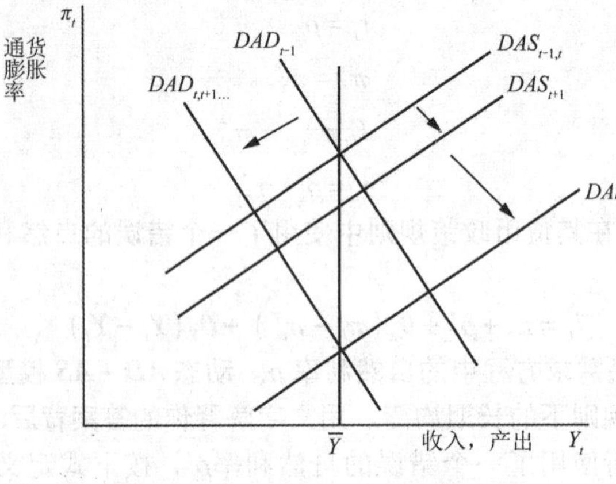

图 16 – 13 较高的错误自然利率水平

3. “为了实现更低的名义利率，中央银行就不得不提高名义利率。”解释这一说法在哪方面是有道理的。

答：这一说法只在短期中是有道理的。

在短期中，要降低名义利率，中央银行必须提高名义利率以降低产出和通货膨胀率——更高的名义利率使 *DAD* 曲线左移。较低的通货膨胀带来更低的通货膨胀预期，根据费雪方程 $r_t = i_t - E_t\pi_{t+1}$，实现了名义利率降低的目标。

在长期中，名义利率等于自然利率加上目标通货膨胀率，要降低名义利率只能降低目标通货膨胀率，最终降低现实的通货膨胀率以达到目的。当预期通货膨胀率降低，*DAS* 曲线向右下方移动，产出增加到自然率水平，通货膨胀率下降。

4. 牺牲率是中央银行降低通货膨胀目标 1 个百分点所造成的产出累计损失。对于(教材)正文中模拟部分采用的参数(参见本章“参考资料”)，所隐含的牺牲率是多少？请解释。

答：牺牲率是中央银行降低通货膨胀目标 1 个百分点所造成的产出累计损失。

如果中央银行降低通货膨胀目标 1 个百分点，会引起 *DAD* 曲线向左移动，导致更低的通货膨胀率和更低的产出。随着时间的变化，较低的通货膨胀率带来较低的通货膨胀预期，会使 *DAS* 曲线不断右移，最终产出回到潜在水平。在这个过程中，产出始终小于自然水平，其累计的产出损失就是所求的牺牲率。(教材)正文中模拟的 12 年中的累计产出损失是 2.59%，同期下降的通货膨胀率为 0.65%(从 2% 下降到 1.35%)，所隐含的牺牲率为 2.59/0.65 = 3.98。

另一方面，可直接从菲利普斯曲线中求出牺牲率。由菲利普斯曲线方程以及适应性预期可得：

$$\pi_t = \pi_{t-1} + \varphi(Y_t - \overline{Y}_t) + v_t$$

产出每下降一个单位，通货膨胀率就降低 φ 个单位，于是牺牲率就等于 $1/\varphi$。正文中模拟部分的 φ 值为0.25，所求的牺牲率就为4，和前面所求的3.98十分接近。

5.（教材）正文分析了对产品与服务需求的暂时冲击的情况。但是，现在假定 ε_t 增加然后永久维持在增加后的水平。随着时间的推移，经济会发生什么变化？通货膨胀率在长期会回到其目标吗？为什么？（提示：求出没有 $\varepsilon_t = 0$ 的假设下的长期均衡可能是有帮助的。）中央银行可能会如何改变它的政策规则来应对这一问题？

答：根据提示，先求出当 ε_t 不等于零时的长期均衡。由于通货膨胀是稳定的($\pi_t = \pi_{t-1}$)和适应性预期($E_{t-1}\pi_t = \pi_{t-1}$)，所以菲利普斯曲线可以改写为：

$$\pi_t = \pi_t + \varphi(Y_t - \overline{Y}_t) + v_t$$

特别地，当供给冲击 v_t 等于零时，产出等于自然产出水平。

再把 $Y_t = \overline{Y}_t$ 代入产品和服务需求方程：

$$Y_t = \overline{Y}_t - \alpha(r_t - \rho) + \varepsilon_t$$

$$r_t = \rho + \frac{\varepsilon_t}{\alpha}$$

将上述结果代入费雪方程中：

$$r_t = i_t - E_t\pi_{t+1}$$

$$i_t = \rho + \pi_t + \frac{\varepsilon_t}{\alpha}$$

得出了名义利率的表达式（注意它和 $\varepsilon_t = 0$ 时的区别），代入货币政策方程：

$$i_t = \pi_t + \rho + \theta_\pi(\pi_t - \pi_t^*) + \theta_Y(Y_t - \overline{Y}_t)$$

$$\pi_t = \pi_t^* + \frac{\varepsilon_t}{\theta_\pi \alpha}$$

所以，此时长期中经济的解为：

$$Y_t = \overline{Y}_t$$

$$r_t = \rho + \frac{\varepsilon_t}{\alpha}$$

$$\pi_t = \pi_t^* + \frac{\varepsilon_t}{\theta_\pi \alpha}$$

$$E_t\pi_{t+1} = \pi_t^* + \frac{\varepsilon_t}{\theta_\pi \alpha}$$

$$i_t = \rho + \pi_t + \frac{\varepsilon_t}{\alpha}$$

如果 ε_t 增加然后永久维持在增加后的水平，在短期中会使 *DAD* 曲线右移，导致产出和通货膨胀率的暂时上升；在长期中会导致通货膨胀率的上升和产出等于自然水平，通货膨胀率会高于目标通货膨胀率。在这样的情况下，中央银行可能会降低目标通货膨胀率，以此来使通货膨胀率回到最初的水平。

6. 假定中央银行不满足泰勒原理；特别地，假设 θ_π 略小于零，从而，虽然名义利率随通货膨胀上升而上升，但它上升的量小于通货膨胀上升的量。用一幅类似于（教材中）图 16－13 的图分析供给冲击的影响。这一分析与作为货币政策设计准则的泰勒原理相互矛盾还是强化了该原理？

答：*DAD* 曲线的具体方程表达式如下：

$$Y_t = \overline{Y}_t - \frac{\alpha\theta_\pi}{1+\alpha\theta_Y}(\pi_t - \pi_t^*) + \frac{1}{1+\alpha\theta_Y}\varepsilon_t$$

其中，当 $\theta_\pi > 0$ 时，就说中央银行满足泰勒原理。此时，θ_π 值越大，中央银行对通货膨胀偏离目标值的反应越敏感。

当 $\theta_\pi < 0$ 时，中央银行不满足泰勒原理。此时，从 *DAD* 曲线方程中可以看出 *DAD* 曲线的斜率变成了正的。

如图 16－14 所示，当 t 时期发生正的供给冲击时，*DAS* 曲线向上移动，经济从 *A* 点移动到 *B* 点，带来了更高的通货膨胀率和产出。由于产出目前高于自然水平，人们预期通货膨胀率会继续上升，较高的通货膨胀预期使 *DAS* 曲线继续不断向上移动。最终，即使供给冲击是暂时的，通货膨胀率也会不断螺旋式上升。这一分析强化了作为货币政策设计准则的泰勒原理，隐含的前提是中央银行致力于稳定通货膨胀。

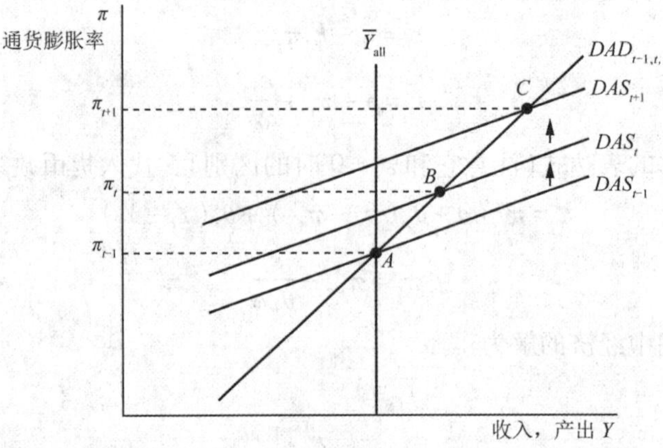

图 16－14　不满足泰勒原理时的供给冲击

7.（教材）正文假设自然利率 ρ 是一个常数。假定与之相反，它随着时间的推移而变化，因此现在不得不将它写成 ρ_t。

a. 这一改变会如何影响动态总需求方程和动态总供给方程？

b. 对 ρ_t 的冲击会如何影响产出、通货膨胀、名义利率和实际利率？

c. 如果 ρ_t 随着时间的推移而变化，你认为中央银行可能会面临什么样的实际困难？

答：如果自然利率随时间的推移而变化，把它写成 ρ_t。

a. *DAS* 曲线不发生任何变化，因为 *DAS* 曲线方程的推导和表达式中并没有包含自然利率；*DAD* 曲线也不会发生变化，因为尽管在 *DAD* 曲线推导过程中涉及到了自然利率，但是它在推导过程中已经被消去了，并不出现在最终的 *DAD* 曲线方程表达式中。

b. 产出和通货膨胀不会发生变化。因为产出和通货膨胀率是由 *DAD* 曲线和 *DAS* 曲线的交点所决定的，由 a 小问已知 *DAD* 和 *DAS* 曲线不发生变化，因此产出和通货膨胀率也不会发生变化。但是实际利率和名义利率会发生变化，它们变动的数量同 ρ_t 变动的数量相等。

c. 如果 ρ_t 随时间推移而变化，中央银行在货币政策的制定上会更加困难。假如自然利率是固定的，为 4%。中央银行想要达到 2% 的目标通货膨胀率，则只需将目标长期名义利率定为 6% 即可。但是如果自然利率是变化的，中央银行想要设定准确的目标长期名义利率就是十分困难的。此时，中央银行要实现它的目标，就必须及时的变动目标长期名义利率来稳定通货膨胀，而这是非常困难的。进一步来说，中央银行甚至可能不知道当前真实的自然利率。及时性和准确性成为中央银行的两大实际困难。

8. 假定人们的通货膨胀预期受到随机冲击的影响。也就是说，不再是简单的适应性预期，时期 t 对时期 $t+1$ 的通货膨胀的预期是 $E_t\pi_{t+1}=\pi_t+\eta_t$，式中，$\eta_t$ 是一个随机冲击。这一冲击一般为零，但是，当过去的通货膨胀以外的某事件引起预期的通货膨胀变化时，它就会偏离零。类似地，$E_{t-1}\pi_t=\pi_{t-1}+\eta_{t-1}$。

a. 推导这个稍微一般化的模型中的动态总需求(*DAD*)方程和动态总供给(*DAS*)方程。

b. 假定经济经历了一场通货膨胀恐慌(inflation scare)。也就是说，在时期 t，由于某些原因，人们开始相信时期 $t+1$ 的通货膨胀将会更高，因此 η_t 大于零(只是在这个时期)。时期 t 的 *DAD* 曲线和 *DAS* 曲线会发生什么变化？该时期的产出、通货膨胀、名义利率和实际利率会发生什么变化？请解释。

c. 时期 $t+1$ 的 *DAD* 曲线和 *DAS* 曲线会发生什么变化？该时期的产出、通货膨胀、名义利率和实际利率会发生什么变化？请解释。

d. 在接下来的(多个)时期里经济会发生什么变化？

e. 在何种意义上通货膨胀恐慌自我实现了？

答：如果通货膨胀预期受到随机冲击的影响，即 $E_{t-1}\pi_t=\pi_{t-1}+\eta_{t-1}$。

a. *DAS* 曲线的方程表达式由菲利普斯曲线和预期通货膨胀方程共同推导出来。如果预期通货膨胀方程发生了变化，此时新的 *DAS* 曲线的方程为：

$$\pi_t=E_{t-1}\pi_t+\varphi(Y_t-\overline{Y}_t)+v_t$$

$$\pi_t=\pi_{t-1}+\eta_{t-1}+\varphi(Y_t-\overline{Y}_t)+v_t$$

DAD 曲线的方程表达式是由产品与服务需求方程、费雪方程和货币政策方程式推导出来的。将新的通货膨胀预期方程代入其中，则：

$$\begin{aligned}Y_t&=\overline{Y}_t-\alpha(r_t-\rho)+\varepsilon_t\\&=\overline{Y}_t-\alpha(i_t-E_t\pi_{t+1}-\rho)+\varepsilon_t\\&=\overline{Y}_t-\alpha[i_t-(\pi_t+\eta_t)-\rho]+\varepsilon_t\\&=\overline{Y}_t-\alpha\{[\pi_t+\rho+\theta_\pi(\pi_t-\pi_t^*)+\theta_Y(Y_t-\overline{Y}_t)]-(\pi_t+\eta_t)-\rho\}+\varepsilon_t\\&=\overline{Y}_t-\alpha[\theta_\pi(\pi_t-\pi_t^*)+\theta_Y(Y_t-\overline{Y}_t)-\eta_t]+\varepsilon_t\end{aligned}$$

最终可得新的 *DAD* 曲线的表达式：

$$Y_t=\overline{Y}_t-\frac{\alpha\theta_\pi}{1+\alpha\theta_Y}(\pi_t-\pi_t^*)+\frac{\alpha}{1+\alpha\theta_Y}\eta_t+\frac{1}{1+\alpha\theta_Y}\varepsilon_t$$

b. 如果在时期 t，η_t 大于零，那么 *DAS* 不变而 *DAD* 曲线向右移动(注意在 *DAS* 曲线中产生影响的是上一期的随机冲击 η_{t-1})，产出和通货膨胀率都上升。直观上来说，如果人们在当前有通货膨胀恐慌，他们认为下一个时期的通货膨胀率将会上升，那么他们在当前就会增加购买。换句话来说，他们会趁现在价格仍然较低时赶紧把钱花出去。

c. 在时期 $t+1$，*DAD* 曲线会回到初始的位置，因为 η_{t+1} 等于零；而 *DAS* 曲线则会向左移动，因为上一期的随机冲击大于零。与初始的长期均衡相比，新的均衡时产出降低但是通货膨胀率上升，经济进入"滞胀"，高通货膨胀率带来了高的名义利率和实际利率。

d. 在接下来的时期里，*DAS* 曲线会缓慢向初始位置移动，因为较低的产出导致了通货膨胀率的降低。但是，即使通货膨胀随机冲击是暂时的，*DAS* 曲线也不会马上回到初始位置。因为暂时的随机冲击带来了高的通货膨胀率，而高通货膨胀率会导致高通货膨胀预期。

e. 通货膨胀恐慌自我实现了。当人们相信未来会有高的通货膨胀时，他们会改变当前的购买行为，这样的行为最终导致了高通货膨胀的实际发生。

9. 利用动态 *AD-AS* 模型将通货膨胀表示成只包含滞后通货膨胀和供给与需求冲击的函数。(假设目标通货膨胀为常数。)

a. 根据你得到的方程，通货膨胀在冲击之后会回到其目标值吗？请解释。(提示：看一下滞后通货膨胀的系数。)

b. 假定中央银行不对产出的变化做出反应而只对通货膨胀的变化做出反应，从而 $\theta_Y=0$。这一事实会怎样改变 a 小问的答案(如果会改变的话)？

c. 假定中央银行不对通货膨胀的变化做出反应而只对产出的变化做出反应，从而 $\theta_\pi=0$。这一事实会怎样改变 a 小问的答案(如果会改变的话)？

d. 假定中央银行不遵从泰勒原理，而是对于通货膨胀每增加 1 个百分点只将名义利率提高 0.8 个百分点。在这种情况下，θ_π 的值是多少？需求冲击或供给冲击会如何影响通货膨胀的路径？

答：结合 *DAD* 和 *DAS* 曲线的方程表达式，可得通货膨胀的函数表达式：

$$\pi_t=\frac{1+\alpha\theta_Y}{1+\alpha\theta_Y+\varphi\alpha\theta_\pi}(\pi_{t-1}+v_t)+\frac{\varphi\alpha\theta_\pi}{1+\alpha\theta_Y+\varphi\alpha\theta_\pi}\pi_t^*+\frac{\varphi}{1+\alpha\theta_Y+\varphi\alpha\theta_\pi}\varepsilon_t$$

a. 在冲击发生之后，当期的通货膨胀率会上升，但是最后会回到其目标值。因为滞后通货膨胀的系数为正但是小于 1，也就是说现在的高通货膨胀率也会带来下一期较高的通货膨胀率，但是下一期小于当前的通货膨胀率，所以通货膨胀最终会回到目标值。

b. 如果中央银行不对产出的变化做出反应，即 $\theta_Y=0$，通货膨胀仍然能回到其目标值。当 $\theta_Y=0$ 时，滞后通货膨胀的系数更小了并且仍小于 1，结果同 a 小问一样，并且在这种情况下通货膨胀回到目标值的速度变快了。

c. 如果中央银行不对通货膨胀的变化做出反应，即 $\theta_\pi=0$，通货膨胀不能回到其目标值。当 $\theta_\pi=0$ 时，滞后通货膨胀的系数等于 1，即下一期的通货膨胀等于当期的通货膨胀，通货膨胀率不能收敛到目标值。

d. 由货币政策方程式 $i_t=\pi_t+\rho+\theta_\pi(\pi_t-\pi_t^*)+\theta_Y(Y_t-\overline{Y}_t)$ 可知，如果通货膨胀率增加 1 个百分点，名义利率增加 $(1+\theta_\pi)$ 个百分点。由题意可知 $\theta_\pi=-0.2$。当 θ_π 为负数时，*DAD* 曲线的斜率是正的，需求或供给冲击会导致通货膨胀率的失控和无休止的增长。由通货膨胀的函数表达式可知，当 $\theta_\pi<0$ 时，滞后通货膨胀的系数是大于 1 的，即过去的通货膨胀会带来未来更高的通货膨胀，通货膨胀率会无休止的增长下去。

第 17 章　关于稳定化政策的不同观点

17.1　复习笔记

【知识框架(庖丁解牛)】

关于稳定化政策的不同观点
- 积极的经济政策和消极的经济政策
  - 积极的经济政策
  - 消极的经济政策
  - 预期和卢卡斯批判
    - 理性预期和适应性预期
    - 卢卡斯批判
- 斟酌处置政策与固定政策规则
  - 斟酌处置政策
  - 固定政策规则
  - 时间不一致性和通货膨胀与失业之间的权衡

【考点难点归纳(厚积薄发)】

考点一：积极的经济政策和消极的经济政策　★★★

1. 积极的经济政策

(1)观点：

当经济遭受冲击时，运用经济政策能够稳定经济，防止产出和就业的不必要波动，进而保持国民经济平稳快速发展。

(2)具体含义：

积极政策的支持者认为经济经常遭受冲击，由总需求与总供给模型可知经济冲击可能引起衰退，即失业率上升，收入降低。经济政策在稳定经济上是成功的，宏观经济政策应该是“逆风而上”，即当经济萧条时刺激经济，而当经济过热时抑制经济。凯恩斯是积极政策的最主要代表。

2. 消极的经济政策

(1)观点：

当经济遭受冲击时，受诸多因素的影响，运用经济政策可能会最终破坏经济的稳定，支持无为而治。

(2)不主张用政策干预经济的理由：

表 17－1 不主张用政策干预经济的理由

要点	具体内容
内在时滞	指经济冲击发生与采取政策行动之间的时间间隔，主要指财政政策的时滞性。产生原因是冲击发生之后，政策制定者意识到这一点并采取适当的政策行动需要时间，长的内在时滞是采用财政政策稳定经济时出现的核心问题
外在时滞	指采取政策行动之后与其对经济发生作用之间的时间间隔，主要指货币政策的时滞性。产生原因是政策对支出、投资、消费、收入、就业等产生作用需要时间。货币政策需要通过改变货币供给和利率影响投资和总需求，货币政策效果的间接性导致其外在时滞更长。关于内在时滞与外在时滞的区分如图 17－1 所示
经济难以预测	由于政策对经济产生影响需要经过长久的时滞，因此成功的稳定化政策要具备对未来经济状况作出准确预测的能力。但囿于经济领先指标、计量模型等预测手段的局限性，经济发展常常无法预测
市场机制的复杂性	市场机制复杂多变，而与此同时，财政政策和货币政策可能运用的手段又是为数有限的。以很少的手段来控制如此复杂多变的市场机制的运行，其效果显然难以达到设想的程度
官员的利己考虑	尽管政策正确而适时，但官员们却有可能由于利己的政治考虑而不予执行。这种情况有时被称为“政治经济周期”

经济受到冲击→政策行动→政策影响到经济

内在时滞　　外在时滞

图 17－1 内在时滞与外在时滞的区分

3. 预期和卢卡斯批判

(1)理性预期和适应性预期：

表 17－2 理性预期和适应性预期

要点	具体内容
理性预期	指人们参照过去历史提供的所有知识，对这种知识加以有效利用，并经过周密思考之后做出的预期
适应性预期	指根据过去的经验，结合客观情况的变化不断做出调整、修正对未来的预期，使预期逐渐符合客观

(2)卢卡斯批判：

表 17－3 卢卡斯批判

要点	具体内容
含义	卢卡斯批判是指对传统政策评估的批判，即认为传统的政策评估方法并未充分考虑到政策对预期所产生的影响。卢卡斯认为预期影响着各种经济行为，在经济中起着至关重要的作用。政府所实行的经济政策是影响人们预期的重要因素。因此，当决策者对任何一种政策变动的效应做出估算时，需要考虑人们的预期会如何反应
启示	狭义上，经济学家进行政策评估时需要考虑政策是如何影响预期，从而影响行为的。广义上，由于政策评估比较困难，从事政策评估的经济学家应该表现出必要的谦虚

考点二：斟酌处置政策与固定政策规则 ★★★★

1. 斟酌处置政策(见表 17－4)

表 17－4　斟酌处置政策

要点	具体内容
观点	斟酌处置政策认为政策制定者在事件发生时应该自由地做出判断并选择最适合当时情形的政策。这种政策使政策制定者在面临不可预期的情况时更具有灵活性
存在的问题	可能会导致时间的不一致性。在某些情况下，政策制定者可能愿意提前宣布将遵循的政策，以对私人决策者的预期产生影响。但当私人决策者根据预期行事后，由于政策制定者有斟酌处置权，就可能会受到某种诱惑而采取另一种行动。这种政策制定者行动的不一致最终会导致政策的不可信。可见，有时通过取消决策者的斟酌处置权能更好地达到目标

2. 固定政策规则(见表 17－5)

表 17－5　固定政策规则

要点	具体内容
观点	政治过程是不可信任的，在实施经济政策时，政治家们经常犯错误。所以应以某种政策规则(如货币供给、名义 GDP 和价格水平/通货膨胀)作为目标，这样可以避免政治过程和政治目的的经济化，解决时间不一致的问题
货币政策规则	货币主义者认为，货币供给的波动导致了经济中大多数重大的波动，缓慢和稳定的货币供给增长会产生稳定的产出、就业和物价。货币政策规则包括： ①以一个稳定的比率增加货币供给。 ②以名义 GDP 作为目标。当名义 GDP 大于目标时，减少货币供给，反之增加货币供给。 ③通货膨胀目标制。以一定的通货膨胀率为目标，当实际通货膨胀率背离时调整货币供给

3. 时间不一致性和通货膨胀与失业之间的权衡

(1)假设：

①假设菲利普斯曲线是描述通货膨胀和失业之间关系的曲线，则失业可表示为：$u=u^n-\alpha(\pi-E\pi)$。参数 α 表示失业对超出预期的通货膨胀的反应程度。

②假定中央银行在高通货膨胀率和低通货膨胀率之间做出选择。如果中央银行想要较低的失业与较低的通货膨胀，但要付出一定的代价。将失业与通货膨胀成本之间的关系表示为：$L(u,\ \pi)=u+\gamma\pi^2$。式中，参数 γ 表示中央银行对通货膨胀的相对厌恶程度(相对于失业)。$L(u,\ \pi)$可被称作损失函数，中央银行的目标是使损失最小化。

(2)考虑固定政策规则的货币政策：

固定政策规则要求中央银行把通货膨胀固定在某一特定水平，只要私人主体相信中央银行对这个规则做出的承诺，预期的通货膨胀水平就将是中央银行所承诺的水平。由于预期的通货膨胀率等于实际的通货膨胀率($\pi=E\pi$)，从而失业率等于自然失业率($u=u^n$)。

最优政策规则要求无论规则确定的通货膨胀水平是多少，失业都处于其自然水平，所以，任何通货膨胀都没有一点好处。因此最优规则是：中央银行实行零通货膨胀。

(3)考虑斟酌处置的货币政策：

在斟酌处置情况下，中央银行在菲利普斯曲线施加的约束下，最小化它的损失 $L(u,\pi)$。将菲利普斯曲线代入中央银行的损失函数，则：$L(u,\pi)=u^n-\alpha(\pi-E\pi)+\gamma\pi^2$。当损失最小时，通货膨胀水平为：$\pi=\alpha/(2\gamma)$。理性的私人主体将预期中央银行选择这一通货膨胀水平，即：$E\pi=\pi$。从而，$u=u^n$，即失业率等于自然失业率。

(4)总结：

在两种政策下，失业率都等于自然失业率，但实行斟酌处置政策会产生比实行固定规则政策更高的通货膨胀。因此，在这个意义上，最优斟酌处置产生的结果不如最优规则。但是，如果中央银行对通胀的厌恶远远超过它对失业的厌恶，即 $\gamma\to\infty$，则两种政策将达到同样的效果。

17.2　课后习题详解

一、概念题

1. 内在时滞

答：内在时滞是经济冲击与应对该冲击的政策行动之间的时间，包括认识时滞、决策时滞和行动时滞。这种时滞的产生是因为政策制定者认识到冲击已经发生和实施适当的政策都需要时间。一般而言，长的内在时滞是运用财政政策稳定经济的核心问题。

2. 外在时滞

答：外在时滞是政策行动与其对经济产生影响之间的时间。这种时滞的产生是因为政策并不能立即影响支出、收入和就业。外在时滞是影响货币政策效果的重要因素，货币政策通过影响货币供给而影响利率，利率又影响投资来发生作用。

3. 自动稳定器

答：自动稳定器亦称内在稳定器，是指经济系统本身存在的一种会减少各种干扰对国民收入冲击的机制，能够在经济繁荣时期自动抑制经济增长，在经济衰退时期自动减轻萧条而无须政府采取任何行动。

财政的自动稳定功能主要通过三方面来实现：①自动调整的税收。在现代税制中，所得税占有重要地位，并且所得税一般是实行累进税率的。当经济高涨特别是过热时，大多数居民家庭收入随之增长，因而不仅有更多的人进入交纳所得税的行列，还有许多人将按更高的税率交税。其结果是，政府所得到的税收收入不仅增加，而且增幅还会超过居民收入的增长幅度，这当然会在一定程度上抑制消费和投资的增长，即抑制总需求的进一步扩张，使经济增长降温。假如经济衰退，情形正好相反，由于居民税后可支配收入减少的幅度小于总收入下降的幅度，自然对经济的下降趋势有一定的遏制作用。公司或企业所得税的作用机制与个人所得税类似。②财政转移支付的自动增减。在经济繁荣时期，社会能提供更多的就业，失业救济金的支付大大减少，税收则大量增加，有利于遏制需求进一步膨胀；而一旦经济萧条，失去工作的人可立即从政府得到收入(失业救济金)，以维持一定的消费需求，这就能减轻社会经济进一步下滑的程度。其他福利支出因经济波动而自动增减也有内在的反周期、促稳定的作用。③农产品价格维持制度。在萧条时期，农产品价格下跌，政府收购剩余农产品，就会增加农场主的收入，维持他们既定的收入与消费水平。在膨胀时期，农产品价格上升，政府抛出农产品，既可以抑制农场主收入与消费的增加，又可以稳定农产品价格，防止通货膨胀。

财政的内在稳定器作用的大小，取决于税收结构、转移支付结构及其水平。但总的说来，它的作用很有限。内在稳定器只能对经济的剧烈波动起到某种遏制、缓解作用，而不能改变经济波动的大趋势。

4. 卢卡斯批判

答：卢卡斯批判是一种认为传统政策分析没有充分考虑到政策变动对人们预期影响的观点。卢卡斯指出，由于人们在对将来的事态做出预期时，不但要考虑过去，还要估计现在的事件对将来的影响，并且根据他们所得到的结果来改变他们的行为。这就是说，他们要估计当前的经济政策对将来事态的影响，并且按照估计的影响来采取行动，以便取得最大的利益。行为的改变会使经济模型的参数发生变化，而参数的变化又是难以衡量的，因此经济学者用经济模型很难评价经济政策的效果。

5. 政治性经济周期

答：政治性经济周期是指官员们为选举利益而操纵经济所引起的产出和就业的波动。经济政策中的机会主义产生于决策者的目标与公众福利的冲突。一些经济学家担心，政治家把宏观经济政策用于他们的竞选目的。如果公民是根据大选时存在的经济状况投票，那么，政治家就有动机在选举年实施使经济表面看好的政策。一个总统会在当选后为降低通货膨胀而很快引起衰退，然后在下一次大选接近时为了降低失业而刺激经济，这就确保了在选举日通货膨胀和失业都低。政治性经济周期是经济学家和政治学家广泛研究的题目。

6. 时间不一致性

答：时间不一致性是指决策者提前宣布政策以影响私人决策者的预期，然后在这些预期形成并发生作用后又采用不同政策的倾向。一般指在通货膨胀严重时，政府向公众承诺采取政策来对付通货膨胀，公众相信了政府的承诺从而降低通货膨胀预期，由于通货膨胀预期降低，缓解了通货膨胀压力，此时政府可能采取扩张性的政策来对付失业，这就造成了政府政策的时间不一致。

政府行为如果经常表现出时间不一致性，会使公众不再相信政府，甚至采取相反政策，这会提高政府政策的运行成本。因此，政府应减少时间不一致性，在公众中树立可信的形象。

7. 货币主义者

答：货币主义者是指那些信奉货币学派主张的经济学家。货币主义又称为货币学派，是 20 世纪 50 年代后期在美国出现的一个学派，弗里德曼是该学派的公认代表，此外还有英国的沃尔特斯、帕金和弗里希等。

货币主义的基本命题有：货币最重要，货币的推动力是说明产量、就业和价格变化的最主要因素；货币供给量的变动是货币推动力的最可靠的度量标准；货币当局的行为支配着货币量的变动，从而通货膨胀、经济萧条或经济增长都可以而且应当唯一地通过货币当局对货币供应量的调节来加以控制。货币主义的基本理论是新货币数量论和自然率假说。货币主义认为货币数量是解释价格水平涨落的基本因素。货币主义否定凯恩斯主义财政政策的有效性，反对相机抉择的货币政策，主张单一货币规则。

8. 通货膨胀目标制

答：通货膨胀目标制是一种政策规则，根据这种规则，中央银行将宣布以一定的通货膨胀率为目标(通常是低的)，然后当实际通货膨胀率背离这一目标时调整货币供给。与名义GDP目标一样，通货膨胀率目标也把经济与货币流通速度的变动分开。此外，通货膨胀率目标政治上的优点是易于向公众做出解释。

二、复习题

1. 什么是内在时滞与外在时滞？货币政策和财政政策两者中哪种政策内在时滞更长？哪种政策外在时滞更长？为什么？

答：(1)内在时滞是指从经济发生变动到认识到这种变化并采取政策措施，再到决策者制定出适当的经济政策并付诸实施之间的时间间隔，可以分为认识时滞、决策时滞和行动时滞。外在时滞是指政策行动与其对经济产生影响之间的时间间隔。

(2)财政政策的内在时滞更长。因为一般来说政府行动较为缓慢。比如在美国，支出或税收变动需要总统和参众两院的批准，这样从发现冲击到制定政策并开始执行之间需要特别长的时间。而货币政策由于从决策到执行所需的环节较少，其内在时滞较短。

(3)货币政策的外在时滞更长。因为中央银行变动货币供给量，要通过影响利率，再影响投资，然后才能影响就业和国民收入，因而，货币政策的作用要经过相当长一段时间才会充分得到发挥，其外在时滞时间较长。而财政政策可以直接对总需求产生影响进而对产出产生影响，其外在时滞时间较短。

2. 为什么更准确的经济预测使政策制定者稳定经济更为容易？描述经济学家力图预测经济发展的两种方法。

答：(1)由于财政政策和货币政策都存在内在时滞和外在时滞，时滞的存在使得稳定经济的政策需要较长时间才能影响经济，因此，成功的稳定政策要求有准确预测未来经济状况的能力。如果政策制定者不能预测6个月或1年之后经济将是繁荣还是衰退，就不能确定货币与财政政策现在应该试图扩大还是紧缩总需求。

(2)经济学家预测经济发展的两种方法是：

①观察前导指标。一个前导指标是先于经济而波动的一个数据系列，前导指标的大幅度下降预示经济很可能会衰退。

②使用宏观经济计量模型。这种模型是由政府机构和私人企业为了预测和政策分析而建立的。这些大规模的计算机模型由许多方程式组成，每个方程式代表经济的一个部分。在做出有关货币政策、财政政策和石油价格这类外生变量路径的假设之后，这些模型可得出关于失业、通货膨胀以及其他内生变量的预测。

3. 叙述卢卡斯批判。

答：(1)卢卡斯批判是一种认为传统政策分析没有充分考虑到政策变动对人们预期影响的观点。卢卡斯指出，由于人们在对将来的事态做出预期时，不但要考虑过去，还要估计现在的事件对将来的影响，并且根据他们所得到的结果来改变他们的行为。这就是说，他们要估计当前的经济政策对将来事态的影响，并且按照估计的影响来采取行动，即改变他们的行为，以便取得最大的利益。行为的改变会使经济模型的参数发生变化，而参数的变化又是难以衡量的，因此经济学者用经济模型很难评价经济政策的效果。

(2)卢卡斯强调了人们如何形成未来预期的问题。预期在经济中起着至关重要的作用，因为预期影响着各种经济行为。例如，家庭根据对未来收入的预期决定消费多少，企业根据对未来盈利的预期决定投资多少。这些预期取决于许多因素，包括政府所实行的经济政策。因此，当决策者估算任何一种政策变动的效应时，他们需要知道人们的预期会对政策变动做出什么反应。卢卡斯认为，传统的政策评估方法——比如依靠标准宏观经济计量模型的方法——并没有充分考虑到政策对预期的这种影响。

(3)卢卡斯批判给出了两个教训：①狭义上，评价不同政策的经济学家需要考虑政策如何影响预期，从而影响行为；②广义上，政策评估是困难的，所以从事这项工作的经济学家应该表现出必要的谦虚。

4. 一个人对宏观经济历史的解释如何影响他对宏观经济政策的观点？

答：一个人对宏观经济历史的解释会影响到他对宏观经济政策的观点。如果经济经历了许多次大的总供给和总需求冲击，而且，如果认为政策成功地使经济免受这些冲击的伤害，那么这个人就会是积极政策的支持者。相反，如果认为经济经历的大冲击很少，而且，如果经济的波动是由于不适当的政策造成的，那么这个人就会是消极政策的支持者。换言之，一个人关于稳定政策的观点，要受其认为在历史上政策实现了稳定还是破坏了稳定的观点的影响。由于这个原因，关于宏观经济政策的争论往往集中于宏观经济历史的争论。

5. 经济政策的“时间不一致性”指什么？为什么政策制定者可能很想违背他们以前所做的公告？在这种情况下，政策规则的优点是什么？

答：(1)时间不一致性指决策者提前宣布政策以影响私人决策者的预期，然后在这些预期形成并发生作用后又采用不同政策的倾向。

(2)政策制定者可能很想违背他们以前所做的公告，主要是由于政策制定者有改变政策、不履行诺言的激励。比如在货币政策中，假定美联储宣布采取低通货膨胀率政策而且公众也相信了这种承诺，这时由于美联储在失业和通货膨胀之间处于一个更好的处境，因此美联储就有了采取提高通货膨胀来降低失业的政策的激励。

(3)政府行为如果经常表现出时间不一致性，会使公众不再相信政府，甚至采取相反对策，这会提高政府政策的成本。因此，政府应在公众中树立可信的形象，减少时间不一致。政府按政策规则行事就可避免时间不一致，提高可信度，从而降低政策成本。

6. 列出美联储可能遵循的三个政策规则。在这些规则中你支持哪一个？为什么？

答：(1)美联储可能遵循的货币政策规则有以下三个：

①美联储使货币供给按一个稳定不变的比率增加。货币主义者相信，货币供给的波动导致了经济中大多数重大的波动。他们认为，缓慢而稳定不变的货币供给增长会产生稳定的产出、就业与物价。

②美联储把名义 GDP 作为目标。根据这种规则，美联储宣布一个计划的名义 GDP 路径。如果名义 GDP 的增加高于这个目标，美联储就降低货币增长率，以抑制总需求；如果名义 GDP 的增加低于这个目标，美联储就提高货币增长率，以刺激总需求。

③美联储以通货膨胀为目标。根据这种规则，美联储将预先宣布通货膨胀率目标，然后当实际通货膨胀率背离这一目标时调整货币供给。

(2)个人比较支持第三个政策规则，即以通货膨胀为目标。通货膨胀目标制最大的特点是实现了规则性和灵活性的统一，从而克服了传统框架下单纯盯住某种特定金融变量的弊端。这种规则有以下优点：

①增加了政策透明度。公众可对货币政策目标、手段及政策调整依据有一个较为全面的了解，一方面有利于增加公众对货币政策的信心，另一方面也有利于公众对货币政策的实际进行评估。

②赋予了美联储最大的政策灵活性：a. 强调了反通胀，社会公众对单一金融变量的关注程度下降，使美联储能在复杂多变的经济环境中综合运用多方面信息对美国经济做出较为准确的预测和判断，并在此基础上灵活运用多种货币政策工具对宏观经济进行调整。b. 在盯住通货膨胀的货币政策框架下，美联储在物价指数和目标通货膨胀率的确定、反通货膨胀路径的选择等方面都发挥了主导作用。

③通货膨胀目标有利于解决通货膨胀难题。因为货币当局树立起了一个良好的声誉，使社会公众相信美联储至少不会一旦遇到外来冲击就放松银根，扩大货币供应；另一方面，货币当局在真正遇到严重外来冲击时可以适度调整货币政策，缓和对就业和经济增长的压力。

因此，这些优点使得通胀目标制是美联储能够遵循的较好的货币政策规则。

三、问题与应用

1. 假定失业与通货膨胀之间的权衡由菲利普斯曲线决定：$u=u^n-\alpha(\pi-E\pi)$。式中，u 为失业率；u^n 为自然失业率；π 为通货膨胀率；$E\pi$ 为预期的通货膨胀率。此外，假定民主党总是遵循高货币增长的政策，共和党总是遵循低货币增长的政策。你预测在以下条件下会出现什么样的通货膨胀和失业的“政治性经济周期”？

a. 每4年，根据随机抛掷硬币的结果，其中一个政党执政。(提示：在大选之前预期的通货膨胀将是多少?)

b. 两党轮流执政。

c. 你上面的答案支持“货币政策应该由独立的中央银行设定”这个结论吗?

答： a. 若根据一枚硬币的随机抛掷来决定执政党，则两党的当选概率是一样的，但此时哪个党会当选是不能准确预期的。此时的“政治性经济周期”表现为：若民主党当选，$\pi>E\pi$，其中 $E\pi$ 为预期的通货膨胀率，$E\pi=0.5\pi^D+0.5\pi^R$，失业率低于自然失业率。因此，民主党会有一个初始的繁荣期，但随着时间的推移，通货膨胀率会上升到 π^D，失业率重新回到自然失业率水平。若共和党当选，则 $\pi<E\pi$，失业率高于自然失业率。因此，共和党会有一个初始的衰退期，但随着时间的推移，通胀率会下降到 π^R，失业率回到自然失业率水平。

b. 若两党轮流执政，则不会有失业率的政治经济周期，因为不论哪个党上台都是事先已经被预期到了的，实际的通货膨胀率也等于预期的通货膨胀率。所以，只有通货膨胀率会随执政党不同而改变，失业率一直等于自然失业率并不会发生变动。

c. 我上面的答案支持“货币政策应该由独立的中央银行设定”这个结论。当由随机抛掷硬币的结果来决定执政党时，失业率和通货膨胀率都会随着抛掷的结果和时间的推移不断变化；若两党轮流执政，则失业率稳定在自然率水平上，但通货膨胀率仍会随执政党不同而改变；而若货币政策由独立的中央银行设定，则中央银行可以实行连贯稳定的货币政策，从而避免失业率或通货膨胀率随着执政党的不同而不断变化的“政治性经济周期”所带来的不稳定和不方便。

2. 当城市通过限制房东收取的公寓租金的法律时，这些法律通常适用于已有的房屋，而不适用于任何还没有建的房屋。租金控制的提倡者认为，这种免除保证了租金控制不会抑制新房建设。根据时间不一致性问题评价这种观点。

答：时间不一致性是指决策者提前宣布政策以影响私人决策者的预期，然后在这些预期形成并发生作用后又采用不同政策的倾向。根据时间不一致性理论，这种观点是不正确的。因为，立法者既要考虑租金水平又要考虑出租房的数量。一旦新房子建立起来以后，若租金水平高于租房者愿意承受的水平，受到租房者的民意压力，立法者就有了对新房子实施租金限制的激励。房屋建设者了解立法者违背诺言的激励，从而在一开始就不相信这个法律。所以，当限制房东对公寓收取租金的法律出台后，房屋建设者只会按照预期的租金价格来决定房屋的建设数量。这项政策会抑制新房的建设，因此，租金控制提倡者的观点是不正确的。

3. 某中央银行决定采用通货膨胀目标制，现在正在争论把通货膨胀率目标设定为 5% 还是 0。该经济由如下菲利普斯曲线描述：

$$u = 5 - 0.5(\pi - E\pi)$$

式中，u 和 π 为失业率和通货膨胀率（单位为 1%）。失业和通货膨胀的社会成本由如下损失函数描述：

$$L = u + 0.05\pi^2$$

中央银行希望最小化损失。

a. 如果该中央银行致力于实现 5% 的通货膨胀目标，预期通货膨胀率为多少？如果该中央银行坚决执行计划，失业率为多少？通货膨胀和失业造成的损失为多少？

b. 如果该中央银行致力于实现零通货膨胀目标，预期通货膨胀率为多少？如果该中央银行坚决执行计划，失业率为多少？通货膨胀和失业造成的损失为多少？

c. 基于 a 和 b 两小问的答案，你推荐哪个通货膨胀目标？为什么？

d. 假定该中央银行选择零通货膨胀目标，预期通货膨胀率为 0。但是，该中央银行突然出乎意料地选择了 5% 的通货膨胀率。在这个未预期到的通货膨胀时期，失业率为多少？通货膨胀和失业造成的损失为多少？

e. d 小问的答案说明了什么问题？

答：a. 如果该中央银行致力于实现 5% 的通货膨胀目标，那么公众也会预期通货膨胀率为 5%，即预期通货膨胀率为 5%；如果该中央银行坚决执行计划，则由菲利普斯曲线可得 $u = 5 - 0.5 \times 0 = 5$，即失业率为 5%；此时，通货膨胀和失业造成的损失为：$L = 5 + 0.05 \times 5^2 = 6.25$。

b. 如果该中央银行致力于实现零通货膨胀目标，那么公众也会预期通货膨胀率为 0，即预期通货膨胀率为 0；如果该中央银行坚决执行计划，则由菲利普斯曲线可得 $u = 5 - 0.5 \times 0 = 5$，即失业率为 5%；此时，通货膨胀和失业造成的损失为：$L = 5 + 0.05 \times 0^2 = 5$。

c. 我更推荐通货膨胀率为零的目标，因为该目标造成的社会损失更小。

d. 当 $E\pi = 0$，$\pi = 5$ 时，$u = 2.5$，$L = 3.75$。

所以此时的失业率为2.5%，社会总损失为3.75。

e. d小问的答案说明了政策的时间不一致性。中央银行提前公告其零通货膨胀目标以影响公众对通货膨胀的预期，而当公众依据其零通货膨胀的预期行事时，若中央银行像b小问中那样坚决执行计划，则此时的损失为5；若中央银行像d小问中那样突然出乎意料地选择5%的通货膨胀率，则此时的损失为3.75，因此，中央银行有违背自己所做公告的激励，即中央银行的通货膨胀政策在实行斟酌处置时具有时间不一致性，由于这一点，公众从一开始就不会相信中央银行所做的公告。

4. 每次政策会议之后，美联储都会发布一个声明(有时候称为新闻稿)，这些声明可以在美联储的网站(http://www.federalreserve.gov/monetarypolicy/fomccalendars.htm)找到。阅读最新的声明。它说了些什么？美联储在做什么？为什么？你对美联储最近的政策决定有何看法？

答：2024年3月20日，美联储发布联邦公开市场委员会(FOMC)声明，声明内容如下：近期指标显示，经济活动一直在稳步扩张。就业增长依旧强劲，失业率也保持在低位。通胀过去一年已放缓但仍然高企。委员会力求实现充分就业和通胀率在较长期内达到2%。委员会认为，实现其就业和通胀目标所面临的风险正趋向于更好的平衡。经济前景不确定，委员会也依然高度关注通胀风险。为支持其目标，委员会决定将联邦基金利率的目标区间维持在5.25%至5.5%。在考虑对联邦基金利率的目标区间进行任何调整时，委员会将仔细评估后续数据、不断变化的前景以及风险的平衡。委员会预计，在对通胀率持续迈向2%更有信心之前，不宜降低目标区间。此外，如之前公布的计划所述，委员会将继续减持美国国债、机构债券和机构抵押贷款支持证券。委员会坚定致力于让通胀回归其2%的目标。在评估货币政策的适当立场时，委员会将继续监测后续信息对经济前景的影响。如果出现可能阻碍实现委员会目标的风险，委员会将准备酌情调整货币政策立场。委员会的评估将考虑广泛的信息，包括劳动力市场状况指标、通胀压力和通胀预期以及金融和国际动态的数据。

美联储连续第五次按兵不动，决策层在议息会后发表的声明使用了和前次几乎一模一样的措辞，这一罕见的现象或许表明官员们对前景的评估没有出现太多变化，依旧在等待更多的数据为今年晚些时候预期的降息进行心理建设。最新公布的美联储官员预期未来利率水平点阵图显示，决策者们整体仍然预计该行将在今年年内降息三次，这一点与去年12月份"点阵图"反映的基本一致。在决议之前，有部分投资者担心官员们可能会收窄预期的降息幅度，因为近期的通胀数据强于预期。美联储点阵图确认将在2024年降息75个基点的状况，让美元空头松了口气，但2025年的点阵图上调，却显示美联储或并不及预期鸽派。因而，只有在美国宏观消息面开始转向的情况下，美联储降息后才能引发美元持续疲软走势，因而美联储政策行动仍将受到宏观经济数据指引。

美联储3月会议维持政策利率不变，符合预期。官员们上调了对GDP增长和核心PCE通胀的预测，但点阵图却保留了年内降息三次的指引，这被市场解读为鸽派。进一步看，点阵图并非没有变化，只是变化的幅度没能改变利率中值的位置。我认为，美联储对降息的信心已有所动摇，但因为存在"鸽派偏好"，不愿意对利率路径做大的改变。往前看，这种鸽派偏好或将增加经济不着陆风险，一种可能是美联储越鸽，经济越好，降息时间点越往后推。美联储还上调了对未来两年及长期利率的预测，这意味着低利率时代或已一去不返，利率在高位停留更久将是不得不面对的现实。

四、更多的问题与应用

在 20 世纪 70 年代的美国，通货膨胀率和自然失业率都上升了。让我们用下面的时间不一致性模型来考察这一现象。假设政策是斟酌处置的。

a. 在到现在为止所建立的模型中，当自然失业率上升时，通货膨胀率会发生什么变动?

b. 现在，让我们通过假定美联储的损失函数是通货膨胀和失业的二次函数来略微改变模型。也就是说，$L(u, \pi) = u^2 + \gamma\pi^2$。按照与(教材)正文中相似的步骤解出斟酌处置政策下的通货膨胀率。

c. 现在，当自然失业率上升时，通货膨胀率会发生什么变动?

d. 1979 年，吉米・卡特总统任命了保罗・沃尔克为美联储主席。沃尔克极度厌恶通货膨胀。根据这个模型，通货膨胀和失业应该发生什么变动? 比较该模型的预测和实际发生的情况。

答：a. 菲利普斯曲线描述了通货膨胀与失业之间的关系。设 u 代表失业率，u^n 代表自然失业率，π 代表通货膨胀率，而 $E\pi$ 代表预期通货膨胀率，参数 α 决定失业对出乎预期的通货膨胀的反应程度，则失业由式子 $u = u^n - \alpha(\pi - E\pi)$ 决定。从这个式子可看出，根据目前的模型，当自然失业率上升时，通货膨胀率不会发生变动。

b. 美联储想要低失业与低通货膨胀。美联储的损失函数为：$L(u, \pi) = u^2 + \gamma\pi^2$，式中，参数 γ 为相对于失业而言美联储对通货膨胀的厌恶程度。美联储的目标是使损失尽可能小。

这时把菲利普斯曲线代入美联储的损失函数，就可得到：$L(u, \pi) = [u^n - \alpha(\pi - E\pi)]^2 + \gamma\pi^2$。然后对 π 求导得出：$dL/d\pi = 2\alpha^2(\pi - E\pi) - 2\alpha u^n + 2\gamma\pi = 0$，当这一导数等于零时，损失最小，解 π 得到：$\pi = (\alpha^2 E\pi + \alpha u^n)/(\alpha^2 + \gamma)$。无论私人主体预期的通货膨胀水平是多少，这就是美联储选择的“最优”通货膨胀水平。当然，理性的私人主体了解美联储的目标与菲利普斯曲线施加的限制。因此，他们预期美联储将选择这一通货膨胀水平。预期的通货膨胀等于实际通货膨胀，所以 $\pi = \alpha u^n/\gamma$。

c. 根据 $\pi = \alpha u^n/\gamma$，当自然失业率上升时，通货膨胀率也会上升。

d. 保守派中央银行家的任命意味着 γ 上升，因此，通货膨胀率将下降。这对失业的影响取决于预期通货膨胀率的调整速度。如果公众能迅速调整通货膨胀预期，那么不会对失业产生影响，失业率仍维持在自然失业率水平；如果通货膨胀预期调整缓慢，从菲利普斯曲线可得，下降的通货膨胀率会导致失业率上升到自然失业率之上。

第18章　政府债务和预算赤字

18.1　复习笔记

【知识框架(庖丁解牛)】

政府债务和预算赤字
- 政府债务规模扩大的原因
- 预算赤字衡量指标的问题
  - 政府预算赤字的含义
  - 政府预算赤字指标存在的问题
- 传统的政府债务观点
- 李嘉图学派的政府债务观点
- 关于政府债务的其他观点
  - 平衡预算与最优财政政策
  - 预算赤字与通货膨胀
  - 预算赤字的国际影响

【考点难点归纳(厚积薄发)】

考点一：政府债务规模扩大的原因(见表18－1)　★

表18－1　政府债务规模扩大的原因

原因	具体内容
战争	债务占GDP的比例表现出在战争时期急剧上升，在和平时期缓慢下降的变化趋势。由于税收平滑和代际平等的原因，相比较而言，战争的赤字融资是最优的
减税	在和平时期，减税增加了政府债务规模，增加了子孙后代的负担

考点二：预算赤字衡量指标的问题　★★

1. 政府预算赤字的含义

政府预算赤字是指政府为实现政策运转而对所需要发行的新债务量进行融资，融资数量等于政府支出减去政府收入。

2. 政府预算赤字指标存在的问题(见表18－2)

表18－2　政府预算赤字指标存在的问题

问题	解释	如何优化
通货膨胀	一般所衡量的预算赤字并没有对通货膨胀进行校正	被衡量的预算赤字应等于政府实际债务的变化而非名义债务的变化
资本资产	预算赤字衡量没有用政府资产的变化来抵消政府债务的变动	应该将政府资产从政府债务中抽出来，因此，预算赤字应该是债务的变动减去资产的变动

续表

问题	解释	如何优化
未计算的负债	所衡量的赤字没有包括一些重要的政府负债	应当将重要的负债反映在预算赤字中，比如政府工作人员的养老金、未来的社会保障津贴以及或有负债
经济周期	预算赤字衡量没有对经济周期的影响进行修正	利用充分就业预算赤字 BS^*：对经济周期进行了调整的预算赤字，是假设经济在其产出和就业自然率运行时对政府支出和税收收入的估算。其计算公式为：$BS^* = BS + t(Y^* - Y)$，其中 t 为边际税率

考点三：传统的政府债务观点（见表 18－3） ★★★

表 18－3　传统的政府债务观点

要点	具体内容
假设	①消费者是短视和非理性的，不会意识到今天的减税意味着未来更重的债务负担，所以即使永久收入没有真正地增加，消费者也认为是增加了。 ②消费者可能面对借款约束，现期收入比一生收入更重要。 ③消费者即使意识到未来更重的债务负担，但认为这些负担可能不会落在自己身上，而要落在子孙后代身上。而且消费者并不会给孩子留下一笔遗产来抵消这些税收负担
内容	①债务筹资下减税的直接影响是刺激了消费支出。在短期，较高的消费支出会增加对产品和服务的需求，从而增加产出和就业。同时，消费增加使储蓄减少，利率上升，抑制投资，并鼓励国外资本流入。外汇市场上外币供给增加，使本国货币升值，引发贸易赤字。而在长期，减税所产生的国民储蓄的减少意味着较小的资本存量和较多的国外债务。因此，国家的产出会减少，本国债务负担加重。 ②总之，减税使现在一代人从更多的消费和更多的就业中受益，尽管通货膨胀也高，但子孙后代将要承担今天预算赤字的大部分负担

考点四：李嘉图学派的政府债务观点（见表 18－4） ★★★

表 18－4　李嘉图学派的政府债务观点

要点	具体内容
代表人物	李嘉图、巴罗
假设	①消费者是理性和向前看的，会意识到今天的减税意味着未来更重的债务负担。 ②消费者并不会遇到约束性的借款约束，并根据一生的收入来安排消费。 ③消费者关心子孙后代，会通过预留遗产来抵消减税给子孙后代造成的更重税收负担
内容	①用债务筹资的减税政策并不影响消费：家庭把额外的可支配收入储蓄起来，以支付减税所意味的未来更重的税收。私人储蓄的增加正好抵消公共储蓄的减少，国民储蓄保持不变，因此，减税对经济没有影响。 ②李嘉图等价指政府用债务筹资和税收筹资是等价的，未来债务本息的现值等于现在的赤字额

考点五：关于政府债务的其他观点 ★★★

1. 平衡预算与最优财政政策

大多数经济学家反对要求政府平衡其预算的严格规定，认为应采用最优财政政策，这种政策有时可能要求预算赤字或盈余。预算赤字或盈余的优点见表18－5。

表18－5　预算赤字或盈余的优点

要点	具体内容
稳定化	预算赤字或盈余可以帮助稳定经济。预算赤字使经济的自动稳定功能发挥作用，当经济衰退时，税收自动下降，转移支付自动上升，有助于稳定经济。平衡预算的规则将会使税收和转移支付系统的自动稳定功能失效
税收平滑	预算赤字或盈余可以稳定税收，避免扭曲税收系统。预算赤字允许在收入波动较大的年份，通过保持税率相对稳定使税收的总社会成本最小
代际再分配	预算赤字可以把税收负担从当前一代转移到子孙后代，有利于代际之间的纵向公平

2. 预算赤字与通货膨胀

(1)政府为预算赤字筹资的三种途径是：增加税收、发行债券和发行货币。

(2)当政府无法通过征收更多税收和发行债券为支出筹资时，政府就会增加货币供给，过多的货币供给会引发通货膨胀。恶性通货膨胀最深层的原因就是政府预算赤字，它的结束依赖于财政改革(增加税收和减少财政支出)。

(3)高的债务水平也可能鼓励政府制造通货膨胀。因为当价格水平上升时，债务的实际价值会下降。这就是由未预期到的通货膨胀所引起的通常的债权人与债务人之间的再分配。

3. 预算赤字的国际影响

(1)当预算赤字减少了国民储蓄时，往往会导致贸易赤字。

(2)预算赤字导致的高债务水平会降低投资者对本国的信心，可能引发资本外流；而且高的债务水平会降低一国在世界事务中的政治影响。

18.2　课后习题详解

一、概念题

1. 资本预算

答：资本预算是一种既衡量负债又衡量资产的预算程序，它考虑到了资本的变动。采用资本预算，净国债等于政府资产减去政府负债。按现行的预算程序，当政府出售其资产时，预算赤字会减少。但在资本预算中，从出售中得到的收入并没有减少赤字，因为债务的减少被资产的减少所抵消了。同样，在资本预算中，政府借贷为购买资本品筹资并不会增加赤字。

经济学家对资本预算的看法不一。资本预算的反对者认为，虽然这个体系在原则上优于现行体系，但它在实践中难以实施。资本预算的支持者认为，即使对资本资产的不完善处理也比完全忽略资本资产好。

2. 周期调整性预算赤字

答：周期调整性预算赤字有时称为充分就业预算赤字，它是根据对经济在其产出和就业自然率运行时政府支出与税收收入的估算而做出的。周期调整性预算赤字是一个有用的衡量指标，因为它反映了政策的变动而不是经济周期的当前阶段。

3. 李嘉图等价

答：李嘉图等价是英国经济学家李嘉图提出，并由新古典主义学者巴罗根据理性预期重新进行论述的一种理论。该理论认为，在政府支出一定的情况下，政府采取征税或发行公债来筹措资金，其效应是相同的。

李嘉图等价的思路是：假设政府预算在初始时是平衡的。政府实行减税以图增加私人部门和公众的支出，扩大总需求，但减税导致财政赤字。如果政府发行债券来弥补财政赤字，那么在未来某个时点，政府将不得不增加税收，以便支付债务和积累的利息。具有前瞻性的消费者知道，政府今天借债意味着未来更高的税收。用政府债务融资的减税并没有减少税收负担，它仅仅是重新安排税收的时间。因此，这种政策不会鼓励消费者更多支出。根据这一定理，政府因减税措施而增发的公债会被人们作为未来潜在的税收考虑到整个预算约束中去，在不存在流动性约束的情况下，公债和潜在税收的现值是相等的。这样，变化前后两种预算约束本质上是一致的，从而不会影响人们的消费和投资。

李嘉图等价反击了凯恩斯主义所提出的公债是非中性的，即公债对宏观经济是有益处的观点。但实际上，该定理成立前提条件太苛刻，现实经济很难满足。

4. 税收平滑

答：税收平滑是指保持税率稳定以使税收的总社会成本最小化的政策。预算赤字或盈余可以用于降低税收体系引起的激励扭曲。由于对经济活动的这种抑制在税率很高时特别大，通过保持税率稳定而不是使税率某些年份高、某些年份低，税收的总社会成本最小化了。经济学家把这一政策称为税收平滑(tax smoothing)。为了保持税收平滑，在收入不寻常地低(衰退)或支出不寻常地高(战争)的年份赤字是必要的。

二、复习题

1. 1980～1995 年美国财政政策的不寻常之处在哪里？

答：1980～1995 年美国财政政策的不寻常之处在于：在一个和平与繁荣的时期，政府债务却大幅度增加。历史上，国债占 GDP 比例在战争时期急剧上升而在和平时期缓慢回落，但 20 世纪 80 年代和 90 年代美国处于和平繁荣时期，国债占 GDP 比例却大幅度上升。

2. 为什么许多经济学家预测在接下来几十年中预算赤字和政府债务会增加？

答：许多经济学家之所以预测在接下来几十年中预算赤字和政府债务会增加是因为人口年龄结构会变化。预期寿命在上升，而出生率却在下降，结果老年人口在人口中所占比重提高。老龄化会使政府的税收收入减少，养老金、医疗等支出增加，如果税收和政府支出政策不发生变化，那么预算赤字和政府债务会增加。

3. 描述影响政府预算赤字衡量的四个问题。

答：预算赤字衡量指标并不是一个完美的指标，它存在以下四个问题：

(1)一般所衡量的赤字并没有对通货膨胀进行校正。被衡量的赤字应该等于政府实际债务的变化而非名义债务的变化。

(2)预算赤字衡量没有用政府资产的变化来抵消政府债务的变动。为了衡量政府的总债务，应该将政府资产从政府债务中抽出来。因此，预算赤字应该是债务的变动减去资产的变动。既衡量负债又衡量资产的预算程序被称为资本预算，而资本预算最困难的地方在于难以确定哪些政府支出被算作资本支出。

(3)所衡量的预算赤字具有误导性，因为它没有包括一些重要的政府负债。比如，政府工作人员的养老金、累积起来的未来的社会保障津贴以及或有负债。其中，或有负债是政府负债中最难以衡量的一种形式。

(4)预算赤字衡量没有对经济周期的影响进行修正。政府预算赤字中的许多变动是作为对经济波动的反应而自发地产生的，这些变动使得用赤字来监控财政政策的变动变得更为困难，因为赤字的上升或下降并不能确切的反映其原因是政府政策的改变还是经济方向的改变。

4. 根据传统的政府债务观点，用债务融资的减税如何影响公共储蓄、私人储蓄和国民储蓄？

答：公共储蓄是税收和政府购买之差，所以用债务融资的减税会使公共储蓄减少。同时减税也会增加居民可支配收入。根据传统的观点，由于边际消费倾向介于0~1之间，所以消费和私人储蓄都增加了。因为消费增加了，所以私人储蓄的增加额小于减税额。国民储蓄是公共储蓄和私人储蓄之和，由于公共储蓄下降额大于私人储蓄增加额，所以国民储蓄减少了。

5. 根据李嘉图学派的政府债务观点，用债务融资的减税如何影响公共储蓄、私人储蓄和国民储蓄？

答：公共储蓄是税收和政府购买之差，所以用债务融资的减税会使公共储蓄减少。根据李嘉图的观点，债务融资的减税由于没有提高人们的永久收入所以不会刺激消费增加，家庭把额外的可支配收入储蓄起来以支付减税所意味着的未来更重的税收负担，因此，私人储蓄增加数量完全等于减税数量。这种私人储蓄的增加正好抵消了公共储蓄的减少，因此，减税对于国民储蓄没有影响。

6. 你认为传统的政府债务观点还是李嘉图学派的政府债务观点更可信？为什么？

答：对消费者行为的不同认识决定了认为哪一种政府债务观点更可信。

(1)如果认为传统的政府债务观点更可信，则等价于认为消费者行为是这样的：①消费者可能是目光短浅或不理性的，以致他们认为他们的永久性收入已经提高了，虽然事实并非如此；②消费者可能面临借款约束，因此他们只能消费现期的收入；③消费者可能认为隐含的税收负担会落在子孙后代身上，并且这些消费者可能对下一代不够关心，而没有留下遗产以抵消这种税收负担。按照这样一种观点，债券筹资的减税刺激了消费而降低了国民储蓄。

(2)如果认为李嘉图学派政府债务观点更可信，则等价于相信消费者是有远见的，能够明白政府今天的借债意味着未来的税收负担将落在他们或下一代身上。因此，债务筹资只能提高消费者暂时的收入，最终还是要通过税收取回的。结果，消费者把他们得到的收入储蓄起来以抵消未来的税收负担。

7. 给出预算赤字可能是好的政策选择的三个原因。

答：预算赤字可能是好的政策选择的理由如下：

(1)稳定化。预算赤字或盈余有利于稳定经济。预算赤字使经济的自动稳定功能发挥作用，即当经济陷入衰退时，税收会自动下降，转移支付会自动上升，这有助于保持经济稳定。而平衡预算的规则会使得上述自动稳定功能失效。平衡预算规则要求政府在衰退时增税或减少支出，但这会进一步抑制总需求。而斟酌处理的财政政策更可能使经济向经济周期进程的相反方向运动。

(2)税收平滑。预算赤字或盈余可以稳定税收，避免扭曲税收系统。预算赤字允许在收入波动较大的年份，通过保持相对稳定的税率使税收的总社会成本最小。在意外地出现低收入(衰退)或高支出(战争)的年份，平衡政府预算要求提高税率，但这会降低人们劳动和投资的积极性，从而会降低产出，带来的是更低的收入。

(3)代际再分配。预算赤字可以通过将税收负担的代际转移来保证代际之间的纵向公平。比如当前一代为保持自由而战，子孙后代也会从中受益，理应承担一部分战争成本，因此政府可以通过在当前一代实行预算赤字来为战争筹款，再对子孙后代征税来偿还债务。

8. 为什么政府债务水平会影响政府发行货币的激励?

答：政府债务水平会影响政府发行货币的激励，高的债务水平可能鼓励政府制造通货膨胀。因为大部分政府债务是按名义值规定的，当价格水平上升时，债务的实际价值下降。这就是由未预期到的通货膨胀所引起的通常的债权人和债务人之间的再分配——在这里债务人是政府，债权人是私人部门。由于政府可以印发货币，高的债务水平会鼓励政府发行货币，从而提高价格水平，降低其债务的实际价值。

三、问题与应用

1. 1996年4月1日，快餐连锁店塔可钟(Taco Bell)通过如下的新闻在《纽约时报》上做了一整版的广告："为了努力帮助国家减少国债，塔可钟愉快地宣布，我们已经同意购买我国最具历史意义的国宝之一：自由钟。现在它将更名为塔可自由钟，仍然向美国公众开放参观，我们希望我们的举动会促使其他公司采取类似的行动，以减少国家的债务。"按照现在的衡量方法，美国公司的这种行动实际上减少了国债吗？如果美国政府采用资本预算，你的回答有什么改变？你认为这些行动代表了政府负债的真正减少吗？你认为塔可钟对这个计划是认真的吗？(提示：注意日期。)解释你的答案。

答：(1)按照现在的衡量方法，预算赤字为政府购买减去政府收入。将自由钟出售给塔可钟会增加美国政府的收入，因此会减少赤字，从而减少国债。

(2)如果美国政府采用资本预算，净国债为政府资产减去政府负债。将自由钟出售给塔可钟将会使政府资产减少，同时负债也减少相同数额，因此国债并不改变。

(3)个人认为这个计划不是认真的，因为这则广告是在4月1日(愚人节)刊登的。

2. 起草一封给(教材)18.3节中所描述的参议员的信，解释李嘉图学派的政府债务观点并评价它的实用性。

答：信件可以这么写：

亲爱的参议员：

在我前一封信中，我假定政府债务筹资减税会刺激消费。因为减税使得人们的可支配收入增加，根据凯恩斯的消费函数，收入增加会使消费增加。消费增加的结果就是国民收入随之增加。

李嘉图学派经济学家认为该观点不正确的原因在于：尽管债务筹资减税可以增加人们当前的可支配收入，但是它也意味着在将来的某个时候，政府必须增税来偿付债务和累计的利息。因此，债务筹资减税只是给消费者一个最终还要被政府收回去的暂时性收入。如果消费者意识到这一点，他们将会把他们得到的额外可支配收入储蓄起来用以支付未来更重的税收负担，因此对消费没有造成影响。虽然政府储蓄减少了，但私人储蓄增加了，因此国民储蓄也不受影响。

如果国民收入不发生变动，预算赤字并不会造成上次所列的那些后果。特别是，产出、就业、外债以及利率在短期和长期都不会受到影响。减税对经济福利不会有任何作用。

但是，也有几个原因可以使李嘉图学派的观点不成立。首先，消费者也许是短视和非理性的，所以即使他们的永久收入并没有真正地增加，他们也认为是增加了；第二，消费者可能面对借款约束，他们只可能消费他们现在的收入；第三，消费者也许会期待隐含的税收负担不会落在他们身上，而要落在子孙后代身上，并且这些消费者不考虑给他们的孩子留下一笔遗产来抵消这些税收负担。

你忠实的雇员、国会预算办公室经济学家

3. 社会保障体系向工人征税并给老年人支付津贴。假定国会既增加税收又增加津贴。为了简单起见，假设国会宣布，税收和津贴的增加只持续一年。

a. 这种变动将如何影响经济？（提示：考虑年轻人和老年人的边际消费倾向。）

b. 你的回答取决于各代人之间是否有利他主义的联系吗？请解释。

答：a. 国会既增加税收又增加津贴会使社会的消费减少，储蓄增加。因为一般来说，老年人的边际消费倾向比年轻人要低，因此，对老年人的财富转移使得老年人增加的储蓄增多，年轻人的可支配收入减少，从而年轻人消费减少，社会总的消费减少、储蓄增加。

b. 我的回答取决于代际之间是否存在利他主义的联系。如果代际之间是利他的，老年人不会因为社会保障津贴而感到更好，因为税收和津贴同时增加对一个家庭的永久收入并不产生影响，它只是将财富从一代人转移到另一代人。这样老年人可能会通过送孩子礼物或留遗产来抵消增税对孩子们的影响。这样，这种政策对消费和储蓄的影响就会减少。

4. 一些经济学家提议周期调整性预算赤字应该永远保持平衡的规则。将这一提议与严格的预算平衡规则相比较。哪一种更可取？你认为要求平衡的周期性调整预算这一规则有什么问题吗？

答：(1)我认为对周期调整性预算赤字保持平衡的规则更可取。因为，对周期调整性预算赤字保持平衡的规则能克服严格的预算平衡规则的两个缺陷：

①周期调整性预算赤字保持平衡的规则允许政府运用反周期的财政政策来稳定经济。当经济衰退时，政府可以运用赤字，使财政的自动稳定功能发挥作用，税收自动下降、支出自动增加，这有利于经济的稳定。

②周期调整性预算赤字保持平衡的规则可以使政府的税收收入在不同的年份之间平滑化，不必在衰退时提高税率或在繁荣时降低税率，从而降低税收的社会成本。

(2)对周期调整性预算赤字保持平衡的规则存在的问题：

①政府能够实行的赤字规模是有限的，因此对周期调整性预算赤字保持平衡的规则并不能完全克服平衡预算规则的缺陷。周期调整性预算赤字保持平衡的规则不允许政府在支出非常高或非常低的情况下跨年度平滑税收，因此政府也不能在必需的时候如战争时期把税收负担从当前一代转移到子孙后代。

②此外，对周期调整性预算赤字保持平衡的规则还会带来一系列问题，比如它不能直

接观察预算，也就是说，必须对经济在充分就业水平下政府支出和税收的相差额以及经济与充分就业水平的差距进行估计，然而，人们对这两者的评估并不精确。

5. 找到一些近年来关于美国政府债务占 GDP 百分比的未来路径的预测。关于政府支出、税收和经济增长做出了哪些假设？你认为这些假设是合理的吗？如果美国经历了生产率的减缓，实际情况与这一预测会有什么不同？（提示：可以找到这些预测的一个好地方是 www. cbo. gov。）

答：（1）可以从国会预算办公室网站（www. cbo. gov）找到相关预测。在 2024 年 2 月发布的“The Budget and Economic Outlook：2024 to 2034”中，美国国会预算办公室预测未来 10 年美国政府预算赤字总计 20 万亿美元，美国政府债务达到 GDP 的 116%，2024 年经济增长放缓至 1.5%，然后继续平稳增长。

（2）关于政府支出、税收和经济增长有以下假设：①CBO（国会预算办公室）假设人口老龄化和医疗保健费用的上涨增加了强制性支出，特别是对社会保障和医疗保险；而且由于债务累加和利率上升，净利息成本稳步上升，这也会加大政府支出。②CBO 假定将来的税收是由当前法律所确定的，随着收入的增长快于通胀，收入中将有较大比例受到更高的税率，个人所得税会增加，预计总收入占 GDP 的比例将会上升。③CBO 预测 2024 年经济增长放缓至 1.5%，然后继续平稳增长。

（3）实际情况可能与这些预测不同。因为随着时间流逝和经济自身的增长，政策制定者可能会改变政府支出，也可能改变税收，而且如果美国经历了生产率增长的下降，并因此使得税收收入增长放慢，未来的政府负债可能会比现在计算的还要大。

第19章　金融系统：机会与危险

19.1　复习笔记

【知识框架(庖丁解牛)】

- 金融系统的作用
  - 为投资融资
    - 金融市场的集合：直接投资
    - 金融中介的集合：间接投资
  - 风险分担
    - 系统性风险：不能分散
    - 特质风险：可以分散
  - 处理不对称信息
    - 逆向选择：与关于属性的隐藏知识有关
    - 道德风险：与关于行动的隐藏知识有关
  - 促进经济增长：政府制定政策减少信息不对称问题
- 停止作用 ↓
- 金融危机
  - 六大元素
    - 资产价格的大涨和大跌
    - 金融机构破产
    - 对金融机构的信心下降
    - 信贷紧缩
    - 衰退
    - 恶性循环
  - 政策
    - 应对政策
    - 预防政策

【考点难点归纳(厚积薄发)】

考点一：金融系统的作用　★★★

1. 为投资融资

金融系统的主要职能是将来自储蓄者的资源引导到各种形式的投资中去。金融系统的两个主要部分见表19－1。

表19－1　金融系统的两个主要部分

要点	具体内容
金融市场的集合	家庭通过金融市场能直接为投资提供资源。两个重要的金融市场是债券市场和股票市场
金融中介的集合	金融中介可以起到连接市场两端的作用，帮助金融资源流向其最佳用途。家庭通过金融中介可以为投资间接提供资源。商业银行是一种最为普遍的金融中介类型，商业银行的主要业务为从储蓄者那里吸收存款，向那些需要资金的人放贷

2. 风险分担

(1)风险分担的含义：

金融系统的功能之一是配置风险，即通过多元化的资产配置，人们能够在很大程度上消除与个体企业相联系的风险。

(2)多样化：

多样化是指通过持有许多不完全相关的资产来降低风险的做法。特别地，系统性风险带来的衰退往往会降低大部分产品的需求，从而降低大多数企业的盈利能力，但多样化不能降低这种风险。

(3)风险分类：

表 19－2　风险分类

要点	具体内容
系统性风险	由经济、政治或社会环境等宏观因素的变化所导致的风险
特质风险	又称非系统性风险，是指只对某个行业或个别公司的证券产生影响的风险

(4)厌恶风险：

在其他条件相同的情况下，投资者不喜欢关于其未来经济结果的不确定性，则称该投资者为厌恶风险。

3. 处理不对称信息

不对称信息是指经济交易双方在该交易相关信息方面存在不对称性，一方比另一方掌握更多信息。金融系统中有很多可以减轻不对称信息影响的机构，其中最重要的机构就是银行。不对称信息带来的问题的类型见表 19－3。

表 19－3　不对称信息带来的问题的类型

要点	具体内容
逆向选择	指掌握更多信息的人通过一种不利于掌握较少信息的人的方式使自己受益而对方受损。该不对称信息包含关于属性的隐藏知识。如企业家比提供融资的人拥有更多关于投资项目好坏的信息
道德风险	指不确定或不完全合同使得负有责任的经济行为主体不承担其行为的全部后果，在最大化自身效用的同时，做出不利于他人的行为的现象。该不对称信息包含关于行动的隐藏知识

4. 促进经济增长

(1)金融市场促进经济增长的机制：

理想情况下，为了实现储蓄的最优配置，金融系统需要借助市场机制充分发挥作用，使得高效率和项目利润更高的企业比项目利润较低的企业愿意支付更高的利率。由此，储蓄就可以被配置于众多可能投资中最好的那些投资。

(2)金融市场促进经济增长存在的现实问题：

由于金融系统充斥着由不对称信息产生的问题，金融系统无法将经济中的储蓄配置于可以使其效率最大的用途，该经济的总体生产率水平也会因此低于本可以达到的水平。

(3)政府发挥的作用：

政府政策的作用包括：①通过对欺诈和类似的不当行为进行起诉以减少道德风险问题；②通过要求进行对某些种类的信息进行披露以减少逆向选择问题。

(4)经济学家的观点：

金融系统不能实现储蓄的最优配置是落后国家依旧贫困的原因之一。这些国家可以通过改革法律制度提高金融系统的表现，从而促进经济增长。

考点二：金融危机 ★★★

1. 金融危机的六大元素(见表 19－4)

表 19－4　金融危机的六大元素

要点	具体内容
资产价格的大涨和大跌	①金融危机前夕通常会出现由于过分乐观而导致资产价格大涨的时期，在此时期资产价格甚至会被抬高到其基本面价值以上：此时，该资产的市场被投机性泡沫所支配。 ②当乐观情绪消失，变成悲观时，泡沫随之破灭，资产价格开始下降，预示着金融危机的到来
金融机构破产	①资产价格的大跌会导致银行和其他金融机构出现问题。资产价格的下跌会导致银行所持有的担保物贬值；此时，如果发生借款人拖欠贷款的情况，银行难以回收它的钱。 ②银行对杠杆具有较高的依赖程度，资产回报对银行财务状况的积极和消极影响都会通过杠杆而被放大，如果违约导致银行资产贬值到其债务以下，银行就会破产
对金融机构的信心下降	①当存款的个人纷纷去取款时，会发生挤兑现象，破产的金融机构不断增加，每家金融机构都面临破产的威胁。 ②随着银行变卖其部分资产，其市场价格就会下降，再加上危机期间风险资产需求极少，因此，可能会出现资产价格暴跌的情形，即出现降价销售。 ③降价销售会给其他银行带来问题。银行可能会被要求对其资产负债表和降低持有资产的报告价值进行修订。因此，一家银行的问题将会传播到其他银行
信贷紧缩	①在许多金融机构面临困难时，即使存在有利可图的投资项目，想要投资的人也很难得到贷款。 ②实质上，金融系统的正常功能即实现储蓄最优配置的功能出现了问题
衰退	①在消费信贷和投资融资难以实现时，产品和服务的总体需求下降。 ②在 *IS－LM* 模型中，这一现象即为消费和投资函数发生了收缩性移动，而这又导致 *IS* 曲线和总需求曲线也发生收缩性移动，最终，国民收入降低，失业上升
恶性循环	①经济衰退使许多企业的盈利能力遭到损害、资产的价值大打折扣；股票市场下跌；企业破产并拖欠贷款；失业上升和拖欠个人贷款。 ②就这样再次回到第 1 步(资产价格大跌)和第 2 步(金融机构破产)，金融系统自身缺陷与经济衰退互相强化了彼此的负面影响，如图 19－1 所示

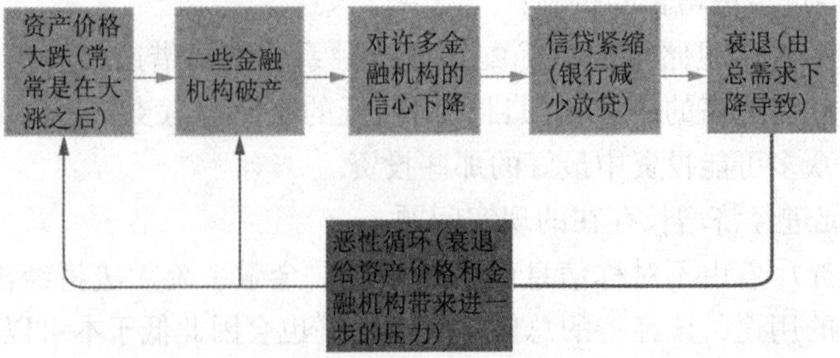

图 19－1　金融危机的剖析

2. 对危机的政策反应(见表 19－5)

表 19－5　对危机的政策反应

要点	具体内容
使用传统政策	使用扩张性的货币政策和扩张性的财政政策扩大总需求
最后贷款者的作用	中央银行作为最后贷款者提供流动性，即央行可以直接贷款给银行。该政策的目标是提高公众对银行系统的信心
注入政府资金	使用公共资金对金融系统起支持作用

3. 预防危机的政策(见表 19－6)

表 19－6　预防危机的政策

政策	制定依据
关注影子银行	影子银行处于监管之外，虽然其不会发生道德风险问题，但是它们的破产可能会产生严重的宏观经济后果
限制金融机构的规模	破产法可以按照惯例对破产的小机构进行处理，对各类利益相关者的要求进行裁决，而不会影响整个经济
减少过度承担风险	一些金融企业破产的原因在于它们承担的一些风险导致了巨大的亏损
定期的压力测试	监管机构提出假想的经济压力场景，由大银行估计这个场景下资产价值的变化，以确保银行有充足资本度过危机
改进监管系统	监督企业的监管机构是高度碎片化的，整合和改进监管系统有利于预防危机
更注重宏观审慎监管	传统上，金融监管是以降低个体金融机构的困境风险为目标，因此是微观审慎的，但目前，金融监管也以降低全系统范围的困境风险为目标，因此也是宏观审慎的

19.2 课后习题详解

一、关键概念

1. 金融系统

答：金融系统是指代经济中促进储蓄者和投资者之间资金流动的机构的概括性术语，其主要职能是将来自储蓄者的资源引导到各种形式的投资中去。金融系统的一个部分是金融市场的集合，另一个部分是金融中介的集合。

2. 金融市场

答：金融市场是指资金融通市场，即资金供给者和资金需求者双方通过信用工具进行交易而融通资金的市场。广义的金融市场是指实现货币借贷、资金融通、办理各种票据和有价证券交易活动的场所。通过金融市场，家庭能够直接为投资提供资源。两个重要的金融市场是债券市场和股票市场。

3. 债券

答：债券代表债券持有人给企业的贷款。通过发行债券来筹集投资资金称为债券融资。债券是直接融资形式之一，发行者通常是公司或政府。

4. 股票

答：股票代表企业股东的所有权要求。通过发行股票来筹集资金称为股权融资。股票是直接融资形式之一。

5. 债券融资

答：债券融资是指企业通过发行债券来筹集投资资金，资金供给者作为债权人享有到期收回本息的一种融资方式。债券融资属于直接融资，其经营风险较小，预期收益也相对较小。

6. 股权融资

答：股权融资是指通过发行股票，引进新股东来筹集资金，企业无须还本付息，但是新老股东共享企业的收益的一种融资方式。股权融资属于直接融资，主要用于解决企业运营资金短缺的问题。

7. 金融中介

答：金融中介是指把资源从希望将一部分的收入储蓄起来以供未来消费的个体配置到希望借款购买投资品用于未来生产的个体与企业的过程。金融系统是金融中介的集合，通过金融中介，家庭能够间接地为投资提供资源。金融中介连接市场的两端，帮助金融资源流向它们的最佳用途。商业银行是最广为人知的金融中介类型。它们从储蓄者那里吸收存款，用这些存款给那些需要为投资项目融资的人放贷。

8. 厌恶风险

答：厌恶风险是指在所有其他情况都相同的条件下，一个人不喜欢关于他/她的未来经济结果的不确定性的行为倾向。如果在这一风险项目上的回报高于把储蓄投资于更安全资产将会获得的回报，那么，他/她或许愿意接受其中部分风险。股票融资为企业家和储蓄者提供了一种分担与企业家的投资创意相联系的风险和回报的方式。如果在这一风险项目上的回报高于把储蓄投资于更安全资产将会获得的回报，那么，她或许愿意接受其中部分风险。股票融资为企业家和储蓄者提供了一种分担与企业家的投资创意相联系的风险和回报的方式。

9. 多样化

答：多样化是指通过持有许多不完全相关的资产来降低风险的做法。多种多样的金融机构为多样化投资提供了便利。可是，多样化能降低的风险也是有限的。一些宏观经济事件同时影响许多企业，这样的风险称为系统性风险。特别地，衰退往往降低了大部分产品的需求，从而降低了大多数企业的盈利能力。多样化不能降低这种风险。但是，它在很大程度上能够消除与个体企业相联系的风险，这种风险称为特质风险。

10. 共同基金

答：共同基金是向储蓄者出售份额然后用储蓄者的资金购买多样化资产池的金融中介。多种多样的金融机构为多样化投资提供了便利。共同基金是最重要的金融机构之一。

11. 不对称信息

答：不对称信息是指描述的经济交易的一方比另一方拥有更多关于该交易信息的这一局面。金融市场充满不对称信息：①关于属性的隐藏知识的不对称信息。由于企业家对他们项目的内在质量比提供融资的人了解得更多，因此存在逆向选择问题。②关于行动的隐藏知识的不对称信息。由于企业家对他们做的决策和采取的行动了解得更多，因此存在道德风险问题。银行等金融中介减轻了(但没有完全解决)不对称信息导致的问题。

12. 逆向选择

答：逆向选择是指有更多信息的人以一种不利于信息更少的人的方式进行自我选择的倾向。逆向选择问题是由关于属性的隐藏知识的不对称信息导致的。金融系统建立了各种减轻逆向选择影响的机构，银行是其中最重要的类型。当一个人申请银行贷款时，他必须填写一份申请，这份申请会问许多关于他的商业计划、就业背景、信用历史、犯罪记录以及其他财务和个人特征的详细的问题。由于该申请随后会由接受过如何评估企业的培训的信贷员审查，所以，银行很有可能发现导致逆向选择的隐藏属性。

13. 道德风险

答：道德风险是指不确定或不完全合同使得负有责任的经济行为主体不承担其行为的全部后果，在最大化自身效用的同时，做出不利于他人的行为的现象。道德风险问题是由关于行动的隐藏知识的不对称信息导致的。金融系统建立了各种减轻道德风险影响的机构，银行是其中最重要的类型。为了减少道德风险问题，银行贷款可能包含对贷款资金如何支出的约束性规定，信贷员可能在贷款发放后对企业进行监督。

14. 金融危机

答：金融危机是指在想储蓄的人和想借钱投资的人之间充当中间人的金融系统崩溃。金融危机最重要的 6 个元素：①资产价格的大涨和大跌；②金融机构破产；③信心下降；④信贷紧缩；⑤衰退；⑥恶性循环。

15. 投机性泡沫

答：投机性泡沫是指发生于金融危机之前由乐观导致资产价格大涨的时期，资产价格被抬高到其基本面价值(也就是基于对该资产将产生的现金流的客观分析确定的真实价值)以上的现象。

16. 杠杆

答：杠杆的核心是借贷，宏观经济学中的杠杆利用的是资金流动倍数产生作用。杠杆放大了资产回报对银行财务状况的积极和消极影响。一个关键数字是杠杆率：银行资产与银行资本之比。例如，20 倍杠杆率意味着对于银行所有者所投入的每 1 美元资本，银行借了 19 美元(通过来自储户的存款和其他形式的贷款)，这使得银行持有 20 美元的资产。如果违约导致银行资产价值下降 2%，那么，银行资本将下降 40%，银行就会破产。

17. 降价销售

答：降价销售是指由于产品或资产供过于求，通过降低产品或资产的市场价格来销售相关产品或资产。

18. 流动性危机

答：流动性危机是指有偿还能力的银行没有充足的资金满足其储户提现这种局面。例如当公众开始对银行失去信心时，他们取出自己的存款。在一个实行部分准备金银行制度的系统中，大量的突然提款可能是一个问题。就算银行有偿付能力(其资产的价值超过其负债的价值)，它也难以满足所有储户的取款需求。银行的资产中有许多是缺乏流动性的，也就是说，它们不能容易地卖掉从而变成现金。

19. 最后贷款者

答：最后贷款者是指中央银行在流动性危机中贷款给银行时所扮演的角色。中央银行可以通过印钞创造货币。它可以把新创造的货币贷给正在经历高于正常水平的提现情形的银行，并接受该银行的缺乏流动性的资产作为担保物。

20. 影子银行

答：影子银行是指那些行使与银行相似的部分功能但又游离于针对传统银行业的监管系统之外的形形色色的金融机构。影子银行引发系统性风险的因素主要包括四个方面：期限错配、流动性转换、信用转换和高杠杆。

21. 微观审慎监管

答：微观审慎监管着眼于个体机构和评估每家机构面临的风险，采取的是自下而上的方法。传统上，金融监管一直是微观审慎的：其目标一直是降低个体金融机构的困境风险，从而保护这些机构的储户和其他利益相关者。

22. 宏观审慎监管

答：宏观审慎监管着眼于整体情况和评估能够同时影响许多金融机构的风险，采取的是自上而下的方法。其目标是降低全系统范围的困境风险，从而保护总体经济避免生产和就业的减少。根据在金融危机期间和之后所学知识，金融监管者将重新关注宏观经济稳定性，将其作为监管目标之一。在这种意义上，宏观审慎监管获得了与传统的货币政策和财政政策工具并重的地位。但是，对于政策制定者是否应该多积极地使用这一工具，这个问题还存在争议。

二、复习题

1. 解释债券融资和股票融资之间的差别。

答：金融系统是金融市场的集合，通过金融市场，家庭能够直接为投资提供资源。两个重要的金融市场是债券市场和股票市场。债券代表债券持有人给企业的贷款；股票代表企业股东的所有权要求。通过发行债券来筹集投资资金称为债券融资，通过发行股票来筹集资金称为股权融资。债券和股票都是直接融资形式，这是因为储蓄者知道他的资金在为谁的投资项目融资。

2. 持有股票型共同基金与持有单只股票相比有什么主要优势？

答：持有股票型共同基金与持有单只股票相比，其主要优势在于股票型共同基金可以分散投资风险。股票型共同基金是向储蓄者出售基金份额，然后用储蓄者的资金购买多样化股票的金融中介，基金经理通过持有许多不完全相关的股票组合进行多样化投资，从而在很大程度上能够消除与个体企业相联系的特质风险。

3. 什么是逆向选择和道德风险？银行如何减轻这些问题？

答：(1)逆向选择是指掌握更多信息的人通过一种不利于掌握较少信息的人的方式使自己受益对方受损。道德风险是不确定或不完全合同使得负有责任的经济行为主体不承担其行为的全部后果，在最大化自身效用的同时，做出不利于他人的行为的现象。

(2)金融系统中有各种可以减轻逆向选择和道德风险影响的机构。其中，最重要的机构就是银行。当一个人想要申请银行贷款时，他需要填写一份关于其投资计划、就业状况、信用状况、犯罪记录和其他财务相关问题的申请。该申请会由信贷员进行审查，因此，银行可能会发现导致逆向选择的一些隐藏属性。除此之外，为减少道德风险问题，银行贷款会对贷款资金如何支出做出约束性规定，信贷员也会在贷款发放后对企业进行监督。

4. 杠杆率如何影响金融机构在应对坏经济消息时的稳定性？

答：杠杆率是银行的总资产与银行资本之比。杠杆是指为了投资使用借来的钱补充现有资金，银行对杠杆具有较高的依赖程度。资产回报对银行财务状况的积极和消极影响都被杠杆放大了。一个关键数字是杠杆率：银行资产与银行资本之比。例如，20 倍杠杆率意味着如果银行所有者投入 1 美元资本，则银行借 19 美元（通过来自储户的存款和其他形式的贷款），这使得银行持有 20 美元的资产。在这个例子中，违约会导致银行资产价值贬值 2%，那么，银行资本也因此贬值 40%。而且当银行资产价值下降超过 5% 时，银行资产的价值就低于其债务价值，不足以支付，银行就会破产。

5. 解释金融危机如何减少产品和服务的总需求。

答：金融危机是指在想储蓄的人和想借钱投资的人之间充当中间人的金融系统崩溃。一旦发生金融危机，就会出现资产泡沫破灭，资产价格大跌，金融机构破产，出现信心危机，从而导致信贷紧缩和经济衰退。在经济处于衰退时期，失业增加，人们的实际收入减少，消费需求和投资需求萎缩，从而减少了产品和服务的总需求。

6. 中央银行扮演最后贷款者的角色是什么意思？

答：中央银行可以通过印钞创造货币。它可以将新创造的货币贷给面临高于正常水平的提现的银行，并接受该银行所提供的缺乏流动性的资产作为担保物。中央银行在流动性危机中通过增发货币提供流动性，就是在扮演最后贷款者的角色。

这样一项政策可以使面临高于正常水平的提现危机银行平安度过公众对其信心下降的困难时期。如果没有中央银行提供流动性，这些银行就不得不降价销售其缺乏流动性的资产。降价销售会使其资产贬值，进而影响其偿还能力。因此中央银行通过扮演最后贷款者的角色，遏制了银行破产的问题，并恢复了公众对整个银行系统的信心。

7. 在危机中利用公共资金支持金融系统的优点和缺点是什么？

答：在危机中利用公共资金支持金融系统，即从公共资金中拿钱来救援那些已经遭受损失的人或金融机构。

（1）优点：

如果经济复苏，风险贷款和注资会为纳税人带来更多利益，更重要的是，这些政策的成本远远低于经济因免遭更严重危机和衰退所带来的收益，对于整个宏观经济市场来说，在危机中利用公共资金支持金融系统的利大于弊。

（2）缺点：

①利用公共资金支持金融系统，其实质是使用纳税人的资源来对那些因自己犯错而陷入危机的金融市场参与者进行救援，这种做法对纳税人不公平；

②这种金融救助会助长道德风险，因为，如果政府有这样的预期，即相信政府会为其损失买单，他们就有了冒更大风险的激励。

三、问题与应用

1. 确定以下每种情况中的问题是逆向选择还是道德风险，并解释你的答案。问题可以如何处理？

a. Frederica 得到了写一本教材的一大笔预付款。钱到手了，她就偏好出海扬帆而不是坐在办公室写教材。

b. Justin 正在争取写一本教材的预付款。他知道他上大学时说明文这门课差点没过，但出版商不知道。

c. Mai 在购买寿险保单。她知道她的家庭成员大都英年早逝。

d. Reginald 有一份金额很大的寿险保单，他度假时喜欢做他最感兴趣的活动：滑雪、蹦极和斗牛。

答：道德风险是无法被完全监督的主体将以一种不诚实或其他不适当的方式行事这样一种风险。

逆向选择描述了有更多信息的人以一种不利于信息更少的人进行自我选择的倾向。

a. 属于道德风险。在得到预付款后，由于出版商无法完全监督 Frederica 的行为，因而 Frederica 可能选择去出海而不是努力写教材。通过减少预付款或分期支付预付款、加强对 Frederica 的监督及签订某些具有惩罚条款的条约，可以在一定程度上解决该问题。

b. 属于逆向选择。Justin 清楚自己上大学时说明文这门课差点没过，但仍以争取预付款的方式做出了对拥有信息较少的出版商不利的行为。通过要求 Justin 披露相关信息，或者通过条约增加 Justin 写得不好所需承担的成本，可以在一定程度上解决该问题。

c. 属于逆向选择。Mai 知道其家庭成员大都英年早逝，从而自己保单的赔付概率也很可能高于常人，却隐瞒了该信息去购买保险。通过签订保单前对 Mai 的详细询问和制定相关的保单条款，可以在一定程度上解决该问题。

d. 属于道德风险。保险公司无法完全监督 Reginald，而 Reginald 通过进行滑雪蹦极等活动做出了对保险公司不利的行为。通过保单中相关条款（如 Reginald 在滑雪蹦极时的受伤不赔或少赔）或者对于意外伤亡 Reginald 自己也需承担一部分金额，可以在一定程度上解决该问题。

2. A 国的金融系统很发达，资源能流向边际产量最高的资本投资。B 国的金融系统欠发达，这阻止了一些投资者在该国投资。

a. 你预期哪个国家会有更高的全要素生产率水平？请解释。（提示：全要素生产率的定义见第 10 章。）

b. 假定这两个国家有相同的储蓄率、折旧率和技术进步率。根据索洛增长模型，比较这两个国家的人均产出、人均资本和资本－产出比率。

c. 假设生产函数为柯布－道格拉斯形式。比较两国的实际工资和实际资本价格。

d. 谁从更发达的金融系统中获益？

答：a. 预期 A 国的全要素生产率水平更高。全要素生产率衡量了除劳动投入和资本投入之外影响经济产出的因素，在相同的劳动投入和资本投入下，全要素生产率越高，经济的产出也越大。A 国发达的金融系统能使资源流向边际产量最高的资本投入，而 B 国则不然，因而预期在相同的投入下 A 国的总产出更高，即 A 国有更高的全要素生产率水平。

b. 为避免符号的混淆，令 A 国下标为 1，B 国下标为 2，设两个国家的生产函数为：

$$Y_i = A_i F(K_i,\ L_i),\ i = 1,\ 2,\ 其中,\ A_1 > A_2$$

于是，两个国家人均形式的生产函数为：$y_i = A_i f(k_i)$，$i = 1,\ 2$。

由题知两国有相同的储蓄率 s，折旧率 δ，由于本题考虑了衡量技术水平的全要素生产率 A，因而技术进步率为 $\Delta A_i/A_i = g$，$i=1$，2。

在稳态时，两个经济满足：$sy_i = (\delta + n + g)k_i$，即：

$$sA_i f(k_i) = (\delta + n + g)k_i,\ i=1,\ 2$$

如图 19－2 所示，由于 A 国全要素生产率大于 B 国，即 $A_1 > A_2$，因此在稳态时，A 国的人均资本和人均产出均大于 B 国。

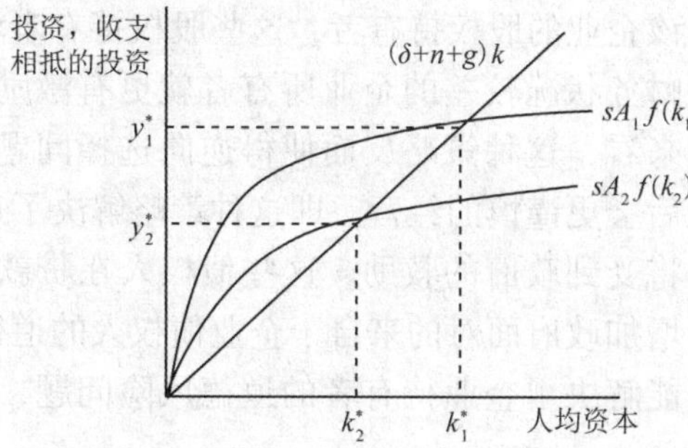

图 19－2　两国的稳态

由稳态时两国满足的方程，易得此时两国的资本－产出比率为：

$$\frac{K_i}{Y_i} = \frac{k_i}{y_i} = \frac{s}{\delta + n + g},\ i=1,\ 2$$

因此，这两个国家的资本－产出比率相等。

c. 设两国的生产函数为：

$$Y_i = A_i K_i^a L_i^{1-a},\ i=1,\ 2$$

则人均形式的生产函数为：

$$y_i = A_i k_i^a,\ i=1,\ 2$$

于是，两国的实际工资为：

$$MPL_i = (1-a)A_i K_i^a L_i^{-a} = (1-a)A_i k_i^a,\ i=1,\ 2$$

同样假设两国有相同的储蓄率 s、折旧率 δ 和技术进步率 g。由于 $A_1 > A_2$，且稳态时 $k_1^* > k_2^*$，因此，在稳态时有 $MPL_1 > MPL_2$，即 A 国的实际工资大于 B 国的实际工资。

两个国家在稳态时满足：

$$sA_i k_i^a = (\delta + n + g)k_i,\ i=1,\ 2$$

化简得：

$$A_i k_i^{a-1} = \frac{\delta + n + g}{s},\ i=1,\ 2$$

则两国的实际资本价格为：

$$MPK_i = aA_i K_i^{a-1} L_i^{1-a} = aA_i k_i^{a-1} = a\frac{\delta + n + g}{s},\ i=1,\ 2$$

因此，两个国家的实际资本价格相等。

d. 由上述计算结果可知，金融系统更发达的 A 国实际工资高于 B 国，而实际资本价格两国相等，因此，A 国的劳动力从更发达的金融系统中受益。

3．一些评论员认为，在金融危机中，当一家金融企业受到政府救助时，该企业的股权持有者应该被弃之不顾，但企业的债权人应该受到保护。这解决了道德风险问题吗？为什么？

答：这解决了企业所有者的道德风险问题，但是加剧了企业债权人的道德风险问题。

当政府救助一家金融企业时，将该企业的股权持有者弃之不顾，但保护该企业的债权人，这对企业尤其是经营状况不合意的企业的股权持有者可能有两方面的影响：①由于政府救助该企业时会弃之不顾该企业的股权持有者，这些股权持有者将尽全力不使企业破产，而为了不破产，企业尤其是财务状况较差的企业所有者就更有激励去隐瞒对自身不利的信息来获取融资，从这个角度来看，这种策略反而使得逆向选择问题更严重；②为了避免破产，企业所有者在获得融资后会更谨慎的经营，即这种策略解决了道德风险问题。

对于债权人而言，由于将受到政府的救助，这些债权人在贷款出去时可能会变得没那么谨慎，即这种策略可能会增加政府面对的来自于企业债权人的道德风险。

综上所述，这种策略可能解决了企业持有者的道德风险问题，但加重了企业债权人的道德风险问题。

4．正如本章所描述的，近些年里，美国和希腊都经历了政府债务的增加和一场严重的经济低迷。这两个国家的局面在哪些方面相似？在哪些方面不同？为什么这两个国家可以支配的政策选项不同？

答：美国和希腊都经历了一场严重的经济低迷。这两个国家的相似之处在于：产生经济低迷的原因是相同的。在美国，由住房价格下跌所引发的金融危机导致美国金融系统内部广泛破产并且使民众对金融机构的信心下降。在希腊，政府发行主权债务。2010 年，希腊的债务增加到了 GDP 的 116%，而欧洲的平均水平只有 58%，故民众对其失去了信心。由于金融危机的发生，这两个国家的信用率大幅降低，尤其是希腊。

两个国家发生金融危机的不同之处在于：希腊的金融危机是由政府行为引起的，而美国则是由私人的金融公司的市场行为引发的；希腊政府增加债务导致了金融危机的产生，而美国政府增加债务是为了减缓金融危机的发生。除此之外，两国应对金融危机所采取的措施也是不同的，因为美国是一个独立的货币国家，它可以实行独立的货币政策，而希腊属于欧盟，它不能实行独立的货币政策。因此，美国可以通过购买大量价值被低估的金融资产等货币政策来控制金融危机的发展，而希腊只能通过寻求欧盟的帮助来渡过难关。

第 20 章　消费和投资的微观基础

20.1　复习笔记

【知识框架(庖丁解牛)】

消费和投资的微观基础
- 消费支出的决定
  - 凯恩斯的消费函数
  - 费雪的跨期消费理论
  - 生命周期假说
  - 永久收入假说
  - 随机游走假说
  - 即时满足的吸引力
- 投资支出的决定
  - 企业固定投资
  - 住房投资
  - 存货投资
  - 投资模型总结

【考点难点归纳(厚积薄发)】

考点一：消费支出的决定　★★★

1. 凯恩斯的消费函数

(1)凯恩斯关于消费函数的三个猜测：

①边际消费倾向在 0 ~ 1 之间。

②平均消费倾向随着收入的增加而下降。

③收入是决定消费的主要因素，利率对消费的影响不大。

(2)消费函数：

凯恩斯消费函数通常表示为：$C=\overline{C}+cY$。式中，$\overline{C}>0$，是固定水平的“主动消费”；Y 是可支配收入；c 是边际消费倾向，$0<c<1$。如图 20 - 1 所示，边际消费倾向 MPC 是消费函数的斜率，由平均消费倾向 $APC=C/Y=\overline{C}/Y+c$，当 Y 增加时，$\overline{C}/Y$ 下降，从而平均消费倾向下降。

(3)消费之谜：

早期的基于家庭短期时间序列数据、两次世界大战之间消费与收入的总量数据的研究都验证了凯恩斯消费函数边际消费倾向和平均消费倾向的猜测。但二战后的长期时间序列数据表明，凯恩斯关于平均消费倾向随收入的增加而下降的猜测与现实经济运行情况并不吻合，长期平均消费倾向是稳定的。也就是说，短期消费函数和长期消费函数是不一样的，

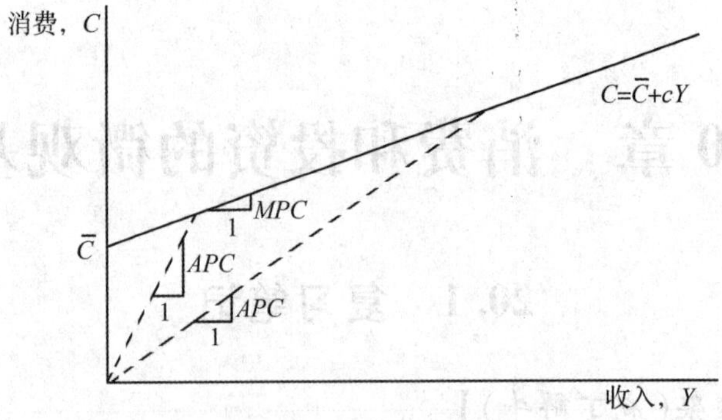

图 20－1　凯恩斯消费函数

这就是“消费之谜”。平均消费倾向在短期内是下降的，但在长期内是不变的。因此，凯恩斯消费函数类似于短期消费函数。

2．费雪的跨期消费理论

(1)消费者的跨期预算约束：

假设消费者既可以储蓄又可以借贷，且不存在借贷制约。跨期预算约束是指人们的消费取决于可用于现在和未来消费的总资源，即：$C_1+C_2/(1+r)=Y_1+Y_2/(1+r)$，如图20－2所示。

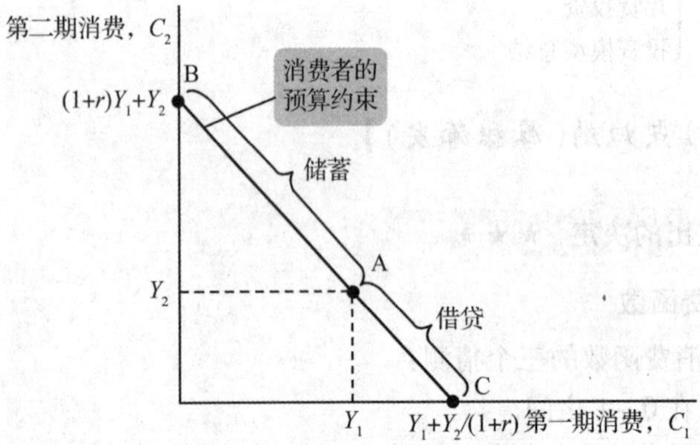

图 20－2　消费者的预算约束

(2)消费者偏好：

无差异曲线表示能给消费者带来相同效用水平的两个时期的各种消费组合点的轨迹，斜率等于第一期消费和第二期消费的边际替代率。如图 20－3 所示，IC_1 和 IC_2 是代表不同效用水平的无差异曲线。点 Y、点 X 和点 W 的消费者效用水平相等，且都低于点 Z 的效用水平。

(3)消费者的最优化决策：

消费者通过选择预算线上可接触到最高无差异曲线的一点，达到最高水平的满足。在最优化点，无差异曲线与预算线相切。如图 20－4 所示，O 点是最优组合点，此时无差异曲线的斜率等于预算线的斜率，即 $MRS=1+r$。

(4)收入对消费的影响：

增加收入使预算约束线向右平移。如果第一期和第二期消费的都是正常物品，则收入的增加就提高了两个时期的消费，如图20－5所示。

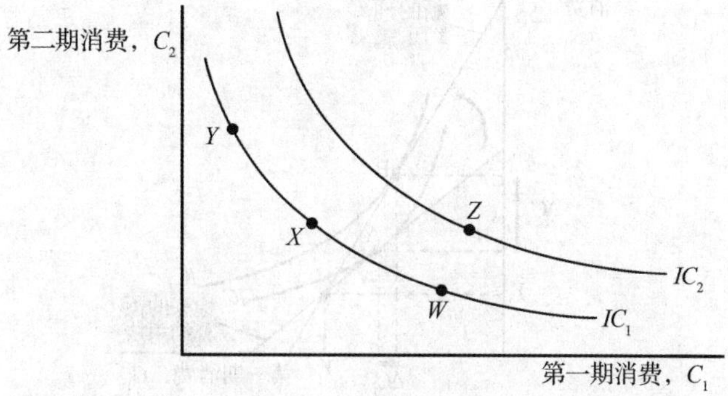

图20－3 消费者偏好

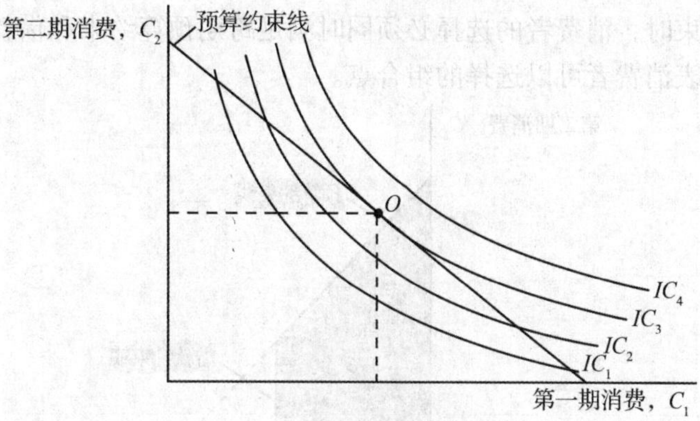

图20－4 消费者的最优化

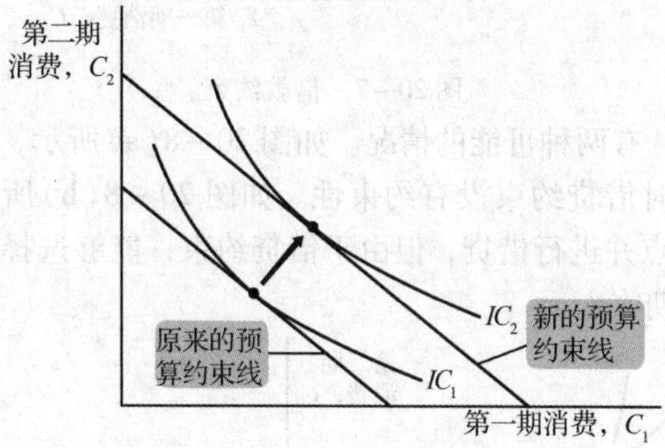

图20－5 收入增加对消费的影响

（5）实际利率对消费的影响：

假设消费者是储蓄者，且第一期和第二期消费的都是正常物品。当利率上升时，相对于第一期消费，第二期消费价格更为便宜，因此替代效应会使消费者增加第二期消费，而减少第一期消费。此外，收入效应会使消费者增加两个时期的消费。因此，实际利率上升时，总效应是增加了第二期消费，但第一期消费可能增加也可能减少。如图20－6所示，表示的是替代效应大于收入效应的情形。

（6）借款约束：

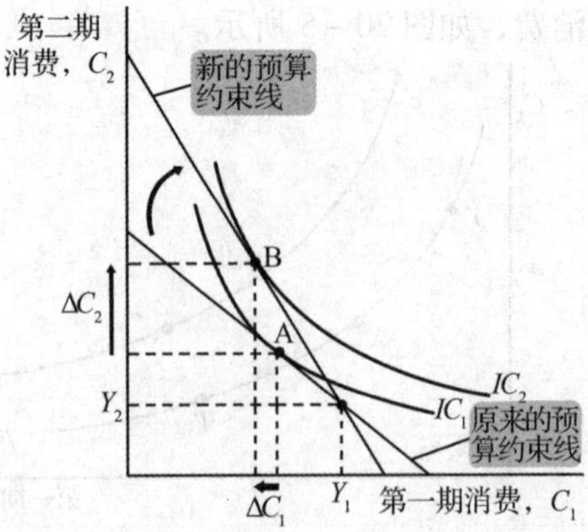

图 20－6 利率上升对消费的影响

当存在借款约束时，消费者的选择必须同时满足跨期预算约束和借款约束。如图 20－7 所示，阴影部分代表消费者可以选择的组合点。

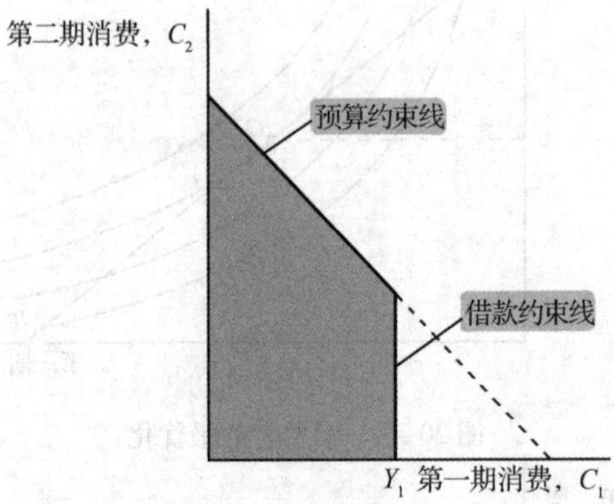

图 20－7 借款约束

当存在借款约束时，有两种可能的情况。如图 20－8(a)所示，消费者选择的第一期消费小于第一期收入，此时借贷约束没有约束性。如图 20－8(b)所示，借贷约束具有约束性，消费者想要选择 D 点并进行借贷，但由于借贷约束，能够选择的最优选择是 E 点，此时第一期消费等于第一期收入。

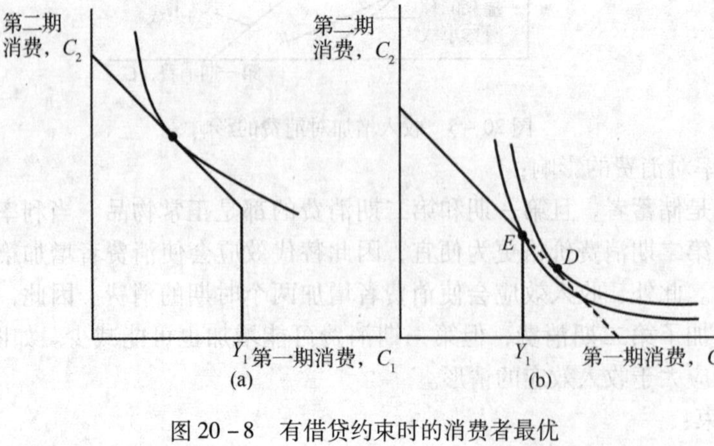

图 20－8 有借贷约束时的消费者最优

3. 生命周期假说

(1)含义：

生命周期假说是由美国经济学家弗朗哥·莫迪利亚尼等提出的，该理论强调人一生中的收入变动在某种程度上是可预期的，消费者用储蓄和借贷去平滑一生的消费。个人往往在工作期间积累财富，进行正储蓄；在退休时期消耗财富，进行负储蓄。

考虑储蓄这一消费动机，个人消费函数为：$C = W/T + Y \times R/T$。式中，W 为初始财富，Y 为工作时期(R 年)每年赚到的收入，T 是预期寿命。

总消费函数和个人消费函数几乎相同，经济的消费函数为：$C = \alpha W + \beta Y$。式中，α 是财富的边际消费倾向，β 是收入的边际消费倾向。如图 20－9 所示。

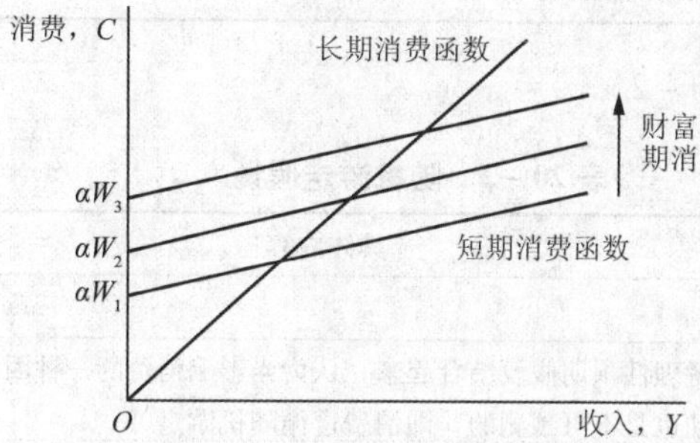

图 20－9　生命周期消费函数

(2)生命周期模型解开消费之谜：

①区别于凯恩斯消费函数(消费只取决于现期收入)，生命周期消费函数指出，消费取决于初始财富 W 和一生收入 Y。

②凯恩斯消费函数的平均消费倾向为 $APC = \overline{C}/Y + c$，生命周期消费函数的平均消费倾向为 $APC = \alpha(W/Y) + \beta$。可见，在短期内，初始财富 W 不变，生命周期消费函数与凯恩斯消费函数一样；在长期，财富和收入同比例增加，平均消费倾向也不变。

(3)启示：

生命周期假说说明了长期消费函数的稳定性及短期中消费波动的原因。这一理论还可以用来分析货币政策与财政政策对消费和经济活动的影响、不同阶层家庭消费的差别、消费的逐季变动等问题。

4. 永久收入假说(见表 20－1)

表 20－1　永久收入假说

要点	具体内容
提出者	米尔顿·弗里德曼
含义	个人收入既有持久波动，又有暂时性波动，而消费主要取决于永久收入。假定现期收入可分为永久收入 Y^P 和暂时收入 Y^T，即 $Y = Y^P + Y^T$；消费函数近似为 $C = \alpha Y^P$，式中，α 为常数。根据消费函数可知平均消费倾向为 $APC = \alpha(Y^P/Y) = \alpha[Y^P/(Y^P + Y^T)]$

续表

要点	具体内容
结论	①平均消费倾向取决于永久收入和现期收入的比率。 ②永久收入较高的家庭有同比例较高的消费；平均而言，高收入家庭的平均消费倾向较低。 ③当现期收入暂时高于永久收入时，平均消费倾向暂时下降；当现期收入暂时低于永久收入时，平均消费倾向暂时上升。 ④在短期，收入波动是由暂时收入决定的，所以高收入年份也是平均消费倾向低的年份；在长期，收入变动是由永久收入决定的，平均消费倾向是不变的
启示	永久性税收变动比暂时性税收变动对消费者支出有更大的影响。政府想通过暂时增减税收来影响总需求的政策是不能奏效的，因为人们因减税而增加的收入，并不会立即用来增加消费

5. 随机游走假说（见表 20－2）

表 20－2　随机游走假说

要点	具体内容
提出者	罗伯特·霍尔
含义	把永久收入假说与消费者理性预期假设结合起来，认为当影响消费的一种因素的变动不可预测时，消费随时间的推移发生的变动也是不可预测的，即消费遵循随机游走
推理过程	根据永久收入假说，消费者面临波动的收入并尽最大努力平滑不同时期的消费。随着时间的推移，如果消费者得到了修正其预期的信息，就会改变消费。如果消费者是理性的，他将最优地利用所有可获得的信息，并只对那些不可预测的事件感到意外。因此，消费的变动也应该是不可预测的
启示	如果消费者遵循永久收入假说和具有理性预期，那么只有未预期到的政策变动才会影响消费。政策制定者不仅可以通过自己的行动影响经济，还可以通过公众对政策制定者行动的预期来影响经济

6. 即时满足的吸引力（见表 20－3）

表 20－3　即时满足的吸引力

要点	具体内容
提出者	戴维·莱布森
含义	理解消费者的行为时考虑心理效应是重要的。储蓄的不足与即时满足的吸引力相关。消费者可能具有时间不一致偏好，即可能仅仅因为时间的流逝而改变其决策，因此其储蓄可能最终少于其意愿
启示	消费者可能偏离传统理性并展现出时间不一致的行为，该情况对于设计公共政策具有潜在重要性

考点二：投资支出的决定 ★★★

1. 企业固定投资

（1）新古典投资模型：

表 20－4　新古典投资模型

要点	具体内容
含义	模型考察了企业拥有资本品的收益与成本。说明了投资即资本存量的增加，如何与资本的边际产量、利率以及影响企业的税收规则相关

续表

要点	具体内容
基本假设	①经济中有两种企业：生产企业用它们租来的资本生产产品与服务；租赁企业进行经济中的全部投资，购买资本品，并把资本转租给生产企业。 ②企业没有筹资制约，能从金融市场上获得所需要的资金
企业资本品的收益和成本	资本的实际成本 $=(P_K/P)(r+\delta)$，P_K 是一单位资本的购买价格，P 为一般价格水平，r 是实际利率，δ 是折旧率。资本的收益 = 资本的实际租赁价格 (R/P) = 资本的边际产量 (MPK)。因此，利润率 $=MPK-(P_K/P)(r+\delta)$
投资函数	$I=I_n[MPK-(P_K/P)(r+\delta)]+\delta K$，式中，$I_n$ 为表示净投资对投资激励的反应程度的函数。模型表明投资取决于资本的边际产量、资本成本和折旧额
结论	①投资取决于利率。实际利率下降减少了资本的成本，增加了利润率，企业会增加固定投资；反之企业会减少固定投资。因此，投资曲线向右下方倾斜，如图 20－10(a)所示。 ②投资曲线的移动。资本的边际产量增加，投资曲线向右移动；资本的边际产量减少，投资曲线向左移动，如图 20－10(b)所示

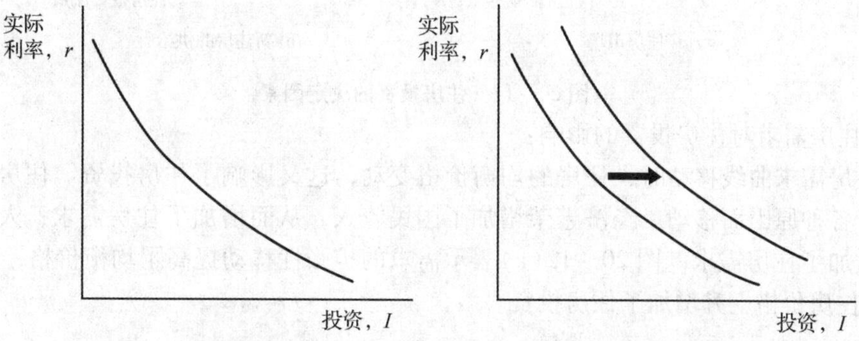

(a) 向右下方倾斜的投资函数　　(b) 投资函数的移动

图 20－10　投资函数

(2) 企业固定投资的托宾 q 理论：

托宾 q 值是企业做出投资决策的比例依据，计算公式为：托宾 q = 已安装资本的市场价值/已安装资本的重置成本。净投资应该取决于 q 大于 1 还是小于 1。如果 q 大于 1，那么经理们可以通过购买更多的资本来提高企业股票的市场价值。如果 q 小于 1，那么经理们不会更换资本。托宾 q 值的优点在于，它不仅反映了资本的现期获利性，也反映了预期的未来获利性。

(3) 融资约束对投资的影响：

新古典投资模型假设，企业没有融资约束，能从金融市场上获得所需要的所有资金。但在现实中，企业往往面临融资约束，不能获得所需要的所有资金。融资约束会影响企业的投资行为，使企业不是根据预期的盈利性来决定投资量，而是需要根据其现期的现金流量来决定当期投资。

对于没有融资约束的企业，当经济衰退时，企业预期衰退是短暂的，预期投资未来会盈利，就会继续投资；对于面临融资约束的企业，当经济衰退时，现期利润减少，限制了这些企业在新资本品上支出的数额，因而投资会减少。

2. 住房投资

(1)住房投资模型:

住房投资模型有两部分:①现有住房存量市场决定了均衡的住房价格;②住房价格决定了住房投资的流量。在现有住房市场上,住房的供给是固定的,因此供给曲线垂直;住房的需求曲线向右下方倾斜。如图 20-11(a)所示,供求共同决定了均衡的住房相对价格。住房的相对价格会决定投资,相对价格越高,对建房的激励越大,住房投资就越大,如图 20-11(b)所示。

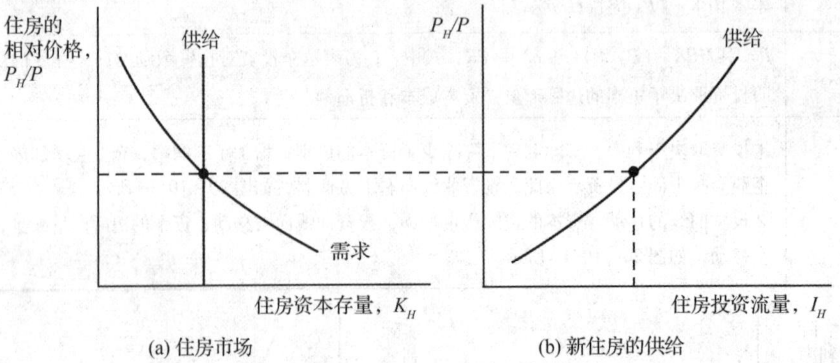

图 20-11　住房投资的决定因素

(2)住房需求对住房投资的影响:

当住房需求曲线移动时,住房的均衡价格变动,这又影响了住房投资。住房需求曲线可能由于各种原因而移动。经济繁荣增加了国民收入,从而增加了住房需求;人口的大量增加也增加了住房需求。图 20-12(a)表示需求的扩张性移动提高了均衡价格,图 20-12(b)表示住房价格上升增加了住房投资。

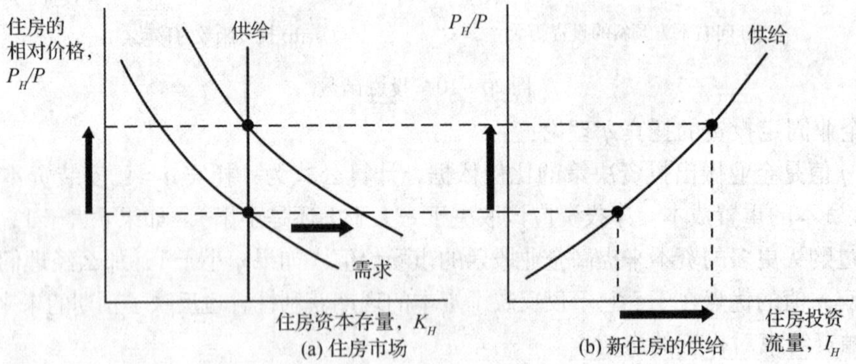

图 20-12　住房需求的增加

3. 存货投资

(1)企业持有存货的四个理由:

①平滑不同时期的生产水平。

②存货可以使企业更有效率地运转。

③持有存货可避免产品在销售量意外上涨时脱销。

④一部分存货是正在被生产的产品,即在制品。

(2)实际利率对存货投资的影响:

实际利率衡量持有存货的机会成本。当实际利率上升时，持有存货变得更加昂贵，企业会减少存货投资；当实际利率下降时，持有存货的机会成本减少，企业也会增加存货投资。

4. 投资模型总结(见表20-5)

表20-5 投资模型总结

要点	具体内容
投资与实际利率负相关	较高的利率，增加了企业的资本成本，增加了买房者贷款成本，增加了持有存货的机会成本，从而导致企业投资减少
影响投资的因素	技术进步增加了资本的边际产量，增加了企业固定投资；人口增加或较高的收入提高了住房需求，增加了居民投资；更高的产出增加了企业希望持有的存货量，刺激存货投资；公司所得税的变动也会改变对投资的激励

20.2 课后习题详解

一、概念题

1. 边际消费倾向

答: 边际消费倾向与平均消费倾向是相对而言的，是指收入每增加一单位所引起的消费的变化。边际消费倾向可以表示为: $MPC=\Delta C/\Delta Y$。

式中，ΔC 表示增加的消费，ΔY 表示增加的收入。一般而言，边际消费倾向在0和1之间波动。在经济学中，任何增加的收入无非两个用途：消费和储蓄。所以，边际消费倾向与边际储蓄倾向之和必定为1。边际消费倾向是递减的，当人们收入增加时，消费也会随之增加，但增加的幅度却不断下降。即随着收入的上升，在增加的单位收入中，消费所占的比重越来越小，储蓄所占的比重却越来越大。

2. 平均消费倾向

答: 平均消费倾向与边际消费倾向是相对而言的，是指任一收入水平上消费支出在收入中的比率，即收入 Y 用于消费 C 的比例。平均消费倾向可以表示为: $APC=C/Y$。

式中，C 表示消费，Y 表示收入。平均消费倾向可以指国民收入用于消费的比例，也可以指可支配收入用于消费的比例。一般而言，平均消费倾向介于0和1之间。在经济学中，全部收入要么用于消费，要么用于储蓄，因此平均消费倾向与平均储蓄倾向之和必为1。

根据长期以来的消费统计资料，短期中的平均消费倾向大于边际消费倾向，长期中的平均消费倾向等于边际消费倾向。

3. 生命周期假说

答: 生命周期假说是由美国经济学家弗朗哥·莫迪利亚尼等人提出的一种消费函数理论。它指出，在人一生中的各个阶段，个人消费占其一生收入现值的比例是固定的。消费不取决于现期收入，而主要取决于一生的收入。生命周期假说的消费函数可以表示为: $C=\alpha W+\beta Y$。其中，C 表示消费，Y 表示收入，W 表示财富，参数 α 为财富的边际消费倾向，参数 β 为收入的边际消费倾向。

生命周期假说认为，理性人根据自己一生的收入和财产来安排自己一生的消费，并保证每年的消费水平保持在一定水平。人们在一生中的消费规律是：青年时以未来收入换取借款，中年时或清偿早期债务或储蓄防老，老年人逐日消耗一生积蓄。一般而言，中年人具有较高水平的收入，青年人和老年人收入水平较低。所以，中年人具有较低的平均消费倾向，青年人和老年人具有较高的平均消费倾向。但终其一生，个人具有相对稳定的长期平均消费倾向。这就很好地解释了消费函数在长期和短期中的不同形式。

4. 永久收入假说

答：永久收入假说又称持久收入假说，是美国经济学家米尔顿·弗里德曼提出的一种消费函数理论。

弗里德曼认为，人们的收入可以分为两部分：一部分是暂时收入，即那些偶然性的、未预期到的临时性收入；另一部分是永久收入，指消费者在较长时期可以维持的稳定收入水平。人们在计划自己的消费水平时，不是依据短期的实际收入，而是把消费和长期的永久收入联系起来。

短期的可支配收入由于受许多偶然因素的影响，是一个经常变动的量，人们的消费不会随它的波动而经常变动。消费者为了实现其效用最大化，实际上是根据长期中能够保持的收入水平来进行消费的。暂时性的短期收入变动只有在能够影响永久收入水平预期时，才能影响消费水平。因此，消费是永久收入的稳定函数。永久收入是消费者一生中的稳定收入，这种稳定收入可以理解为消费者一生收入总和的某种平均数。

消费者在其生命终结之前无法准确知道其永久收入，永久收入也无法直接观测到。因此，消费者只能根据某种方法，利用可得到的信息，对其永久收入进行估计。弗里德曼假设消费者的预期是适应性预期。因此，永久收入假说实际上是说，消费需求是消费者对永久收入的预期的函数。

5. 永久收入

答：永久收入是美国经济学家米尔顿·弗里德曼提出的永久收入假说中的一个概念。永久收入与暂时收入相对，是指消费者一生中的稳定收入，这种稳定收入可以理解为消费者一生收入总和的某种平均数。

消费者在其生命终结之前无法准确知道其永久收入，永久收入也无法直接观测到。因此，消费者只能根据某种方法，利用可得到的信息，对其永久收入进行估计。弗里德曼认为消费者为了实现其效用最大化，在计划自己的消费水平时，不是依据短期的实际收入，而是根据长期中能够保持的收入水平来进行消费的。因此，消费是永久收入的稳定函数。

6. 暂时收入

答：暂时收入是人们预期收入中不能持续的那一部分。弗里德曼把现期收入看作是永久收入与暂时收入之和，认为永久收入是平均收入，而暂时收入是对平均值的随机偏离。弗里德曼还认为暂时收入不会影响人们的消费，消费函数是永久收入的函数。正是永久收入假说所预测的：增税只影响暂时收入，因此消费行为和总需求不会受到很大影响。

7. 借款约束

答：借款约束是指一些消费者在需要借贷来满足现期消费使一生消费平滑时，存在一些制约因素，使得消费者的现期消费不能大于现期收入。借款约束可以表示为 $C_1 \leqslant Y_1$。在存在借款约束时，消费者选择的现期和未来的消费组合就必须既满足跨期预算约束，又满足借款约束。借款约束阻止了消费平滑，使家庭根据现期而不是持久收入来决定自己的消费。

8. 随机游走

答： 随机游走是指当影响消费的一种变量的变动不可预测时，消费随时间的推移发生的变动是不可预测的，它是经济学家罗伯特·霍尔提出的。

根据霍尔的观点，永久收入假说与理性预期的结合意味着消费遵循随机游走。霍尔的推理如下：根据永久收入假说，消费者面临波动的收入，并尽最大努力使自己的消费在时间上保持稳定。在任何一个时点上，消费者根据现在对一生收入的预期选择消费。随着时间的推移，消费者改变自己的消费是因为得到了修正其预期的消息。如果消费者最优地利用所有可获得的信息，那么，消费者只对那些完全未预期到的事件感到意外。因此，消费者消费的变动也应该是无法预期的。

9. 新古典投资模型

答： 新古典投资模型是企业固定投资的标准模型。新古典投资模型通过分析企业拥有资本品的收益和成本，得出投资水平如何与资本的边际产量、利率以及影响企业的税率相关。

新古典投资模型假设经济中有两种企业：生产企业用它们租来的资本生产产品与服务；租赁企业购买资本，并把资本转租给生产企业。新古典投资模型得出的投资函数是：$I=I_n[MPK-(P_K/P)(r+\delta)]+\delta K$。

由此，资本的边际产量越高，投资水平越高；实际利率越高，投资水平越低；当存在投资税扣除时，企业的投资增加。

10. 折旧

答： 折旧是固定资产折旧的简称，是固定资产在使用过程中因损耗而转移到产品中的那部分价值的一种补偿方式。固定资产以实物形态在生产中被长期使用，而它的价值按其磨损程度一部分、一部分地转移到新产品之中去。为了保证再生产的顺利进行，必须把这部分转移的价值从销售收入中提取出来，并以货币的形态积累起来，以备将来用于固定资产的更新。

引起折旧的主要原因有：①磨损，即因使用某项资产而造成的价值损失；②自然力的作用，即朽烂与腐蚀；③陈旧过时，一项资产每年的折旧费取决于它的原始购置价格、预计的使用寿命和估计的残余价值。

折旧费被摊入产品成本。计算折旧有许多方法。通常使用的方法是直线法，即把折旧看成是一种时间函数，以此项资产的原始成本减去剩余价值，再按其全部使用年限加以均分来计算每年的折旧费。摊在生产成本中的折旧费，随着产品的销售得到补偿。

11. 资本的实际成本

答： 资本的实际成本是指租赁企业用经济的产出单位衡量的购买并出租一单位资本的成本。资本的实际成本取决于资本品的相对价格 P_K/P、实际利率 r 以及折旧率 δ。用式子表示为：资本的实际成本 $=(P_K/P)(r+\delta)$。典型的生产企业通过比较每单位资本的实际成本与收益来决定租用多少资本。一单位资本的实际收益是资本的边际产量(MPK)。资本的边际产量随资本量的增加而递减。为了实现利润最大化，企业租赁资本直至资本的边际产量减少到等于实际租赁价格时为止。因此，在长期，资本的边际产量等于资本的实际成本。

12. 净投资

答：净投资是整个社会新增的投资，即新投入的那部分资金。净投资是投资总额中除去用以补偿所耗费的资本设备部分后剩下的份额。因此净投资与重置投资之和就是总投资额。由于净投资是新增投资部分，它的数量就取决于收入变动的情况。

只有当总投资大于当年的折旧时，才有净投资。净投资可以增加社会固定资产的总量。反过来可以说，要增加社会固定资产的价值总量，必须有净投资。

企业净投资的决策取决于资本的边际产量与资本成本之间的差额。如果资本的边际产量大于资本的成本，企业会增加投资；如果资本的边际产量小于资本的成本，企业会减少投资。

13. 公司所得税

答：公司所得税是对公司的生产经营所得和其他所得征收的一种法人所得税。《中华人民共和国企业所得税暂行条例》规定，除外商投资企业和外国企业以外，在中国境内的实行独立经营核算的企业或组织，为企业所得税的纳税义务人：①国有企业；②集体企业；③私营企业；④联营企业；⑤股份制企业；⑥有生产、经营所得和其他所得的其他组织。纳税义务人每一纳税年度的收入总额减去准予扣除项目后的余额为应纳税所得额。其收入总额包括：生产经营收入、财产转让收入、租赁收入、特许权使用费收入、股息收入、其他收入等。在计算应纳税所得额时，允许扣除项目的金额包括：成本、费用、税金及附加、损失、税收调整项目金额等。企业所得税实行比例税率。

14. 投资税收抵免

答：投资税收抵免是指，某些被鼓励投资的行业的公司可以将购置固定资产或研究与开发、资本存量或就业新增部分的支出，在其应纳税额中按一定比例扣除。从国际实践看，对特定活动的税收予以抵免即提供直接补贴的政策工具比降低税率更为有效。

对于花在投资品上的每一单位货币，投资税扣除减少了企业一定量的税负。由于较低的税收补偿了企业对新资本的一部分支出，这种扣除减少了每单位资本的实际购买价格 P_K。这样，投资税扣除减少了资本的成本并增加了投资。

15. 托宾 *q* 值

答：托宾 q 值是企业资产的市场价值与其重置成本的比率。其表达式为：q = 已安装资本的市场价值/已安装资本的重置成本。

托宾 q 值用于研究企业投资决策和衡量企业投资效果，由美国经济学家托宾于 20 世纪 60 年代提出。企业资产的市场价值，即其在股票市场上的价值。企业资产的重置成本，即其股票所代表的资产在当前生产或重新购置的成本，也就是企业追加资本的成本。q 值就是企业追加单位资本在股票市场上所预期的、未来边际收益的贴现值。

若 q 值大于 1，市场价值高于重置成本，则追加资本的成本将小于资本收益现值的市场评价，因而投资者感到有利可图而增加投资；若 q 值小于 1，则会导致投资的减少。1 是 q 值的均衡值，投资是 q 值的增函数。托宾通过 q 值把金融市场和实际经济活动联系起来，推动了传统投资理论的发展。

16. 融资约束

答：融资约束是指企业在金融市场上筹集资金时受到若干因素的制约，不能获得所需要的所有资金的一种现象。融资约束会影响企业的投资行为，使企业不是根据预期的盈利性来决定投资量，而是需要根据其现期的现金流量来决定当期投资。当一家企业无法在金融市场上筹集到资金时，它能在新资本品上支出的数额就受到了它于现期赚到的资金额的限制。融资约束影响企业的投资行为，正如借款约束影响家庭的消费行为一样。借款约束使家庭根据现期而不是持久收入来决定自己的消费；融资约束使企业根据其现期的现金流量而不是预期获利性决定自己的投资。因此，融资约束使投资对现期经济状况更为敏感。

17. 时间不一致偏好

答：消费者的时间不一致偏好是指消费者可能仅仅因为时间的流逝而改变其决策。由于人往往只是有界的理性，除了具有理性调整能力，可能还会缺乏自我承诺能力和耐心。尤其体现在短期的非耐心上。这种短期的非耐心使得消费者的偏好随着时间而变化，消费者在某个时刻所偏好的选择在未来的时刻可能不再被偏好。同时，消费者的理性调整能力，也会使得其预期到未来可能会背离当前所偏好的选择，具有即时满足的偏好。因此，消费者在开始所计划的消费选择，在未来被执行的时候就会存在偏离，偏好表现出时间不一致性。

二、复习题

1. 凯恩斯关于消费函数的三个猜测是什么？

答：凯恩斯关于消费函数的三个猜测是：

(1)边际消费倾向在0~1之间。这意味着一个人收入增加一单位时，消费和储蓄都会增加。

(2)平均消费倾向随着收入的增加而减少。这意味着穷人的平均消费倾向比富人高，当穷人和富人的收入都增加一单位时，富人比穷人将更大部分的收入用于储蓄。

(3)收入是决定消费的主要因素，利率对消费的影响不大。

根据这三个猜测，凯恩斯的消费函数通常表示为：$C=\overline{C}+cY$，式中，$\overline{C}>0$，是固定水平的“主动消费”；Y是可支配收入；c是边际消费倾向，且$0<c<1$。

2. 描述与凯恩斯的猜测一致的证据，以及与凯恩斯的猜测不一致的证据。

答：(1)与凯恩斯的猜测一致的证据：

①来自家庭的数据。

a. 家庭在更高的收入水平上消费更多并且储蓄也更多，这意味着边际消费倾向在0~1之间。

b. 高收入家庭用于储蓄的部分比低收入家庭多，说明平均消费倾向随着收入增加而降低。

②来自短期的数据。

a. 在低收入年份，消费和储蓄都低，意味着边际消费倾向在0~1之间。

b. 在低收入年份，消费占收入的比重很高，说明平均消费倾向随着收入增加而降低。

c. 收入和消费之间的关系很强，在解释消费时没有比收入更重要的变量。

(2)与凯恩斯的猜测不一致的证据：

①二战后没有发生“长期停滞”。根据凯恩斯消费函数可以推断，随着时间流逝、收入增加，储蓄率也应该增加，将没有足够的盈利的投资项目来吸收这些储蓄，但是这些都没有发生。

②对长期收入和消费的分析。西蒙·库兹涅茨发现平均消费倾向在长期来看没有随着收入上升而下降，而是非常稳定的。

3. 生命周期假说和永久收入假说如何解释有关消费行为看似相互矛盾的证据？

答：(1)生命周期假说解释有关消费行为看似相互矛盾的证据的分析如下：

生命周期假说强调收入在人的一生中总是变化，储蓄使人们可以将收入从高的时候转移到收入低的时候。生命周期假说预测消费取决于财富(W)和收入(Y)，因为这些决定了人一生所拥有的资源。因此，根据生命周期假说，消费函数是：$C=\alpha W+\beta Y$。其中，参数α代表财富的边际消费倾向，参数β为收入的边际消费倾向。在短期，财富固定不变，这样就得到一个常规的凯恩斯消费函数。但在长期内，财富增加，所以短期消费函数上移，如图 20－13 所示。

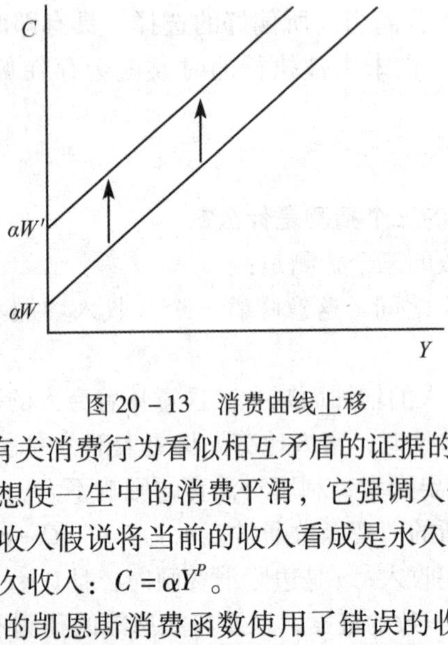

图 20－13　消费曲线上移

(2)永久收入假说解释有关消费行为看似相互矛盾的证据的分析如下：

永久收入假说假设人们想使一生中的消费平滑，它强调人们在年与年之间会经历随机的和持久的收入变化。永久收入假说将当前的收入看成是永久收入Y^P和暂时收入Y^T之和，并且认为消费主要取决于永久收入：$C=\alpha Y^P$。

永久收入假说说明标准的凯恩斯消费函数使用了错误的收入变量，揭开了消费之谜。比如，如果一个家庭拥有较高的暂时收入，它不会进行高消费；如果收入中大部分变量都是暂时性的，那么高收入家庭的平均消费倾向比低收入家庭低。如果年份之间变量也主要是暂时性的，那么这也适用于短期分析。但是，在长期来说，收入的变量大多都是持久性的，因此，消费者不会将增加的收入用于储蓄而是用于消费。

4. 解释为什么如果消费者遵循永久收入假说和有理性预期，消费的变动就是不可预测的。

答：当消费者遵循永久收入假说和有理性预期，消费的变动就是不可预测的，原因如下：

永久收入假说认为消费者努力使各期的消费平滑化，所以当前的消费取决于对一生中收入的预期。在任何一个时点上，消费者根据现在对一生收入的预期选择消费。随着时间的推移，消费者可能得到修正其预期的消息，所以会改变自己的消费。如果消费者有理性预期，能最优地利用所有可获得的信息，那么，消费者应该只对那些完全未预期到的事件感到意外。因此，消费的变动也应该是无法预测的。

5. 举例说明某人可能显示出时间不一致偏好。

答：生活中，时间不一致偏好的例子很多。举例如下：

一个减肥节食者在吃饭时可能决定今天多吃，同时承诺明天和以后少吃。但是，第二天，由于即时满足的吸引力，此人仍然做出了与昨天相同的选择。这就出现了承诺和行为的时间不一致。

6. 在新古典投资模型中，在什么条件下企业发现增加自己的资本存量是有利可图的？

答：根据新古典企业固定投资模型，如果企业资本的边际产量大于资本的边际成本，那么企业增加资本存量是有盈利的；如果边际产量小于资本的边际成本，那么企业增加资本存量就会亏损。分析如下：

新古典投资模型考察了企业拥有资本品的收益与成本。对每一单位资本，企业赚到的实际收益为 R/P，承担的实际成本为 $(P_K/P)(r+\delta)$。每单位资本的实际利润是：利润率 = 收益 - 成本 = $R/P-(P_K/P)(r+\delta)$。由于均衡状态时资本收益即实际租赁价格等于资本的边际产量，所以利润率可写为：利润率 = $MPK-(P_K/P)(r+\delta)$。

由上式可知，如果企业资本的边际产量大于资本的成本，那么企业增加资本就是有盈利的；反之，企业增加资本没有盈利。

7. 什么是托宾 q 值？它与投资有什么关系？

答：(1)托宾 q 值是指企业的市场价值与其重置成本之比，可作为衡量要不要进行新投资的标准。企业的市场价值就是这个企业的股票的市场价格总额，它等于每股的价格与总股数之积，企业的重置成本指建造这个企业所需要的成本。托宾 q 值用公式表示为：q = 已安装资本的市场价值/已安装资本的重置成本。

托宾 q 值的分子是由股票市场决定的经济中资本的价值，分母是如果现在购买这些资本的价格。

(2)托宾 q 值是企业做出投资决策的比例依据。如果 q 大于 1，那么股票市场对已安装资本的估价就大于其重置成本。在这种情况下，经理们可以通过购买更多的资本来提高企业股票的市场价值。如果 q 小于 1，那么股票市场对资本的估价就小于其重置成本，在这种情况下，当资本损耗时，经理们不会更换资本。

三、问题与应用

1. 阿尔伯特和弗朗哥都遵循生命周期假说：他们尽可能平滑消费。他们每人生活 5 个时期，最后 2 个时期为退休状态。他们各期赚取的收入如下，单位为美元：

时期	阿尔伯特	弗朗哥
1	100000	40000
2	100000	100000
3	100000	160000
4	0	0
5	0	0

为了简单起见，假设储蓄和借款的利率都为零，且寿命是完全可预测的。

a. 计算每人活着时每期的消费和储蓄。

b. 计算每人每期（包括时期 6）开始时的财富（也就是累积的储蓄）。

c. 以时期为横轴，画出每人的消费、收入和财富。将你画的图与（教材）图 20－5 进行比较。

d. 现在假定消费者不能借款，因此其财富不能为负。你上面各小问的答案会如何改变？如果有必要，重画 c 小问的图形。

答：a. 每人活着时每期的消费和储蓄情况如表 20－6 所示：

表 20－6　阿尔伯特和弗朗哥每期的消费和储蓄情况

时期	阿尔伯特		弗朗哥	
	消费 c	储蓄 s	消费 c	储蓄 s
1	60000	40000	60000	－20000
2	60000	40000	60000	40000
3	60000	40000	60000	100000
4	60000	－60000	60000	－60000
5	60000	－60000	60000	－60000

b. 阿尔伯特和弗朗哥每期开始时的财富情况如表 20－7 所示：

表 20－7　阿尔伯特和弗朗哥每期开始时的财富情况

时期	阿尔伯特	弗朗哥
1	0	0
2	40000	－20000
3	80000	20000
4	120000	120000
5	60000	60000
6	0	0

c. 阿尔伯特和弗朗哥的财富、消费和收入的图形如图 20－14 和图 20－15 所示：

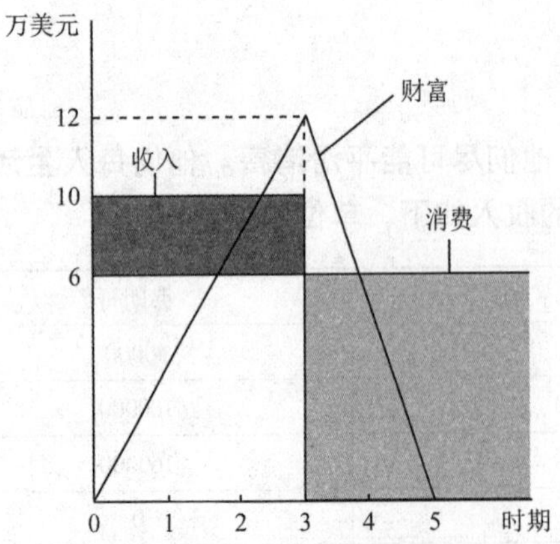

图 20－14　阿尔伯特的情形

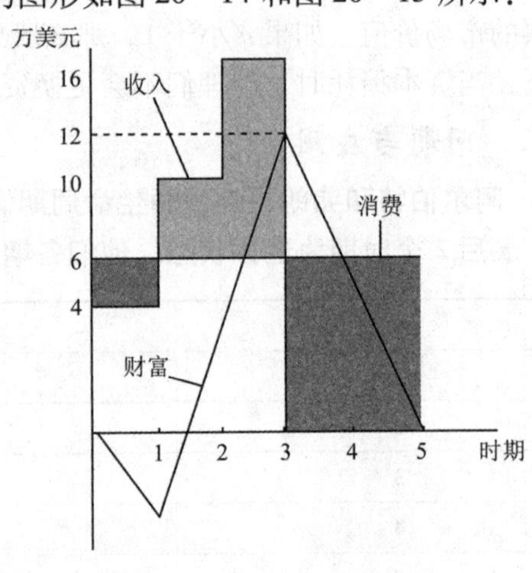

图 20－15　弗朗哥的情形

通过对比教材的图形发现，阿尔伯特的情况和教材中的图形是一样的，因为他每年的收入是等额的；弗朗哥的情况和教材中的不同，他的年收入是递增的。

d. 现在消费者不能借款，因此其财富不能为负，那么对阿尔伯特没有影响，因为他不需要借款，但对弗朗哥有影响，第一时期他将只能消费 40000，之后每期消费 65000。不能借款后，弗朗哥每期的消费和储蓄情况如表 20－8 所示，每期开始时的财富情况如表 20－9 所示，财富、消费和收入的图形如图 20－16 所示。

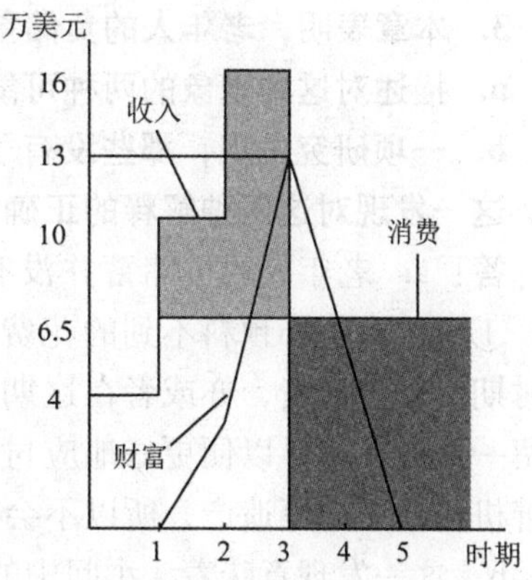

图 20－16　弗朗哥在不能借款下的情形

表 20－8　弗朗哥在不能借款下每期的消费和储蓄情况

时期	弗朗哥	
	消费 c	储蓄 s
1	40000	0
2	65000	35000
3	65000	95000
4	65000	－65000
5	65000	－65000

表 20－9　弗朗哥在不能借款下每期开始时的财富情况

时期	弗朗哥
1	0
2	0
3	35000
4	130000
5	65000
6	0

2. 人口学家预测老年人在人口中的比例在未来 20 年中将上升。生命周期模型预测这种人口统计上的变化对国民储蓄率会有什么影响？

答：生命周期假说认为，理性人根据自己一生的收入和财产来安排自己一生的消费，并保证每年的消费水平保持在一定水平。人们在一生中的消费规律是：青年时以未来收入换取借款，中年时或清偿早期债务或储蓄防老，老年人逐日消耗一生积蓄。

生命周期模型预测储蓄的一个重要来源是人们在工作时期为自己退休后消费所进行的储蓄。也就是，年轻人储蓄，老年人不储蓄。如果人口中老年人的比例在未来 20 年中将要提高，那么一方面随着老年人退休，开始动用工作期为退休所储蓄的财富，而另一方面相应的正在储蓄的年轻人在人口比例中下降，储蓄量相对减少。因此，存量不断减少，而增量增长速度减缓，再过 20 年，国民储蓄率将下降。

3. 本章表明，老年人的负储蓄并没有生命周期模型所预测的那么多。

a. 描述对这种现象的两种可能的解释。

b. 一项研究发现，那些没有子女的老年人负储蓄的速率与那些有子女的老年人大体相等。这一发现对这两种解释的正确性可能意味着什么？为什么它可能是模棱两可的？

答： a. 老年人的负储蓄并没有生命周期模型所预测的那么多的两种可能的解释分别为：①老年人担心预料不到的花费，比如，寿命可能比预期的长，从而要为长于平均退休的时期提供生活费，亦或者在这期间可能需要支付生病和大额医疗账单，因此，老年人会保留一部分储蓄，以便更好地应付偶发事件；②老人们也许是想给自己的孩子、亲戚或是慈善机构留下一笔遗产，所以不会在退休期间将所有的财产都消费掉。

b. 这一发现意味着 a 小问中的两种解释都可能是正确的。其中，没有子女的老人的低消耗储蓄主要是因为担心预料不到的花费的预防性动机；而拥有孩子的老人可能并没有增加合意的储蓄。比如说，有子女的老人则可能不是出于预防性动机，而是出于留遗产的动机，从而使得其负储蓄率与没有子女的老年人大体相等。

以上结论可能是不确定的，这是因为还存在着有子女的老年人和没有子女的老年人负储蓄的主要动机都是担心预料不到的花费等其他可能的情况。

4. 解释下列两种情况中每一种情况下借款约束增加还是减少了财政政策影响总需求的效力：

a. 暂时减税。

b. 宣布未来减税。

答： 财政政策影响总需求的效力取决于它对消费的影响：如果消费有很大的变动，财政政策就会有很大的乘数效应；如果消费只有很小的变动，财政政策就会只有很小的乘数效应。也就是说，如果边际消费倾向很高的话，财政政策的乘数效应也会很大。

a. 考虑一个两期的费雪模型。暂时的减税意味着第一期可支配收入 Y_1 增加。图 20－17(a) 描绘了暂时减税对于一个没有借款约束的消费者的影响，而图 20－17(b) 描绘了暂时减税对于一个有借款约束的消费者的影响。

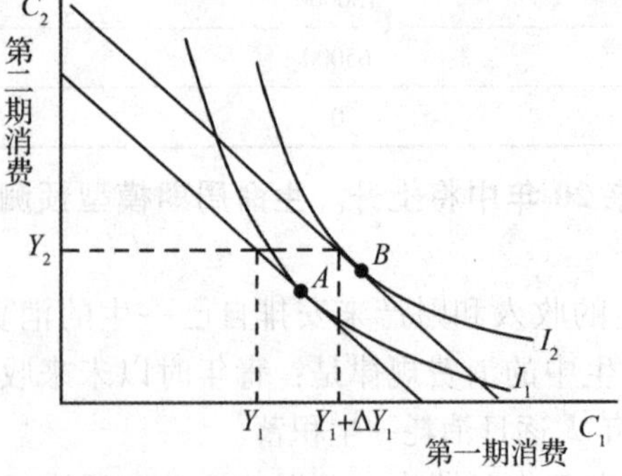

图 20－17(a)　暂时减税对没有借款约束的消费者的影响

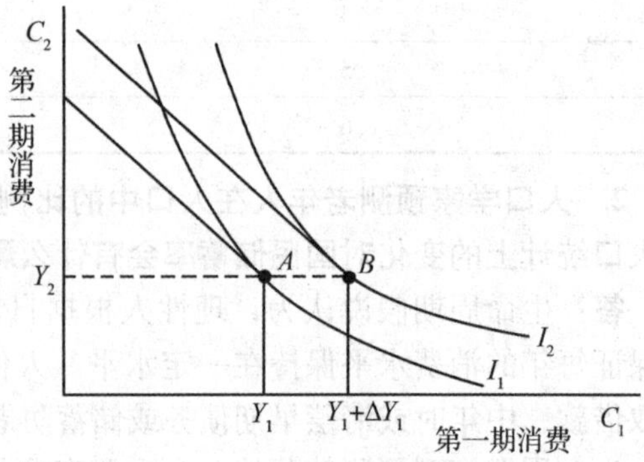

图 20－17(b)　暂时减税对有借款约束的消费者的影响

暂时性减税增加了可支配收入 Y_1，有借款约束的消费者消费增加的数量完全等于减税数量，而没有预算约束的消费者消费增加的数量小于减税数量。也就是说，面临借款约束的消费者的边际消费倾向更高。因此，财政政策在有借款约束时比没有借款约束时更有力。

b. 再考虑一个两期的费雪模型。未来会减税的声明增加了收入 Y_2。图 20-18(a) 描绘了未来减税对于一个没有借款约束的消费者的影响，而图 20-18(b) 描绘了未来减税对于一个有借款约束的消费者的影响。

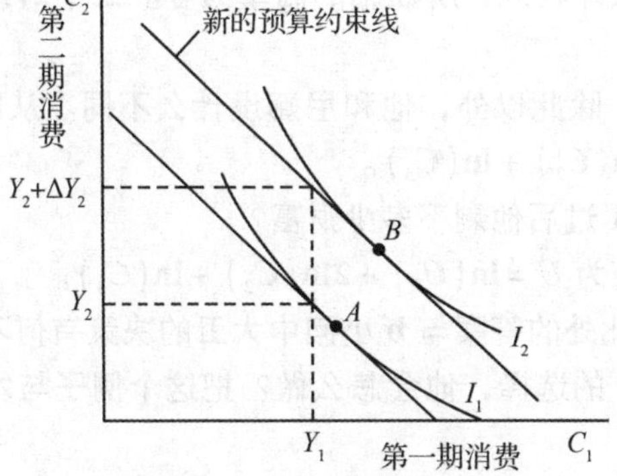

图 20-18(a) 未来减税对没有借款约束的消费者的影响

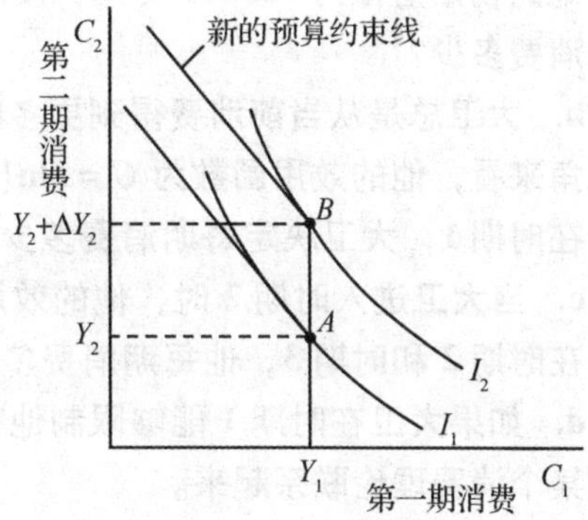

图 20-18(b) 未来减税对有借款约束的消费者的影响

没有借款约束的消费者马上增加第一期消费 C_1，有借款约束的消费者不能增加第一期消费 C_1，因为可支配收入没有发生变化。因此，财政政策在没有借款约束时比有借款约束时更有力。

5. 考虑支付相同利率的两个储蓄账户。第一个账户允许你需要时随时提款。第二个账户要求你提款前提前 30 天通知。

a. 你偏好哪一个账户？

b. 你可以想象有人可能做出相反的选择吗？请解释。

c. 关于本章讨论的消费函数理论，这些选择说明了什么？

答：a. 个人更偏好于第一个账户。

b. 可以想象有人可能做出相反的选择，即选择第二个账户，例如，如果某消费者清楚自己有很强的消费欲而难以积累储蓄，那么为了控制自己的消费欲望，该消费者就可能选择第二个账户。

c. 关于消费函数理论，这些选择说明了以下两方面的内容：

(1) 选择哪一个账户是由消费者自身所属的类型来决定的。如果消费者是完全理性的，那么他选择第一个账户；如果消费者是不完美的决策者，那么他可能会选择第二种储蓄账户。可以肯定，对应于不同的消费函数理论，做出两种不同选择的消费者群体都是存在的。

消费者不仅可以在那个账户上拥有相同的报酬，而且还可以在遇到意外情况时，用账户里的存款来解决资金紧张问题，这就是欧文·费雪、弗朗哥·莫迪利亚尼以及米尔顿·弗里德曼的跨期选择模型。

(2) 如果消费者面临着"即时满足的吸引力"，就会更偏好于需要在提取前 30 天通知银行的储蓄账户。这样就预先承诺了不会用这笔钱来满足即时的愉快。而预先委托提供了一种克服时间矛盾问题的方法。也就是说，这类消费者是不完美的决策者，决策常常具有时间不一致性，虽然希望多储蓄，但是在任何既定时刻，消费者都有一个强烈的满足即时愉快的渴望，以至于常常放弃储蓄而转为消费，这就是戴维·莱布森的消费理论模型。

6. 本题运用微积分比较消费者最优化的两种情形。

a. 尼娜的效用函数如下：$U=\ln(C_1)+\ln(C_2)+\ln(C_3)$。

她的初始财富为 120000 美元，没有任何额外收入，所面临的利率为零。三个时期中每期她消费多少？

b. 大卫总是从当前消费得到更多的效用，除此以外，他和尼娜没什么不同。从时期 1 的视角来看，他的效用函数为 $U=2\ln(C_1)+\ln(C_2)+\ln(C_3)$。

在时期 1，大卫决定每期消费多少？时期 1 过后他剩下多少财富？

c. 当大卫进入时期 2 时，他的效用函数变为 $U=\ln(C_1)+2\ln(C_2)+\ln(C_3)$。

在时期 2 和时期 3，他每期消费多少？你此处的答案与 b 小问中大卫的决策有何不同？

d. 如果大卫在时期 1 能够限制他在时期 2 的选择，他会怎么做？把这个例子与本章讨论的某个消费理论联系起来。

答：a. 由题意知：$C_1+C_2+C_3=120000$，所以现在的问题变为：

$$\max U=\ln C_1+\ln C_2+\ln C_3$$

$$s.\ t.\ C_1+C_2+C_3=120000$$

解得：$C_1=C_2=C_3=40000$。

b. 在时期 1 时，大卫面临的问题是：

$$\max U=2\ln C_1+\ln C_2+\ln C_3$$

$$s.\ t.\ C_1+C_2+C_3=120000$$

解得：$C_1=60000$，$C_2=C_3=30000$。所以，大卫时期 1 消费 60000 美元，时期 2、时期 3 均各消费 30000 美元，时期 1 过后他剩下 60000 美元。

c. 进入时期 2 后，大卫面临的问题是：

$$\max U=\ln 60000+2\ln C_2+\ln C_3$$

$$s.\ t.\ C_2+C_3=60000$$

解得：$C_2=40000$，$C_3=20000$。所以，在时期 2 他消费 40000 美元，时期 3 消费 20000 美元。与 b 小问中的决策相比，大卫在此时增加了时期 2 的消费，减少了时期 3 的消费。

d. 若大卫在时期 1 能够限制他在时期 2 的选择，他会在时期 1 消费 60000 美元后只留下 30000 美元用来在时期 2 消费，并将剩下的 30000 美元作为定期存款储蓄起来，以使自己只有在时期 3 才能使用这 30000 美元。

大卫的例子体现了即时满足吸引力的消费者理论。由以上计算结果可知，大卫的偏好是时间不一致的，他会仅仅因为时间的流逝而改变其决策，即大卫并不是一个理性的消费者，他面临着获取即时满足的吸引力。

7. 用新古典投资模型解释下列每个事件对资本的租赁价格、资本成本以及投资的影响：

a. 反通货膨胀的货币政策提高了实际利率。

b. 一次地震摧毁了部分资本存量。

c. 外国移民增加了劳动力规模。

d. 计算机技术的进步提高了生产效率。

答：投资函数是：$I = I_n[MPK - (P_K/P)(r+\delta)] + \delta K$。

资本的实际租赁价格等于资本的边际产量，资本的实际成本 $= (P_K/P)(r+\delta)$。

a. 反通货膨胀的货币政策提高了实际利率，资本的实际租赁价格不变，资本实际成本增加，投资量减少。因为实际利率上升，资本的实际成本 $= (P_K/P)(r+\delta)$，所以资本的实际成本增加，企业会减少投资。但是由于资本的边际产量没有改变，所以资本的实际租赁价格不会迅速改变。同时，资本边际产量不变，但资本实际成本增加，投资收益下降，所以投资量减少。

b. 若一次地震摧毁了部分资本存量，则资本的实际租赁价格上升，资本实际成本不变，投资增加。因为资本存量减少，使得资本的边际产量上升，所以资本的实际租赁价格上升。决定资本实际成本的各因素没有改变，所以资本实际成本不变。同时，资本的边际产量相对于资本的实际成本上升，投资更加有利可图，所以企业投资增加。

c. 劳动力规模增加，使资本的实际租赁价格上升，资本实际成本不变，投资量增加。因为，劳动投入增加，使得资本的边际产量上升，所以资本的实际租赁价格上升。决定资本实际成本的各因素没有改变，所以资本的实际成本不变。同时，资本的边际产量相对于资本实际成本上升，投资更加有利可图，所以企业投资增加。

d. 计算机技术的进步提高了生产效率，会使资本的实际租赁价格上升，资本的实际成本不变，投资量增加。因为生产效率的提高会使资本的边际产量增加，所以资本的实际租赁价格上升。而决定资本实际成本的各因素没有改变，所以资本的实际成本不变。同时，资本的边际产量相对于资本实际成本上升，投资更加有利可图，所以企业投资增加。

8. 假定政府对石油公司征收的税等于该公司石油储量价值的一个比例。(政府向企业保证，这一税收是一次性的。) 根据新古典模型，这次征税对这些企业的投资有什么影响？如果这些企业面临融资约束呢？

答：(1) 这种税不会影响企业的固定投资。

根据投资函数 $I = I_n[MPK - (P_K/P)(r+\delta)] + \delta K$ 可知，企业的固定投资取决于资本的边际产量和资本的实际成本。假定政府对石油公司征收的税等于该公司石油储量的价值的一个比例。在这种情况下，征税对于资本的边际产量 MPK 和资本的实际成本 $(P_K/P)(r+\delta)$ 都没有影响，所以企业的固定投资不受这种税的影响。

(2) 如果这些企业面临融资约束，则政府对石油公司征收一次性税会使得企业的固定投资减少。因为如果企业面临融资约束，那么企业的投资取决于当期的收益，一次性征税减少了企业当期收益，所以企业的固定投资会减少。

9. 在第 12 章与第 13 章中建立的 *IS - LM* 模型假设投资只取决于利率。然而我们的投资理论提出，投资可能还取决于国民收入：更高的收入可能促使企业投资更多。

a. 解释为什么投资可能取决于国民收入。

b. 假定投资由下式决定：

$$I = \bar{I} + aY$$

式中，a 为介于 0 和 1 之间的常数，它衡量国民收入对投资的影响。在投资如此决定的情况下，凯恩斯交叉图模型中的财政政策乘数是多少？请解释。

c. 假定投资既取决于收入又取决于利率。也就是说，投资函数是

$$I = \bar{I} + aY - br$$

式中，a 为介于 0 和 1 之间的常数，它衡量国民收入对投资的影响；b 为一个大于零的常数，它衡量利率对投资的影响。用 $IS-LM$ 模型考虑政府购买的增加对国民收入 Y、利率 r、消费 C 和投资 I 的短期影响。这个投资函数如何改变基本 $IS-LM$ 模型所蕴含的结论？

答： a. 投资可能取决于国民收入的原因有：①若一国收入增加的原因是劳动投入增加，则此时资本的边际产量增加，刺激企业增加投资；②如果企业面临融资约束，那么收入增加，使企业能够增加投资；③收入增加，使房屋需求增加，提高房屋价格，增加了住房投资量；④国民收入增加可能使企业希望持有更多的存货，使存货投资增加。

b. 政府购买乘数变为：$\Delta Y/\Delta G = 1/(1-MPC-a)$。税收乘数变为：$\Delta Y/\Delta T = -MPC/(1-MPC-a)$。

分析如下：

如果投资只取决于收入，即：$I = \bar{I} + aY$，现在政府支出增加 ΔG，则初始收入也增加 ΔG。收入的增加会使消费增加 $\Delta G \times MPC$，投资增加 $\Delta G \times a$。这又会引起新一轮的收入增加，消费增加，投资增加。这个过程持续下去，一直到：$\Delta Y = [1 + (MPC + a) + (MPC + a)^2 + (MPC + a)^3 + \cdots]\Delta G = [1/(1-MPC-a)]\Delta G$。

因此，政府购买乘数变为：$\Delta Y/\Delta G = 1/(1-MPC-a)$。

同样的方法可计算出，税收乘数变为：$\Delta Y/\Delta T = -MPC/(1-MPC-a)$。

可以看出，如果收入也可以影响投资，那么财政政策的乘数效应会变大。

c. (1)凯恩斯交叉图说明政府购买增加，使产出增加相同的数额，对于任何一个既定的利率，则 IS 曲线右移相同数额。如果投资取决于利率和收入，那么乘数会比投资只由利率决定时大(b 小问已得出)，如图 20－19 所示。

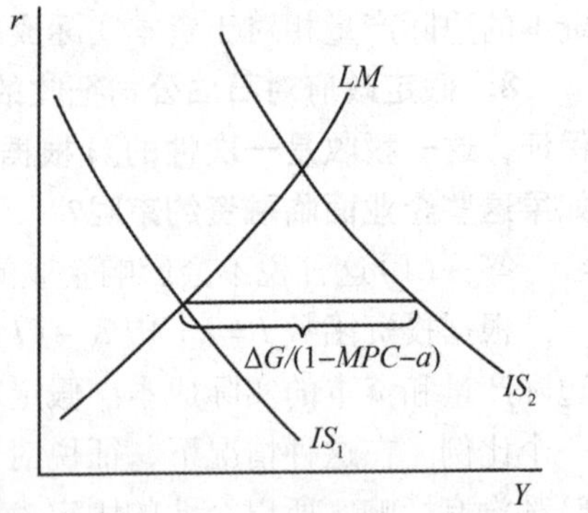

图 20－19　$IS-LM$ 模型中政府购买增加

由图 20－19 可知，政府购买增加，使国民收入增加，利率上升。国民收入增加，使居民可支配收入增加，所以消费增加。但投资的变化不确定，因为一方面利率上升使投资减少，另一方面国民收入的增加则会使投资增加，所以总效应不确定。

(2)在基本的 $IS-LM$ 模型中，政府购买增加会使投资减少，也即政府购买会“挤出”私人投资，但在本题的模型中，在短期，政府购买增加可能使投资因为国民收入的增加而增加。

10. 当股票市场崩盘时，它对投资、消费和总需求有什么影响？为什么？美联储应该如何应对？为什么？

答： (1)当股票市场像 1929 年 10 月和 1987 年 10 月那样崩盘时，企业市值大幅度下降，许多银行和企业会面临破产倒闭，大量工人失业，投资和消费极度减少，社会总需求严重不足，经济衰退直至萧条。

(2)美联储应该采取扩张性的货币政策。因为股票市场崩盘意味着现有资本的市场价值下降，托宾 q = 已安装资本的市场价值/已安装资本的重置成本，所以 q 也下降，这会使企业投资减少，总需求减少。美联储的政策目标是保持产出不受影响，所以应该采取扩张性的货币政策，放松银根，鼓励企业投资，抵消 q 下降带来的总需求减少，维持经济稳定。

11. 这是一个选举年，经济处于衰退中。反对党总统候选人以通过投资税收抵免作为竞选纲领，投资税收抵免将在她当选的下一年生效。这种竞选承诺对当年的经济状况会有什么影响？

答：这种竞选中的承诺会使当年经济状况恶化。分析如下：

投资税扣除是一种鼓励积累资本的税则。由于企业的较低税收形式补偿了一部分对新资本的支出，所以这种税收扣除减少了每单位资本的实际购买价格，这样，投资税扣除减少了资本成本并刺激了投资。当宣布下一年实施投资税扣除时，当年的很多投资活动就会递延到明年以求获取这种投资税扣除优惠，所以当年投资减少，经济恶化，但是下一年的投资增多。

附录　指定曼昆《宏观经济学》教材为考研参考书目的院校列表

曼昆所著的《宏观经济学》(中国人民大学出版社)作为名列第一的中级宏观经济学畅销书，是我国众多高校采用的宏观经济学优秀教材，也被众多高校(包括科研机构)指定为“经济类”专业考研参考书目，具体如下表所示。

高校(包括科研机构)	对应学院
北京大学	软件与微电子学院
北京师范大学	经济与工商管理学院、经济与资源管理研究院
中央财经大学	中国经济与管理研究院、中国金融发展研究院、中国公共财政与政策研究院、人力资本与劳动经济研究中心、财政税务学院、经济学院、保险学院、统计与数学学院等
上海交通大学	安泰经济与管理学院
上海财经大学	金融学院、经济学院、公共经济与管理学院、财经研究所、商学院、会计学院
上海师范大学	商学院
同济大学	经济与管理学院
东南大学	经济管理学院
南京财经大学	经济学院(复试)
浙江工业大学	经济学院
华中科技大学	经济学院
厦门大学	经济学院(经济系、统计系、金融系、国际经济与贸易系、财政系、经济研究所)
西安交通大学	经济与金融学院

说明：①本表虽尽量确保准确，但难免有所遗漏，请学员查看所报高校(包括科研机构)当年招生简章及参考书目。本表仅供参考！

②部分高校(包括科研机构)将该书列为相关专业考研复试参考书目，在本表中在相关专业后标注了“(复试)”字样。

③更多相关信息请登录圣才考研网(www.100xuexi.com)。